中国中小企业2011蓝皮书

——促进中小企业自主创新的政策和机制

The Blue Book of Small and Medium Enterprises in China

To Promote The Small and Medium Enterprises Independent Innovation Policy and Mechanism

主　编　李子彬
副主编　白景明　李鲁阳

中国发展出版社

图书在版编目（CIP）数据

中国中小企业2011蓝皮书——促进中小企业自主创新的政策和机制/李子彬主编．—北京：中国发展出版社，2011．10

ISBN 978-7-80234-728-1

Ⅰ．①中…　Ⅱ．李…　Ⅲ．①中小企业—概况—中国—2011　Ⅳ．①F279．243

中国版本图书馆CIP数据核字（2011）第212090号

书　　名：中国中小企业2011蓝皮书——促进中小企业自主创新的政策和机制
主　　编：李子彬
出版发行：中国发展出版社
（北京市西城区百万庄大街16号8层　100037）
标准书号：ISBN 978-7-80234-728-1
经 销 者：各地新华书店
印 刷 者：北京科信印刷有限公司
开　　本：889×1194mm　1/16
印　　张：18
字　　数：320千字
版　　次：2011年10月第1版
印　　次：2011年10月第1次印刷
定　　价：80．00元

联系电话：（010）68990630　68990692
购书热线：（010）68990682　68990686
网　　址：http：//www．develpress．com．cn
电子邮件：bianjibu16@vip．sohu．com

蓝皮书编委会

编 委 会 名 单

序　言

时间过得很快，转眼间就到了编写出版今年中小企业蓝皮书的时间了。

2011年上半年，国内生产总值同比增长9.6%，其中，一季度增长9.7%，二季度增长9.5%，呈现平稳发展的态势。但是，中小企业总体景气度逐步下滑，中小企业的困难和问题有逐步增多和加重的苗头。2011年前5个月，规模以上中小企业完成工业增加值同比增长16.5%，比一季度回落0.4个百分点。前4个月规模以上中小企业实现利润9148亿元，同比增长37.3%，比前两个月回落4.4个百分点；亏损面为14.4%，同比扩大0.6个百分点，亏损额达到900亿元，同比上升32%；上缴税金5435亿元，增长32.7%，比前两个月增长1.6个百分点。

1. 中小企业融资难度加大。2010年10月以来，央行已5次加息，加息以及利率上浮使贷款成本显著增大。工信部的有关报告指出，中小企业获取银行贷款的综合成本上升幅度至少在13%以上，远远高于一年期贷款基准利率。浙江省银监局的一份报告显示，银行目前对中小企业贷款利率上浮30%左右，民间融资成本更加高昂，中小企业信贷供需之间缺口加大。从供给方面看，2011年货币发行量比2009年、2010年下降。9次上调银行存款准备金率，截至目前，存款准备金率已升至21.5%的高位，冻结资金4.2万亿。而需求方面，由于能源、原材料、劳动力价格上涨，企业扩大再生产、规模扩张及技术改造引发的资产占有量上升等对资金的需求上升，这一减一增，使得供需之间缺口加大，中小企业融资更加困难。据温州市经贸委数据，目前温州资金面偏紧的企业占42.9%，企业资金缺口平均为10%。

2. 中小企业生产经营困难加重。2011年以来，能源、原材料、劳动力等要素价格集中大幅上涨，企业成本明显提高，生产经营压力不断加大。据湖南省对215家中小企业进行调查，即使考虑到产品涨价，仍有63%的企业利润率出现下降。据有关研究单位对温州35家企业抽样调查，1/4的企业接近亏损，利润超过5%的企业不到10家。数据显示，这些企业中仅三成企业利润保持增长，行业平均利润率为3.1%。值得注意的是，面对日益增强的生产经营压力，有不少企业主继续从事实体经济的积极性下降，逐步转向投资房地产、资本市场等领域。从长期看，这将削弱经济增长的动力。

3. 企业税负负担加重。调查显示，中小企业税种繁多，除营业税、所得税、增值税之外，还需缴纳城建税及教育费附加、房产税、土地税、印花税、工会经费、残疾人就业基金等，加上各种收费，实际综合税负已经超过30%。此外，乱收费乱罚款加大了中小企业的流通成本。据调查，2010年我国物流成本在GDP中所占比重达18%，而日本是11%，美国是8%，欧盟更低，只有7%，全世界收费公路约有80%的里程在中国。在社会物流总费用中，运输成本约占一半，而其中约1/3是过路过桥费，很多已收回投资的公路仍在长期收费，过桥过路费标准过高以及乱收费、乱罚款情况普遍存在，直接提高了物流成本，加剧了企业和居民负担，特别是中小企业首当其冲。

4. 一些省缺电影响企业生产。我国电力体制改革滞后，“市场煤、计划电”价格倒挂。电厂电网建设分开后，并未实行“竞价上网”。电力体制问题导致大多数火电厂亏损，发电积极性不高，加上高耗能产业的过快发展，导致上半年电力供应出现较大缺口，严重制约民营企业的日常生产运营。根据中电联统计，4月份中国已经有11个省出现电力短缺问题，比常年提前两个多月，一些地区采取“拉闸限电”措施。

5. 中小企业面临的国际经济环境也不乐观。IMF在6月份已经将2011年全球经济增长预测值再次调低。WTO预测2011年全球贸易增长将由2010年的14.5%大幅放缓至6.5%。下半年世界经济和贸易形势下行的风险越来越大。受累于美债评级和欧洲主权债务危机的欧美市场，贸易保护的浪潮将会再次汹涌。再加上新兴经济体的贸易救济措施增多，需要警惕多国围堵我出口的局面出现。据中国贸易救济信息网统计，2011年上半年，共有14个国家（地区）对华启动30起贸易救济调查，发展中国家对华启动的贸易救济调查就达14起。与此同时，国外技术壁垒影响我国三成出口企业。国家质检总局公布了2010年国外技术性贸易措施对我国出口企业影响的调查报告。2010年有31.74%的出口企业受到国外技术性贸易措施不同程度的影响；全年出口贸易直接损失582.41亿美元，占同期出口额的3.69%；企业新增成本243.91亿美元。

今春以来，我先后到了浙江、江苏、广东、辽宁、云南、湖北等地调研，了解了一些情况，也思考了一些问题，最后形成了一些意见和建议，以书面形式报告中央领导同志，提出解决问题的政策措施建议。

1. 调整信贷结构，多种途径缓解中小企业融资困难。虽然我国的证券市场、债券市场、私募股权基金、产权交易市场等资本市场有了较快发展，企业直接融资条件有所改善，但是目前为止我国金融资产的约76%在银行系统，所以，货币政策、信贷政策对国民经济发展的影响是巨大的。从2007年下半年至2008年上半年的情况看，货币政策的影响，无论是正面的还是负面的，都比财政政策的影响来得快，影响更大。国务院历来坚持有保有压，不搞一刀切。但是要做到这一点，谈何容易。需要制定货币政策、财政政策、投资政策、税收政策的宏观经济调控部门深入到各地、各行各业进行深入了解，摸清情况，才能制定出有保有压、差别化的政策。因此多年来某些部门已经习惯了制定一刀切的政策。我国新增贷款量从2009年9.6万亿元，2010年7.95万亿元，到2011年的7.0万亿元，这是为了巩固宏观调控政策成果及防止通货膨胀采取的必要措施。然而中央如不出台强有力的政策约束和引导，各大中型银行一定力保大项目、大企业的贷款，而减少的2万亿元新增贷款只会从广大中小企业信贷中抽走。目前各地中小企业已经强烈感受到流动资金紧缺。因此建议，一是调整信贷结构，2010年末48万亿信贷余额中有1/4在房地产业，这是催生房地产业泡沫的重要推动力之一，应当适当减少房地产信贷总量。并且从2011年新增银行贷款中切出一块单设中小企业贷款规模。二是大力发展乡镇银行、小额贷款公司、农村银行、农村合作银行、城市商业银行，进一步完善担保体系。三是进一步拓宽中小企业直接融资渠道，引导支持中小企业板、创业板的规范发展，发展债券市场特别是企业债券市场，鼓励支持私募股权基金发展。

在中小企业面临的众多困难中，融资难始终比较突出。这个问题已引起社会的广泛关注。国家在坚持宏观调控基本取向不变的同时，将保持社会融资总量合理增长，提高金融服务水平，加大对小企业的信贷支持。经验证明，越是困难的问题，越是要通过改革创新加以解决。要根据我国的实际需要，吸收引进国外一些成功的做法，根据我国的实际情况加以改进后，逐步推广施行。与此同时，根据实际存在的困难和问题，积极稳妥地探索金融机制的改革和创新。

2. 减轻中小企业负担，加大财政支持力度。据周天勇教授、许小年教授等人研究，中国企业的税负太高，除17%增值税、25%企业所得税之外，还需缴纳城建税、教育税附加、地方教育发展费、价格调节基金、堤防费、房产税、土地税、印花税、房屋租赁税、工会经费、残疾人基金，加上各种收费和罚没，中国企业的实际税负已经超过30%。建议政府对小型、微型企业和成长型高科技企业实行差异化税收政策优惠。优惠形式也要多样化，比如直接减免、降低税率、加速折旧、设备投资抵免、放宽费用列支等多种优惠形式。

进一步加大对中小企业的财政支持。2009年以来各级政府对中小企业的财政支持力度明显加大。应该针对建立公共技术服务平台、加强企业技术改造、员工培训、开拓国际市场等工作，继续增加中小企业专项资金。2002年颁布的《中小企业促进法》规定各级政府建立中小企业发展基金，至今没有设立。

政府采购是一笔很大的支出，划出25%左右专项用于中小企业采购的实施与监管办法至今尚未有效落实。

3. 狠抓法律和政策落实，优化发展环境。近些年先后颁布施行了《中小企业促进法》、《公司法》、《物权法》，2005年2月颁布了《国务院关于鼓励支持和引导个体私营等非公有制经济发展的若干意见》，2010年5月颁布了《国务院关于鼓励和引导民间投资健康发展的若干意见》（简称“新36条”）。目的是促进中小企业健康发展，加大财税支持，缓解融资困难，扩大市场准入，完善社会化服务体系，进一步转变政府职能。文件虽好，但是落实起来非常困难。比如2010年颁布施行的“新36条”，第一次明确界定了政府投资范围，政府投资主要用于关系国家安全，市场不能有效配置资源的经济和社会领域，进一步向改善民生、节能环保、推动自主创新、区域协调发展等经济社会发展的薄弱环节倾斜。鼓励和引导民间资本进入垄断行业和战略新兴产业，加快国有经济布局的调整和国有企业的改革。据有关部门反映，各部门、各级地方政府为贯彻落实“新36条”制定的配套文件和实施细则1000多个，但是企业至今没有感受到这些政策的“威力”。把这些法律、政策措施落到实处，关键是要排除制度上和理论上的障碍，清理和修改不利于民间投资的法律法规，全面清理行政审批事项。

4. 建立和完善社会化服务体系，促进中小企业自主创新和发展转型。“十二五”期间中小企业面临的环境更加复杂。能源原材料涨价，劳动力成本上升，人民币汇率升值，节能环保压力加大，东南沿海地区工业用地紧缺，这些因素几乎已成为定势。广大中小企业的唯一出路是加强自主创新，转型升级。一是加强自主创新，开发新产品，提高产品附加值，培育自己的品牌。二是加强研发和市场销售，把附加值不高的产品向中西部地区转移。三是围绕关联性大、带动性强的大企业，围绕特色专业市场，发展上下游企业分工协作的产业集群，走“专精特新”的路子。加强特色工业园区建设，充分发挥土地、环保、政策、公共技术服务平台等生产要素的集聚效应。四是加强信息化建设，提高企业管理水平，改善企业的生产、营销、财务、物流管理，降低成本。五是加强企业全员培训，提高劳动生产率。六是有条件的企业进入新兴战略产业和现代服务业。七是在保障和改善民生的领域里大有作为，在衣食住行、教育、科技、医疗卫生、文化、体育、商贸业、交通运输等领域大显身手。八是学习金融知识，运用资本市场，促进技术与资本的融合，实现跨越式发展。九是发展股份制，实现产权多元化，建立现代企业制度。

企业发展转型过程中，需要各级政府的大力支持和引导，除了加大财政支持、金融支持、扩大市场准入以外，加快建立和完善社会化服务体系，建立公共技术服务平台，促进企业自主创新、产业升级、员工培训、开拓国际市场，这些都是广大中小企业的迫切需求。

5. 加强理论研究，进一步扫清发展个体私营经济的思想障碍。随着我国经济体制改革的不断深化以及社会主义初级阶段的基本经济制度的建立，全社会对发展非公经济的认识逐步一致，党的十六大、十七大更是明确提出了“两个毫不动摇”。但是，目前在思想理论战线、文艺宣传战线上仍然存在许多不利于非公经济发展的障碍。比如有人提出“国有经济是共产党执政的基础，是社会主义的经济基础”。这些人忘记了，1991年苏联解体，苏联共产党垮台，当时的苏联是国有经济一统天下，没有一户私营企业。可见苏联解体、苏共垮台不是民营经济惹的祸，共产党执政的基础不取决于国有经济占的比重有多大，而在于民生、民心和民意。把民生搞上去，让老百姓分享改革发展的成果，物质生活和精神生活水平不断提高，社会主义民主和法制建设不断推进，让广大人民群众在党和家治理中逐渐增加话语权、参与权和监督权，得民心者必然得天下，有了民生、民心、民意，共产党执政基础就牢固了。

一些民营企业没有建立起现代企业制度，管理不规范，确实应该加大引导和监督力度，但是现代企业制度的建立和完善需要一个发展过程。现在的电视剧、电影、小说中对私营企业老板的描写大多是腐化、行贿的典型，而对他们艰苦创业、敢于创新、百折不挠、对国家和社会做出的巨大贡献则很少宣传。

世界经济人集团发布的《2007年全球政治与安全报告》称，当前中国移民人数达到3500万人，被认为是全球最大的移民群体。其中民营企业家移民的案例很多。据调查了解，净资产达到数亿元人民币的私营企业老板，很多人都在境外设立有公司，拿到外国护照或者绿卡。这说明他们潜意识中对本人及家人的人身安全、财产安全不放心。而各级官员对私营企业老板也存在着不信任。思想理论方面的障碍，导致党和政府关于支持、鼓励、引导非公经济发展的法律、法规和政策措施不能有效地得到贯彻，中小企业发展环境的改善不够快。

6. 进一步加强各级政府对中小企业的组织领导。截至2010年末，全国各地注册的中小企业1023万户，其创造的城镇就业岗位、最终产品与服务价值、缴纳税金、出口总额，分别占全国的80%、60%、50%与68%以上。不断改善中小企业生存与发展环境，加强各级政府部门对中小企业的领导，理应成为加强和改善国民经济宏观调控的重要内容。事实上，对于外商投资企业和大型国有企业的经营管理，各级政府部门帮不上多少忙。而广大中小企业数量庞大，分布在各行各业、全国各地，中小企业是弱势群体，无论自身的生产经营管理还是企业外部面临的环境，都存在许多困难和问题，需要各地政府关心、支持和服务。而在上一轮政府机构改革中，大多数省、市政府的中小企业主管部门在规格、编制和功能上都有所弱化，多数省、市中小企业局成为省、市工（经）信委内设的二级局，编制上有的二三个处，有的甚至只设一个处，仅4~5个编制。面对量大面广的广大中小企业存在的困难和问题，根本忙不过来。工信部中小企业司也仅仅22个编制。因此我们再次向总理建议，设立副部级的国家中小企业局，省、市、县各级政府设立独立办公的中小企业主管部门。国务院设立中小企业发展领导小组，一位副总理作为领导小组组长，办公室设在国家中小企业局。

改革开放三十多年来，中国面貌发生了翻天覆地的变化，综合国力大大增强，人民生活明显改善。个体私营经济和广大中小企业迅速发展壮大。党和政府一直关心支持中小企业的发展，中小企业发展的政策环境不断有所改善。特别是2007年下半年的国际金融危机发生以来，我国中小企业受到的冲击首当其冲，由于资金断链及国际市场萎缩，2008年上半年几十万户中小企业破产、停产、歇业，3000余万农民工返乡。各级政府进一步加大了财政支持，减免了一部分税费，缓解了中小企业融资困难。2010年5月又出台了《鼓励和引导民间投资健康发展的若干意见》，引导、鼓励民间资本扩大投资领域。

2011年以来，一些中小企业生产经营出现困难，已引起社会的广泛关注。国家在坚持宏观调控基本取向不变的同时，将根据形势的变化提高政策的针对性、灵活性、前瞻性，保持社会融资总量合理增长，提高金融服务水平，加大对小型、微型企业的信贷支持。我相信，中小企业的整体状况将随着国家有关政策的贯彻执行出现积极变化，实现2011年经济持续稳定增长，结构调整和管理好通胀预期的目标一定能够实现。

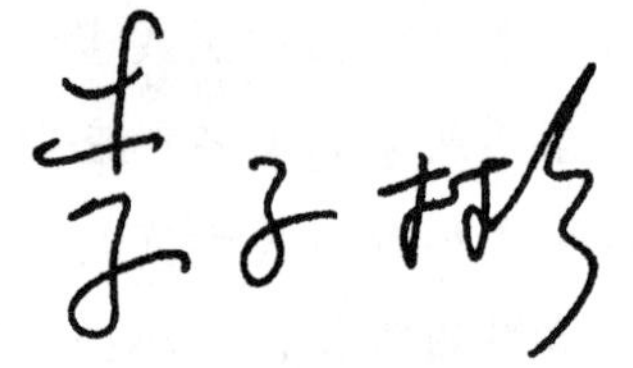

2011年9月15日

目　录

第一部分　2010年中国中小企业发展

第二部分 促进中小企业自主创新的政策和机制

第1部分

2010年中国中小企业发展

第1章

2010年中小企业发展概况

- 全国规模以上工业中小企业发展情况
- 中小企业实有户数情况
- 中小企业的行业分布情况
- 中小型企业景气指数变化情况
- 中小企业服务体系建设情况
- 中小企业管理信息化建设情况

2010年是“十一五”的收官之年，也是两年新增中央投资1.18万亿带动4万亿总投资的完成之年，我国经济在各项宏观调控措施的作用下继续保持平稳较快发展。国内生产总值（GDP）397983亿元，同比增长10.3%，增幅比上年提高1.2个百分点；社会消费品零售总额比上年增长18.3%，全社会固定资产投资比上年增长23.8%，外贸进出口总额比上年增长34.7%；规模以上工业增加值增长15.7%；全国财政收入增长21.3%，广义货币供应量（M2）比上年末增长19.7%；物价涨幅控制在3.3%，城镇新增就业1168万人。我国应对国际金融危机冲击的成果进一步巩固。

在宏观经济平稳较快运行的背景下，企业生产效益实现了高速增长。前11个月，全国规模以上工业企业利润增长49.4%，比上年同期加快41.6个百分点。2008年国际金融危机发生之后，受外需迅速收缩的影响，企业生产受到一定影响。特别是中小企业受到较大冲击，一度出现亏损、停产和半停产企业增多，经济效益大幅下降等情况。2009年前2个月，规模以上工业中小企业[①]完成总产值同比增长5.9%，比上年同期回落22.9个百分点；实现利润同比下降19.3%，增速较上年同期回落52.3个百分点。随着中央宏观经济政策调整和应对国际金融危机一揽子计划的实施，国民经济出现企稳回升态势，2009年前8个月实现利润和上缴税金同比分别增长1.6%和10.4%，中小企业生产经营也相应出现转机。2010年，劳动力、原材料、能源资源等要素价格大幅上涨，企业发展面临的环境明显趋紧。面对复杂严峻的形势，各级政府积极出台支持中小企业加快发展的政策措施，财政积极安排中小企业发展专项资金，对小型微利企业实行所得税减半征收的优惠政策，金融机构对中小企业的信贷支持力度继续加大，中小企业服务体系建设不断加强，积极开展了减轻企业负担专项治理，清理整顿涉及中小企业的不合理收费。在各项政策的扶持下，作为市场主体的各类企业特别是中小企业克服重重困难，积极应对市场因素变化，不断提高管理水平，取得了较好的经营成果。2010年中小企业销售情况与2009年相比有较大幅度增长，增幅达16.3%，表明宏观调控采取扩大内需、实施产业振兴计划等政策对中小企业产生带动作用。

与此同时，一系列促进中小企业发展的政策措施取得积极成效。信用担保体系基本形成，为缓解中小企业融资难发挥了重要作用。中小企业信用担保机构由2000年的97家发展到2010年的5547家，筹集的担保资金由初期的30亿元发展到现在的3389亿元，分别增长了57倍和113倍。2010年担保机构为中小企业提供的担保贷款额已达1.1万亿元，首次突破万亿元大关。中小企业管理信息化进程不断加快。2010年，中小企业管理信息化试点取得新进展。通过实施健康成长计划，目前，已建立中小企业信息化辅导站280家，新认证管理健康体检师1125人，为5万多家中小企业提

① 由于统计口径设置等原因，目前尚不存在能够反映全部中小企业生产经营状况的统计指标，考虑到数据的完整性和统计的严谨性，这里用“规模以上工业中小企业”情况进行说明。

供了管理运营健康体检；开展各类信息化活动6000余场，参加培训的中小企业近30万家，为企业培训信息化专业人才和信息化主管超过50万人次；帮助近13万家中小企业实施了信息化。

但值得注意的是，在销售收入增长的同时，中小企业平均利润呈下降趋势。其主要原因，从外部环境看，一是原材料价格上涨造成企业成本上升；二是劳动力成本提高，企业经营成本增加；三是人民币升值导致出口企业利润下降；四是市场竞争加剧，利润空间缩小。从财务指标看，2010年，中小企业平均库存周转率比上年下降4.6%，应收账款周转率比上年下降12.1%；平均应收账款周转周期达到99天（2009年为91天），平均存货周转周期达到126天（2009年为124天），两者之和达到225天，表明中小企业周转性资金继续吃紧。

1.1 全国规模以上工业中小企业发展情况

2010年，中小工业企业生产保持平稳增长。全年规模以上中小工业企业实现工业总产值49.77万亿元，同比增长32.38%，较上年同期加快18.68个百分点，占全国规模以上工业企业总产值比重70.32%；工业增加值同比增长17.5%，较上年同期加快3.9个百分点，比全部规模以上工业平均水平快1.8个百分点。规模以上中小工业企业产销率97.65%，较上年同期（97.34%）提高0.31个百分点。

2010年前11个月，全国规模以上中小工业实现销售收入42.55万亿元，同比增长33.47%，增幅较上年同期加快21.75个百分点。企业上缴税金总额14707.84亿元，同比增长28.32%，增幅较上年同期加快14.12个百分点。企业实现利润25944.43亿元，同比增长50.50%，增幅较上年同期加快32.27个百分点。截止到11月底，全国规模以上中小工业企业44.93万户，同比增长7.11%，比上年同期（41.95万户）增加2.98万户。从业人员7056.17万人，同比增长8.64%。

长三角、珠三角等地区中小企业数量大，受到金融危机的冲击也较大。2010年，这些重点地区的中小企业发展情况良好。

上海市2010年共有中小型法人企业33.75万户（中型企业1.05万户，小企业32.70万户）。中小企业已成为全市创新驱动的生力军，高新技术成果转化项目占全市总数的80%以上，经认定的高新技术企业绝大多数为中小企业。中小企业已成为劳动者就业的主体，从业人员占全市法人企业从业人员总量的比例保持在80%以上，国有企业下岗失业人员绝大多数在中小企业实现了再就业。中小企业已成为全市税收贡献的重要组成部分，营业收入年均增幅20%以上，占全市法人企业营业收入的60%，上缴税收占全市企业上缴税收总额的50%左右。在全社会共同关心支持下，上海市中小企业逐步克服金融危机带来的不利影响，保持了平稳较快的发展态势。前 10 个月，全市工业、商贸、软件和信息服务业中小企业增长均在 20% 左右，中小企业进出口总额同比增长 35.0%，累计实现工业利润增长 57.9%，万元产值能耗比全市工业企业平均水平低 28%。2010 年共有 14 家企业在中小企业板和创业板发行上市，有 6 家企业已过会待发行；已发行和即将发行的中小企业集合票据 3 只，发行规模 9.35 亿元。

浙江省 2010 年中小企业增速平稳较快，发展质量明显提升，呈现出“高开稳走”的运行格局①。

①产销增速稳步增长。前 11 个月，规模以上中小企业实现工业总产值 38878 亿元，同比增长 31.7%，比上年同期提高 30.8 个百分点。完成销售产值 37768 亿元，同比增长 31.5%，比上年同期提高 28.5 个百分点，高于全省规模以上工业销售收入增幅 4.4 个百分点。预计全年全省中小企业工业增加值将突破 1 万亿元。

②对外出口保持稳步增加。前 11 个月，规模以上中小工业企业实现出口产品交货值 7908 亿元，同比增长 28.6%，比上年同期提高 40.8 个百分点。出口交货值占工业销售产值的比重下降幅度持续收窄，两者的增幅差距从一季度的 10.6 个百分点，缩小到上半年的 3.8 个百分点，在缩小到目前的 2.9 个百分点。

③经济运行质量稳步提高。前 10 个月，规模以上中小工业企业实现利税总额 2848 亿元，同比增长 41.5%，高于全省规模以上工业企业利税平均幅度 4.7 个百分点。实现利润总额 1823 亿元，同比增长 53.6%，高于全省规模以上工业企业利润平均增幅 5.3 个百分点，比上年同期提高 40.7 个百分点。

④主导产业保持稳步提升。前 11 个月，全省资源类行业、机械制造业、电子业三大板块继续领涨其他行业，三大行业主营业务收入同比增幅均超过 30%。相比而言，传统行业的涨幅较小，前 11 个月多数传统行业主营业务收入同比增幅小于 25%。

总体上看，浙江省中小企业的发展已经基本恢复到金融危机以前的水平。截至 2010 年 11 月底，全省各类中小企业总数已达 270 多万家，占全省企业总数的 99.7%，其中规模以上工业企业 63274 家，亿元以上销售收入工业企业 7025 家，目前全省工业总量的 84.1%、工业税收的 73.3%，外贸出口 82.5%，工业企业从业人员的 90.9% 都来自中小企业。

---

① 根据 2010 年浙江省中小企业工作会议报告材料整理。

1.2 中小企业实有户数情况

我国中小企业实有户数[①]包括全国实有企业户数和全国实有个体工商户户数。

1.2.1 全国实有企业数量变化情况

截至2010年底，全国实有企业1136.48万户[②]（含分支机构，下同），比上年底增加93.13万户，增长8.93%。内资企业实有246.44万户，比上年减少12.72万户，下降4.91%；私营企业845.51万户，比上年增长14.23%；外商投资企业44.52万户，注册数量同比上涨2.53%。

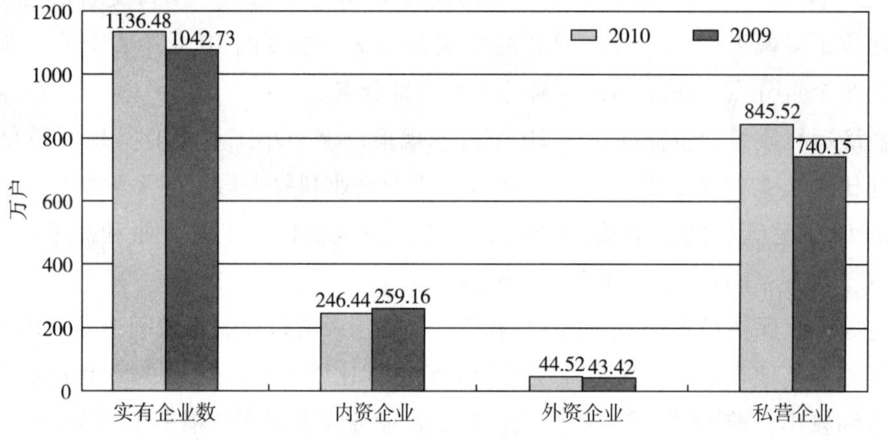

图1.1 2010年我国中小企业户数发展情况

资料来源：国家工商总局统计资料。

截至2010年底，全国新登记实有企业为176.21万户，比上年同期增长15.02%。其中新登记私营企业数实现了较快增长，新增数为157.66万户，同比增长20.84%；新登记外资企业4.06万户，同比增长2.27%；新登记内资企业有14.49万户，同比下降5.4%。

---

① 目前尚不存在中小企业户数统计，由于99%数量的企业为中小企业，故这里用总企业户数加上个体工商户户数作为一个替代指标，通过该指标的变化趋势反映中小企业户数变动情况。

② 根据国家工商总局发布的统计数据计算所得。

（1）内资企业

截至2010年底，全国内资企业实有246.44万户，比上年减少12.72万户，下降4.91%。

股份有限公司实有18.09万户，增长13.20%；有限责任公司实有801.76万户，增长13.33%。

国有企业实有45.78万户，比上年底下降8.1%；集体企业64.79万户，比上年底下降14.31%；股份合作企业15.14万户，比上年底下降6.68%。各企业类型所占比重见图1.2。

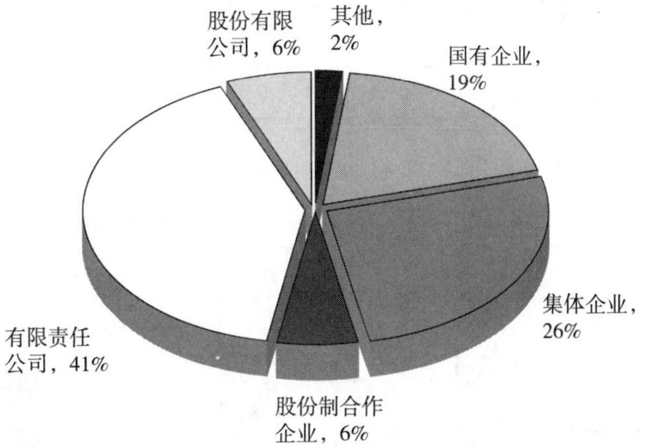

图1.2　2010年内资企业中各类型企业占比

资料来源：国家工商总局统计资料。

（2）外资企业

我国在不断巩固应对国际金融危机冲击过程中，进一步出台促进外商投资企业发展的政策措施，为外商投资企业的健康发展营造了良好的政策环境。2010年全国外商投资企业实有户数改变了2009年的下降态势，出现企业户数、总投资和注册资本同步增长的局面。截至2010年底，外商投资企业总数为44.52万户，比上年增加1.1万户，同比增长2.53%。其中分支机构15.71万户，增长4.41%；公司法人28.7万户，同比增长1.56%。本年新登记外商投资企业3.97万户。

外商投资企业实有投资总额2.71万亿美元，比上年底增长8.24%；注册资本1.57万亿美元，增长12.14%；其中外方认缴出资额1.26万亿美元，增长10.73%，外方认缴出资额占注册资本的80.25%。外商投资企业实力不断增强，投资总额5000万美元以上的企业9483户，比上年增长16.10%。

1.2.2　全国实有个体工商户的发展情况

2010年，我国继续实施清理不合理税费、鼓励创业就业等措施，不断深化个体工商户分层分类登记管理改革，利用信息化手段，促进登记和监管功能的整合，不断提高监管效能和服务水平，有效改善个体工商户发展环境。新登记个体工商户增长较快，实有户数、资金数额均保持快速增长趋势。全国实有个体工商户3452.89万户，比上年底增长7.99%；从业人员7007.56万人，增长6.41%；资金数额1.34万亿元，增长23.31%。

城镇个体工商户发展较快，资金数额增长24.78%。城镇个体工商户快速发展，各项指标增长速度高于农村个体工商户。全国城镇实有个体户2266.6万户，比上年底增长8.87%；资金数额8708.6亿元，增长24.78%；从业人员4467.50万人，增长5.25%。农村个体工商户1186.29万户，比上年底增长6.35%；从业人员2540.06万人，增长8.51%；资金数额4678.97亿元，增长20.68%。

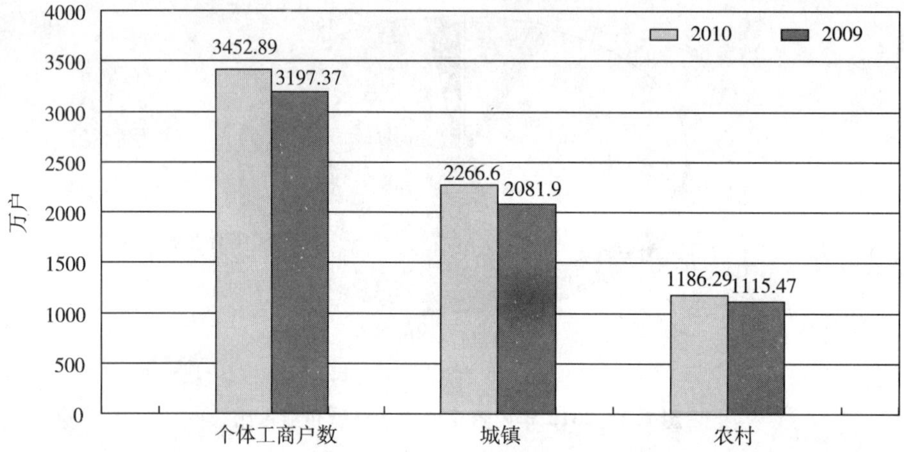

图1.3 2009年和2010年个体工商户数情况

资料来源：国家工商总局统计资料。

1.3 中小企业的行业分布情况

1.3.1 全部实有企业的行业分布

从实有户数来看，全国实有批发和零售企业397.09万户，同比增长9.11%，仍然位居首位；制造业居其次，为242.25万户，同比增长4.33%；租赁和商务服务业位居第三，为105.55万户，同比增长17.32%。企业实有数量最少的行业仍然是水利、环境和公共设施管理业，卫生、社会保障和社会福利业，教育业，这三个行业的企业实有数量分别为5.27万户、1.64万户和1.64万户，同比分别增长11.42%、与上年持平和增长5.8%。

1.3.2　内资企业的行业分布

从内资企业行业实有户数看，批发和零售业依然位居首位，为 88.96 万户，其次是制造业 33.02 万户，再次为金融业 24.89 万户。内资企业行业中企业实有数量最少的三个行业分别是其他，教育业，卫生、社会保障和社会福利业，这三个行业的企业实有数量分别为 1.4 万户、0.54 万户和 0.52 万户。

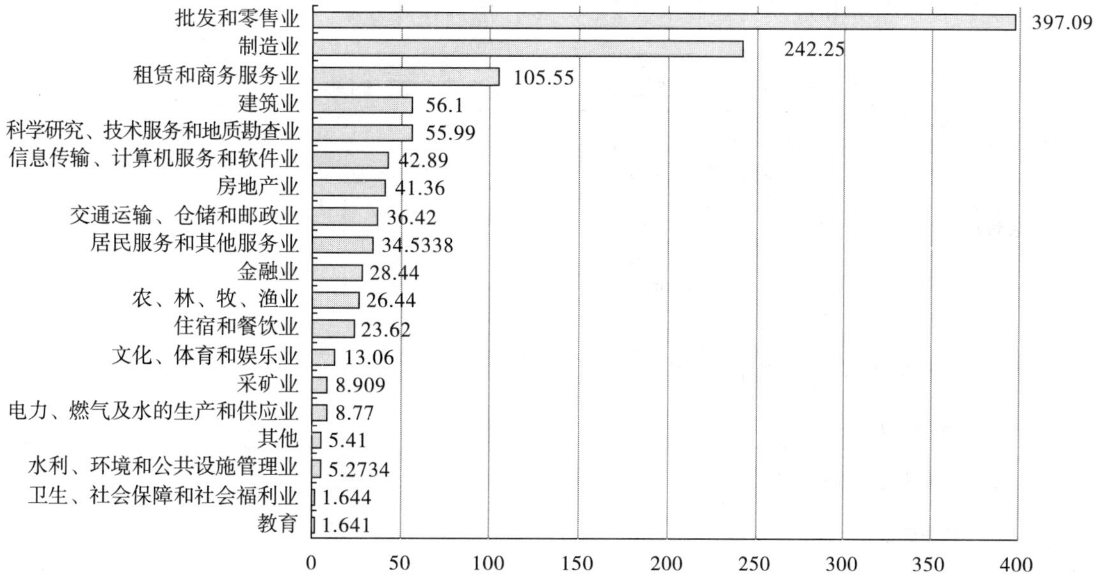

图 1.4　2010 年我国全部企业实有户数行业分布（万户）

资料来源：国家工商总局统计资料。

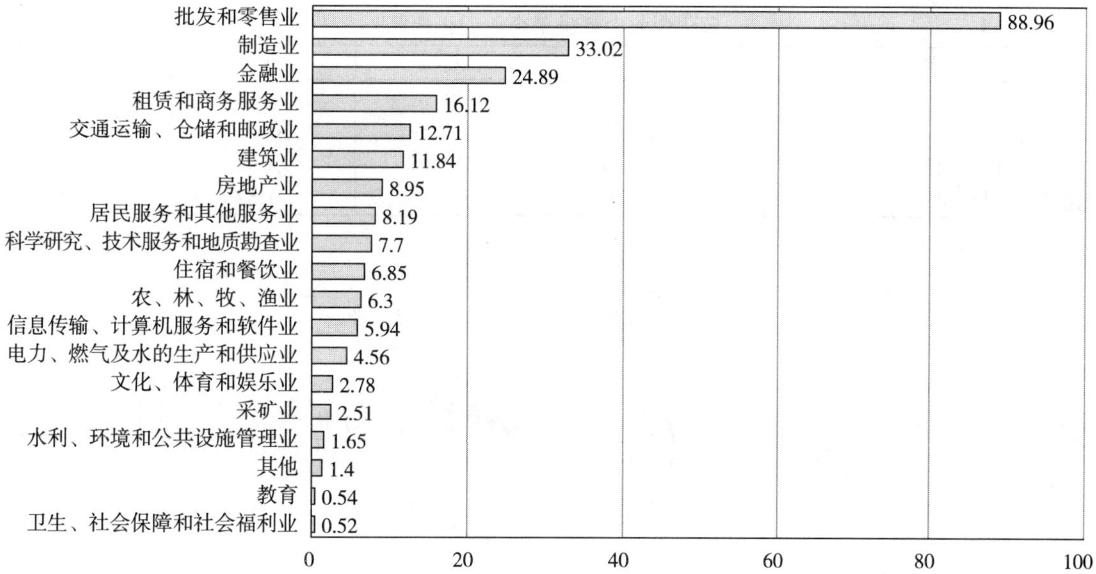

图 1.5　2010 年我国内资企业实有户数行业分布（万户）

资料来源：国家工商总局统计资料。

1.3.3 私营企业的行业分布

从行业来看，私营企业在批发和零售业最多，为 301.7 万户，其次为制造业 190.47 万户，再次为租赁和商务服务业 85.94 万户。排在后三位的是金融业，卫生、社会保障和社会福利业，教育业，这三个行业的企业实有数量分别为 3 万户、1.1 万户和 1.07 万户。私营企业在部分行业迅速增长，金融业实有私营企业比上年增长 25.52%；教育业增长 25%；科学研究、技术服务和地质勘查业增长 28.65%；租赁和商务服务业增长 19.89%。

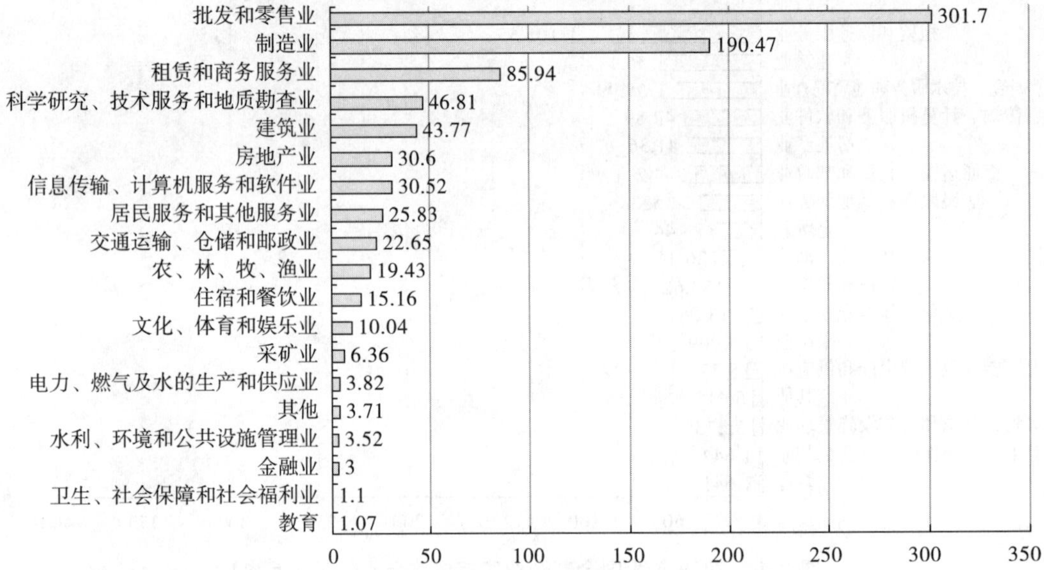

图 1.6 2010 年我国私营企业实有户数行业分布（万户）

资料来源：国家工商总局统计资料。

表 1.1 私营企业中各类型企业变化情况

类 型	2010	2009	增减量	增长率（%）
独资企业	127.52	115.8	11.72	10.12
合伙企业	12.71	12.58	0.13	1.03
有限责任公司	703.21	610.25	92.96	15.23
股份有限公司	2.08	1.51	0.57	37.75

资料来源：国家工商总局统计资料。

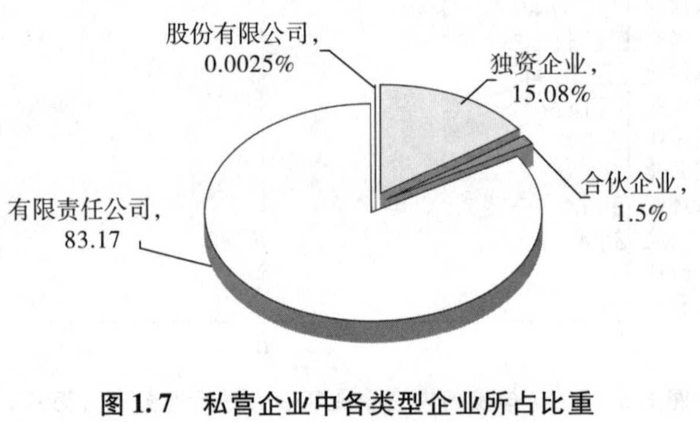

图 1.7 私营企业中各类型企业所占比重

资料来源：国家工商总局统计资料。

1.3.4　外资企业的行业分布

从外商投资企业的行业来看，以金融业为代表的现代服务业稳定快速增长。金融业实有户数达到 5528 户（含分支机构，下同），比上年底增长 17.3%；批发和零售业 6.43 万户，增长 14.0%。外商投资企业投资第三产业较多，租赁和商务服务业以及信息传输、计算机服务和软件业分别达到 3.49 万和 6.43 万户。

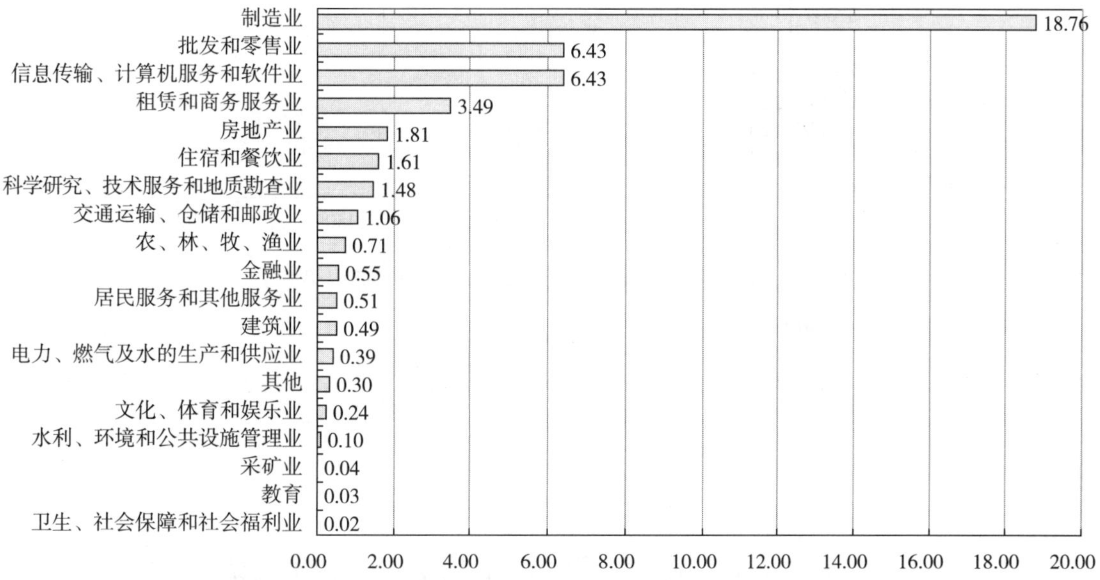

图 1.8　2010 年我国外资企业实有户数行业分布（万户）

资料来源：国家工商总局统计资料。

1.3.5　个体工商户行业分布

个体工商业户数主要分布在批发和零售业、居民服务和其他服务业、住宿和餐饮业等行业，批发和零售业有个体工商户 2176.26 万户，占全部个体工商户的 63.05%，居民服务和其他服务业有个体工商户 354.04 万户，占全部个体工商户的 10.26%；住宿和餐饮业有个体工商户 300.52 万户，占全部个体工商户的 8.71%。三个行业共占个体工商户的 82.02%。个体工商户分布在水利、环境和公共设施管理，金融业，电力、燃气及水的生产和供应业三个行业中的数量最少，分别只有 0.6 万户、1.03 万户和 1.54 万户，由于这些行业主要是垄断性比较强的行业，个体工商户难于进入。

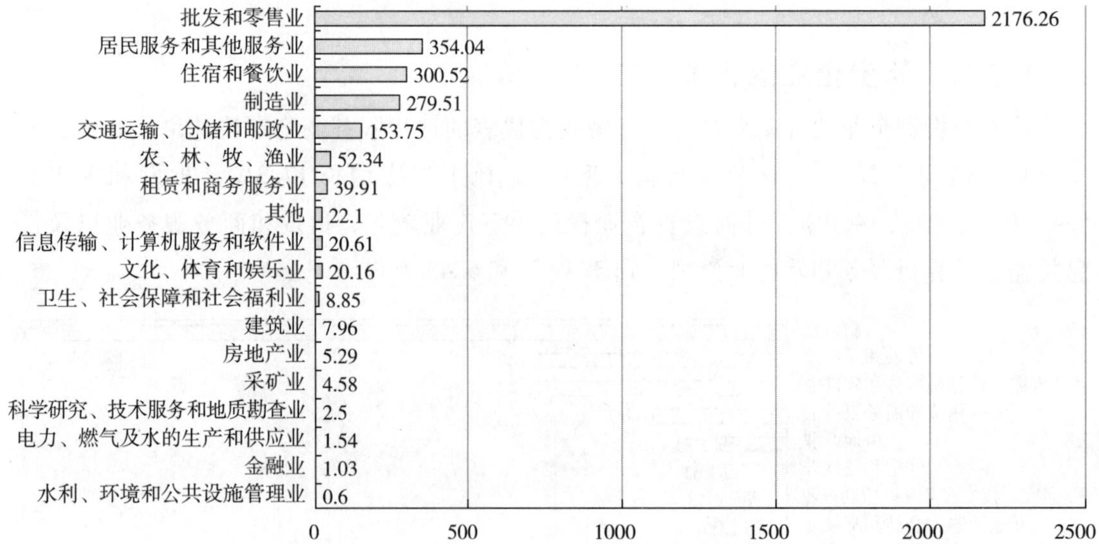

图1.9　2010年我国个体商户实有户数行业分布（万户）

资料来源：国家工商总局统计资料。

1.4　中小型企业景气指数变化情况

为客观反映中小企业发展的景气情况，国家统计局和中国中小企业协会分别编制了中小企业的相关指数，两者各有侧重，综合起来能够较好地反映中小企业的景气状况。

1.4.1　国家统计局中小企业景气指数和企业家信心指数情况

（1）经济呈现持续回升态势

中小企业企业家信心指数和企业景气指数全年分别达到120以上，均在“中度景气”区间运行，全年中小企业经济呈现持续回升的态势。相关指数表明，中小企业经济处于持续回升发展态势。中小企业景气指数和企业家信心指数从2008年第四季度和2009年第一季度起，分别从谷底开始向上攀升。到2010年，中小企业景气指数和企业家信心指数总体上呈持续走高态势。其中，中小企业景气指数1～4季度分别为124.1、126.6、129.4和128.4，与上一年相比分别上升24.0点、17.9点、13.4点和5.4点；中小企业家信心指数1～4季度分别为129.5、126.8、130.1和129.5，分别高于上年同期31.4点、20.9点、15.2点和6.7点。企业景气指数和企业家信心指数全年分别运行在124～129和126～130的“中度景气”区间内，波动幅度为5.3点和3.3点，是2008

年第四季度以来最好时期。

企业景气调查数据显示，2010 年中小企业随着订单的回升，企业生产总量持续增长，企业盈利状况不断改善，生产景气指数全面大幅上升。一是产品订货景气指数增长。2010 年 1～4 季度，中小企业产品订货景气指数分别为 105.1、114.7、116.2 和 115.1，与上年相比上升了 22.9 点、18.5 点、10.8 点和 5.0 点；年均值为 112.8，上升了 14.3 点。二是生产总量景气指数增长。2010 年 1～4 季度，中小企业生产总量景气指数分别为 101.5、123.8、122.9 和 119.4，与上年相比上升了 21.1 点、15.3 点、8.3 点和 1.8 点；年均值为 116.9，上升了 11.6 点。三是企业盈利景气指数增长。2010 年 1～4 季度中小企业盈利景气指数分别为 102.6、114.5、115.0 和 116.6，与上年相比上升了 21.6 点、13.6 点、6.3 点和 2.1 点；年均值为 112.2，上升了 10.9 点。四是工业企业设备利用率增长。2010 年由于中小企业产品订货增加，生产和销售速度不断提高，全年中小企业设备利用率整体保持在 80% 以上，1～4 季度设备利用率分别达到 80.7%、82.1%、82.0% 和 82.6%，分别比上年同期上涨 3.8 个、3.4 个、2.3 个和 1.1 个百分点；年均值为 81.9%，上升了 2.7 个百分点。

（2）劳动力需求增加较快

随着中小企业经济向好发展，2010 年企业劳动力需求有较大幅度增加，中小企业劳动力需求景气指数从 2009 年第三季度开始进入景气区间后逐季上升，2010 年全年整体保持在景气状态。1～4 季度劳动力需求景气指数分别为 113.7、115.8、117.0 和 112.4，分别比上年上升了 27.1 点、18.1 点、11.4 点和 6.4 点；年均值为 114.7，上升了 15.7 点。

（3）主要行业运行于“中度景气”及以上区间

2010 年，中小企业八大行业企业家信心指数均呈现明显上涨态势。八大行业的企业家信心指数最高的是信息传输和计算机服务及软件业，1～4 季度分别为 150.0、142.9、143.9 和 149.7，位于“高度景气”区间，表明信息传输计算机服务和软件业的企业家对发展前景最为乐观。其他各行业 2010 年度企业家信心指数按年均值排序依次为：建筑业（133.9）、社会服务业（129.9）、工业（129.4）、批发和零售业（127.7）、住宿和餐饮业（128.2）、交通运输仓储和邮政业（123.2）、房地产业（121.2），全都位于“中度景气”区间。

从企业景气指数看，中小企业八大行业景气指数大幅攀升，走势稳定向好。2010 年 1～4季度八大行业景气指数全部运行于 120 以上（除住宿和餐饮业第一季度外），均位于“中度景气”区间。八大行业中企业景气指数最高的是信息传输计算机服务和软件业，1～4 季度分别为 140.7、139.4、143.9 和 142.8，位于“高度景气”区间。其他各行业 2010 年企业景气指数按年均值排序依次为：建筑业（129.7）、批发和零售业（129.5）、社会服务业（128.5）、工业（127.0）、交通运输仓储和邮政业（124.2）、房地产业（124.2）、住宿和餐饮业（123.0），全部位于“中度景气”区间。

（4）各所有制类型中小企业企业家信心指数和企业景气指数均运行良好

到 2010 年第四季度，除集体企业外，其他各所有制类型的中小企业，都运行于

“中度景气”区间。

从企业家信心指数看，股份有限公司和外商投资企业对发展前景最为乐观。2010年1~4季度股份有限公司和外商投资企业的企业家信心指数全部运行在130以上，分别为139.7、136.0、139.8、139.6和135.8、135.6、136.8、136.0，均位于“中度景气”区间。集体企业的企业家信心指数最低，2010年1~4季度分别为116.5、112.2、119.1和117.2，全年运行于“低度景气”区间。

从企业景气指数看，股份有限公司中小企业景气指数最高。2010年1~4季度，在各所有制类型的中小企业中，股份有限公司的景气指数最高，分别为133.9、138.2、139.9和140.9；年均值为138.2，比上年上升了16.0点，处于“中度景气”区间。股份有限公司企业在订货景气指数、生产总量景气指数、盈利景气指数、劳动力需求景气指数等方面，都表现最为突出，各指数年均值分别为121.3、124.4、123.4、118.6。外商投资企业和国有企业中小企业景气指数表现仅次于股份有限公司，2010年企业景气指数年均值分别为137.8和124.9。集体所有制中小企业景气指数最低，2010年1~4季度分别为110.3、107.5、115.1和110.6；年均值为110.9，比上年上升了11.9点。集体所有制中小企业在订货景气指数、生产总量景气指数、企业盈利景气指数、企业劳动力需求景气指数等方面，都位居其他所有制类型中小企业之后，各指数年均值分别为99.8、106.8、102.6、105.1。

(5) 中小企业企业家对当前经济发展走向持谨慎乐观态度

从2010年1~4季度各项景气指数分析，中小企业企业家信心指数和企业景气指数，一季度承接上年四季度的走势，显示出快速上升的势头，二季度为全年的高点，三季度多项指标走平，少数指标有所下降。到第四季度，企业家信心指数和企业景气指数均比上一季度呈现小幅回落，同时对2011年一季度的预期判断出现进一步回落的倾向。反映出中小企业家对当前中国经济发展走向持谨慎乐观态度。

中小企业企业家信心指数回落。2010年第四季度，企业家信心指数为129.5，比第三季度回落点0.6点；对2011年第一季度预期值为128.4，比2010年第四季度又回落1.1点。中小企业景气指数回落。2010年第四季度，中小企业景气指数为128.4，比第三季度回落1.0点，对2011年第一季度预期值为128.0，比2010年第四季度又回落0.4点。

另外，2010年企业景气调查数据显示，中小企业在持续发展的过程中也存在一些值得关注的问题。

一是流动资金短缺。调查显示，2010年中小企业流动资金景气指数虽然比2009年有所回升，但仍处于不景气区间。1~4季度分别为90.6、89.1、92.3和91.3。分行业看，八大行业中只有批发和零售业、社会服务业、信息传输计算机服务和软件业流动资金景气指数处于“低度景气”区间，其他五个行业均处于不景气区间。分所有制类型看，国有企业、集体企业、股份合作企业、有限责任公司、私营企业流动资金景气指数均处于不景气区间；外商投资企业和港澳台商投资企业流动资金景气指数好于内资企业。

二是融资难的问题没有根本好转。2010年中小企业融资景气指数，虽然在2009年较为不景气的基础上有小幅上升，但仍处于不景气区间。2010年1~4季度中小企业融资景气指数分别为83.1、81.9、85.8和83.9，比较大型企业分别低18.4、19.3、17.7和17.9点。同时，中小企业贷款拖欠问题突出，2010年贷款拖欠景气指数年均值为101.8，仍在临界值附近波动，与2009年相比没有发生根本好转。

三是生产成本增加，费用支出不断攀升。2010年中小企业各行业生产成本增加，费用支出不断攀升，大大压缩了中小企业的利润空间。

2010年第四季度业务成本上升比重最高的行业是建筑业，有59.2%的企业工程结算成本上升；其他各行业依次为工业（56.5%的企业业务成本上升）、交通运输仓储邮政业（53.4%的企业业务成本上升）、住宿餐饮业（51.9%的企业营业成本上升）、批发零售业（48.2%的企业经营费用增加）、社会服务业（39.4%的企业营业成本上升）、信息传输计算机服务和软件业（39.4%的企业营业成本上升）。2010年中小企业各行业企业生产成本景气指数年均值均处于不景气区间。交通运输仓储邮政业生产成本景气指数最低（60.3），其他各行业企业生产成本景气指数从低到高依次为建筑业（63.1）、工业（64.9）、住宿餐饮业（69.9）、社会服务业（70.9）、批发零售业（74.0）、信息传输计算机服务和软件业（78.1）。

1.4.2 中国中小企业协会发布的中小企业发展指数（SMEDI）[①] 情况

①2010年一季度：中国中小企业发展指数为105.1，比上年四季度增加2%，中小企业经济运行形势进一步好转。一季度中小企业对宏观经济感受指数为113.1，表明对总体宏观经济形势更加乐观。从分项指数来看，生产指数为108.9，资金指数为107.2，劳动力需求指数为104.3，投资指数为112.2，综合经营指数为98.8。相比上年四季度，上述各分项指数均呈上涨趋势，说明中小企业经济运行趋势良好。但综合经营指数低于100，在下降区间，说明中小企业目前经营仍然存在困境，仍未摆脱国际金融危机的影响。企业生产经营公司财务困难，难以从外部筹措资金成为所有行业面临的首要困难。

②2010年二季度：中国中小企业发展指数为106.7，比一季度小幅回落0.4个百分点，走势在连续3个季度上升后趋于平缓。从指数构成看，企业宏观经济感受、生产、融资及流动资金等方面出现了不同程度的回落。

一是企业对宏观经济保持谨慎乐观。二季度，中小企业总体宏观经济感受指数为111.6，比一季度下降1.4个百分点。各行业对宏观经济感受存在明显差异：建筑业和房地产业的宏观经济感受指数分别下降4个百分点和8个百分点；工业、交通运输邮政

① 中小企业发展指数是通过对九大行业的中小企业进行调查，利用统计分析方法编制得来的，由中国中小企业协会在2010年首次发布。其中九大行业分别为：工业、建筑业、交通运输邮政仓储、房地产、批发零售、社会服务业、信息传输计算机服务和软件业、住宿餐饮业和金融业。在每个行业抽取2500家中小企业进行调查，样本数共为22500家。

仓储业、批发零售业和社会服务业宏观经济感受指数基本持平；信息传输计算机服务和软件业、住宿餐饮业和金融行业小幅上升。

二是企业综合经营保持温和回升态势。二季度，中小企业综合经营指数为99.2，比一季度略有上升，但仍在景气临界值100以下，表明中小企业综合经营状况仍不乐观。分行业看，交通运输邮政仓储业经营指数下降幅度最大，为2.1个百分点，金融业略有下降，其他行业持平或略有上升。

三是企业投资意向保持平稳。二季度，中小企业投资指数为111.8，比一季度下降0.4个百分点。分行业看，信息传输计算机服务和软件业为120.9，社会服务业为117.1，交通运输邮政仓储业为116.8，工业为111.3，建筑业为110.6，住宿餐饮业为103.9，金融业为101，只有房地产和批发零售行业投资指数还处于景气临界值以下。

四是企业产出温和回落，国外订单明显下降。二季度，中小企业产出指数为107.9，比一季度下降1个百分点。其中，工业生产总量、建筑工程量、交通运输邮政仓储业务量、房地产新开工面积和竣工面积、住宿餐饮业和金融行业的业务量均出现一定幅度的下滑。产出指数的回落受到企业国外订单明显下降的影响，工业企业来自国外的订单量指数下降近5个百分点，建筑业来自国外的工程合同指数下降近29个百分点。

五是企业流动资金指数下降，融资比较困难。二季度，中小企业流动资金指数为105.6，比一季度下降3个百分点，企业流动资金仍然偏紧；企业融资指数为97.4，比一季度下降1个百分点，表明中小企业融资难的问题仍没有改观。

六是劳动力需求上升，劳动力成本增加。二季度，中小企业劳动力需求指数为106.8，比一季度上升2.5个百分点，中小企业劳动力需求增加。劳动力市场供应指数为84.9，处于景气临界值以下，显示市场劳动力供应不足。劳动力报酬指数为119，中小企业劳动力报酬比上年同期上升，企业生产成本加大。

③2010年三季度：中国中小企业发展指数为108.9，比二季度上升2.2点，呈现出稳定上扬态势。调查表明，三季度中小企业发展指数的上升主要源于国内外市场需求回升，同时销售价格上涨，并抵消了企业原材料和劳动力成本上升的不利影响，企业整体盈利水平提升，投资意向增强。

分行业来看，所调查的八大行业发展指数均在100以上，处于景气区间。不同行业中小企业景气程度呈现一定差异，其中住宿餐饮业为117.8，交通运输邮政仓储业为116.6，相对较高；其他行业的景气度依次为社会服务业为110.6，房地产业为110.2，信息传输计算机服务和软件业为109.8，工业为107.4，批发零售业为106.8，建筑业为106.3。工业比二季度下降1.7个点，主要是受企业生产成本增加的影响。其他七大行业均比二季度出现不同程度的上涨，其中住宿餐饮业和交通运输邮政仓储业上涨幅度最大，分别为14.0和13.8个点，这主要显示了暑期的旅游效应。

一是企业对宏观经济保持积极乐观。三季度，中小企业宏观经济感受指数为123.5，比二季度上涨11.9个点，表明中小企业对宏观经济保持积极乐观。各行业对宏观经济感受均出现不同程度的上涨，其中，住宿餐饮和房地产行业最高，分别为 150 和 132.8。

二是企业综合经营得到改善。三季度，中小企业综合经营指数为 112.1，比二季度上升 12.9 个点，跃至景气临界值 100 以上，表明中小企业综合经营状况得到改善。分行业看，各行业均出现不同程度的上涨，其中交通运输邮政仓储业上涨幅度最大，一是由于上期指数下降幅度最大，导致基数变小；二是由于暑期旅游效应，以及上海世博会的拉动，使交通运输邮政仓储业综合经营状况出现较大的改观。

三是中小企业市场状况较好。三季度，中小企业市场指数为 114.1，处于景气临界值 100 以上。从调查细项来看，47% 的企业国内订单比上年同期增加；24% 的企业国外订单量增加。超过半数的企业生产总量比上年同期增加。48% 的企业产品销售量增加，32% 的企业产品的平均销售价格出现上涨。37% 的企业产品库存处于合理状态。

四是原材料和劳动力成本的上涨带动企业生产成本上升。三季度，中小企业成本指数为 83.3，处于景气临界值 100 以下，说明企业生产成本上升。其中，原材料及能源购进价格的上涨，劳动力成本的增加，是导致企业生产成本上升的主要原因。调查显示，超过 70% 的企业反馈原材料及能源购进价格比上年同期上涨；76% 的企业反馈企业劳动力成本增加。对于工业来讲，79% 企业反馈原材料及能源购进价格比上年同期上涨；82% 的企业反馈企业劳动力成本增加。

五是企业融资困难、流动资金紧张显现行业差异。三季度，中小企业资金指数为 99.6，接近景气临界值 100。从调查细项看，只有 21% 的企业反馈流动资金充足，14% 的企业反馈融资容易。但行业间呈现差异，房地产和批发零售业融资指数处于景气临界值 100 以上，其他行业均处于临界值 100 以下。从流动资金来看，交通运输邮政仓储业、房地产业、批发零售业、信息传输计算机服务和软件业，以及住宿餐饮业，流动资金指数在 100 以上，工业、建筑业和社会服务业流动资金指数在临界值 100 以下。

六是企业投入意向增加。三季度，中小企业投资指数为 122.1，比二季度上升 10.3 个点。从行业看，八大行业投入指数均处于景气临界值 100 以上，交通运输邮政仓储业、住宿餐饮业投入指数较高。从调查细项来看，54% 的企业固定资产投入比上年同期增加，51% 的企业科技投入增加。

七是企业效益平稳上升。三季度，中小企业效益指数为 104.6，比二季度略有上升。调查显示，32% 的企业与上年同期相比出现增盈或减亏。从行业来看，信息传输计算机服务和软件业、住宿餐饮业和交通运输邮政仓储业效益指数最高。调查显示，分别有 44% 的信息传输计算机服务和软件业企业、43% 的住宿餐饮企业和 37% 交通运输邮政仓储企业与上年同期相比，出现增盈或减亏。

八是劳动力需求大幅增加，供需结构性矛盾呈现。三季度，中小企业劳动力指数为 114.8，处于景气临界值以上。其中，劳动力需求指数 135.5，比二季度上涨 28.7 个点，表明中小企业劳动力需求大幅增加。劳动力市场供应指数为 95.2，虽然比二季度增加 10.3 个点，但仍处于景气临界值 100 以下。主要是技术工人和普通劳动力供应不足造成的，调查反馈市场普通劳动力供应和技术工人供应充足的企业，分别只有23%和16%。调查反馈市场大专及以上毕业生供应情况较好，只有16%的企业反馈供应不足，从行业来看，只有住宿餐饮业反馈供应不足。

④2010年四季度：中国中小企业发展指数为106.3，比三季度下降2.6点。总的看，一方面多数行业呈现平稳发展的态势，这正是宏观调控的预期目标。另一方面，一些中小企业原材料和劳动力成本进一步上升，一些企业和工种招工难的现象继续存在，对中小企业进一步提升盈利水平有所影响。从调查的8个分项指数显示出，中小企业对宏观经济的向好有一定的信心，但对原材料和劳动力成本上升以及融资困难有所担心。

一是半数分项指数处于景气临界值以上，中小企业对宏观经济的景气持谨慎乐观态度。总体经营指数、投入指数分别为116.1和126.1，均比上季度上升4个点。市场指数为114.1，与上季度持平。表明中小企业总体经营状况有所改善，市场状况稳定，投入意向增强。宏观经济感受指数仍在景气临界值以上，为113.5，但比上季度下降10个点，表明中小企业对宏观经济景气持谨慎态度。

二是原材料、能源购进价格的推高和劳动力成本上涨，使得企业成本压力增大。成本指数为72.3，比三季度下降11个点，处于景气临界值100以下，表明企业生产成本进一步上升。调查显示，82%的企业反馈原材料及能源购进价格比上年同期上涨，这个比例比三季度上涨了12个百分点；79%的企业反馈企业劳动力成本增加，这个比例比三季度上涨了3个百分点。对于调查企业中的工业企业来讲，超过90%的企业反馈原材料及能源购进价格比上年同期上涨，这个比例比三季度上涨了11个百分点；83%的企业反馈劳动力成本增加，这个比例与三季度持平。

三是企业融资仍然困难，流动资金进一步紧张。分项资金指数为94.8，比三季度下降4.8个点，处于景气临界值100以下。从调查的大项中的细项来看，只有6%的企业反馈融资容易，这个比例比三季度下降了8个百分点。只有17%的企业反馈流动资金充足，这个比例比三季度下降了4个百分点。而且存在明显的行业差异。例如，房地产融资指数从三季度的102.1降至94.9，下降7.2个点，落入景气临界值以下。虽然一定数量的行业融资指数继续保持在临界值100以上，但呈现不同幅度的回落。

四是劳动力需求小幅回落，供需结构性矛盾依然突出。劳动力指数为109.1，比三季度回落5.7个点。其中，劳动力供应指数为89.3，比三季度下降6.8个点，远低于景气临界值。从调查的大项中的细项来看，普通劳动力需求指数为125.2，供应指数为71.4；技术工人需求指数为138.3，供应指数为69.2；大专及以上毕业生需求指数为126.1，供应指数为124.5。调查结果表明市场对技术工人的需求最旺盛，供需的结构性矛盾突出表现在难以满足对技术工人的需求。

五是多种因素叠加，导致企业效益指数跌至景气临界值以下。效益指数为95.9，比三季度下降8.7个点，跌入景气临界值100以下。调查显示，33%的企业反馈企业效益比上年同期增亏或减盈，这个比例比三季度增加了6个百分点。之所以有这样的调查结果，主要是 2009 年企业效益逐季提高，由于基数的原因，在进行同比的情况下，企业有增亏或减盈的感受。同样应当看到，这也是企业原材料、能源购进价格和劳动力成本上涨以及企业融资仍然困难等问题的综合反映。

表 1.2　　2010 年各季度中小企业发展指数及分项指数

各项指数	一季度	二季度	三季度	四季度
SMEDI	107.1	105.1	108.9	106.3
生产指数	108.9	107.9		
成本指数			83.3	72.3
资金指数	107.2	105.6	99.6	94.8
劳动力需求指数	104.3	106.8	114.8	109.1
投资指数	112.2	111.8	122.1	126.1
综合经营指数	98.8	99.2	112.1	116.1
宏观感受	113.1	113.1	123.5	113.5

资料来源：中国中小企业协会。

⑤九大行业指数变化情况。分行业来看，所调查的九大行业发展指数绝大多数情况均在 100 以上，处于景气区间，表明我国中小企业经济运行状况良好。不同行业中小企业景气程度呈现一定差异，多数行业运行比较平稳，个别行业如交通运输邮政仓储业、住宿餐饮业出现大的起伏，房地产业景气程度迅速提升。

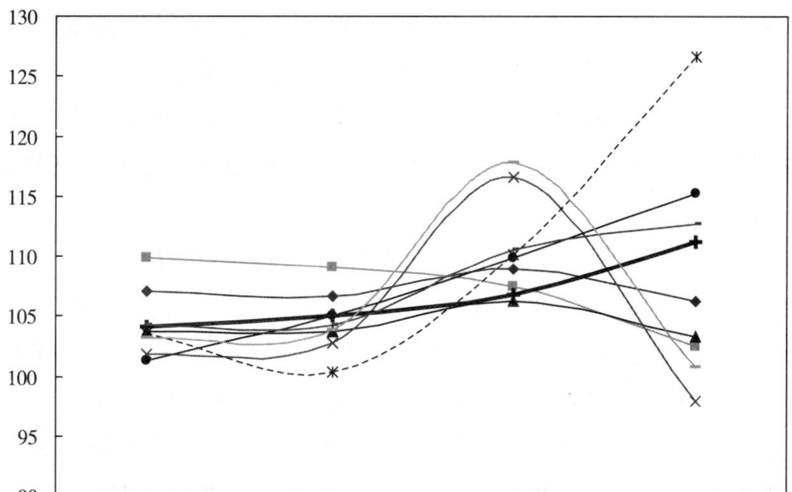

	2010Q1	2010Q2	2010Q3	2010Q4
SMEDI	107.1	106.7	108.9	106.3
工业	109.9	109.1	107.4	102.5
建筑业	103.7	103.7	106.3	103.3
交通运输邮政仓储业	101.8	102.7	116.6	97.9
房地产业	103.5	100.3	110.2	126.6
信息传输、计算机和软件业	101.3	105	109.8	115.3
批发零售业	104.1	105	106.8	111.2
社会服务业	104.2	104.2	110.6	112.7
住宿餐饮业	103.1	103.8	117.8	100.8

图 1.10　中国中小企业协会九大行业指数 2010 年运行情况

资料来源：中国中小企业协会。

1.5 中小企业服务体系建设情况

自1999年9月中共十五届四中全会首次提出“培育中小企业服务体系”要求以来，我国中小企业服务体系建设已经走过了12年的历程，中小企业服务体系建设取得了积极成效①。

①信用担保体系基本形成，为缓解中小企业融资难发挥了重要作用。中小企业信用担保机构由2000年的97家发展到2010年的5547家，筹集的担保资金由初期的30亿元发展到现在的3389亿元，分别增长了57倍和113倍。2010年担保机构为中小企业提供的担保贷款额已达1.1万亿元，首次突破万亿元大关。

②体系架构初步建立，中小企业公共服务环境得到改善。中小企业服务体系架构可以从不同纬度划分，既可以是国家、省、市、县不同层级的服务机构，也可以是政府扶持建立的中小企业服务机构、协会（商会）和非营利组织，以及市场化社会中介机构共同构成。截至2009年底，全国中小企业服务机构已由2000年的33家发展到818家。近1/3的省（区市）形成了省、市、县三级中小企业服务中心全覆盖、协会和社会服务机构积极参与的服务网络。

③银河培训工程成为中小企业素质提升的重要途径。2003年以来，中央财政累计投入近1.8亿元，共完成30多万人次的免费集中培训、近50万人次的远程网络培训和110万人次的信息化培训。带动各地投入专项资金，支持了约600万人次的培训。

④多种形式创业服务，助推小企业创立发展。2003年以来，通过推动“创办小企业，开发新岗位，以创业促就业”，在全国形成了创业辅导服务与创业基地集中培育相结合的推动模式。中央财政安排创业辅导服务补助资金7262万元，支持了522家服务机构，为11.9万户创业者和初创小企业提供了服务，采取投资补助方式，安排资金5亿元，支持了290家小企业创业基地建设项目。

⑤加快公共服务平台建立，支撑中小企业创新发展。2007年以来，国家安排补助资金5亿元，累计支持了238个公共服务平台建设项目。地方也加大平台建设支持力度，23个省累计安排资金4.77亿元，支持了1481个平台建设项目。这些平台在提升中小企业创新能力和产品质量等方面，发挥了重要作用。

---

① 参见工业和信息化部党组成员、总工程师朱宏任的讲话：《加快推进服务体系建设，促进中小企业持续健康发展》。

⑥加快建设信息服务网络，畅通中小企业信息渠道。经过多年建设，中国中小企业信息服务系统已从 2000 年一个国家总站扩展到全国 47 个省市分站、949 个二级分站。服务功能由政务信息服务，扩大到创业辅导、大学生网上招聘、银河培训、中小企业国际博览会、专精特新产品介绍、管理咨询等各个方面。

经过多年努力，中小企业服务体系建设呈现出一系列有利变化。

一是政策环境逐步完善。《中小企业促进法》、《国务院关于鼓励支持和引导个体私营等非公有制经济发展的若干意见》、《国务院关于进一步促进中小企业发展的若干意见》，对服务体系建设的要求逐步深化。2010 年以来，工业和信息化部会同有关部门下发了《关于促进中小企业公共服务平台建设的指导意见》，印发了《国家中小企业公共服务示范平台管理暂行办法》和《关于加强中小企业信用担保体系建设工作的意见》等文件。20 多个省市在促进中小企业发展的地方法规中，都对服务体系建设作出了明确规定。

二是引导手段不断加强。2010 年中央财政中小企业服务体系发展专项资金规模增加到 2.5 亿元，用于支持中小企业公共服务平台建设和中小企业公共服务业务。中小企业发展专项资金规模增加到 25.2 亿元，支持范围扩大到中小企业信用担保体系、小企业创业环境改造、市场开拓等方面。

三是推动方式不断创新。既有树立示范、加强观摩交流推动方式，也有明确建设目标、整体推进方式；既有规划指导推进方式，也有重点服务推进方式；既有通过强化省级机构、带动市县服务机构发展方式，也有围绕特色产业完善服务方式。形式多样，各具特色。

同时，中小企业服务体系的发展还存在诸多不足：一是中小企业服务机构服务能力有待提高；协会（商会）作用尚未充分发挥；社会中介机构服务水平参差不齐，中小企业“不敢用、用不起”服务与服务机构“小、散、弱”并存。二是专业化、个性化服务提供不足，服务质量和深度有待提高。三是服务网络不健全，渠道不畅，服务覆盖面小，协同性不强。四是服务不规范，缺乏服务标准。五是区域发展不平衡。这些问题急需出台更有针对性的措施加以解决。

具体建议包括：一是尽快出台《关于加快中小企业服务体系建设的指导意见》。作为贯彻落实国发 36 号文件的配套文件，要在充分听取地方意见基础上，修改完善，尽快出台。二是加强规划指导。《中小企业成长“十二五”规划》已于 2011 年 9 月正式发布，《中小企业服务体系建设“十二五”规划》也将于近期出台。要通过编制规划，进一步明确“十二五”服务体系建设目标、任务和重点，使服务体系建设更加科学、规范。三是加大引导力度。要集中各种政策和工作手段，推进服务体系建设。各级扶持中小企业发展的资金，要向服务体系建设倾斜。通过资质认定、购买服务、资金补助和服务奖励等多种方式，促进优质服务机构加快发展。四是抓好公共服务示范平台建设。加快重点产业集群公共服务平台和大中城市综合性公共服务平台建设。重点培育国家和省级示范平台。研究制定扶持国家公共服务示范平台的税收政策。各地要根据《国家中小企业公共服务示范平台管理暂行办法》，尽快完善省级示范平台的认定管理办法。五是加快骨干服务队伍建设。要通过公开征集、定向招标、资格确认等方式，尽快形成基本服务队伍，夯实服务体系工作基础。通过推动重点服务，发现和遴选服务能力强、业绩突出、具有较强资源带动能力的服务机构，进行重点培育，尽快形成服务体系的骨干服务队伍，发挥核心和引领作用。六是加强服务协同。要通过建立服务联盟，提高协同服务能力。充分发挥通讯、信息技术优势，加强服务网络建设，推动其与服务机构的协同服务。要加快中小企业信息服务网络的互联互通和一体化建设，增强网络服务功能，加快网络服务系统与实体服务系统的融合。七是建立服务测评与激励机制。要逐步完善不同服务产品的服务标准，推动服务规范化，提高服务质量。不断完善服务测评方法，逐步形成激励机制，促进优质服务机构加快发展，推动服务体系建设的科学化、规范化。

1.6　中小企业管理信息化建设情况

2010年，中小企业管理信息化试点取得新进展。通过实施健康成长计划，目前，已建立中小企业信息化辅导站280家，新认证管理健康体检师1125人，为5万多家中小企业提供了管理运营健康体检；开展各类信息化活动6000余场，参加培训的中小企业近30万家，为企业培训信息化专业人才和信息化主管超过50万人次；帮助近13万家中小企业实施了信息化；遴选出一批信息化示范企业，总结区域性案例1000多份，对其中的86个案例进行了分析解读和专家点评，形成了《中小企业管理信息化案例研究》报告。

为推动中小企业管理信息化，有关部门和各地区均积极采取措施。

①加强政策引导。山东省出台了加快中小企业信息化的意见，连续三年召开全省中小企业信息化工作会议，统一思想，提高认识。湖北省制订了信息化工作中长期规划，开展了信息化立法及标准制订工作。陕西省正在制订全省中小企业“十二五”信息化公共服务平台建设发展规划。

②构建服务体系。广东省将建立信息化服务体系作为推动中小企业信息化的关键，建立了1个省级中小企业信息化服务中心和14个市县分中心，以此整合信息化服务商的产品和服务，向中小企业统一推广，提供服务。山东、云南、陕西组建了信息化服务联盟，集成软件开发商、设备供应商和电信运营商的技术服务优势，制定、实施一揽子中

小企业信息化解决方案。吉林省建立省、市（州）、县三级联动的中小企业服务联盟，搭建管理咨询、电子商务、信息网络等10个服务平台，推动工作开展。

③搭建服务平台。广东省建立中小企业信息化评估服务平台，免费为企业评估信息化水平。北京、江苏等省市通过平台聚集信息化优质资源，为中小企业提供专业信息化服务。山东省依托中小企业信息网络体系，着力打造政务、中介服务和电子商务平台，其中4个产业集群电子商务平台试点已累计服务企业2.4万家，促进交易近20亿元。四川省依托以中小企业四川网为龙头的网站集群，为中小企业搭建投融资、企业交流和商务交易等信息资源平台。

④加大资金支持。北京市投入2000万元，首先推动各区县中小企业主管部门和服务机构信息化。上海市设立了信息化发展专项资金，安排资金3000万元，其中安排1000万元，推进“上海市电子商务双推对接试点工程”，即推动电子商务企业做大做强、推动中小企业应用电子商务，5700多家企业受益。江苏省采取政府扶持一点、电子商务企业让利一点、中小企业出一点的方式，开展中小企业百千万电子商务推进工程。

⑤典型示范带动。上海、江苏、广东等省市开展中小企业信息化应用示范企业、示范单位和信息化服务示范单位的评选认定工作，通过授牌、扩大宣传，以点带面，推动中小企业信息化。宁夏实施了制造业信息化示范工程，通过树立“两化融合”典型示范企业，推进信息技术改造提升传统产业。

目前，我国中小企业正处于转型升级阶段，企业从专注内部生产逐步转向更加注重效益、效率和提高市场响应能力上。在应对金融危机过程中，一些企业应用ERP系统在企业采购、库存、核算、销售和财务管理等业务中实施有效控制和管理，降低成本，提高效益；一些企业应用电子商务，及时捕捉市场信息，与客户交流，提高客户满意度，创造新的商机；一些企业通过信息化将物流、商流、资金流和信息流综合运用，创新商业模式，打造供应链服务平台，使过去用传统模式无法解决的难题得到化解。信息化在降低成本、提高财务核算效率、控制应收账款、调控原材料和存货、促进中小企业管理科学化和规范化等方面都有成功案例。实践表明，信息化是帮助中小企业实现从粗放经营向规范管理、精细管理、绩效管理、战略管理不断升级的重要手段，对中小企业突破发展瓶颈，实现健康成长具有重要而积极的作用。

近年来中小企业信息化推进工程取得显著成效，在探索适合我国国情的中小企业信息化推进方法与途径方面积累了大量经验。中小企业量大面广，需求分散，中小企业的信息化在世界各国都是难点，也是国家信息化的重点。中小企业信息化的关键是要解决中小企业缺乏内生动力问题，要针对不同的行业和需求，细分市场和服务，不断创新推进模式，净化竞争环境，突出抓好信息化服务体系建设，搭平台、建站点、抓案例、搞培训，加强第三方全程信息化咨询服务。进一步推进中小企业信息化建设，需要提高中小企业信息化意识，解决传统管理模式与信息化系统之间的矛盾，进行业务流程优化与创新；需要培养企业管理与信息化相结合的复合型人才，提高员工整体素质，使信息化真正成为企业健康成长的助推器。政府搭台，整合社会资源，强化社会服务，对中小企业信息化必将起到有力的促进作用。政府要为中小企业信息化购买优质服务，努力实现信息化供需双方的双赢。今后仍需要大力支持中小企业管理信息化工作。一是要加大政策资金的引导力度，国家设立专项资金，加强对中小企业信息化和公益性信息化培训的支持，中小企业实施信息化应享受减免税政策；对中西部地区要给予倾斜性支持。二是组建中小企业信息化推进联盟，引导更多的社会资源支持中小企业信息化。三是培育和重点扶持信息化示范企业，发挥典型示范效应。四是进一步营造氛围，积极开展中小企业信息化应用的专项调研，加强工作交流。五是加强软件开发，强化售后服务，帮助中小企业解决软件的集成应用与二次开发问题。

第 2 章

2010 年促进中小企业发展政策体系

- 综合性政策
- 财税政策
- 金融政策
- 节能减排政策
- 劳动就业政策
- 其他政策

2010年，我国中小企业保持了良好的发展态势，从国际金融危机的巨大冲击中逐步恢复活力，为国民经济保持平稳较快发展发挥了重要作用。这与国家及时出台一揽子经济刺激方案密切相关，同时也是各级政府采取切实措施、努力改善发展环境加快中小企业发展的结果。国务院2009年9月印发了《国务院关于进一步促进中小企业发展的若干意见》（国发［2009］36号），成为指导中小企业工作的纲领性文件，将促进中小企业发展提到了战略的高度。国务院有关部门和各级地方政府紧紧围绕这个纲领性文件，加快研究出台切实可行的配套措施，积极贯彻落实相关政策，做了大量工作。国务院迅速建立和完善工作协调机制，成立了以张德江副总理为组长、17个部门组成的国务院促进中小企业发展工作领导小组；各方面抓紧制定相关配套法规，《融资性担保公司管理暂行办法》、《政府采购扶持中小企业发展暂行办法》、中小企业划型标准修订等一大批针对性强的政策措施及时出台；小型微利企业所得税优惠政策、减轻企业负担政策等得到贯彻落实，财政支持中小企业发展的专项基金和中央预算内技术改造资金向中小企业倾斜等等。在这些政策的综合作用下，中小企业服务体系建设得到加强，相关政策的配套性、协调性、有效性都有所增强，中小企业发展环境有了明显改善。

2.1 综合性政策

5月13日，国务院出台《关于鼓励和引导民间投资健康发展的若干意见》，对拓展民间投资的领域和范围做出了详细的规定。这个文件是继2005年出台《国务院关于鼓励支持和引导个体私营等非公有制经济发展的若干意见》之后的又一次就推动民间投资及非公有制经济发展推出的指导性文件。

与2005年文件相比，这次文件在拓展民间投资的领域和范围都作了更详细的规定，也更加放开了民间资本进入国民经济各个领域的方式。

一是明确界定了政府投资的范围，即："政府投资主要用于关系国家安全、市场不能有效配置资源的经济和社会领域。对于可以实行市场化运作的基础设施、市政工程和其他公共服务领域，应鼓励和支持民间资本进入"。同时，文件强调指出要对各类投资主体同等对待，不得单对民间资本设置附加条件。

二是对于民间投资的进入范围更细化。在2005年文件中，对于民间投资的进入范围比较粗糙，如对于电力、电信、铁路、民航、石油等垄断行业和领域，只写了一小段话进行说明。而 2010 年的文件中，则对民间投资的投资领域和范围出台了更加详细的意见。如针对铁路、电力、石油等行业都分别进行了详细的说明。

三是民间投资的方式更为放宽，由“参股”放宽到“独资、控股、参股”。2005 年的文件中民间投资允许参与投资的方式多为参股。如文件指出：“加快垄断行业改革，在电力、电信、铁路、民航、石油等行业和领域，进一步引入市场竞争机制。对其中的自然垄断业务，积极推进投资主体多元化，非公有资本可以参股等方式进入；对其他业务，非公有资本可以独资、合资、合作、项目融资等方式进入。”而在 2010 年这次文件中，对民间投资投资方式更为放宽，从以前的只允许参股方式放开到可以独资、控股、参股的方式参与。如“鼓励民间资本以独资、控股、参股等方式投资建设公路、水运、港口码头、民用机场、通用航空设施等项目”，“允许民间资本参股建设煤运通道、客运专线、城际轨道交通等项目”，“支持民间资本以独资、控股或参股形式参与水电站、火电站建设，参股建设核电站”，“鼓励民间资本以参股方式进入基础电信运营市场”等。

2.2　财税政策

财政支持政策是国家利用财政资金，对促进中小企业发展的各方面和各环节进行无偿资助、贷款贴息和资本金注入等直接促使中小企业（或促使帮助中小企业的机构）发展的政策。

①2010 年 6 月 10 日，为规范和加强地方特色产业中小企业发展资金管理，提高资金使用效率，财政部制定了《地方特色产业中小企业发展资金管理暂行办法》（财企［2010］103 号）。该办法规定，地方特色产业中小企业发展资金（以下简称特色产业资金）是根据《国务院关于进一步促进中小企业发展的若干意见》（国发［2009］36 号），由中央财政预算安排，专门用于支持地方特色产业集群和特色产业聚集区内中小企业技术进步、节能减排、协作配套，促进产业结构调整和优化的资金。特色产业资金主要用于以下几个方面。

一是促进中小企业技术创新和成果转化。重点支持地方特色产业集群和特色产业聚集区内中小企业开展的符合国家产业技术政策、创新水平较高、市场竞争力较强、预期经济和社会效益较好、知识产权清晰的技术创新和科技成果转化项目。

二是鼓励中小企业节能减排。重点支持地方特色产业集群和特色产业聚集区内中小企业生产或应用节能减排产品的技术改造项目，集群和聚集区内废水、废气、废渣等废弃物综合治理利用项目的建设、改扩建和技术改造等。

三是加强中小企业与骨干企业专业化协作。重点支持地方特色产业集群和特色产业聚集区内有较强协作配套关系的中小龙头骨干企业重点产品技术改造和改扩建项目，中小企业为建立和加强与龙头骨干企业协作配套关系、提高专业化生产水平而进行的技术改造和改扩建项目。

四是支持中小企业产业升级和延伸。重点支持地方特色产业集群和特色产业聚集区内中小企业产业升级改造，新能源、新材料、节能环保、生物医药、信息网络及高端制造等战略性新兴产业中小企业项目建设和技术改造，集群和聚集区内主导性产业中小企业向附加值高的产业前端和后端延伸而进行的技术改造项目。

五是改善中小企业服务环境。重点支持为地方特色产业集群和特色产业聚集区内中小企业提供研究开发、设计、知识产权保护、工程技术管理、商务信息交流等公共服务项目。

特色产业资金无偿资助的额度，每个项目一般不超过300万元。特色产业资金贷款贴息的额度，根据项目贷款额及人民银行公布的同期贷款基准利率确定。每个项目的贴息期限一般不超过2年，年贴息率不超过同期贷款基准利率，贴息额度一般不超过300万元。

②2010年9月17日，财政部、工业和信息化部修改制定了《中央财政关闭小企业补助资金管理办法》，进一步加强关闭小企业专项补助资金的管理，认真做好关闭落后小企业工作，加快推进节能减排、淘汰落后产能，促进产业结构调整和优化升级。该办法规定，2010年至2011年补助资金支持的重点是：围绕促进节能减排、淘汰落后生产能力和安全隐患治理，重点关闭小冶炼、小化工、小建材以及小造纸、小制革、小印染、小酿造等能耗高、污染严重、安全隐患突出的小企业。该办法规定，关闭小企业是指地方政府根据国家有关法律法规和产业政策，对存在产能过剩、资源能源浪费、环境污染、安全隐患突出、布局不合理等问题的各类小企业实施的行政性关闭。关闭小企业补助资金主要用于关闭企业职工安置等支出。根据关闭小企业工作的实际进度，补助资金结余可以转结下年使用。关闭小企业补助资金按照“突出重点、公开透明、确保实效”的原则，综合考虑实际关闭的小企业安置职工人数、地域差异等因素进行分配。补助标准为：符合条件的关闭小企业补助金额 = 本企业在岗职工人数（人）×所在地级市上一年度企业在岗职工平均工资总额（元/年）×补助系数。补助系数根据中央财政年度预算安排、关闭小企业涉及的职工人数等因素综合确定。对于国家级贫困县（市），补助系数适当提高。关闭小企业补助资金由中央财政拨付给省级财政部门。省级财政部门会同工业和信息化主管部门制订具体的资金使用方案并组织实施，及时下达资金到有关企业。

③2010 年 10 月 22 日，经国务院批准，财政部、国家税务总局联合发布了《关于支持和促进就业有关税收政策的通知》（以下简称《通知》）。《通知》要求，为适应当前就业工作面临的新形势和新任务，进一步扩大就业规模，鼓励以创业带动就业，自 2011 年 1 月 1 日起实施新的支持和促进就业有关税收政策。《通知》以现行下岗失业人员再就业税收优惠政策为基础，进行了调整和完善，主要包括：

一是着重支持自主创业。在已出台促进中小企业发展税收优惠政策的基础上，新的就业税收优惠政策主要针对个体经营者，积极扶持个人自主创业。

二是扩大享受自主创业税收优惠政策的人员范围。与以往按照特殊群体确定享受自主创业税收优惠政策的人员范围相比，新的自主创业税收优惠政策适用对象的界定，以在公共就业服务机构登记失业半年以上作为基本条件，即由下岗失业人员和城镇少数特困群体扩大到纳入就业失业登记管理体系的全部人员。下岗失业人员、高校毕业生、农村进城务工人员、就业困难人员以及零就业家庭、享受城市居民最低生活保障家庭劳动年龄内的登记失业人员等就业重点群体，都涵盖在新的就业税收优惠政策适用对象之内。同时，为支持和鼓励应届高校毕业生创业，将毕业年度内的高校毕业生也纳入自主创业税收优惠政策适用范围。

三是保持原有政策优惠力度。继续沿用下岗失业人员再就业税收政策的优惠方式。对持《就业失业登记证》从事个体经营的，在 3 年内按每户每年 8000 元为限额，依次扣减其当年实际应缴纳的营业税、城市维护建设税、教育费附加和个人所得税。对商贸企业、服务型企业、劳动就业服务企业中的加工型企业和街道社区具有加工性质的小型实体，在新增加的岗位中，当年新招用持《就业失业登记证》人员，与其签订 1 年以上期限劳动合同并依法缴纳社会保险费的，3 年内按实际招用人数予以定额依次扣减营业税、城市维护建设税、教育费附加和企业所得税的优惠。定额标准为每人每年 4000 元，可上下浮动 20%，由各省、自治区、直辖市人民政府根据本地区实际情况在此幅度内确定具体定额标准。

四是进一步规范税收优惠政策管理。以《就业失业登记证》作为享受优惠政策的主要依据，在享受对象上体现了普惠性，在管理方式上突出了规范性，并将公共就业服务职能与税收征管紧密结合，适应了当前我国就业工作的新形势和新要求。同时，通过加强对《就业失业登记证》和《高校毕业生自主创业证》等凭证的管理、设置行业限制，进一步提高优惠政策的操作性和可控性，避免产生税收征管漏洞。

《通知》规定，税收优惠政策的审批期限为 2011 年 1 月 1 日至 2013 年 12 月 31 日。税收优惠政策在 2013 年 12 月 31 日未执行到期的，可继续享受至 3 年期满为止。下岗失业人员再就业税收优惠政策在 2010 年 12 月 31 日未执行到期的，可继续享受至 3 年期满为止。

2.3　金融政策

中小企业融资难一直是个世界性难题，在我国表现得尤为突出，成为制约中小企业健康发展的重要因素。2010年，围绕缓解中小企业融资难的矛盾，有关部门出台了一系列配套政策，这些政策的效果将会逐步显现。

2.3.1　加强中小企业金融服务一揽子方案

2010年6月21日，为进一步改进和完善中小企业金融服务，拓宽融资渠道，着力缓解中小企业（尤其是小企业）的融资困难，中国人民银行、银监会、证监会和保监会联合出台了《关于进一步做好中小企业金融服务工作的若干意见》。这是一整套系统性解决中小企业融资难问题的整体方案。

该意见强调，要进一步推动中小企业信贷管理制度的改革创新。

一是深化认识、转变观念，切实提高对中小企业的金融服务水平。金融系统要进一步增强做好中小企业金融服务的责任感和大局意识，切实改变经营和服务理念。要把改进中小企业金融服务、扩大中小企业信贷投放作为各银行业金融机构开展信贷经营业务的重要战略，确保小企业信贷投放的增速要高于全部贷款增速，增量要高于上年。

二是改造审批流程、提高审批效率，确保符合贷款条件的中小企业获得方便、快捷的信贷服务。各金融机构要对中小企业设立独立的审批和信贷准入标准，压缩中小企业贷款审批流程，切实提升贷款审批效率。鼓励有条件的银行为中小企业开办一站式金融服务。积极推广灵活高效的贷款审批模式。研究推动小企业贷款网络在线审批，建立审批信息网络共享平台。

三是坚持有保有压、明确支持重点，积极推动符合国家产业政策要求的中小企业健康发展。优先满足中小企业符合国家重点产业调整和振兴规划要求的新技术、新工艺、新设备、新材料、新兴业态项目资金需求，加大对具有自主知识产权、自主品牌和高附加值拳头产品中小企业的支持，提升中小企业自主创新能力和国际竞争力。严格控制过剩产能和“两高一资”行业贷款，鼓励对纳入环境保护、节能节水企业所得税优惠目录投资项目的支持，促进中小企业节能减排和清洁生产。鼓励金融机构支持东部地区先进中小企业通过收购、兼并、重组、联营等多种形式，加强与中西部地区中小企业的合作，有序实现产业转移。加快推动发展文化创意、服务外包以及其他就业吸纳能力强、市场需求大的服务业中小企业发展。

四是实施小企业金融服务差异化监管。银监会派出机构要因地制宜制定科学、审慎的小金融机构市场准入细则，实行分类监管、差异化监管，不断提高监管技术和监管有效性。小企业金融服务专营机构要进一步落实小企业金融服务“四单”原则，既单列信贷计划、单独配置人力资源和财务资源、单独客户认定与信贷评审、单独会计核算，构建专业化的经营与考核体系。各金融机构要增强风险管理意识，针对小企业客户风险状况，制定风险管理业务规则，培养熟悉小企业业务的风险管理经理，逐步建立与小企业业务性质、规模和复杂程度相适应，完善、可靠的市场风险管理体系。认真贯彻落实对小企业授信工作的相关规定，制定小企业信贷人员尽职免责机制，切实做到尽职者免责，失职者问责。

五是推动适合中小企业需求特点的金融产品和信贷模式创新。鼓励银行业金融机构在有效防范风险的基础上，推动动产、知识产权、股权、林权、保函、出口退税池等质押贷款业务，发展保理、福费廷、票据贴现、供应链融资等金融产品。探索开展依托行业协会、农村专业经济组织、社会中介等适合中小企业需求特点的信贷模式创新。加大电子银行业务宣传，引导和督促银行业金融机构提高电子商业汇票在中小企业客户中的使用率。鼓励金融机构依法合规开展同业合作，稳步发展贷款转让业务，合理调剂信贷资源，增加对中小企业的贷款支持。

该意见强调，要建立健全中小企业金融服务的多层次金融组织体系。

一是提高大型银行对中小企业的服务意识和能力。国有商业银行和股份制商业银行要继续推进中小企业金融服务专营机构建设。大型银行在已建立中小企业金融服务专营机构基础上，要进一步向下延伸服务网点，切实做到单独统计和调控，完善评审机制，使专营机构充分发挥作用，实现中小企业尤其是小企业金融业务的针对性服务。中国邮政储蓄银行要加快改造机构网点，完善小额贷款功能，创新信贷产品，提升对微小企业、个体工商户等重点客户的金融服务。

二是积极发挥中小商业银行支持中小企业发展的重要作用。中小商业银行要准确把握“立足地方、服务中小”的市场定位，把支持地方经济发展，支持中小企业、私人企业以及个体工商户作为工作重点，努力打造自身“服务中小企业”品牌。充分发挥中小商业银行的地缘优势，挖掘企业信用信息，为降低中小企业融资门槛创造良好环境。建立稳定的信贷员队伍，以适应中小企业特点为标准，探索提供延伸服务，较好满足中小企业的特殊金融服务需求。取消符合条件的中小商业银行分支机构准入数量限制，鼓励其优先到西部和东北地区等金融机构较少、金融服务相对薄弱地区设立分支机构。

三是推动服务县域中小企业的新型农村金融机构和小额贷款公司稳步发展。鼓励各银行业金融机构到金融服务空白乡镇开设村镇银行和贷款公司。坚持小额贷款公司风险防范和规范发展并重，支持符合条件的小额贷款公司转为村镇银行。大中型商业银行在防范风险的前提下，为小额贷款公司提供批发资金业务，但小额贷款公司从银行业金融机构可获得融资资金的余额，不得超过资本净额的50%。

该意见认为，要大力拓宽符合中小企业资金需求特点的多元化融资渠道。

一是完善中小企业股权融资机制，发挥资本市场支持中小企业融资发展的积极作用。鼓励风险投资和私募股权基金等设立创业投资企业，逐步建立以政府资金为引导、民间资本为主体的创业资本筹集机制和市场化的创业资本运作机制，完善创业投资退出机制，促进风险投资健康发展。加大中小企业上市前期辅导培育力度，支持自主创新和有发展前景的中小企业发行上市。积极发展中小板市场，加快发展创业板市场，努力扩大中小企业上市规模。建立和完善中小板和创业板上市公司再融资及并购制度，完善中小企业上市育成机制。积极推进证券公司代办股份转让系统非上市股份有限公司股份报价转让试点，适时将试点扩大到其他具备条件的国家级高新技术园区，完善监管和交易制度，改善科技型中小企业融资环境。

二是逐步扩大中小企业债务融资工具发行规模。积极推进完善短期融资券、中小企业集合债券和集合票据的试点工作，适当简化审批手续，对中小企业发行债务融资工具实行绿色通道。对符合国家政策规定的中小企业发行直接债务融资工具的，鼓励中介机构适当降低收费，减轻中小企业的融资成本负担。培育银行间债券市场合格投资者，为中小企业直接融资市场创造条件。进一步完善风险控制、信用增进等相关配套机制，为优质中小企业在债务融资工具发行阶段提供信用增进服务。

三是大力发展融资租赁业务。扎实推进扩大商业银行设立金融租赁公司试点工作。支持金融租赁公司按照“商业持续”原则，开展中小企业融资租赁业务创新。完善融资租赁公示登记系统，加强融资租赁公示系统宣传，提高租赁物登记公信力和取回效率，为中小企业融资租赁业务创造良好的外部环境。加强对融资租赁业务的指导监督，促进融资租赁行业规范化，管理统一化，合同统一化，在规避风险的同时保证融资租赁有序、规范发展。

该意见强调，要大力发展中小企业信用增强体系。

一是加强对融资性担保公司的日常监管。督促融资性担保公司依法合规审慎经营，严格控制风险集中度和关联方担保。指导融资性担保公司加强资本金管理和内控机制建设，不断提高风险管理水平。将担保机构经营情况纳入人民银行企业征信系统实施统一管理。推动地方政府建立各类小企业贷款风险补偿基金、融资担保基金、非营利性小企业再担保公司、贷款奖励基金，合理分担小企业贷款风险。贯彻落实担保行业各项法规，完善规章制度建设，尽快形成以出资人自我约束为监管基础，以地方政府部门为监管主体，全国统一规范运营的担保体系，提高融资性担保公司资金使用效率。

二是完善创新适合中小企业需求特点的保险产品。继续推动科技保险发展，为高新技术型中小企业提供创新创业风险保障。积极发展信用保险和短期抵押贷款保证保险等新型保险产品，鼓励保险机构积极开发为中小企业服务的保险产品。科学合理地厘定针对中小企业的保险费率，提高保险机构为中小企业提供保险服务的积极性。继续落实对中小商贸企业投保国内贸易信用险给予保费补助政策。

三是推进中小企业信用体系建设。加强中小企业信用宣传，增强中小企业信用意识。多渠道采集中小企业信息，扩大、丰富中小企业信用档案信息，结合企业和个人信用信息基础数据库，提高对中小企业的信用信息服务水平。推进中小企业信用制度建设，建立多层次的中小企业信用评估体系，发挥信用担保、信用评级和信用调查等信用中介的作用，增进中小企业信用。开展信用培植，延伸金融服务，提高中小企业融资机会。在有条件的地区开展中小企业信用体系试验区建设，探索建立中小企业征信系统。

四是建立健全信息沟通机制，创造良好生态环境。鼓励举办多种银企对接活动，为银行业金融机构和中小企业提供交流合作的机会。向中小企业提供融资辅导和咨询服务，帮助和支持中小企业健全企业制度，强化内部管理，提高生产经营信息的透明度，有效减少借贷双方信息不对称，增强中小企业市场融资能力。建立合作平台，发挥行业协会、民间商会、工商联等在银企对接中的桥梁作用，争取在信息搜集、客户筛选、风险防范等方面取得成效。

该意见还明确指出，要多举措支持中小企业“走出去”开拓国际市场。一是充分发挥中小企业出口信用保险的作用，加大优惠出口信贷对中小企业的支持力度，支持中小企业开拓国际市场。鼓励和支持中小企业在跨境贸易试点地区使用人民币进行计价结算。鼓励金融机构提高服务质量，帮助中小企业降低成本，拓展业务。二是改进中小企业外汇管理，为中小企业提供便利。减少中资企业和外资企业在借用外债政策方面的差别，允许有借款能力和资金需求的各类中资企业对外借款以满足其境外资金需求。支持中小企业购汇对外投资。

2.3.2　加强中小企业金融服务合作

为进一步加大对中小企业信贷支持，切实缓解中小企业融资难，2009 年 12 月 1 日，工业和信息化部与中国工商银行、中国农业银行、中国银行、中国建设银行四大银行签署了《中小企业金融服务合作备忘录》。2010 年 2 月，为进一步促进各级中小企业管理部门和四大银行及其系统的务实合作，工业和信息化部又发布《关于做好中小企业金融服务合作工作的通知》。《通知》要求，各级中小企业管理部门要积极与四大银行分行开展多种形式的合作，结合各自实际，建立中小企业客户推介机制和目标企业库，在调研掌握和分析梳理中小企业客户需求基础上与四大银行分行开展多种形式的推介活动，并做好推介活动的指导、统计和评价工作。要加大对中小企业融资支持力度，积极引导各类中小企业信用担保机构加强与四大银行分行的合作关系，建立和完善“风险共担，利益共享”的银行担保合作，不断提高中小企业担保贷款的比重。各级中小企业管理部门要致力于改善当地中小企业金融生态环境，积极推进中小企业信用制度建设，开展针对中小企业的信用信息征集和评价活动。有条件的地方要出台中小企业金融服务的相关扶持政策，推动建立政府引导下的中小企业金融服务长效机制。各级中小企业管理部门要积极与四大银行分行建立培训合作机制，适时开展国家宏观经济政策及产业发展政策以及四大银行信贷业务产品、流程及风险偏好等宣传介绍和培训活动，使中小企业能及时、全面准确地了解国家相关政策法规和金融机构的相关信贷支持举措。各级中小企业管理部门要与四大银行分行建立沟通协调机制，深入开展有针对性的调研活动，发现、培育和掌握各类典型，探讨解决中小企业贷款中出现的共性和倾向性问题。有条件的地方要与四大银行分行制定落实备忘录的实施细则或工作方案。

2.3.3 加强中小企业信用担保体系建设

为进一步推动中小企业信用担保机构健康发展，切实缓解中小企业融资难，促进中小企业又好又快发展，财政部和工信部分别出台了相关政策。

①2010 年 4 月 30 日，财政部和工信部联合研究制定了《中小企业信用担保资金管理暂行办法》。该办法明确了中小企业信用担保资金的用途，资金由中央财政预算安排，专门用于支持中小企业信用担保机构、中小企业信用再担保机构增强业务能力，扩大中小企业担保业务，改善中小企业融资环境。担保资金采取以下几种支持方式：一是业务补助，鼓励担保机构和再担保机构为中小企业特别是小企业提供融资担保（再担保）服务。对符合条件的担保机构开展的中小企业融资担保业务，按照不超过年担保额的 2%给予补助；对符合条件的再担保机构开展的中小企业融资再担保业务，按照不超过年再担保额的 0.5%给予补助。二是保费补助，鼓励担保机构为中小企业提供低费率担保服务。在不提高其他费用标准的前提下，对担保机构开展的担保费率低于银行同期贷款基准利率 50%的中小企业融资担保业务给予补助，补助比例不超过银行同期贷款基准利率 50%与实际担保费率之差。三是资本金投入，鼓励担保机构扩大资本规模，提高信用水平，增强业务能力。特殊情况下，对符合条件的担保机构、再担保机构，按照不超过新增出资额的 30%给予注资支持。四是用于鼓励和引导担保机构、再担保机构开展中小企业信用担保（再担保）业务的其他支持方式。符合条件的担保机构、再担保机构可以同时享受以上不限于一项支持方式的资助，但单个担保机构、再担保机构当年获得担保资金的资助额，除特殊情况外，一般不超过 3000 万元。

申请担保资金的担保机构必须同时具备下列条件：一是依据国家有关法律、法规设立和经营，具有独立企业法人资格。二是经营担保业务 1 年以上（含 1 年），无不良信用记录。三是担保业务符合国家有关法律、法规、业务管理规定及产业政策，当年新增中小企业担保业务额占新增担保业务总额的 70%以上；新增单笔担保责任金额 1500 万元以下（含 1500 万元，下同）担保业务占新增担保业务总额的 70%以上，或新增单笔担保责任金额 1500 万元以下担保业务额在 3 亿元以上。四是对单个企业提供的担保责任金额不超过担保机构净资产的 10%。五是当年新增担保业务额达净资产的 3 倍以上，且代偿率低于 3%。六是平均年担保费率不超过银行同期贷款基准利率的 50%。七是内部管理制度健全，运作规范，按规定提取准备金。

申请担保资金的再担保机构必须同时具备下列条件：一是依据国家有关法律、法规设立和经营，具有独立企业法人资格。二是以担保机构为主要服务对象，经营中小企业再担保业务 1 年以上（含 1 年）。三是再担保业务符合国家有关法律、法规、业务管理规定及产业政策，当年新增中小企业再担保业务额占新增再担保业务总额的 70% 以上；新增单笔再担保金额 1500 万元以下的再担保业务额占新增再担保业务总额的 70% 以上，或新增单笔再担保金额 1500 万元以下的再担保业务额在 20 亿元以上。四是当年新增再担保业务额达净资产的 5 倍以上。五是平均年再担保费率不超过银行同期贷款基准利率的 15%。六是内部制度健全，管理规范。

②2010 年 5 月 12 日，工信部发布《关于加强中小企业信用担保体系建设工作的意见》，进一步要求各地要重点加强中小企业信用担保体系建设。意见要求各级中小企业管理部门：

一是要高度重视和切实加强中小企业信用担保体系建设，将中小企业信用担保体系建设作为本地区促进中小企业发展工作的一项重要任务，采取切实有效措施，支持和引导中小企业信用担保（再担保）机构为促进中小企业和地方经济发展发挥更大作用。

二是有序推进中小企业信用再担保工作，采取中央财政、地方财政出资与社会资本联合组建等形式，重点推进省级中小企业信用再担保机构（再担保基金）设立与发展，积极完善多层次担保体系建设。各地可结合自身实际，探索完善再担保机构的基本模式、担保与再担保运作机制以及再担保机构可持续发展的政策。要按照政府出资与民间投资相结合、政策支持与市场化运作相结合、促进发展与防范风险相结合的原则，建立政府出资为主、规模较大、信用度较高、担保能力较强的中小企业信用再担保机构或再担保基金，为各类中小企业信用担保机构提供信用增级、风险分散、能力提升和行业整合等服务。不断完善并创新再担保的理念、产品和管理，提升信息化水平，扩大和提高本地区中小企业担保业务的规模与质量，更好地为中小企业发展服务。

三是充分发挥中小企业信用担保专项资金的导向作用，要以资本金投入、业务补助、保费补贴、风险补偿、创新奖励等多种方式，提升中小企业信用担保（再担保）机构对中小企业的担保能力。要会同财政部门研究制定担保专项资金管理办法，对资金的管理、使用及申报程序、评价与监管等作出明确规定，切实发挥公共财政的扶持与导向功能，支持各类担保机构为中小企业提供更多担保服务。

四是继续落实好中小企业信用担保（再担保）机构税收优惠政策。积极与税务部门协调配合，依照《工业和信息化部国家税务总局关于中小企业信用担保机构免征营业税有关问题的通知》（工信部联企业〔2009〕114 号）有关中小企业信用担保机构担保收入免征三年营业税要求，做好担保机构营业税免征的初审、公示、推荐和监管等工作。

在给予担保机构营业税减免的同时，要了解担保机构业务运营情况，实现动态监管，及时上报不符合免税条件的担保机构名单，以切实发挥税收政策的导向功能。要及时与财政、税务部门沟通协调，继续落实好中小企业信用担保机构各项准备金提取及代偿损失税前扣除政策。

五是为中小企业信用担保机构开展抵押物登记和出质登记提供优质服务。积极会同地方国土资源、住房城乡建设、金融、工商等部门，为中小企业信用担保机构开展抵押物和出质的登记、确权、转让等提供优质服务。有条件的地方要会同抵质押登记部门出台相关实施细则，为担保机构办理受保企业不动产、动产抵质押登记简化程序，降低费用，提供便利，营造良好的政务环境。

六是促进担保机构与金融机构的平等互利合作。要积极与人民银行、银监等部门协调配合，引导和促进担保机构与合作银行转变经营理念，创新合作方式，拓展合作领域。要按照市场化原则，依据双方风险防范与控制能力，合理确定担保放大倍数和收费区间，逐步建立合作银行与担保机构双方“风险共担”、“利益共享”、“信息共通”机制，携手防范和化解信贷与担保风险，共同促进合作银行与担保机构的可持续发展。

七是引导中小企业信用担保机构加大产品与服务创新。要鼓励和支持中小企业信用担保机构根据本地中小企业实际需求，积极开发创新担保产品和服务。除继续开展贷款担保业务外，还要积极开展履约担保等非融资性担保业务，探索实践中小企业集合债券、中小企业集合信托、中小企业短期融资券和中小企业票据等中小企业新型担保产品和服务。同时，要引导中小企业信用担保机构在明确服务对象、确定担保项目、设置反担保措施等方面降低条件和门槛，简化审批程序，扩大业务范围，努力提高信用担保的能力和规模。要针对中小企业特别是小企业融资特点，在风险可控前提下，逐步实现担保业务的标准化和程序化。

八是加强对中小企业信用担保机构的监督与管理。要研究制定本地区中小企业信用担保机构发展规划，以明晰市场定位与发展方向，推动建立功能完备、布局合理、运作规范、竞争适度、发展有序的中小企业信用担保体系。要按照七部门《融资性担保公司管理暂行办法》，加大对本地区中小企业信用担保公司的规范与管理力度，特别要配合相关部门，查处假借“担保”之名，实则抽逃资本金或非法经营金融业务等损害担保业声誉的非法行为，整合和净化中小企业担保市场，促进其有序健康发展。

2.3.4 加强知识产权质押融资

2010年8月12日，财政部、工业和信息化部、银监会等六部门联合发出《关于加强知识产权质押融资与评估管理支持中小企业发展的通知》。该通知提出，要推进知识产权质押融资工作，拓展中小企业融资渠道，完善知识产权质押评估管理体系，支持中小企业创新发展。具体措施包括：

一是建立促进知识产权质押融资的协同推进机制。知识产权质押融资是知识产权权利人将其合法拥有的且目前仍有效的专利权、注册商标权、著作权等知识产权出质，从银行等金融机构取得资金，并按期偿还资金本息的一种融资方式。各级财政、银监、知识产权、工商行政、版权、中小企业管理部门要充分发挥各自的职能作用，加强协调配合和信息沟通，积极探索促进本地区知识产权质押融资工作的新模式、新方法，完善知识产权质押融资的扶持政策和管理机制，加强知识产权质押评估管理，支持中小企业开展知识产权质押融资，加快建立知识产权质押融资协同工作机制，有效推进知识产权质押融资工作。

二是要创新知识产权质押融资的服务机制。指导和支持银行等金融机构探索和创新知识产权信贷模式，积极拓展知识产权质押融资业务，鼓励和支持商业银行结合自身特点和业务需要，选择符合国家产业政策和信贷政策、可以用货币估价并依法流转的知识产权作为质押物，有效满足中小企业的融资需求。有关部门要指导和支持商业银行等金融机构根据国家扶持中小企业发展的政策，充分利用知识产权的融资价值，开展多种模式的知识产权质押融资业务，扩大中小企业知识产权质押融资规模。要鼓励商业银行积极开展以拥有自主知识产权的中小企业为服务对象的信贷业务，对中小企业以自主知识产权质押的贷款项目予以优先支持。要充分利用国家财政现有中小企业信用担保资金政策，对担保机构开展的中小企业知识产权质押融资担保业务给予支持。有关部门要引导商业银行、融资性担保机构充分利用资产评估在知识产权质押中的作用，促进知识产权、资产评估法律及财政金融等方面的专业协作，协助贷款、担保等金融机构开展知识产权质押融资业务。要进一步加强知识产权、资产评估、金融等专业知识培训和业务交流，开展相关政策与理论研究，提升商业银行、融资性担保机构、资产评估机构等组织及有关从业人员的专业能力。有关部门要支持和指导中小企业运用相关政策开展知识产权质押融资，构建中小企业与商业银行等金融机构之间的信息交流平台，提高中小企业知识产权保护和运用水平。

三是建立完善知识产权质押融资风险管理机制。银监部门要指导和支持商业银行等金融机构建立健全知识产权质押融资管理体系，创新授信评级，严格授信额度管理，建立知识产权质押物价值动态评估机制，落实风险防控措施。有关部门要鼓励融资性担保机构为中小企业知识产权质押融资提供担保服务，引导企业开展同业担保业务，构建知识产权质押融资多层次风险分担机制。探索建立适合中小企业知识产权质押融资特点的风险补偿和尽职免责机制。支持和引导各类信用担保机构为知识产权交易提供担保服务，探索建立社会化知识产权权益担保机制。

四是完善知识产权质押融资评估管理体系。各有关部门要根据财政部和国家知识产权局、国家工商行政管理总局、国家版权局等部门有关加强知识产权资产评估管理的意见，完善知识产权质押评估管理制度，加强评估质量管理，防范知识产权评估风险。有关部门要鼓励商业银行、融资性担保机构、中小企业充分利用专业评估服务，由经财政部门批准设立的具有知识产权评估专业胜任能力的资产评估机构，对需要评估的质押知识产权进行评估。要指导商业银行、融资性担保机构、中小企业等评估业务委托方，针对知识产权质押融资的评估行为，充分关注评估报告披露事项，按照约定合理使用评估报告。

五是建立有利于知识产权流转的管理机制。知识产权部门要建立动态的信息跟踪和沟通机制，及时做好知识产权质押登记，加强流程管理，强化质押后的知识产权保护，并为商业银行、融资性担保机构、质押评估委托方查询质押知识产权法律状态、知识产权质押物经营状况等信息提供必要的支持，协助商业银行逐步建立知识产权质押融资信用体系。有关部门要加快推进知识产权交易市场建设，充分依托各类产权交易市场，引导风险投资机构参与科技成果产业化投资，促进知识产权流转。要积极探索知识产权许可、拍卖、出资入股等多元化价值实现形式，支持商业银行、融资性担保机构质权的实现。

2.4 节能减排政策

2.4.1 进一步加强中小企业节能减排工作

2010年4月14日，工业和信息化部发布了《关于进一步加强中小企业节能减排工作的指导意见》。该意见的指导思想强调，围绕创建资源节约型和环境友好型企业目标，以转变经济发展方式、调整产业结构为根本，进一步强化中小企业节能减排监督管理，积极推动中小企业节能减排技术进步，发挥市场配置资源的基础性作用，建立健全促进中小企业节能减排的政策激励和约束机制，形成以政府为主导、以中小企业为主体、专业服务机构为支撑、全社会共同参与的中小企业节能减排工作机制和良好氛围，促进中小企业健康持续发展。重点领域是工业领域中小企业，着力抓好能源资源消耗高、资源利用率低、污染减排压力大的中小企业节能减排工作。重点是：国家重点行业调整和振兴规划涉及的中小企业，重点工业园区（产业集聚区）内的中小企业，以及各地确定的节能减排重点中小企业。争取用3~5年时间，培育和形成一批中小企业节能减排示范企业（产业基地、集聚区），推动重点节能减排技术在中小企业的广泛运用，加强中小企业节能减排管理人员培训和管理制度的完善；较大幅度提升中小企业能源资源利用水平和清洁生产水平，重点用能行业的中小企业单位能耗下降25%左右，使中小企业单位产品（工序）能耗、主要污染物排放、清洁生产等指标有显著提高。主要措施包括：

一是加强工业园区集中供能和污染集中治理。近几年发展循环经济的实践证明，集中供能和污染集中治理，是大幅度提高能效和减少排放的有效措施。在中小企业集中的工业园区（产业基地、集聚区）要积极探索和实行集中供热、供电、制冷等能源集中供应模式和工业污染集中治理模式，通过区域热电（冷）联产及工业废水、工业固体废弃物集中处理厂等公共设施共享，提高中小企业能源运输、分配和使用效率，较大幅度降低单个企业能耗和环保成本。凡是有条件的工业园区（产业基地、集聚区）都要采取合资、合作、专业化公司经营等多种形式，积极开展集中供能和污染集中治理试点。

二是加大重点行业中小企业技术改造力度。突出抓好钢铁、有色、建材、石油石化、造纸、印染等重点行业企业节能减排工作，工业行业管理部门要发布重点行业节能减排技术设备（产品）导向目录，支持中小企业实施工业锅炉（窑炉）改造、余热余压利用、能量系统优化、资源综合利用、清洁生产等节能减排技术改造工程。要通过举办节能减排技术、产品交流会等方式，推动高效节能减排技术、工艺及产品、设备在中小企业中的广泛运用。

三是推动中小企业加快淘汰落后工艺设备步伐。根据国家产业政策和《产业结构调整指导目录》，制定发布落后高耗能工业技术和设备产品淘汰目录，指导中小企业淘汰高耗能、高污染的落后技术、工艺和装备。要加强对中小企业淘汰落后产能工作的监管，加强中小企业工业固定资产投资项目环境影响评价和节能评估审查工作，遏制高耗能、高污染行业盲目扩张，防止落后产能由大企业向中小企业转移，从源头上实现污染物减排和节能增效。

四是引导中小企业发展循环经济。鼓励中小企业按照“减量化、再利用、资源化”原则，走资源循环高效利用、能源梯级利用、变废为宝、化害为利的循环经济发展之路。鼓励中小企业进入生产性服务业，积极开展工业“三废”和废旧产品资源综合利用，提高大宗工业固体废弃物和电子废弃物的回收利用率和利用水平，不断提升废弃资源循环利用产业化水平。

五是加强重点用能企业中的中小企业节能管理制度建设。年综合能耗1万吨标准煤以上的中小企业，及各省指定的年综合能耗5000吨标准煤以上不满1万吨标准煤重点用能企业中的中小企业，应依法设立能源管理岗位，聘用具有节能专业知识和中级以上技术职称且经过专业培训的能源管理负责人，并报省级工业和信息化主管部门备案。加强中小企业节能统计和计量管理，完善能源计量器具配备并定期进行校准、检定。督促列入重点用能企业的中小企业开展节能目标责任考核，定期报送企业能源利用状况报告。

六是推行节能减排服务新机制。推动以服务中小企业节能减排为主的节能服务体系建设，完善产学研相结合的节能减排技术创新与成果转化体系，鼓励节能减排技术和装备研发及产业化。引导节能减排专业服务机构通过合同能源管理、节能设备租赁等方式积极参与中小企业节能减排项目建设，分享节能效益，实现双赢。要调动中小企业节能自觉性和主动性，鼓励中小企业与政府主管部门签订节能自愿协议，指导中小企业通过实施节能技术改造、提高节能管理水平等实现预定节能目标。

七是推动中小企业开展节能环保“达标”活动。各地工业和信息化主管部门要结合国家强制性能耗标准、行业节能环保标准及清洁生产标准的宣贯工作，组织企业开展节能环保“达标”活动。鼓励中小企业实施能源审计，通过制定并实施节能整改方案，达到国家标准规范要求；鼓励有条件的中小企业以行业龙头企业为“标杆”，参与行业能效水平对标活动，力争达到或接近行业能耗先进水平。引导中小企业开展自愿性清洁生产审核并自主实施清洁生产方案，对污染物排放浓度和排放总量超标、使用或产生有毒有害物质的中小企业实施强制性清洁生产审核。

八是加大财政资金支持力度。发挥中小企业发展资金、淘汰落后产能资金、技术改造专项资金等现有各类财政资金的引导和带动作用，加大对中小企业节能降耗、清洁生产和资源综合利用技术研发、技术改造、服务平台建设和培训教育、节能诊断、清洁生产审核、资源综合利用等方面的资金支持。鼓励有条件的地区设立中小企业节能减排和资源综合利用专项资金。

九是建立完善中小企业节能减排融资机制。建立政府、银行、担保、企业参与的中小企业节能减排融资机制，引导金融机构探索多种形式的中小企业节能降耗、清洁生产和资源综合利用贷款方式。鼓励保险公司探索企业节能减排、资源综合利用、创新产品研发、科技成果转化的保险保障机制。探索完善创业投资与节能减排和资源综合利用相结合的融资模式，引导各类创业投资机构加大对中小企业节能减排和资源综合利用的投资力度。

十是落实中小企业节能减排税收优惠政策。对中小企业生产符合国家鼓励的资源综合利用产品、使用列入环境保护和节能节水专用设备税收优惠目录的设备，以及实施列入节能减排税收优惠目录的项目等，按有关规定积极落实税收减免政策。积极争取中小企业生产的符合条件的节能环保产品列入政府采购目录。

2.4.2 强化合同能源管理

6月3日，财政部发布《合同能源管理财政奖励资金管理暂行办法》。中央财政安排资金，对合同能源管理项目给予适当奖励（以下简称“财政奖励资金”）。该办法规定，财政奖励资金支持的对象是实施节能效益分享型合同能源管理项目的节能服务公司。财政奖励资金用于支持采用合同能源管理方式实施的工业、建筑、交通等领域以及公共机构节能改造项目。符合支持条件的节能服务公司实行审核备案、动态管理制度。节能服务公司向公司注册所在地省级节能主管部门提出申请，省级节能主管部门会同财政部门进行初审，汇总上报国家发展改革委、财政部。国家发展改革委会同财政部组织专家评审后，对外公布节能服务公司名单及业务范围。申请财政奖励资金的合同能源管理项目须符合下述条件：节能服务公司投资70%以上，并在合同中约定节能效益分享方式；单个项目年节能量（指节能能力）在10000吨标准煤以下、100吨标准煤以上（含），其中工业项目年节能量在500吨标准煤以上（含）；用能计量装置齐备，具备完善的能源统计和管理制度，节能量可计量、可监测、可核查。申请财政奖励资金的节能服务公司须符合下述条件：具有独立法人资格，以节能诊断、设计、改造、运营等节能服务为主营业务，并通过国家发展改革委、财政部审核备案；注册资金500万元以上（含），具有较强的融资能力；经营状况和信用记录良好，财务管理制度健全；拥有匹配的专职技术人员和合同能源管理人才，具有保障项目顺利实施和稳定运行的能力。财政对合同能源管理项目按年节能量和规定标准给予一次性奖励。奖励资金主要用于合同能源管理项目及节能服务产业发展相关支出。奖励资金由中央财政和省级财政共同负担，其中中央财政奖励标准为240元/吨标准煤，省级财政奖励标准不低于60元/吨标准煤。有条件的地方，可视情况适当提高奖励标准。

2.4.3　加快淘汰落后产能

2010年初，国务院第98次常务会议研究部署了淘汰落后产能工作，下发了《国务院关于进一步加强淘汰落后产能工作的通知》（国发〔2010〕7号文件），对这项工作的目标、任务、责任和措施做出了明确要求。工业和信息化部于5月26日向各省、自治区、直辖市人民政府下达了18个工业行业（炼铁、炼钢、焦炭、铁合金、电石、电解铝、铜冶炼、铅冶炼、锌冶炼、水泥、玻璃、造纸、酒精、味精、柠檬酸、制革、印染、化纤等行业）2010年淘汰落后产能目标任务，要求各省市将目标任务分解到县、市，落实到具体企业，6月底前在当地媒体上公告企业名单，并采取综合措施，确保在三季度前全部关停。

18个行业2010年淘汰落后产能共涉及企业2087家，其中涉及企业数较多的行业有：水泥762家，造纸279家，印染201家，焦炭192家，炼铁175家，铁合金143家，制革84家。从各省分解落实情况看，淘汰任务较重、涉及企业数量较多的省份有：河南230家，山西226家，浙江180家，河北165家，云南165家，贵州128家。有关方面采取有效措施，确保列入淘汰落后产能名单企业的落后产能在2010年9月底前关停。对未按规定限期淘汰落后产能的企业吊销排污许可证，银行业金融机构不得提供任何形式的新增授信支持，投资管理部门不予审批和核准新的投资项目，国土资源管理部门不予批准新增用地，相关管理部门不予办理生产许可，已颁发生产许可证、安全生产许可证的要依法撤回。对未按规定淘汰落后产能、被地方政府责令关闭或撤销的企业，限期办理工商注销登记，或者依法吊销工商营业执照。必要时，政府相关部门可要求电力供应企业依法对落后产能企业停止供电。对按规定期限淘汰落后产能的企业，仍应按相关规定给予相应的支持；对淘汰落后产能任务较重且完成较好的企业，在安排技术改造资金、节能减排资金、投资项目核准备案、土地开发利用、融资支持等方面给予倾斜。

2.5 劳动就业政策

①2010年4月13日，为进一步贯彻落实劳动合同法，推动小企业构建和谐稳定的劳动关系，营造有利于小企业发展的良好环境，国家协调劳动关系三方会议决定，人力资源和社会保障部、中华全国总工会、中国企业联合会和中国企业家协会联合发起，在全国开展全面推进小企业劳动合同制度实施专项行动（以下简称专项行动），并联合发布了《全面推进小企业劳动合同制度实施专项行动计划》。该计划确定的目标是，从2010年至2012年，用三年时间基本实现小企业与劳动者普遍依法签订劳动合同。其中，2010年力争小企业劳动合同签订率达到65%以上，2011年力争小企业劳动合同签订率达到80%以上。小企业普遍依法规范工资支付和工时管理，按规定参加社会保险。主要措施包括：

一是加强对小企业劳动用工的动态监管。依据原国家经贸委、原国家发展计划委员会、财政部、国家统计局2003年发布的《中小企业标准暂行规定》，组织力量对小企业劳动用工情况开展摸底调查，全面摸清辖区内小企业户数、职工人数以及劳动合同签订等底数。在此基础上，加强劳动用工备案制度建设，指导小企业建立职工名册，督促企业对招用职工和订立（续订）、解除或终止劳动合同情况及时办理劳动用工备案手续，按照信息准确、规范、统一的要求加快建立健全劳动用工信息数据库，实现对小企业劳动用工的动态管理。

二是加强劳动合同法律法规宣传和培训。深入开展普法宣传教育，充分利用广播、电视、报刊、网络等各类新闻媒体，采取生动活泼、通俗易懂的形式，广泛宣传开展专项行动的主要内容和重要意义，宣传实施劳动合同制度对维护小企业和职工双方合法权益的重要性，重点宣传劳动合同法律法规和政策，增强小企业和广大职工的劳动合同法律意识，为推进劳动合同制度实施营造良好的舆论氛围。进一步创新宣传方式，在每年企业招用职工旺季集中开展宣传月活动，深入小企业集中的街道、工业园区、楼宇和就业服务机构等场所，通过走访企业、现场咨询、以案说法、发放宣传册、张贴宣传画等方式，增强宣传的针对性和实效性。加大劳动法律知识培训力度，研究制订小企业经营管理者培训工作计划，力争用三年时间对辖区内的小企业经营管理者轮训一遍，增强小企业依法用工的自觉性，提高劳动合同管理水平和能力。有计划地加强对基层工会干部和广大劳动者的劳动法律知识培训，在对劳动者的各类职业技能培训中安排相关内容，通过培训提高基层工会维护小企业职工合法权益的能力，增强劳动者依法维权和遵纪守法、诚信履约意识。

三是加强对小企业实施劳动合同制度的指导和服务。结合每年春节后开展的农民工劳动合同签订“春暖行动”等活动，主动深入小企业特别是招用农民工比例大且劳动合同签订率低的企业，指导其与职工依法签订劳动合同，继续分类制定并推荐使用规范、简明、实用的劳动合同文本，引导企业根据生产经营实际与职工协商确定合同期限、劳动报酬、工作内容等必备条款，切实解决一些企业与职工签订劳动合同条款不完备、内容不合法、权利义务不对等的问题。编制印发小企业劳动用工操作指南，指导小企业加强劳动合同基础管理，规范劳动合同签订、续订、变更、履行、解除、终止等行为，实现劳动合同制度的有序运行。研究制定并推广适合小企业的劳动规章制度制定规程和体现不同行业特点的劳动规章制度示范文本，指导、帮助小企业制定完善劳动规章制度，建立健全招工登记、工资支付、保险缴费、考勤等书面记录，促进劳动用工管理制度化和规范化，切实提高劳动用工管理水平。

四是加强对小企业的支持和帮扶。认真贯彻落实《国务院关于进一步促进中小企业发展的若干意见》（国发〔2009〕36 号），主动了解掌握辖区内小企业的生产经营状况，配合有关部门采取切实有效措施，加大对小企业的支持力度，帮助其解决实际困难。研究制定有利于小企业参加社会保险的扶持措施，对小企业吸纳困难人员就业、签订劳动合同并缴纳社会保险费的，要积极帮助其按规定申领养老、医疗和失业保险补贴。对受金融危机影响较大的困难小企业，要及时帮助其申请享受在一定期限内缓缴社会保险费和社会保险补贴或岗位补贴、在岗培训补贴。引导小企业与职工就工资、工时、劳动定额开展协商，对符合实行综合计算工时和不定时工作制的小企业，要为其申请提供便利。

五是加强劳动监察执法和劳动争议调处工作。将小企业实施劳动合同制度情况作为劳动保障监察执法的重要内容，加强日常巡查、书面审查、举报投诉专查和专项执法检查，督促小企业依法规范用工。在劳动保障监察执法中要落实执法维权与服务企业、支持企业发展相结合的各项举措，注重对小企业违法行为的预防和教育，把帮扶小企业体现在执法的全过程。对不依法与职工签订劳动合同、不按时足额支付工资、不按规定参加社会保险的，可发送监察建议书或责令其限期改正；拒不改正的，依法予以处罚。加大劳动争议调解仲裁力度，通过调解柔性化处理争议，发挥简易程序、终局裁决的作用，及时依法处理小企业与职工因订立、履行劳动合同发生的劳动争议，切实维护争议双方当事人的合法权益。

②2010 年 10 月 25 日，国务院公布《关于加强职业培训促进就业的意见》（以下简称《意见》）。该《意见》将职业培训视为解决就业难题乃至推进人才强国战略的重要政策。《意见》指出，“十二五”期间，要力争使新进入人力资源市场的劳动者都有机会接受相应的职业培训，使企业技能岗位的职工得到至少一次技能提升培训，努力实现

"培训一人、就业一人"和"就业一人、培训一人"的目标。《意见》明确了职业教育的地位、目标、资金保障、质量考核等事宜。《意见》强调，将职业培训作为一个系统制度来建设。相应地，各类职业培训资源的整合和统筹被提到议事日程，《意见》提出，"要建立以职业院校、企业和各类职业培训机构为载体的职业培训体系"。在培训内容的确定上，针对不同类型的就业主体，目标不一。对于以谋职为目标的就业群体而言，主要开展就业技能培训；对城乡未继续升学的应届初高中毕业生，鼓励其参加1~2个学期的劳动预备制培训；对企业新录用人员，则通过师傅带徒弟、集中培训等形式开展岗前培训；对于已就业者，则主要依托所在单位进行岗位培训，主要方式包括在岗培训、脱产培训、业务研修、技能竞赛等。在资金来源方面，除财政拨款外，企业要按规定足额提取并合理使用企业职工教育经费，并强调"职工教育经费的60%以上应用于一线职工的教育和培训"。这个意见将对企业特别是中小企业职工培训、人力资源开发产生较大影响。

2.6 其他政策

2.6.1 加快产业转移

2010年9月，国务院正式印发了关于中西部地区承接产业转移的指导意见（以下简称《指导意见》），这是加快经济结构调整和发展方式转变的重要途径，是深入实施西部大开发和大力促进中部地区崛起战略的重大任务。《指导意见》着眼于新形势下促进中西部地区又好又快发展、推进经济结构战略性调整和转变经济发展方式的需要，从既要支持和促进、又要引导和规范的角度，强调了中西部地区承接产业转移的指导思想和基本原则，明确了重点任务，并提出了相应的支持政策，全文共八章30条。

《指导意见》指出，中西部地区承接产业转移，要深入贯彻落实科学发展观，紧紧抓住国际国内产业分工调整的重大机遇，以市场为导向，以自愿合作为前提，以结构调整为主线，以体制机制创新为动力，着力改善投资环境，促进产业集中布局，提升配套服务水平；着力在承接中发展，提高自主创新能力，促进产业优化升级；着力加强环境保护，节约集约利用资源，促进可持续发展；着力引导劳动力就地就近转移就业，促进产业和人口集聚，加快城镇化步伐；着力深化区域合作，促进要素自由流动，实现东中西部地区良性互动，逐步形成分工合理、特色鲜明、优势互补的现代产业体系，不断增强中西部地区自我发展能力。为此，必须坚持市场导向，减少行政干预；坚持因地制宜，加强分类指导；坚持生态环保，严格产业准入；坚持深化改革，创新体制机制。《指导意见》要求中西部地区因地制宜承接发展优势特色产业，促进承接产业集中布局，改善承接产业转移环境，加强资源节约和环境保护，完善承接产业转移体制机制，强化人力资源支撑和就业保障。为加强对中西部地区承接产业转移的支持，《指导意见》从财税、金融、产业与投资、土地、商贸、科教文化 6 个方面明确了若干支持政策。《指导意见》的颁布，必将对中西部地区有力、有序、规范和健康承接东部沿海地区和国际产业转移发挥积极的指导作用，对于在全国范围内推动形成更加合理有效的区域产业分工格局，促进区域协调发展也具有重大意义。

2.6.2　公共服务平台建设

为了进一步推动中小企业调整结构，转变发展方式，促进中小企业公共服务平台（以下简称“服务平台”）建设，2010 年 4 月 6 日，工业和信息化部联合国家发改委、科技部等 7 部门出台了《关于促进中小企业公共服务平台建设的指导意见》。意见明确提出要统一思想，明确目标，积极推动中小企业服务平台建设。平台建设的原则是，要按照“政府引导、市场化运作，面向产业、服务企业，资源共享、注重实效”的原则，坚持政府引导与社会广泛参与相结合，坚持非营利服务与市场化服务相结合，坚持促进产业升级与服务中小企业发展相结合，坚持社会服务资源开放共享与统筹规划、重点推动相结合。平台建设要充分发挥现有服务平台的作用，用三年时间，在中小企业集聚的区域和行业建立、充实和完善一批服务平台，满足中小企业发展需求；重点培育一批运作规范、支撑力强、业绩突出、信誉良好、公信度高的示范平台。完善政策措施，培育服务品牌，使服务平台的布局更加合理，特色更加突出，功能趋于完善，服务质量及企业满意度稳步提升，对中小企业持续健康发展的支撑作用明显增强。

该意见强调，服务平台要符合三个发展要求：一是加强能力建设。服务平台要加强业务培训和人才培养，提高服务人员的素质和水平。要不断增加专业服务人员的比例，建立激励机制，优化人才结构，增强服务能力。要适时更新仪器设备和设施，积极运用现代信息技术，降低成本，提高效率，扩大服务的覆盖面和受益面。要努力取得相应的专业资质认证，增强服务的可靠性和权威性。二是创新发展模式。服务平台要积极探索建设方式和发展模式，通过与大学、科研院所、行业协会、专业性服务机构、企业等建立战略合作伙伴关系，集聚优质资源，提升服务水平。专业机构间要加强合作，建立协同服务机制。要通过开放实验室、专业化设备共享与租用等多种形式，满足中小企业发展需求，避免不必要的重复建设。三是培育服务品牌。服务平台要增强服务、市场和品牌意识，建立服务质量标准，完善质量保障制度，制定品牌发展目标和战略规划，树立品牌形象。健全信用制度，注重诚信经营，树立良好信誉，不断提高信用等级。培育企业文化，提高公信力和社会影响力，实现可持续发展。服务平台要具备信息查询、技术创新、质量管理、管理咨询、创业辅导、市场开拓、人员培训等主要功能。

服务平台建设要有强有力的保障措施：一是编制建设规划。各地中小企业主管部门要根据本地区中小企业发展特点和实际需求，以及调结构、上水平、转变发展方式的总体要求，会同有关部门研究制定与区域产业及中小企业发展规划相衔接的服务平台建设规划，要合理布局，突出重点，明确目标和任务，完善相关政策措施。各有关行业协会要根据行业发展规划，在中小企业聚集区推动建立服务平台，集聚资源，为行业中的中小企业转型升级提供强有力的支撑服务。二是加大政策扶持。发挥公共财政资金的引导作用，促进服务平台建设。各级促进中小企业发展专项资金和中央预算内技术改造专项投资要加大对服务平台建设和运营的支持，吸引和带动社会投资，加快推动服务平台建设。要研究制定示范服务平台评价标准，对信誉好、服务优、效果显著的示范服务平台，实行服务补助和奖励表彰等扶持措施，引导服务平台规范运营，不断增强服务功能，提高服务质量，实现可持续健康发展。三是完善工作机制。各地要充分利用有关部门的现有工作基础，积极发挥各自资源优势，加强沟通、协调与合作，建立联合工作机制。要明确分工，加强配合，完善管理，形成合力，共同推动服务平台的建设和发展。

2.6.3　鼓励中小型家庭服务企业发展

为了加快发展服务业，进一步促进经济结构调整，2010年9月16日，国务院办公厅发布《关于发展家庭服务业的指导意见》。该意见明确提出要积极发展中小型家庭服务企业，充分发挥中小型家庭服务企业在行业发展中的骨干作用。地方各级人民政府和有关部门要将国家关于促进中小企业发展的政策措施落实到家庭服务企业，为企业设立、经营等提供便捷服务，将符合条件的企业纳入中小企业发展专项资金、小企业创业基地和中小企业信息服务网络给予积极扶持。加大对中小型家庭服务企业的多元化融资支持，拓宽融资渠道，扩大信贷抵押担保物范围，建立健全信用风险分散转移机制，推进金融产品和服务方式创新。鼓励兴办从事家庭服务的个体经济组织，为家庭提供灵活多样的服务，在行业发展中起到重要补充作用。切实减轻企业负担，严肃查处乱收费、乱罚款及各种摊派行为。

2.6.4　鼓励中小企业“走出去”

为了鼓励更多的中小企业走出国门，参与全球经济竞争，工信部、商务部等有关部门和行业协会积极开展工作。2010年的工作主要包括以下三个方面：第一，为营造良好的中小企业国际经贸合作环境，中央政府加强了与有关国家和国际组织在中小企业领域的合作交流，建立了政府间中小企业定期政策磋商机制，并签署了相关的合作协议。第二，稳定中小企业市场份额，从政府层面继续务实推动与各国中小企业的市场开拓、技术合作与经贸往来，增强中小企业对外合作、交流和区域间合作，鼓励有条件的中小企业采取多种形式在境外投资、并购、收购品牌、设立贸易性实体和技术研发机构。第三，引导中小企业提高自身市场开拓能力。加强对市场的分析预测，切实把握市场的机遇。与此同时，还将不断地建立和完善中小企业对外交流和开拓市场的公共服务平台，为企业开拓国内外市场提供人力资源培训、信息共享等服务和支持，帮助中小企业不断提高素质。

为帮助中小企业开拓国际市场，已经出台了一些具体政策：一是设立中小企业国际市场开拓资金，支持中小企业境外办展、国际认证、宣传推介等；二是为中小企业搭建“合作、交流、展示和交易”的平台，每年由工信部以及广东省人民政府等七部一省联合举办中国国际中小企业博览会，期间专设“亚欧中小企业合作交流馆”，并邀请中小企业发展有特色的国家作为博览会的主宾国；三是支持中小企业稳定国内外市场，如多次提高出口退税率，帮助相关产品中小企业提高市场竞争力；四是通过实物交付的对外援助以及物资赠送等等带动相关国产优质产品走出去。此外还有：加大中小企业专项资金、技术改造资金等支持力度，支持销售渠道稳定、市场占有率高的中小企业加快发展。鼓励符合条件的中小企业参与家电、农机、汽车摩托车下乡和家电汽车的以旧换新。为参加展览展销的中小企业提供财政补助，支持他们参加各类展览展销活动，通过建立中外合作和区域性的有地方特色的中小企业产品技术展示中心等，帮助企业宣传展示产品，支持引导中小企业积极开拓国内市场。

有关行业协会积极发挥作用。2010 年 3 月 2 日，中国中小企业协会和英国标准协会在北京签署为中国中小企业提供服务的合作备忘录。这一备忘录的签署，将有利于中国中小企业更加全面了解国际市场对企业管理体系的要求，并获得相关认证服务和最新的标准信息，及时完善自身管理体系，以更好地迎接全球化带来的挑战。根据备忘录，双方将成立联合工作小组，根据中小企业需求，联合推广和实施有关标准培训，如业务流程管理、环境管理、职业健康安全管理、能源管理及低碳等。在此基础上，双方还将考虑共同研发针对中小企业需求的定制化课程并实施。

2.6.5　知识产权保护

为提升中小企业知识产权创造、运用、保护和管理能力，加快培育拥有自主知识产权、知名品牌和较强竞争力的中小企业，促进中小企业转变发展方式，实现创新发展，2010 年 1 月 4 日，国家知识产权局、工业和信息化部决定联合实施中小企业知识产权战略推进工程（以下简称“工程”）。

该方案确定的目标是：以城市中小企业集聚区（特色产业区）（以下统称为“中小企业集聚区”）为工程实施的主要对象，用五年左右的时间，在全国范围内，培育形成百个具有自主知识产权优势的中小企业集聚区，建立百家中小企业知识产权辅导服务机构，培训万名中小企业知识产权工作者和经营管理人员，培育形成万家具有自主知识产权优势的中小企业；为广大中小企业提供各类知识产权公共服务，形成切实有效的中小企业知识产权综合服务援助等机制；发挥中小企业集聚区示范项目的辐射、带动作用，使我国中小企业整体知识产权意识明显提高，创造、运用、保护和管理知识产权的能力明显增强，拥有自主知识产权的中小企业数量大幅增长，中小企业的抗风险能力、自主知识产权核心竞争力明显提升；通过工程总体实施，推动发展形成一批自主知识产权优势中小企业聚集区。主要措施包括：

一是培育国家示范性知识产权优势中小企业集聚区。通过分期、分批选择具有产业特色和知识产权创造、运用基础的城市中小企业集聚区，培育一批示范性知识产权优势中小企业集聚区。制定并有效组织实施中小企业集聚区总体知识产权推进战略，制定实施培育中小企业集聚区知识产权优势的具体发展规划、具体落实措施；建立有效的集聚区知识产权管理制度，开展集聚区知识产权管理运行体系建设，建立政府知识产权、中小企业主管部门、相关机构、企业等共同参加的集聚区组织领导机制和日常执行机制，统筹协调集聚区知识产权管理的各方面工作，推动各工程实施的主体和对象切实完成各项保障措施的落实，切实完成各项工程任务。

二是提升中小企业知识产权意识。以城市中小企业集聚区为重点，有计划地持续开展广泛的知识产权宣传和知识产权知识推广，着力提高中小企业知识产权意识，培育中小企业知识产权创新文化，推动形成城市中小企业集聚区创造知识产权、尊重知识产权、保护知识产权的社会氛围。

三是开展中小企业知识产权培训。推动知识产权战略在中小企业的实施，将中小企业知识产权专题培训作为国家银河培训的重点内容，用五年时间，运用多层次、多渠道培训体系，包括远程教育网络等，培训中小企业知识产权工作者，对中小企业经营管理和专业技术人员实施知识产权培训，为技术创新型中小企业培训一批知识产权管理人员。

四是开展自主知识产权优势中小企业培育工作。分期、分批在具有产业特色和竞争优势的中小企业集聚区中选择具有一定知识产权和品牌创造潜力的中小企业，实施重点培育。通过政策引导和重点辅导服务，指导企业建立自身知识产权战略，完善企业知识产权全面管理、全过程管理，建立健全创新激励机制；鼓励企业加大知识产权创造投入力度，鼓励企业充分运用知识产权等各类创新资源，不断提高自主创新和技术成果转化的能力；支持和帮助具备条件的自主知识产权优势中小企业上市融资，加快发展。通过典型示范带动作用，整体提升区域中小企业知识产权创造、运用、保护、管理能力和水平。

五是建立中小企业知识产权服务支撑体系。在具有产业特色和竞争优势的中小企业集聚区，依托现有公共服务平台，建立健全中小企业知识产权辅导服务机构，建立中小企业集聚区专利工作交流站。不断完善以知识产权咨询、知识产权评价评估、知识产权投融资、专利信息检索、专利申请辅导、专利技术分析、专利战略研究制定、专利预警、专利工作交流、专利技术（产品）展示交易等为一体的专业化、综合性中小企业服务支撑体系，着力提高区域中小企业创造和运用知识产权的能力，推动形成一批具有自主知识产权创造优势的中小企业集聚区。

六是建立和完善中小企业集聚区知识产权保护机制。在中小企业集聚区推动建立行业自律组织和中小企业知识产权联盟、协会等，形成有效的知识产权保护机制和法律援助机制等。对有条件的地区，在中小企业集聚区公共服务平台或知识产权辅导服务机构增设中小企业知识产权保护援助服务功能，为企业提供有效的综合知识产权保护援助服务，营造有利于中小企业技术创新、知识产权创造与运用的良好外部环境。

具体支持措施包括：一是中小企业项目支持。对纳入工程重点培育的自主知识产权优势中小企业，其实施专利技术产业化项目、参与行业标准制订、申报省部级以上新产品、申请国内外专利等发生的费用，同等条件下优先予以必要的支持。二是公共服务平台建立与完善项目支持。对纳入工程的中小企业集聚区公共服务平台（或知识产权辅导服务机构）开展的场地建设完善（改造）、行业专利数据库及服务设施建设等，予以必要的支持。三是知识产权辅导服务项目支持。对纳入工程的知识产权辅导服务示范机构，按照国家知识产权局、工业和信息化部关于工程实施的工作部署，面向中小企业开展的有效知识产权服务，予以必要的支持。

第 3 章

中小企业融资和金融服务

- 积极缓解中小企业融资难矛盾
- 缓解中小企业融资难面临的突出问题

3.1 积极缓解中小企业融资难矛盾

2010年，有关部门和地区把缓解中小企业融资难矛盾作为相关政策的着力点和重点，金融机构积极开展制度和产品创新，努力适应中小企业金融服务需求，中小企业融资规模迅速扩大，融资环境有了明显改善。

3.1.1 商业银行中小企业贷款快速增加，比重明显提高

商业银行积极调整信贷结构，向中小企业倾斜。截至2010年12月末，包括工、农、中、建、交行5大国有商业银行和民生银行、华夏银行、浦发银行、广发银行等12家全国性股份制商业银行在内的全国109家银行设立了小企业金融服务专营机构。截至2010年12月末，我国银行业金融机构小企业贷款余额为7.27万亿元，占全部企业贷款余额的24%；全年小企业贷款新增1.8万亿元，增速比各项贷款平均增速高10.37个百分点；小企业贷款新增贷款增速比各项贷款平均增速高10.37个百分点。全国小企业不良贷款率和不良贷款余额继续保持“双降”，2010年12月末的不良贷款余额为2367亿元，比年初减少513亿元，不良贷款率为3.3%，比年初下降2个百分点。

特别是一直以来，银行贷款的目光都集中在大企业、大客户身上，中小企业业务在银行贷款中的占比很低，对银行的真正盈利贡献也很小。数据显示，2005年，中小企业在全国短期贷款中的比例大约为11%，2006年下降到9%，2007年和2008年还在继续下降。2009年在“天量放贷”的背景下，前3个月中小企业贷款增加额度也只占不到5%。到2010年底，这个比例提高到了24%。主要银行业金融机构小企业专营机构的新增贷款已超过全行新增小企业贷款的六成，部分银行小企业贷款占其全部贷款余额的比重已达八成以上。截至2010年底，工商银行中小企业贷款余额达3万亿元，约占全部贷款余额的一半。其中，对小企业和个体工商户贷款净增2000亿元，增幅近45%。同时，中小企业贷款不良率仅为1.35%；小企业贷款不良率仅为0.82%，小企业贷款质量优于公司贷款整体水平。工商银行行长杨凯生表示，今后三年内每年新增中型客户6600户以上，每年新增小企业客户1.6万户以上，3年内使小企业贷款客户突破10万户。

中国银行2010年中小企业授信客户超过3.6万户，贷款余额超过10000亿元人民币，各种授信超过14000亿元人民币。农业银行截至2010年10月底中小企业贷款客户数超过6.2万户，占全行法人贷款客户数的91%；中小企业贷款余额超过1.9万亿元，占全行各项贷款的40%，贷款余额比年初增加3148亿元，增幅超过19%。建设银行截

至2010年末，小企业本外币贷款余额7333.6亿元。

中信银行在小企业贷款规模和数量上也快速增长。截至2010年底，中信银行小企业授信客户数比上年初增长51%，达到1.2万户；授信余额增长近70%，超过1600亿元，小企业贷款增幅达73%。2011年计划新增小企业贷款400亿元，在对公规模中将提升至30%以上。

而以小企业贷款见长的泰隆银行，截至2010年7月，给小企业贷款29万多笔，共计1300多亿元，占了贷款总额的99.2%。其中，无需抵押的道义担保贷款等占了92.4%。不良贷款率仅为0.7%，不仅远低于国内银行平均水平，而且也低于许多国际一流银行。截至2010年11月末，南京银行小企业贷款余额167.75亿元，较年初增加75.04亿元，增幅80.94%。

3.1.2 资本市场中小板和创业板融资规模再创新高

截至2010年12月份，沪深两市共有327家公司IPO，IPO融资规模高达4685.22亿元，超越2007年4473亿元的IPO历史融资纪录，这就意味着2010年IPO融资规模创历史新高。统计显示，2010年以来沪深两市IPO共327家公司，发行数量为564.90亿股，而融资总额相比2009年的2022亿元增长131.71%。其中，中小板与创业板企业构成了2010年IPO融资的主体，327公司公司中，中小板企业独占193家，占比59%；创业板企业109家，占比约33%；主板企业25家，占比仅7.64%。从融资规模上看，中小板企业共计募集资金1929.87亿元，超过主板的1860.45亿元，成为A股最大的“吸金”板块，创业板企业共计募集资金894.91亿元。

表3.1　　2010年证券市场发行筹资

累计	境内外筹资（亿元）	境内筹资（亿元）	首次发行		再筹资						债券市场筹资		
			A股（亿元）	H股（亿美元）	A股（亿元）					H股（亿美元）	可转债（亿元）	可分离债（亿元）	公司债（亿元）
					公开增发	定向增发（现金）	定向增发（资产）	配股	权证行权				
2009	6858	5711	1831	142.5	255.9	1615	1149	106	38.86	10.03	46.61	30	638.4
2010	12639	10286	4972	177.5	377.2	2057	629.4	1438	108.5	176.3	717.3	0	616

注：自2009年12月份开始，增加了债券市场筹资数据（发行人仅为交易所上市公司），并对股票再筹资部分进行了细化调整。

数据整理：国研网数据中心。

3.1.3 中小企业集合票据[①]取得新突破

2010年中小企业集合票据快速发展，全年有69家企业参与发行，共发行了29只票

① 中小企业集合票据是指2个以上10个以下具有法人资格的企业，在银行间债券市场以统一产品设计、统一券种冠名、统一信用增进、统一注册方式共同发行，约定在一定期限还本付息的债券融资品种。

据，发行额达 81.27 亿元，票据信用等级丰富，既有 AAA 级，也有 B 级（分层发行）。

表 3.2　　中小企业集合票据季度发行期限概况（只数）

年度	季度	1 年期	2 年期	3 年期	总计
2009 年	Q4	1	1	2	4
	占比	25.0%	25.0%	50.0%	100%
2010 年	Q1	1	0	1	2
	占比	50.0%	0.0%	50.0%	100%
	Q2	2	0	1	3
	占比	66.7%	0.0%	33.3%	100%
	Q3	0	1	1	2
	占比	0.0%	50.0%	50.0%	100%
	Q4	4	4	4	12
	占比	33.3%	33.3%	33.3%	100%

资料来源：中国银行间市场交易商协会。

按季度看，全年逐季度加快发展，四季度中小企业集合票据发行只数与发行规模均增长迅速，共发行 12 只，发行额达到 21.87 亿元，较三季度增加 10 只，比此前四个季度发行的总数还多。从发行期限分析，1 年期、2 年期和 3 年期品种各发行了 4 只。从信用等级分析，季度内发行的 12 只票据信用等级较为分散，其中 AAA 级票据 2 只，AA+级票据 3 只，AA 级票据 3 只，另发行了 1 年期 A-1 级票据 4 只。从发行人所属行业分析，目前所有中小企业集合票据发行人均为工业类企业。

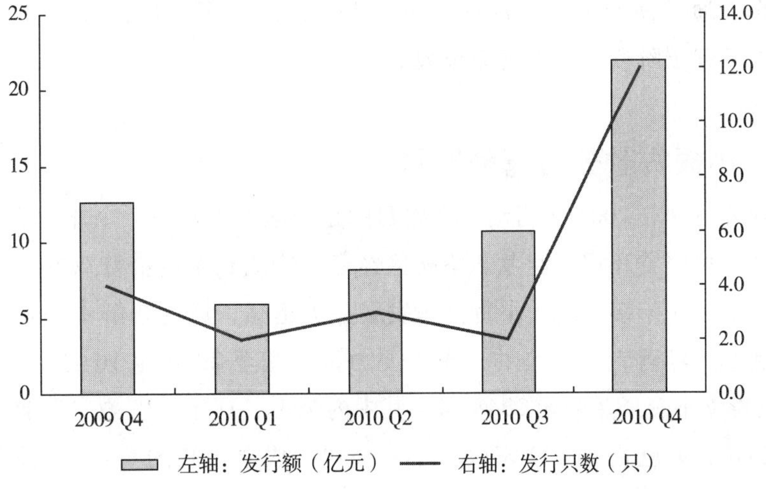

图 3.1　中小企业集合票据季度发行规模概况（亿元）

资料来源：中国银行间市场交易商协会。

表 3.3 四季度中小企业集合票据发行概要信息

发行日期	债券名称	主承销商	评级机构	债券信用等级	额度（亿元）	期限（年）	发行收益率（%）	担保人类型
2010-10-21	10 西安 SMECN1	国开行	联合	AAA	2.21	3	4.3	担保公司、基金和银行
2010-10-27	10 威海 SMECN1	民生银行	新世纪	AA	5.5	3	4.95	担保公司、基金和银行
2010-10-28	10 重庆 SMECN1	光大银行、中信银行	中诚信	AAA	3.68	3	4.1	担保公司、基金和银行
2010-11-02	10 内蒙 SMECN1	浦发	大公	AA+	1	2	4.5	担保公司、基金和银行
2010-11-03	10 深圳 SMECN1	国开行	联合	A-1	1.25	1	3.8	担保公司、基金和银行
2010-11-12	10 京经开 SMECN1	北京银行	大公	AA	1.98	2	4.9	担保公司、基金和银行
2010-11-16	10 江苏省 SMECN1	北京银行	联合	AA+	1	2	4.5	担保公司、基金和银行
2010-11-17	10 顺义 SMECN1	北京银行	新世纪	AA	0.62	2	5.1	担保公司、基金和银行
2010-11-18	10 石文创 SMECN1	北京银行	新世纪	A-1	0.48	1	4.6	担保公司、基金和银行
2010-12-24	10 嘉定 SMECN1	北京银行	新世纪	A-1	1	1	4.9	担保公司、基金和银行
2010-12-29	10 黑龙江 SMECN1	国开行	大公	AA+	1.7	3	6	担保公司、基金和银行
2010-12-30	10 义乌 SMECN1	恒丰银行	新世纪	A-1	1.45	1	4.67	担保公司、基金和银行

资料来源：中国银行间市场交易商协会。

此外，我国目前还有中小企业集合债①、中小企业集合信托债②等债务融资工具，目前我国中小企业通过债券市场进行直接融资比例较低（美、日、韩等国均超过50%），总体来看仍处于起步阶段，发展潜力很大。

3.1.4 小额贷款公司蓬勃发展

小额贷款公司试点2005年启动，主要目的是向区县内农户、个体经营者和微小企业提供贷款服务，按照“不吸收存款，不跨区经营，贷款利率由借贷双方自行协商”的原则开展业务。短短5年多时间，小贷公司发展势头迅猛，成为缓解中小企业尤其是微小企业、农户和个体经营者融资难的一支重要力量。截至2010年10月末，全国30个省（区、市）已设立小额贷款公司2348家，其中内蒙古、辽宁、安徽、河北、江苏、浙江和云南进展最快，均已设立100家以上小贷公司。成立最长的5年，最短的不足1年；

① 中小企业因规模小，几户合作发行一只，又称中小企业集合债，由国家发改委核批。

② 资金来源由地方政府扶持资金、担保公司及风投机构资金、银行发行理财产品募集的社会资本组成，募集资金由信托公司以信托贷款形式投向融资需求的小企业群，到期后由企业按期依约偿还本息。

注册资本最多8亿元，最少1000万元；客户最多的有6765个，最少的仅有20个；单笔贷款额度最大的为1410万元，最少的仅为4086元。全国2348家小贷公司从业人员24742人，资金约1900亿元，其中净资产1600亿元，占84.2%；从商业银行融资约170亿元，占8.95%；小贷公司贷款余额1620亿元，占资金来源的85.3%，贷款余额比2009年增长2.1倍。

小贷公司以民营资本为主。截至2009年末，各地小贷公司注册资本中自然人和民营企业占比较高，如江苏为92.45%，浙江为98.2%，山西和河北接近100%。国有企业、外资和其他社会组织投资比重很小。这反映出小贷公司制度设计对民营资本有较强吸引力，为民间投资提供了发展领域。

小贷公司贷款短、小、灵活和可持续。一是以短期贷款为主。截至2010年10月末，全国小贷公司短期贷款1600亿元，占全部贷款99%。二是平均贷款额度较小。企业贷款平均额度为100万元，自然人为60万元。50万元以下贷款笔数占比较高，江苏、山西、浙江和河北2009年底数据分别为78.6%、78.1%、57.8%、52.1%。三是贷款方式灵活，手续简便。担保形式方面，小额公司信用贷款和保证贷款占比较大，对传统担保方式依赖较少，在缓解农户和小企业担保难上有所创新。到2009年末，浙江小贷公司信用贷款和保证贷款占比约为90%，江苏约为80%，河北和山西约为70%。还款形式上，许多公司借鉴国际经验，实行等额还本付息、按季结息到期还本、到期一次还本付息、分两次还本付息等多种可选方式。贷款手续上，大多数小贷公司能快速处理贷款申请并在1~2天内完成。四是利率覆盖风险，业务可持续性较强。小贷公司贷款利率水平总体上介于金融机构和民间借贷之间，能够覆盖信贷风险和经营成本。如浙江小贷公司贷款平均年利率约为16.5%，不良贷款率为0.14%，2009年股权回报率（以当年利润与年末资本净额之比粗略计算）在税前为7.2%，税后5.3%，初步实现可持续发展。

小贷公司在“支农支小”方面表现出色，政策目标初步实现。截至2010年10月，2348家小贷公司个人及个体经营户贷款余额980亿元，占比60.4%；单位经营及私营企业贷款余额620亿元，占比38.2%。另据2009年末调查统计，江苏、山西、浙江、河北四省小贷公司农业贷款余额占比分别为49.2%、29.0%、25.2%、18.9%。上述数据显示，小贷公司在规范经营、服务“三农”、服务小企业和微型企业中开创了新的盈利模式，初步形成了机构与社会双赢的局面。

3.1.5　中小企业信用担保机构快速发展

截至2009年底，全国中小企业信用担保机构已达5547家，共筹集担保资金3389亿元，当年为37万户中小企业提供的贷款担保额达10796亿元，实现收入180亿元，纳税16.4亿元，实现利润44.5亿元。2009年在保中小企业27.5万户，在保责任余额7289亿元。目前中小企业贷款担保额已累计达2.5052万亿元，累计担保企业112万户。与之前相比，担保机构资本实力和担保能力显著增强。全国备案登记担保机构5547家，比上年增长30.6%，注册资本3306亿元，同比增长58.4%；当年为37万户中小企业提供担保贷款额达10796亿元，突破万亿大关。受保企业同比增长60.8%，业务增长49.5%；由于担保机构的介入，本年新增企业23.6万户，增长56.2%，新增担保额7240亿元，增长66.8%，担保机构增信和财务杠杆作用明显增大。注册资本1亿元以上的担保机构1263家，同比增加540家，增长75%。尽管过亿元担保机构户数占比22.7%，但其注册资本额达2053亿元，占注册资本总额的62%，增长63.4%。同时过亿元担保机构业绩突出，共为13万户中小企业提供27万笔贷款担保，担保总额8037亿元，占当年担保总额的74.4%。中小担保机构面向中小企业服务宗旨和业务导向体现得更加明确。担保机构提供担保服务的中小企业户均人数119人，在当年提供近55.8万笔业务中，单笔800万元以下的52万笔，占93.3%，其中100万元以下的29万笔，占52.2%，充分体现出担保机构主要为小企业或小额贷款项目提供担保服务。

3.1.6 中小企业方面的银政合作取得积极成效

2009年12月底，工信部与四大银行签署《中小企业金融服务合作备忘录》，2010年2月又下发《关于做好中小企业金融服务合作工作的通知》，要求各级中小企业管理部门与四大行分支机构开展务实合作。四大行对此高度重视，及时转发合作备忘录和工信部通知，并对加强与各级中小企业管理部门合作提出了具体措施和要求；地方中小企业管理部门也积极配合，部署工作。经双方共同努力，截至2010年8月底，四大行省级分行已分别与北京、天津、黑龙江、河北、四川、浙江等20多个省（区、市）经信委、工信厅、中小企业局等签署《银政合作协议》或《中小企业金融服务合作备忘录》，建立双向互动平台，开展政策宣讲、信息沟通、客户推介、产品说明以及金融产品创新、业务培训等方面合作。如工行已与四川省签订合作备忘录，与重庆市开展为期三年的“启明星计划”；农行在与地方合作中，着力为制造业、批发零售业和农林牧渔业三行业中小企业提供金融服务；中行分别与北京、吉林等16个省（区、市）签署政银合作协议，在河北、海南等地举办银企对接会，着力推进“小企业信贷工厂”模式；建行与河北、安徽、重庆等14省（区、市）签署银政合作协议等，上述措施有力地加大了四大行对中小企业信贷支持。

按照备忘录要求，各大行分支机构积极采取行动，依照银监会关于改进小企业金融服务的“六项机制”、“四单原则”和“两个不低于”要求，普遍建立专营机构，安排专职人员，单列信贷规模、单独配置资源、单独信贷评审、单列考核办法，各行根据各自优势，开展有针对性的特色服务。经过大半年运行，四大行所设专营机构新增中小企业贷款已超过全行新增中小企业贷款总额的60%，专营机构的“引擎”作用已初步显现，小企业金融服务的专业化水平也明显提高。

截至2010年6月末，四大行已向22.8万户中小企业发放贷款6.4万亿元，较年初增加 7577 亿元，增长率为 13.38%，高于全部法人客户增长率 3.58 个百分点。小企业贷款户数增至 15.4 万户，贷款余额达 1.63 万亿元，较年初增加 2037 亿元，增长率达 14.28%，分别高于中小企业贷款、法人贷款 0.9 和 4.48 个百分点，实现了小企业信贷增量和增速“两个不低于”目标。其中，建行小企业贷款较年初增加 740 亿元，增长率与其法人贷款增长速度持平；工行小企业贷款较年初增加 663 亿元，增长率为 20%，比其法人贷款增长率高出 13 个百分点；中行小企业贷款较年初增加 375 亿元，增长率为 21%，比其法人贷款增长率高 11 个百分点；农行小企业贷款较年初增加 260 亿元，增长率为 7%，比其法人贷款平均增长率低 2.33 个百分点。

采取的主要措施包括：一是建立银政合作平台与沟通协作机制。四大行分支机构主动与各地中小企业主管部门开展全面对接，建立沟通机制，确定双方联系机构及负责人，据实确定双方合作重点并建立银政、银担、银企合作机制，适时开展政策宣讲、产品推介、联动签约、助贷行动等，推进中小企业金融服务合作深化，有力地促进了四大行加大对中小企业的信贷支持。二是建立信息互通和中小企业客户推介机制。各地中小企业管理部门主动加强各部门和金融机构的政策交流与信息互通，探索建立中小企业统计资料互换共享机制，完善目标客户及数据库，开展优质客户推荐活动。三是积极推进小企业金融服务专业化经营。各大行遵循“集约化经营，专业化管理”的原则，加快小企业金融服务专营机构的设立和运营模式的转变，努力降低运营成本，改善中小企业信贷审批流程，针对中小企业成长不同阶段的融资需求，分别实现“批量”、“批发”和“匹配”。如目前建行系统内专职从事小企业金融业务的人员已达 4500 人，全国已成立小企业经营中心 330 家，并在 150 个城市建立 177 家“信贷工厂”。四是积极推进小企业金融创新与产品多样化。针对中小企业融资特点实行工厂式批量化的“信贷工厂”模式，中行、建行打破单户营销、个案审批的传统信贷营销方式，通过外部与内部两种资源整合，实现由“个体信贷”到“流程银行”的转变，实现了规模化运营。其核心是模式标准化、功能模块化、指标度量化、流程监控化、信贷组合化、运行智能化。同时，易于复制，便于推广，较好解决了困扰银行业多年的成本与效率问题。四大行依据自身优势，开发有针对性的金融产品，加强了与当地中小企业主管部门和担保机构合作。五是开展有针对性的调研和培训活动。为改进小企业金融服务，各行还配合中小企业管理部门积极开展目标市场和客户调研，探讨解决中小企业贷款中出现的共性问题。如建行到河北、安徽、重庆、贵州等地开展实地调研，探讨改进不同地域小企业金融服务措施。同时，各行加大骨干人员培训，如中行目前已在成都、南京举办培训班五期，34 家分行的 173 名业务骨干受训并作为师资，培训已达 3200 人次。六是建立中小企业贷款风险补偿机制。为促进中小企业发展，地方政府鼓励金融机构向小企业放贷，并建立由地方财政出资的中小企业贷款风险补偿金。目前，浙江、内蒙古、云南、广西、四川等省（市、区）已建立贷款风险补偿金制度，其中浙江省每年小企业风险补偿金已达 4000 多万元。

3.2 缓解中小企业融资难面临的突出问题

3.2.1 融资难问题在货币信贷收紧的背景下更为突出

2010年以来，为了巩固应对金融危机的成果，我国实行稳健的货币政策，已连续多次提高银行存款准备金率和存贷款利率。信贷规模的缩减，致使中小企业，尤其是小型和微型企业的融资难度进一步加大，据统计，银行信贷基本覆盖大型企业和80%的中型企业，而规模以下的小企业80%无缘银行信贷，大量中小企业通过民间借贷解决燃眉之急，借款利率已高达50%~100%，融资成本居高不下。

3.2.2 中小企业信用担保体系存在诸多不足

一是担保机构区域发展不均衡，总体担保能力还不强。全国担保机构从数量上呈现区域不均衡、结构不尽合理的局面。注册资本金在5000万元以下有3021家，占总数的54%，单户担保能力相对较弱，显示担保机构整体实力还待增强。对担保业重视程度与区域经济发展程度密切相关，经济发达地方重视程度高一些，东部担保机构发展速度快一些，大中城市担保机构运营规范一些，与当前中小企业快速发展的需求还存在差距。二是担保业监督管理体制不一，职能交叉。目前地方对担保机构监管体制分别由地方中小企业管理部门、金融办等部门负责，担保监管上下不一，职能交叉，政出多门。且管理方式各异，有备案管理，有注册管理，有审批管理。而有的对担保机构的设立条件、内控制度、风险防范等具体措施又统得过严过死，一定程度上影响了担保机构的可持续发展。三是担保机构与银行业金融机构合作不对称，风险分担机制尚未建立。担保机构普遍反映与银行难以建立地位平等、互利双赢、风险共担的合作关系，银行对担保机构合作门槛过高，大都要求注册资本过1亿元；对担保机构已审的项目仍作重复审查；在不分担风险前提下利率仍上浮10%~30%，削弱其担保能力的发挥。四是促进发展政策不配套。目前不能共享人民银行征信系统，不能查询受保企业信用信息，不利于识别和控制风险，增加了成本。有的地方涉及土地、房管等服务效率低、收费高、手续繁，有的甚至不予办理反担保登记，严重制约担保业务开展和风险防控。五是担保机构业务量递增，而营利能力呈负增长。2009年度担保业务大幅增加49.5%，利润为44.5亿元，同比减少0.1亿元。近3年来担保业务递增的同时，担保机构总资产利润率却逐年下降为2.18%、1.12%、1.11%。

3.2.3　小额信贷公司作用亟需提升

一是小贷公司资金来源渠道较窄。公司主要以股东投入的自有资本放贷。大部分小贷公司成立不久，就将资本金发放一空，需要进一步借款放贷。截至2010年10月，全国小贷公司从银行融资170亿元，占资金来源8.95%。二是小贷公司盈利水平较低，税收负担沉重。小贷公司盈利水平低原因有两方面：从制度设计看，小贷公司不能吸收存款，从银行融资也有限，财务杠杆率低，股权回报率也低；从财税政策看，目前没有针对小贷公司的税收优惠政策，小贷公司税收参照一般工商企业执行，须缴25%所得税和5.56%的营业税及附加。以内蒙古注册8000万元并融资4000万元的“维多利小贷公司”为例，经营一年，扣除营业税及附加、人员成本、融资利息、提取坏账准备和所得税，最终利润825万元，资产收益率不足7%，与传统制造业相仿。三是个别小贷公司存在违法行为，内控管理水平低。其一，部分小贷公司为其他公司提供注册验资贷款，甚至向违法违规项目发放贷款。其二，部分小贷公司贷款利息已接近或达到高利贷水平。其三，虽未发现小贷公司非法集资情况，但有小贷公司已涉足委托贷款业务，有可能转化为变相吸收公众存款或非法集资。四是制度建设相对滞后，普遍存在财务核算不规范、科技手段落后、信贷管理松散、风险管理不到位、拨备制度没有建立等问题。五是除部分高管和业务骨干外，小贷公司员工多数没有银行从业经验，缺乏从事金融业务的知识和技能。

3.2.4　中小企业直接融资规模偏小，非银行金融业务开展不足

目前，我国直接融资比重约占融资总规模的10%，远低于发达国家60%的水平。企业融资过度依赖间接融资特别是银行贷款的情况仍未根本改变。近几年，我国高度重视发展多层次的资本市场，不断扩大股票和债券规模，提高直接融资比重。以债券市场为例，尽管规模扩张得很快，但主要是国有企业取得融资，中小企业通过债券取得融资的数量非常有限（见表3.4）。同时，广大中小企业依托融资租赁、信托、保险等非银行金融业务进行融资的规模较小，尽管表面上企业融资渠道有很多，但实质上能够支持中小企业取得融资的渠道仍十分有限。

表3.4　2009年不同企业类型发行公司数及发行额

类型	发行公司数				发行额（亿元）		
	短融	公司债	中票	企业债	短融	公司债	中票
国有企业	177	62	132	102	3144	2558	5574
集体企业	2	0	3	0	19	30	95
民营企业	10	1	2	2	66	25	38
外资企业	1	0	0	0	8	0	0
中外合资	4	0	2	0	30	14	22
总计	194	63	139	104	3266	2632	5729

数据来源：中国证券登记结算公司，数据截至2009年10月。

3.2.5 多数中小企业基础管理水平偏低

中小企业从大银行贷款难的一个重要原因是企业信用水平偏低，这主要与企业基础管理水平偏低有密切关系。2010年7月，浙江省在全省范围内开展了企业管理制度摸底调查。结果显示，中小企业基础管理水平亟待提高。一是基础管理制度不健全、不完善。90.20%的企业建立了规章制度，不完善的或建立但不执行比例占到了48.98%。尽管有90.20%的企业建有规章制度，可是，建立但不完善的比例达到了46.53%，建立但没有执行的占2.45%，还有6.53%的企业没有建立规章制度。有些盲目照搬照抄一些大公司先进的管理制度。二是基础管理缺乏培训。许多小企业对员工的基础管理培训投入少之又少，甚至没有把基础管理培训纳入企业的培训计划，相当部分员工一般没有经过培训就上岗，缺少基础管理的知识和技能，基础管理意识淡薄。问卷调查显示，培训费用几乎为零的企业占11.79%，培训费用小于2000元的企业占30.49%，培训费用在2000～10000元之间的企业占30.49%，培训费用大于1万元仅占14.23%，而12.60%的问卷填写者不清楚企业的培训费用。三是管理手段缺乏。39.37%的企业用于信息化建设的费用小于5000元。有24.08%的企业2009年用于信息化建设的费用在5000～15000元之间，只有19.18%的企业大于15000元，还有17.14%企业不清楚用于信息化建设的费用。四是管理基础薄弱。43.67%的企业建立了较完善的设备台账，35.92%的企业设备点检较规范。有6.94%的企业根本没有建立设备台账，54.69%的企业建立设备台账只是应付检查。五是基础管理缺乏考核和激励。缺乏推进基础管理的检查、考核和激励机制，由于缺乏量化的检查、监督和评价标准，员工没有积极性和主动性去改善基础管理，形不成人人以此为己任的氛围，合理化建议的渠道不通畅阻碍改善。

第 4 章

中小企业信息化建设

- 中小企业信息化进程
- 中小企业信息化基础设施建设状况
- 中小企业软件应用状况
- 中小企业与云服务
- 中小企业与电子商务
- 中小企业信息化建议

4.1 中小企业信息化进程

4.1.1 中小企业信息化基本情况

(1) 信息化基本情况概述

改革开放以来，我国的中小企业得到了迅速发展。这些中小企业存在着一定的共性特征：资金不是十分雄厚，管理不是非常完善，信息化基础普遍较差，面临着异常激烈的市场竞争。随着信息时代的到来，中小企业的生存和竞争环境发生了根本性的变化。

当前中小企业信息化包括很多方面的内容，其中管理信息化是一个重要方面。如何运用信息技术增强企业的管理和技术创新能力，如何制定企业信息化发展战略来提升企业的核心竞争力，如何把信息化系统融入日常的管理工作为企业带来效益，是中小企业面临的重要课题。

①信息化应用民营企业占比超过1/3。在开展信息化应用的中小企业中，民营企业、国有企业以及股份制企业为三大企业性质，其中民营企业占比达到了38.6%（见图4.1）。

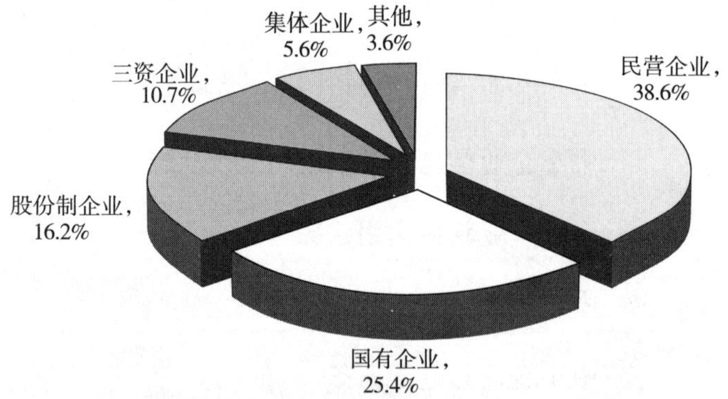

图4.1 2011年开展信息化应用的中小企业单位性质分布

数据来源：中关村在线调研中心，2011.06。

②电子行业信息化应用最广泛。近年来，科技型中小企业悄然兴起并迅速发展，成为技术进步中最活跃的创新主体。在信息化建设中，科技型中小企业的活跃度也明显高于其他企业。根据调查结果显示，隶属电子行业的中小企业开展信息化应用的比例达到了17.8%，远领先于其他行业（图4.2）。

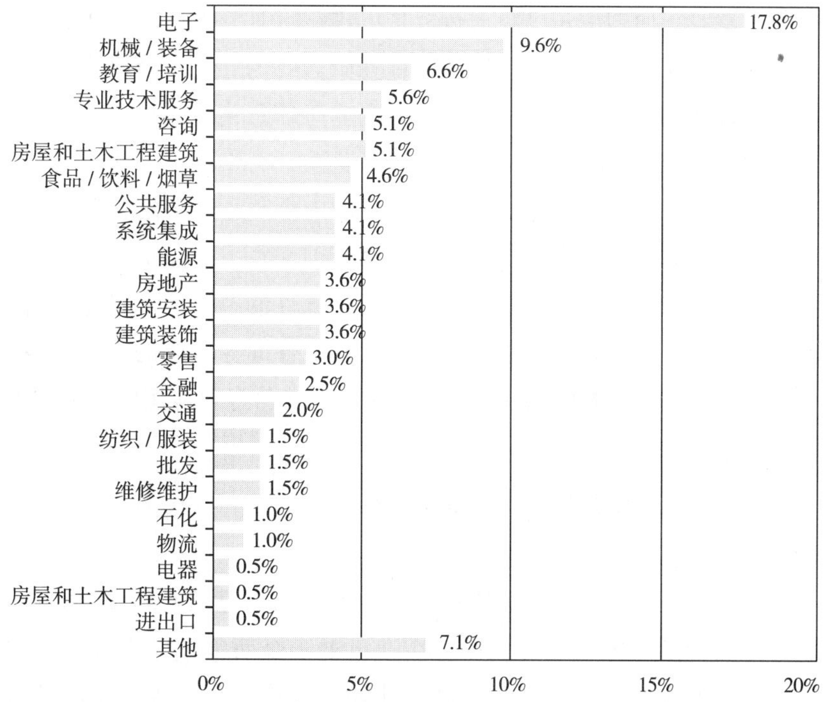

图 4.2　2011 年开展信息化应用的中小企业所属行业分布

数据来源：中关村在线调研中心，2011.06。

③发展不平衡。中国中小企业分布和发展极为不平衡。按照经济地带划分，东部、中部的中小企业数量各占全国总量的42%，西部占15%；而相应的工业总产值东部占66%、中部占26%、西部仅占8%。这表明，在企业规模上，东部中小企业的平均产值规模明显大于中部和西部。

企业的产值规模越大，对企业的信息化投资也越大，调查表明，在信息化建设中，华东、华北、华南三大经济发展较快地区的中小企业占比均接近或超过20%（图4.3）。

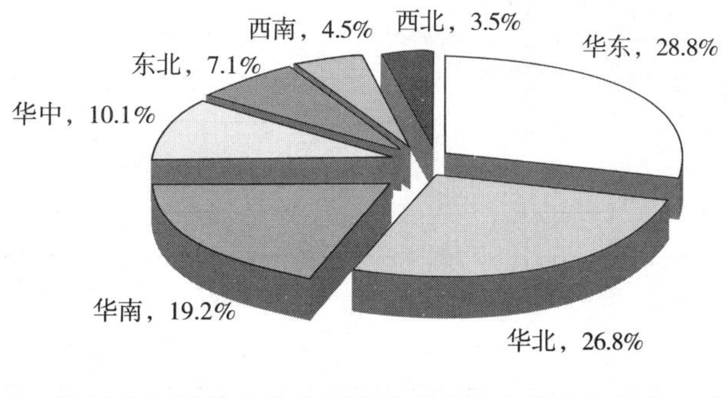

图 4.3　2011 年开展信息化应用的中小企业主营业务所在区域分布

数据来源：中关村在线调研中心，2011.06。

（2）信息化建设基本特点

①与发达国家相比，我国中小企业信息化还存在较大差距。与发达国家中小企业及中国大型企业相比，中国中小企业信息化还有较大差距，从整体上来说，中小企业信息化应

用尚处于初级发展阶段。而即使是已经进行信息化建设的中小企业，也急需进行深化应用。

②中小企业对信息化的期望与应用现状间存在较大鸿沟。从调查来看，中小企业对信息化的期望与应用现状间存在较大鸿沟，一方面企业对信息化应用认识不足，单个企业的平均IT投资额较低，而且投资多是倾向于IT基础设施，硬件采购比例接近60%。另一方面，"难以对IT系统效果进行量化评价"也成为目前中小企业信息化应用的最大困扰。

③我国中小企业信息化有很大的发展空间。就当前而言，制造业、服务业、流通业是最大的中小企业信息化行业市场，特别是交通设备零部件制造、电子信息零部件制造、快速消费品制造、批发销售、信息技术服务、营销、专业咨询等行业的中小企业是未来信息化应用热点领域，特别是50～800人规模企业是中小企业信息化应用的最大主力。

4.1.2 中小企业信息化建设基本现状

（1）应用阶段

①过半中小企业信息化已迈向集成应用阶段。调查结果显示，55.2%的中小企业已经进入到部分集成应用阶段，而15.3%的中小企业已处于全面集成应用阶段，仅有29.5%的中小企业尚处于单项集成应用阶段。显然，中小企业信息化进程步伐已越来越快。

（2）成本投入

中小企业的信息化建设，从台式电脑、笔记本电脑、服务器等硬件设备的购买，到网络的构建和管理软件的应用，都离不开资金的投入，尤其是信息系统的管理和维护更需要稳定的资金投入，否则企业的信息化建设水平只能原地踏步，甚至后退。

有关数据显示，2009年76%的中小企业其信息化建设的投入不到50万元，而2011年这一比例已降至71.7%。28.3%的中小企业信息化投入超过50万元，其中投入50万～100万元的中小企业占比12.8%（图4.4）。

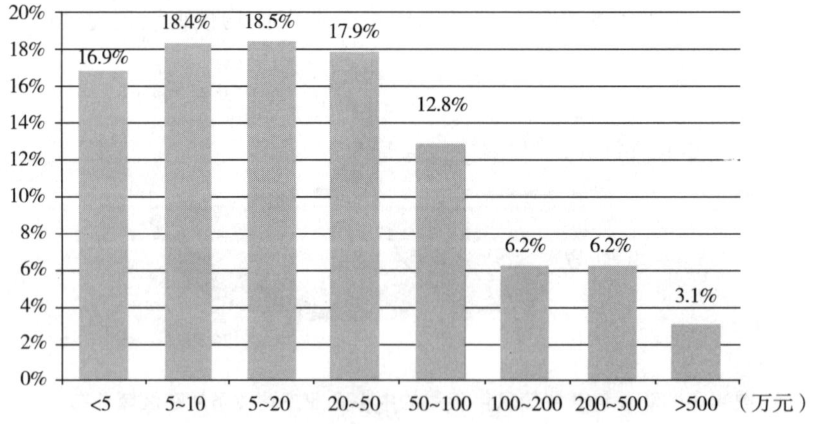

图4.4　2011年中国中小企业信息化建设投入成本状况

数据来源：中关村在线调研中心，2011.06。

（3）基础设施建设

从中小企业信息化投入结构来看，中小企业硬件、软件、服务三部分投入的比重依次为54.2%、18.3%、27.5%。这个投入结构比例表明，中小企业信息化投入越来越成熟，越来越趋于合理，我国中小企业信息化建设已度过硬件投入的大规模初期阶段，今后的硬件投入会朝着升级、换代方向发展。

（4）软件应用状况

管理软件进入我国20多年来，已从开始单纯的财务电算化应用逐步发展到对管理软件的综合应用，对企业管理的影响越来越大。其市场规模由2001年的26.20亿元迅速成长到2010年的137.66亿元，扩大了5.25倍。其中，虽然中小企业数量占总企业数的99%，但中小企业管理软件的市场规模在管理软件总体市场规模中仅占60%。

以2010年为例，2010年中国中小型企业管理软件市场继续保持了稳定增长，其中ERP软件产品收入实现46.61亿元，占比56.43%。CRM软件产品收入为5.08亿元，占比6.15%，财会软件产品收入为12.61亿元，占比15.27%。从产品结构来看，ERP仍占重要比重，从管理软件增长点来看，产品增长主要集中在ERP、CRM、HRM三类产品。

“十二五”期间，国家已经把推进中小企业信息化作为促进其发展的重要途径，积极实施中小企业信息化推进工程，而管理软件作为企业信息化的重要组成部分，将会有巨大的需求。在内在需求和外部环境的推动下，中小型企业管理软件将会有巨大的提升空间。

（5）信息化建设目标

调查显示，在信息化建设中，36.3%的中小企业首先关注的是企业管理方面的问题，29.9%的中小企业关注市场营销方面的问题。这表明了中小企业对企业的长远发展管理以及目前的生存问题都有着莫大的需求。此外，15.9%的中小企业首先关注客户管理问题，14.9%的中小企业首先关注生产与研发问题。

在企业管理方面，提高经营决策水平、掌握企业经营情况、提高工作效率是中小企业需要实现的三大首要目的（图4.5）。

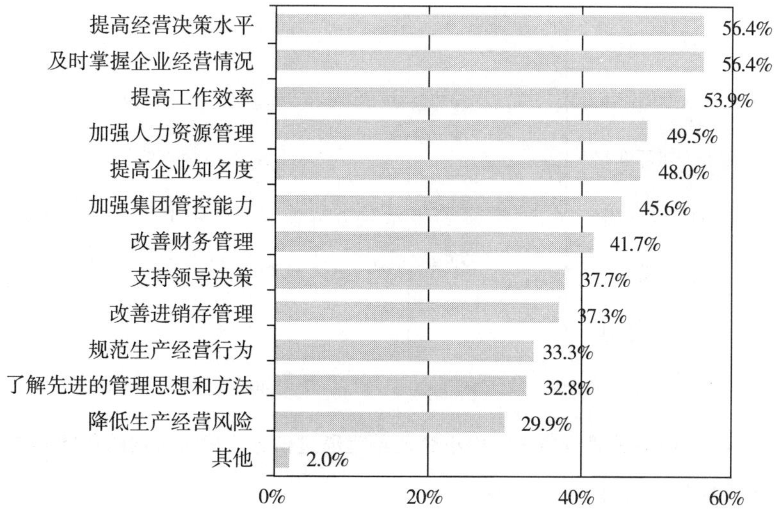

图4.5　在企业管理方面，中小企业希望通过信息化建设实现的目标分布

数据来源：中关村在线调研中心，2011.06。

在市场营销方面，中小企业对产品推广的需求极为迫切，60.3%的中小企业都希望能通过信息化建设加强产品推广（图4.6）。

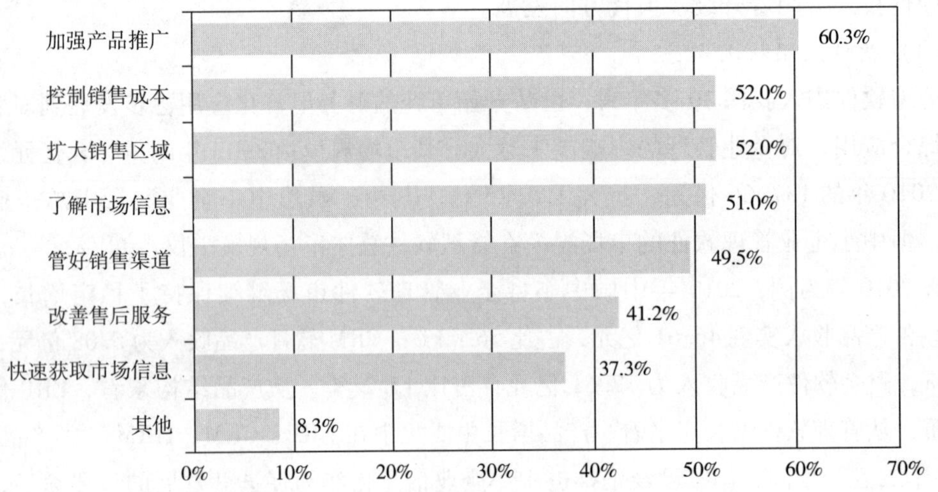

图4.6　在市场营销方面，中小企业希望通过信息化建设实现的目标分布

数据来源：中关村在线调研中心，2011.06。

在客户管理方面，中小企业最希望通过信息化建设来管好现有客户资料，该比例达到62.9%，另外，57.4%的中小企业希望能了解客户的满意度，51.5%的中小企业希望能了解客户的购买行为（图4.7）。

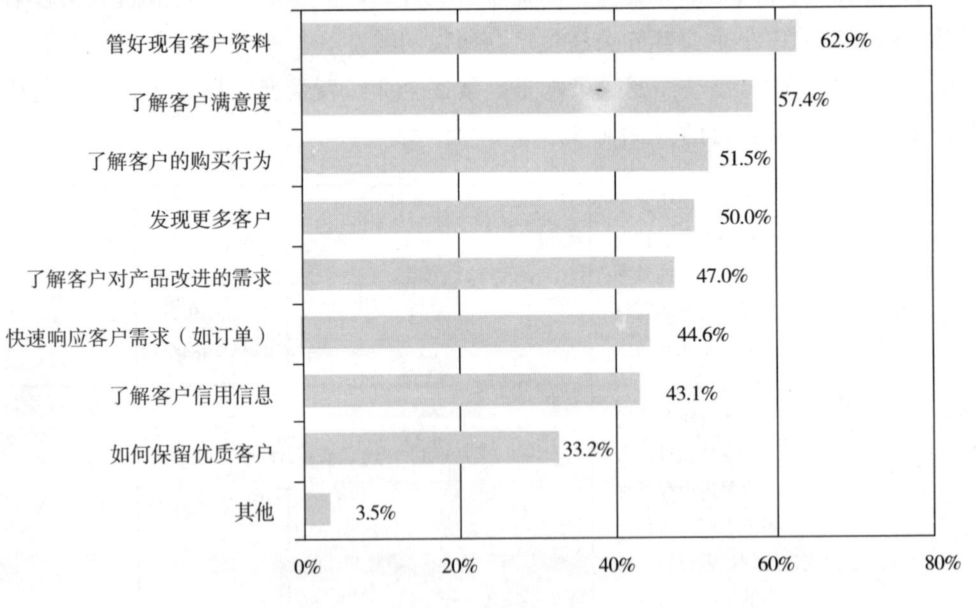

图4.7　在客户管理方面，中小企业希望通过信息化建设实现的目标分布

数据来源：中关村在线调研中心，2011.06。

在生产研发方面，控制或降低生产成本、提高产品服务质量、提高效率是中小企业的三大目标（图4.8）。

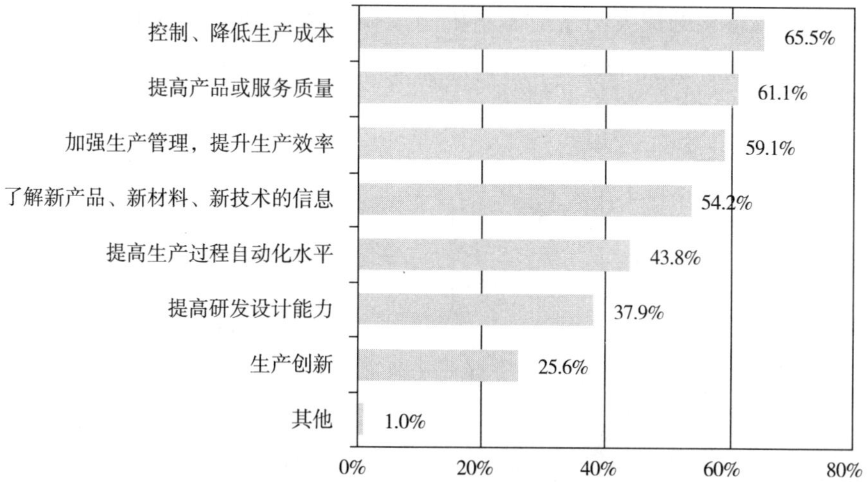

图 4.8　在生产研发方面，中小企业希望通过信息化建设实现的目标分布

数据来源：中关村在线调研中心，2011.06。

（6）遇到的困难和问题

①信息化对节能减排、研发设计、业务扩张的支撑程度较差。虽然不少中小企业都已经在信息化建设道路上走了很长的路程，但信息化对中小企业的支撑力度仍有所欠缺。在调查的 16 项业务中，均有超过 10% 的中小企业表示信息化支撑程度差。其中，节能减排、研发设计、业务扩张是目前中小企业信息化支撑程度最弱的三项业务（图 4.9）。

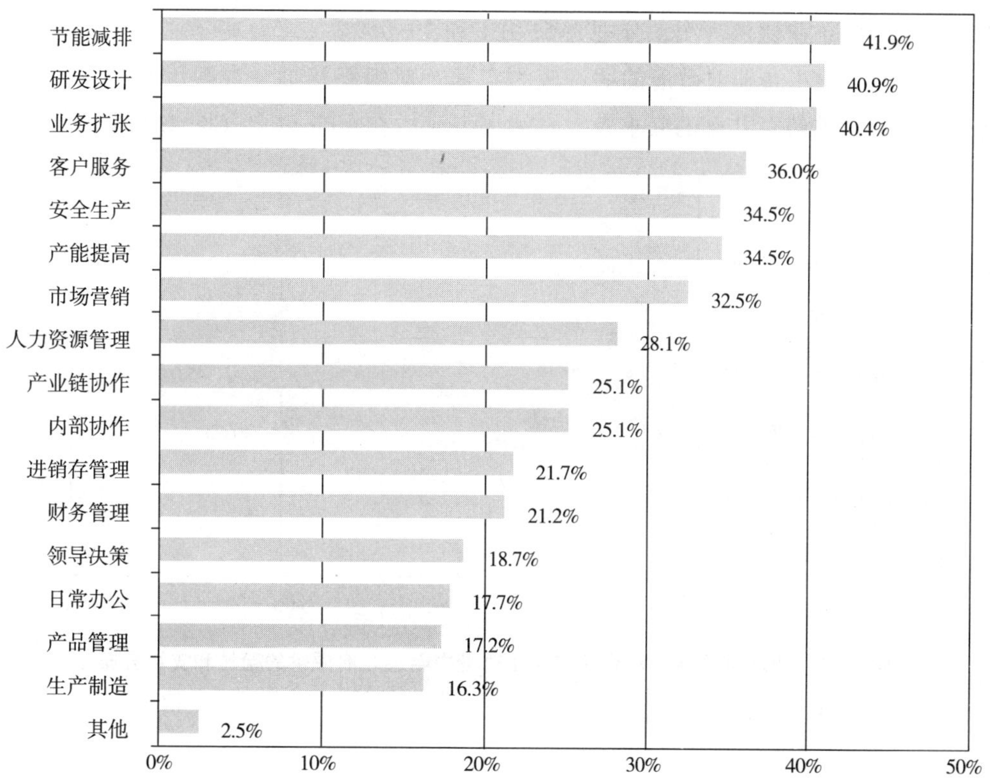

图 4.9　2011 年中国中小企业信息化支撑程度差的业务状况

数据来源：中关村在线调研中心，2011.06。

②中小企业信息化的最大问题是体制机制模糊。调查显示，58.6%的中小企业尚未理顺信息化体制机制，还有48.8%的中小企业对信息化建设思路不清晰，而资金投入不足是中小企业信息化建设中遇到的第三个重要问题（图4.10）。

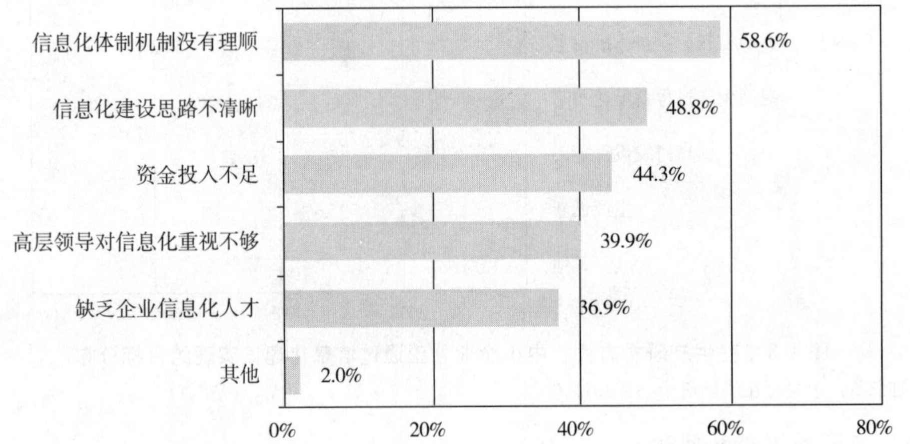

图4.10　2011年中国中小企业信息化建设中遇到的问题和困难分布

数据来源：中关村在线调研中心，2011.06。

（7）中小企业期待政府支持指导

56.9%的中小企业希望政府能组织公益性的信息化培训活动，希望政府提供优惠政策和资金支持的企业比例其次，分别为51.0%和49.0%。

总的来看，中小企业对政府的期许较为实际，对组织培训、参观优秀企业、搭建信息化公共平台这类信息共享的需求较大，需求占比均在40%以上（图4.11）。

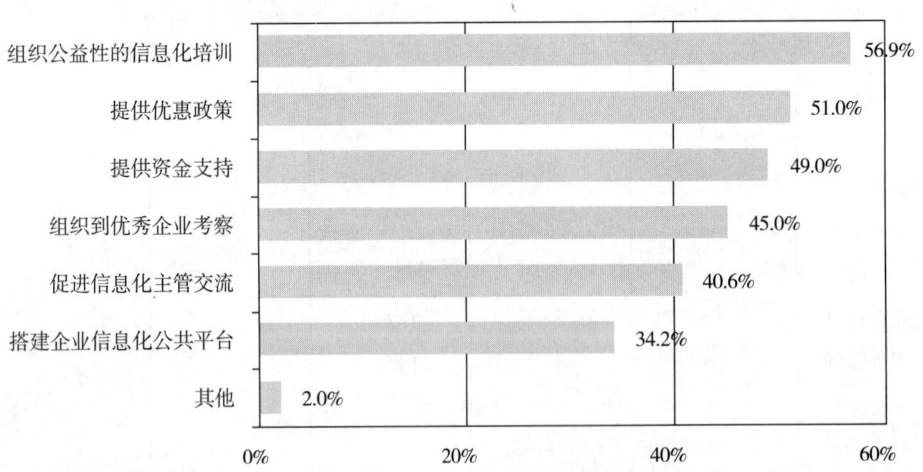

图4.11　2011年中国中小企业信息化建设中希望政府提供的帮忙和支持分布

数据来源：中关村在线调研中心，2011.06。

4.2　中小企业信息化基础设施建设状况

4.2.1　基础设施整体建设状况概述

（1）中小企业信息化基础设施建设平稳发展

近年来，我国信息基础设施建设取得了较大进展。目前我国已经拥有世界第一大基础电信网络，电话用户数量居世界首位。与此同时，我国的宽带网络建设在加快，无论是国际互联网带宽，还是宽带用户数，都以较快的速度发展，上网质量不断提高，这是我国上网人数快速增加的重要因素。

总起来看，企业信息化基础设施建设平稳发展。通过与以往调查结果进行比较可以看出，本次调查涉及的中小企业信息化基础设施建设的各项指标，与上年相比均有所改善，但变动幅度平缓。这说明我国企业信息化的基础设施建设在经历了前些年的快速发展后，目前已进入平稳发展的阶段。

在信息化基础设施建设上，中小企业虽仍不如大型企业，但差距并不太大。中小型企业硬件装备数量的各项指标虽然均低于大型企业，但相对于固定资产的比例而言差距不是很明显，特别是考虑到中小型企业本身量大面广，因此其对IT装备的需求更不容忽视。

（2）中小企业对服务器的需求最大

虽然中小企业信息化基础设施建设平稳发展，但仍有一些基础设施尚未能满足现今企业的需要。调查显示，63.5%的中小企业表示目前的服务器配置无法满足实际的工作需求，而45.5%的中小企业认为目前的电脑还不能满足需求。在网络设备产品中，中小企业对交换机的需求更大，42.1%的企业认为目前的交换机尚不能满足实际需求，而路由器的需求比例为28.7%，低于交换机比例近14个百分点。办公产品中，中小企业对打印机的需求最大，对复印机的需求最小。

4.2.2　重点基础设施建设状况

中小企业信息化建设领域，特别值得关注的是涵盖PC电脑、服务器、网络设备等硬件资源平台的重点基础设施。正所谓“皮之不存，毛将焉附”，正是这些基础架构挑起了中小企业信息化建设的大梁。

整体上来说，经过新一轮技术发展，PC 和服务器、网络设备以及宽带接入都有了明显提升。尤其是在 PC 领域，英特尔新推出的第二代酷睿 i 处理器，将 CPU 和 GPU 封装在同一个晶圆上，利用环形总线使 CPU 和 GPU 共享 L3 缓存，通过第二代睿频加速技术（Turbo Boost 2.0）实现更高效更智能的运算性能，为中小企业满足灵活多样的业务应用需求提供了坚实保障。

在服务器和网络设备方面，中小企业也有突出表现。由于当前呈现出日益流行的云计算趋势，更加注重节能减排，中小企业在选购服务器和网络设备方面也更加注重产品的功耗。同时，中小企业也更加重视虚拟化应用，在部署硬件资源的时候会显得更加理性。

（1）PC 电脑

PC 电脑在中小企业信息化建设中扮演着基础性的关键作用。PC 电脑的拥有量很大程度上体现着中小企业信息化建设水平。受访中小型企业中，PC 的平均拥有量为 178.6 台，笔记本电脑的平均拥有量为 53.0 台。相比往年，PC 拥有量在整体上有了显著提高。

数据显示，有 67.3% 的用户表示将在 2011 年部署一批采用这种新处理器的 PC 电脑（含笔记本电脑），另有 76.4% 的中小企业用户对采用这种新处理器的 PC 电脑抱有兴趣。可以说，新一代处理器的推出，势必为中小企业 PC 平台的部署和应用带来更多的选择。

另外，近年来新兴起来的平板电脑也成为中小企业应用中的一个亮点。由于企业规模和业务应用的不同，相比大型企业，中小企业在平板电脑的应用方面并不突出，根据调查数据发现，中小企业在平板电脑方面的拥有量为 1.78 台。

64.5% 的中小企业拥有的 PC 来自于联想，戴尔和惠普的 PC 拥有量排在第二和第三位，比例分别为 39.2% 和 32.8%，方正、清华同方、华硕和苹果的拥有率在 10% ~ 20% 之间，宏碁拥有率为 8.6%。

（2）服务器和存储

随着互联网技术的快速发展，当前中小企业的商务沟通模式已经不再局限于传统的“电话 + 传真”，“电话 + 传真 + 电脑 + 网线”成为常态，尤其是在节能技术、3G 商用、虚拟化、SaaS 等 IT 创新技术应用之后，中小企业的信息化模式开始朝着经营过程全互联网化转型。

在服务器领域，今年也同样迎来了新一代服务器处理器技术和产品架构。英特尔推出了发力关键业务应用领域的至强 E7 系列处理器，AMD 也公开了下一代微处理器架构“推土机”的架构细节，为服务器厂商和用户升级产品满足更高应用提供支持。

对于中小企业用户来说，这些高端技术产品虽然并不能短时期内得到应用，但至少会对中小企业目前的服务器产品更新换代和未来新品的采购预算提供更多的选择和解决方案。

在存储领域，今年出现一股云存储的新潮。它不仅顺应了当前火热的云计算趋势，同时也能为中小企业提供灵活的可定制化的存储方案。

联想、IBM、戴尔是中小企业服务器占比最大的三家品牌，比例分别为45.2%、31.4%和25.5%。惠普占比略低于戴尔，为22.9%。方正、浪潮的服务器占比超过了15%，华硕和曙光的占比均为8%。

（3）网络设备

通过调查发现，2011年中小企业信息化建设对网络设备的需求进一步加大。有78.9%的中小企业用户在未来半年内有对网络设备的采购意愿，而需要对现有网络设备进行升级的中小企业用户则占被采访用户的45.8%。

在影响网络设备采购意愿方面，性价比成为中小企业选购的一个重要指标。在影响网络设备采购的首要因素里面，有46.3%的用户选择了性价比，而选择产品品牌的用户则为31.4%，在功能方面比较注重的中小企业则占12.7%，选择服务的则为9.6%。

调查显示，中小企业购买的网络设备主要集中在华为、TP-Link、思科、D-Link和中兴5家品牌，其中华为最高，占比达43.1%，TP-Link其次，为39.4%，思科排第三，占比为33.5%，D-Link和中兴的占比分别为29.3%和25.0%。

（4）网络接入

调查显示，56.2%的中小企业都采用光纤接入互联网，使用ADSL的其次，占比27.9%。除这两种方式外，使用专线和以太网网络接入方式的企业比例不高，均在10%以下。

中小企业建立内部网的比例非常高，95.5%的被调查企业均已建立局域网。局域网的建立对于企业本身实施信息化管理亦有一定帮助。

4.3　中小企业软件应用状况

4.3.1　软件整体应用状况概述

（1）中小企业财务管理系统实施率最高

在中小企业信息化领域，软件的整体应用状况较往年有了大幅改观。中小企业用户对软件的应用更加重视，在企业人力资源和财政预算、人员培训等方面，都比以往有了更多的投入。

在中小企业部署的信息系统方面，大部分企业用户都部署有财务管理、办公自动化、ERP、HR和CRM系统。

调查显示，52.8%的中小企业都使用了财务管理系统，另外，办公自动化系统即OA系统与企业资源规划系统即ERP系统也有超过40%的企业正在使用。

在众多的信息系统中，除了上述三类外，人力资源系统（HR）、客户关系管理系统（CRM）、管理信息系统（MIS）、业务流程管理系统（BPM）和项目管理系统（PM）的使用率也在20%以上（图4.12）。

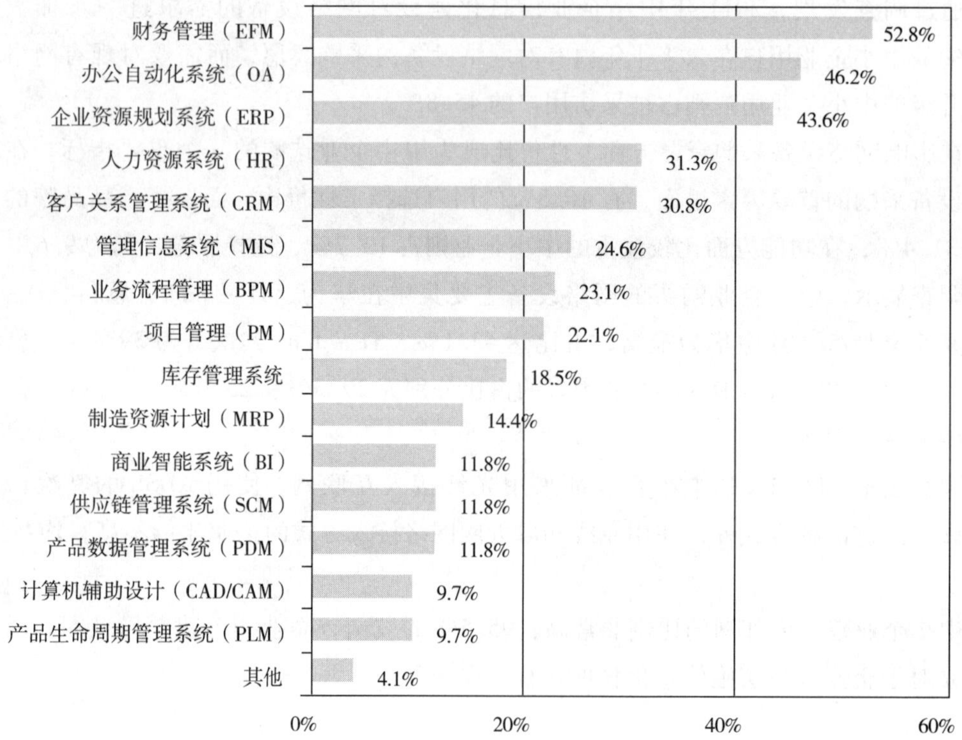

图4.12　2011年中国中小企业使用的信息系统分布

数据来源：中关村在线调研中心，2011.06。

（2）信息安全问题重视度提升

随着业务的稳步增长和IT设施投资的日益增长，中小企业管理者更加重视信息化安全在信息化建设中的作用。

根据调查统计，大部分中小企业都开始实施信息安全方面的安保措施。其中，部署防火墙的中小企业用户占了76.5%，使用了防病毒工具及其解决方案的占70.1%，而更高级的入侵检测、加密和CA认证方面，则分别为44.9%、41.2%和26.2%。

（3）中小企业普遍认可民族信息安全产品

在使用的信息安全产品方面，国内中小企业普遍都认可民族品牌。选择了瑞星信息安全产品的中小企业用户数量占到了49.7%，选择金山和江民的分别为34.1%和23.2%，紧随其后的为天融信，选择天融信品牌的中小企业用户占到了16.8%，与之旗鼓相当的则为趋势科技，占到了16.2%（图4.13）。

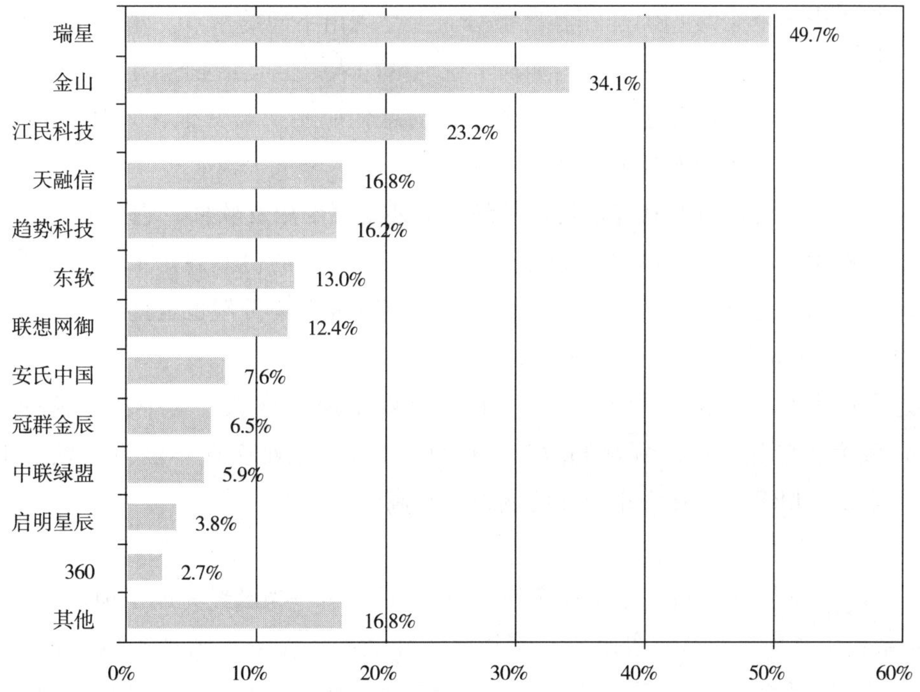

图4.13　2011年中国中小企业使用的信息安全产品品牌分布

数据来源：中关村在线调研中心，2011.06。

4.3.2　重点软件应用状况

（1）财务软件

①财务软件市场规模扩大，使用率提升。2010年，在国内软件市场中，应用软件、支撑软件和系统软件分别占软件总营业额的39%、22%、11%。而在应用软件中，ERP软件的市场销售总额比2009年增长6.8亿元，财务及企业管理软件市场销售总额达178.05亿元，比2009年增长了26.2%，占应用软件的43.6%，占整个软件市场销售额的32.3%。

据不完全统计，全国上一定规模从事商品化财务软件开发与推广的专业公司为360家，财务软件净产值为29.7亿元，财务软件成为中国软件产业市场的明星。

②中小企业对财务管理系统满意度较高。调查显示，近50%的中小企业都使用了用友的财务管理系统，12.5%的企业使用了金蝶的财务管理系统。除此以外，其他财务管理软件的使用率较低，占比均在10%以下。

中小企业对财务管理软件的使用效果满意度较高，74%的被调查企业都满意目前使用的财务管理系统，其中，表示很满意的占比达到26.1%，比较满意的比例为47.9%。

（2）ERP软件

调查发现，企业ERP应用投入、应用意识以及应用范围与企业规模呈明显的正比例关系。随着企业规模的不断壮大，企业对ERP应用的需求会越来越明显，ERP在企业管理中的作用也越来越重要。

目前国内中小企业的ERP应用在区域分布上呈现出不同的特点。华东地区的应用基础最好，华南地区整体应用水平虽然不及华东地区深入，但是企业应用ERP的发展速度最快。相比较之下，中西部地区的中小企业在信息化应用上与其他区域还有很大差距。不同行业间中小制造企业ERP应用差异明显。

在中小企业市场，ERP软件市场份额最大的还是属于用友软件，它享有44.7%的市场份额。排在第二的则是神州数码鼎捷，它比第三名和佳的份额高出1.2个百分点。而第三、第四名市场份额相差不大，之后的几个厂商所占市场份额也彼此相接近，充分展示了ERP软件市场的激烈角逐。

超过七成中小企业对目前使用的ERP系统效果表示满意，其中比较满意的占比47.4%，表示非常满意的比例为23.7%，仅有1.3%的中小企业不满意目前的ERP系统。总体来说，ERP系统在中小企业的满意度较高。

（3）CRM软件

在受访中小企业中，有一半正在实施CRM项目，另一半已经完成了项目实施。初期的CRM系统主要是帮助销售或服务员工提高工作效率，在未来则是实现在其他地方也可以使用CRM系统。CRM系统应用在办公室的比重为79%，在外地使用的比例为81%，另有41%是在与顾客一起时使用。

调查表明，销售和服务人员希望在接电话时，CRM能引导他们对客户的表述（71.6%）、进行需求分析（65.1%）、给出建议（46.7%）、回答客户问题（56.3%）、进行产品的配置（20.9%）。

关于采用的CRM解决方案所具有的主要功能。有超过18%的公司打算在CRM上马时与ERP集成在一起，超过36%的公司打算在以后这样做。

调查显示，中小企业使用的CRM系统有超过20%的比例来自微软，占比达到23.6%；其次是G. TurboCRM和XToolsCRM，占比分别为9.8%和6.5%；其后是八百客和赛捷，比例分别为5.4%和5.3%。除此之外，其他CRM厂商的使用比例均在4%以内。

中小企业对CRM软件的使用效果满意度最高，满意率超过80%。其中，高达46.4%的中小企业很满意目前的CRM软件，比较满意的占比也达到了33.9%，仅有1.8%的企业表示不太满意。

而认为不满意和效果一般的用户数量，分别占据整个受访者的1.8%和17.9%。

（4）OA软件

中小企业的OA软件使用率仅次于财务管理软件。调查结果显示，中小企业选择OA软件较为分散，占比超过10%的OA软件品牌有金蝶、华天、致远和思科达共4家。其中，金蝶使用率最高，比例为21.8%，另三家占比在10%～15%之间。

在关于OA软件使用效果反馈方面，中小企业对OA软件使用效果的满意率达到70.7%，其中表示很满意的中小企业有20.7%，比较满意的占50.0%。这一调查数据无疑表明，OA软件厂商在产品服务方面相比往年有了较大提高。

4.4　中小企业与云服务

云计算开创了中小企业信息化服务应用的全新模式。

4.4.1　云计算在行业中的应用分析

(1) 电子邮件行业云计算应用

①现状。面对激烈的市场竞争，中小企业希望获得价廉物美的信息化工具帮助企业实现自身业务的增长和管理的提升。在所有信息化工具中，最能贴近中小企业需求的莫过于企业邮箱。

调研机构艾瑞的一份报告显示，2009 年中国企业邮箱市场营收规模为 3.15 亿元，相比 2008 年的 2.6 亿元增长 21.2%；预计到 2013 年，有望达到 8.25 亿元，未来 4 年的复合增长率为 27.2%。作为企业信息化架构的一个基础平台，企业邮箱让企业内外沟通变得更加紧密。

然而相对于国外较高的企业邮箱使用率，国内中小企业使用企业邮箱显得积极性不足。有很多中小企业一直选择自建电子邮箱，他们认为，这种方式一次性投入成本便可以一劳永逸。降低企业邮箱的门槛，让中小企业以更加实惠的价格享受到企业邮箱的服务，成为众多厂商一致认可的行业突破口。当看到云计算出现之后，很多邮箱厂商都在思考，如何利用这个新技术满足众多中小企业的要求。

②云计算应用。云计算与邮箱的融合，在功能上更加强大，性能上更加稳定。云电子邮件延续传统邮箱的邮件功能、视频会议、大附件、电子传真、voip 电话、发送短信、海外转发、防垃圾反病毒等基础功能外，还融入了云服务理念和云技术。除兼具第一代企业双模邮箱以"域名邮箱"为核心特征及系列功能之外，还集成了即时通信等多种现代化办公通信方式，诸如网络电话、在线交流、即时通讯、电子传真、短信功能、通讯管理等诸多应用。同时，云电子邮件还能支持 PC 客户端、WEBmail、WAPmail、手机客户端四大终端设备，提倡真正的移动办公。

当前的云电子邮件已经发展得比较成熟了，而且从基础架构的角度看电子邮件系统相对简单，还可以帮助中小企业配置相应的计算能力、本地存储、备份策略、业务连续性和灾备流程。云电子邮件系统在基础架构方面有明确清晰的定义，可以相对容易地转向到云服务或者高级托管服务。

云电子邮件很大程度上将现代办公常用的各种即时通讯工具嵌入到邮箱服务管理平台，颠覆了企业传统的通讯管理模式。服务系统融入到企业管理中，不仅帮助企业简化了管理程序，也极大降低了企业通讯管理成本，全方位提高企业运营效率。

（2）数据存储行业云计算应用

①现状。云存储在数据存储领域还尚未占到主导地位的一部分原因是这个概念还相对是一个全新的概念。此外，许多用户关于云存储技术都有他们自己在成本和技术方面的顾虑。目前而言，许多供应商都提供了不同程度的云存储服务，比如 Amazon S3，Iron Mountain 以及 Nirvanix 公司。其中像 Amazon S3 这样的公司是专注于中小企业环境（SMB）下云存储领域的。

②云计算应用。一般来说，在通常欠缺成本预算和 IT 员工的中小企业环境下使用云存储有着更为明显的优势。就此说来，针对中小企业环境下使用云存储的优势在于如下几个方面：

云存储的使用相对便利。云环境下的数据存储可以变得极为便利。大多数但不是全部和存储维护相关的工作都会由于数据不再存放在本地而减轻维护的负担。

维护工作量相对较轻。一旦系统上线，在用户端几乎不需要做任何的维护操作。

有良好的扩展性。划分更多的存储空间，可以免除过剩生产能力的困扰，可以随时扩展存储空间容量。

更好的安全性。云存储一旦经过了正常的配置，其安全性就和将数据存放在本地一样。将数据存放在远端的云上可以避免本地可能发生的例如火灾、洪水，或者恶意将数据删除这样的情况发生。安全性的提高包含了对所有可能的预防情况的考虑。云存储供应商们会提供更为安全的通信过程，例如在存储过程中使用 SSL 协议对需要存储的数据进行数据加密。

③不足。当然，适合中小企业环境的云数据存储同样有着它需要提高的地方。例如，云存储可能面临着成本效率方面的挑战、用户缺乏控制管理、等待时间过长、网络带宽不足等。

（3）呼叫中心行业云计算应用

①现状。经过多年的发展，呼叫中心技术已经非常成熟。近两年来随着 IP 融合通信、视频通信、统一通信、云计算等新技术、新理念的飞速进步，呼叫中心也呈现出了多元化发展趋势。IP 呼叫中心、视频呼叫中心等新型呼叫中心产品不断冲击我们的视野。用户使用模式也从自建为主的单一方式，扩展到了托管、外包、云计算等更多灵活而低成本的模式。

②云计算应用。相比传统自建式的呼叫中心，云计算呼叫中心是一种低成本的解决方案。在自建方案中，系统容量需要按业务最大时处理。在业务高峰过去之后，大量的资源闲置，而这些资源也不能共享给其他用户，资源利用效率低。同时，企业还要花人力来维护这些设备，每个月的系统运维成本也是企业的一大负担。对于那些精力和资金

都有限的中小企业来说，自建方案的投资回报率很低。

基于云计算的呼叫中心，可以通过共享基础设施来提高资源利用率。用户可以随时使用这些资源，并且资源是按请求动态分配的，由于大多数情况下不同用户不是在同一时间使用这些资源，所以这就保证了每个用户能够得到更充分的资源和更好的服务质量。

目前，市场上很多服务提供商具备这样的支撑能力，例如 Technologies 和 Salsforce 都已经把它们的服务产品集成到 LiveOps 中。LiveOps 可以提供呼叫路由功能，可以将呼入电话转接到正确的呼叫中心代理那里。

2010 年云计算市场进步迅猛，呼叫中心与云计算技术的结合也进入了一个全新阶段。分析师称，云计算吸引呼叫中心主要有两大原因：第一，将呼叫中心迁移到云中，可以使整个系统性能不再是一个“常量”，而是可以根据用户具体需求动态调整的“变量”。第二，将呼叫中心迁移到云中，可以使整个系统的成本大大降低，把系统运维负担转移到服务提供商身上，让企业更专注于自己的业务。

③趋势。随着人们对云计算呼叫中心认知度的提高，越来越多的中小企业将自己的呼叫中心系统迁移到云平台上来。同时，电话语音通信和基础网络路由能力的支撑，也为用户选择云计算呼叫中心提供了便利。在接下来的几年里，云计算呼叫中心将迎来一个快速发展期，云计算呼叫中心应用也将越来越成熟。

（4）公共服务行业云计算应用

①现状。目前，企业信息化的云计算服务平台很多，但是针对中小企业的却很少。中小企业面临缺乏技术人才、缺乏资金、业务和组织多变、承受市场风险能力不强的问题。另外一方面，当前很多信息化服务机构水平参差不齐，专业化、个性化服务提供不足，更重要的是，中小企业对商业性信息化服务安全性缺乏信任，导致中小企业“不敢用、用不起”。

②云计算应用。为了帮助中小企业降低管理成本、提升管理水平，特别是提升销售和市场管理水平，很多政府机构以及服务商搭建具有高可靠性的公共服务平台，为广大中小企业提供基于云计算的信息化公共云服务。

很多公共云服务平台不仅能提供保障企业日常营运的桌面 IT 支持服务、快捷方便的在线办公软件 web - office、在线传真、企业内部通讯的即时通讯、在线用户在线客服，以及网络会议在线应用服务、客户管理系统、企业内部 OA、企业进销存服务、企业人力资源执行软件，还可以提供包括政府招商、建筑、服装、零售、教育等行业在内的解决方案或执行系统。同时，还包括技术创新公共服务平台、信息化公共云服务平台、人才培养公共服务平台、知识产权公共服务平台、投融资咨询公共服务平台、品牌与市场公共服务平台、项目对接公共服务平台。

③挑战。目前，国内各地政府都在积极兴建政府主导的云计算中心。如何合理利用这些 IT 资源，成为大家积极研究以及深挖的一个课题。中小企业信息化水平较低，而且投入到信息化建设的费用较少，更为重要的是它们对于信息化过程中带来的安全危机缺

乏足够的防御能力。由政府主导的中小企业公共服务平台则能够在可靠性、公信度等方面有很大优势，很可能更易于打开中小企业信息化之门。

（5）网络带宽行业云计算应用

①行业现状。云计算可能会大幅度增加互联网流量，由此引发的服务中断、网络延迟等问题会严重制约云计算的发展。从客户的角度来看，“供应商不会为网络带宽或延时提供保障，更不会为客户的应用或存储的高可用提供保障”。显然，在云计算时代，用户会更关注性价比和服务提供商提供的服务质量，重视投资收益。

目前，我国网络带宽与美国、日本、韩国等发达国家差距甚远。在对全球25个国家带宽的一项调查中，中国排名倒数第二。截至2010年底，我国宽带普及率是33.5%，而在2007年，欧洲的宽带普及率是35.4%，美国则达到50.9%。非但如此，从比特率、结构速率来讲，我国的宽带也存在较大差距。

②云计算应用。如今有电信运营商正在试图利用云计算技术来化解带宽不足的老大难问题，面向中小企业市场，将云计算服务与宽带服务结合，提供基于“云—端”架构的集宽带、应用和服务一体化交付的一揽子解决方案。

云侧可采用三种部署方案：第一，企业基础设施云方案：考虑到安全性、可靠性因素为企业部署私有云，不改变企业原有网络结构；第二，园区共享基础设施云方案：提供园区楼宇云计算解决方案，为园区企业提供一个公共的IT服务平台，实现IT资源共享，充分降低企业IT水平，提高应用水平；第三，建设电信云计算数据中心，可以为企业和ISP、ICP、ASP等客户提供互联网基础平台服务以及各种增值服务。

③趋势。面向中小企业提供基于“云—端”架构的集宽带、应用和服务一体化交付的云宽带解决方案，解决了中小企业IT基础设施部署门槛高、初期投资大、维护困难的现实问题。网络带宽将不再是阻碍云计算发展的瓶颈，有线和无线宽带的快速发展为云计算的发展奠定了良好的基础，可以相信，云计算会在不远的将来“开花结果”。

（6）工业设计行业云计算应用

①行业现状。工业设计和先进制造是工业经济的重要部分，是提升产品竞争力、企业竞争力和市场竞争力的战略工具。如何利用先进有效的技术方法，构建良好的设计环境，成为促进工业设计和先进制造技术水平提升的重要手段之一。

但是，由于我国中小企业信息化水平较低，投入费用不足，人力资源匮乏等原因，导致这类制造业中小企业竞争力不足。对于中小企业来说，他们既没有巨资为自己构建一个先进的工业设计系统，更支付不起高昂的系统维护费用。而如今云计算技术的出现，可能为广大中小企业提升设计和制造水平提供了解决之道。

②云计算应用。制造业的很多中小企业需要进行一系列的工业设计和科学计算。但是，不管是工业设计软件，还是后续如仿真测试等流程，都需要非常昂贵的工业软件和测试平台做支撑。如今，随着云计算技术的日益成熟，很多人在考虑利用云计算来降低工业设计的成本。将中小企业这些共同的需求，用统一的云计算平台来提供服务。这样

一来，大多数中小企业则无须购置千万元甚至上亿元的机房、设备以及设计软件，设计人员在办公室里就能借助云设计平台获得最佳的设计和测试效果。

将云计算与工业设计平台结合，成为当前高校、地方以及有实力的服务商又一创新发展模式。这类面向工业企业服务的云计算平台，可以承载工程计算、科学计算、生物计算等领域超大规模的计算任务，为工业设计和先进制造提供创新服务平台。

③趋势。中国政府已经喊出了从“中国制造”走向“中国智造”的口号。那么，占据大多数的中小企业，如何在经费不足、人才匮乏的情况下，还能实现“中国智造”，就成为政府必须关心的环节。制造业企业要想实现“中国智造”，提升其创新能力和设计能力，是企业的发展动力之基。而当前来看，打造面向工业企业服务的公共云计算平台，提供先进的工业设计工具，就是一条非常不错的道路。制造行业的中小企业不必单独为动辄几十万的设计工具买单，按需付费，同时还能节省大笔维护费用。

4.4.2　云服务在中小企业的应用

（1）政府公共服务平台应用情况

调查显示，53.5%的中小企业均使用过政府公共服务平台，但整体看来，中小企业对政府公共服务平台的应用比例仍不高。

47.8%的中小企业对政府公共服务平台的使用效果评价一般，很满意和比较满意的比例为43%，近10%的中小企业不满意使用效果。

（2）IT服务商云服务平台应用情况

调查显示，53.8%的中小企业使用过IT服务商提供的云服务平台，该比例略比使用政府服务平台的企业高0.3%。

（3）中小企业考虑云服务平台的因素

调查显示，对于第三方云服务平台，中小企业考虑最多的两大因素是安全性和价格，比例分别为69.8%和69.7%，对于品牌和服务响应速度的重要性相对较低（图4.14）。

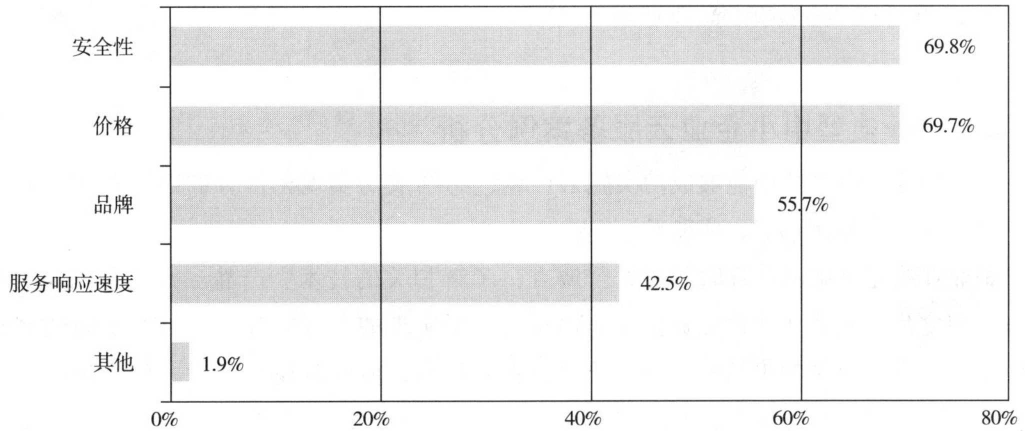

图4.14　对于第三方云服务平台，中小企业考虑的因素分布

数据来源：中关村在线调研中心，2011.06。

(4) 应用云服务平台的系统分布

调查显示，在众多信息系统中，中小企业最希望应用云服务的系统是管理信息系统，占比达到51.4%，最不愿意应用云服务的信息系统是供应链管理系统，占比仅为9.9%（图4.15）。

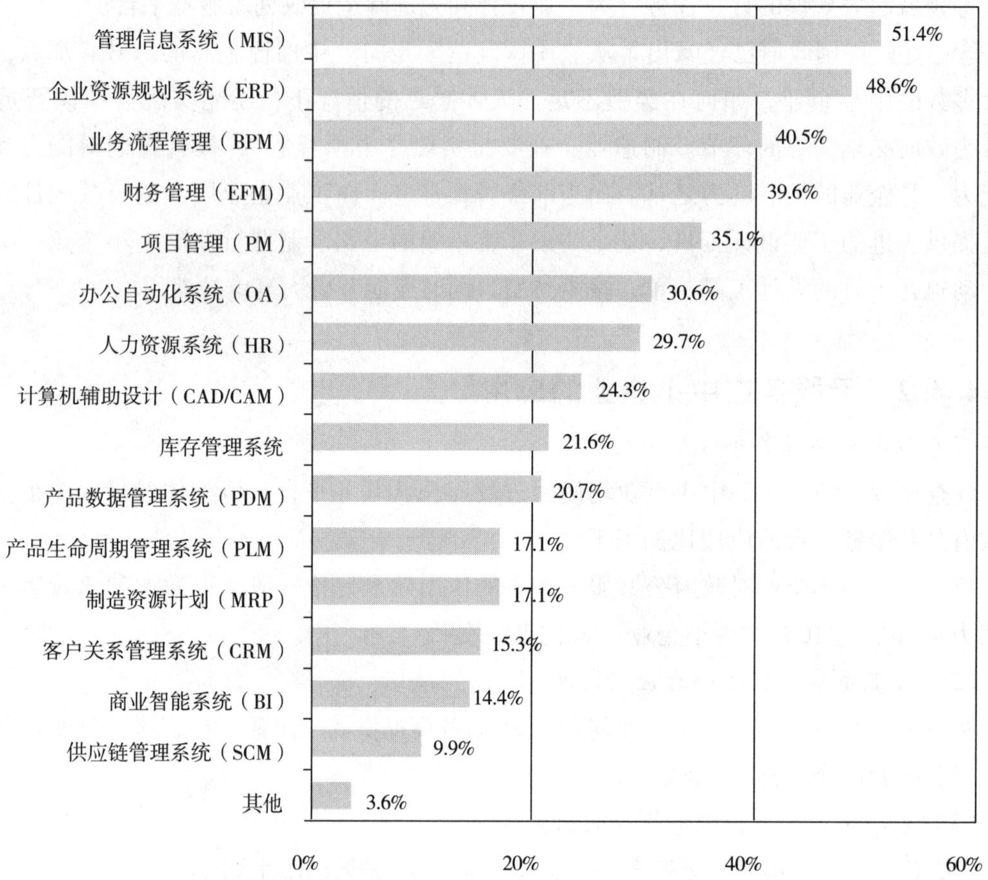

图4.15 中小企业愿意放到云服务平台的信息系统分布

数据来源：中关村在线调研中心，2011.06。

4.4.3 典型中小企业云服务案例分析

每个中小企业都希望能够成功实施云计算，总结成功实现云计算的四个关键步骤就是：调查学习、使用场景、实验验证、投入生产。

企业在决定实施云计算时需要先行调查，了解相关的技术、产品、好处和风险。在调查学习之后，企业要明确究竟要如何建立云，要实现的目标是什么，以及实施的规划是什么，接下来要做的事情就是去实际地建立云环境，但此时还不是投入到大规模的生产应用中去，而是从选定的基础设施和应用开始，进行实验性的项目，验证云的适用性，最终才是投入实际的生产使用。

为了更形象地理解云服务应用，下面以两个案例对中小企业的云服务应用进行分析。

案例一：美特斯邦威从信息化“三部曲”到云计算

（1）企业背景

上海美特斯邦威服饰股份有限公司是一家成立于1995年的国内服装企业。2010年的统计数据显示，美特斯邦威在2010年销售收入突破120亿元，拥有28家分公司，4000家门店，一年的新品可达十几万。

（2）信息化难题

上海美特斯邦威服饰股份有限公司的信息化建设经历了三个阶段：第一个阶段是公司初成立的几年里，打通供应链层面的信息；第二阶段，从2002年开始，美特斯邦威自主研发新一代分销平台，配销从物流到门店、销售、退货等各个环节的全程监控；第三个阶段，从2008年开始，美特斯邦威部署了新一代ERP，尝试一些针对B2B的创新。

美特斯邦威公司在完成ERP升级之后，发现这些应用仅仅只成为总部的应用，并没有辐射到终端和服务器端，甚至包括加盟商、面料工厂、运输伙伴等在内的众多合作伙伴，还是在以原来的传真、纸质流程来流转。这种上下游信息流不匹配的情况，严重制约着企业的发展进程。同时，美特斯邦威公司也发现IT资源一直利用率不高。

（3）云计算应用

美特斯邦威公司在云计算上做了两个创新，第一个是云应用的发布和消费，第二个是云数据中心的高效管理。

在美特斯邦威公司总部有一个很庞大的流程录入到系统里，云计算可能在录入交割单的时候只录入几个数据，通过后台的整合，把它推送到需要数据管理的平台上。另外，公司为合作伙伴订制了一个预控的管库，他们登录以后可以自动推送应用，而无需再去装机，开通账号，所有东西都是即插即用。美特斯邦威公司也称其为“离线云”，合作伙伴需要的时候才将数据与后台同步。

同时，美特斯邦威通过云计算实现对数据中心的高效管理。公司这些年部署了很多系统，但是按照传统部署方式，一个应用占用一台主机。而IT应用波峰和波谷的差别很大，造成IT资源利用率很低。通过实施云计算帮助他们实现IT资源的融合及资源的动态分配，从而最终帮助企业节省大量IT成本。

（4）案例分析

从美特斯邦威公司的案例可以看出，云计算可以帮助企业打通各个层面的数据，又能实现应用的灵活部署，无需再重构IT架构。并且，云计算在满足企业业务需求的同时还能够大大提升IT资源的利用率。但是，务必记住的是，企业的云计算策略必须有严格的策划，首先要从企业实际业务需求出发，做到循序渐进地实现云计算部署。

案例二：私有云为劲霸男装IT系统减负

（1）企业背景

劲霸男装股份有限公司创办于1980年，现公司拥有固定资产2.3亿元，建筑面积10多万平方米，员工3000多人，全国设立了3000多家形象统一管理规范的品牌专卖店。

（2）信息化瓶颈

劲霸男装公司的IT系统分为内、外两个部分，内部系统包括ERP、BI、OA、邮件等，而外部主要是分销系统。劲霸男装公司将生产和营销分别放在两个城市，上海普陀区主要负责公司的营销，福建晋江的公司则负责公司的生产环节。

这个分销系统不仅负责下游专卖店的分销管理，还兼顾着企业上游上百个供货商的管理工作，包括供货、生产、物流、分销等环节，其重要性可想而知。

劲霸男装全部采用了唯一条形码标识，任何一件衣服的状态，都能够在网上查询到。很多企业对于产品的监控只能到达物流这个环节，而劲霸男装能够到达最后一个分销商的环节。上下游条形码的统一，使得劲霸男装的产品在市场上几乎看不见串货、假货以及网上打折销售的现象。

这些专卖店正常销售的时间段内，每个终端都必须实时地与总部系统互联，产生一笔销售或下发一批新货，公司和经销商都能够及时地掌握信息。

这是公司分销系统最初的设计，当同时在线的终端和用户数少的时候，总部IT系统还能够正常运转。但是，当这个数字逐渐增加到IT系统承受的最高值，问题就出现了。3000多家店就是3000多个分销系统终端，每个终端平均有三个人在使用，高峰期最高将会有近万个终端同时与上海总部保持数据互通，总部IT系统要承受的压力可想而知有多么沉重。

（3）云计算应用

经过长期的跟踪研究，劲霸男装认为，私有云是最好的解决方式，既能解决IT系统的利用率和效率问题，又能帮企业节省一大笔开支。而在没有找到可以学习的对象之后，劲霸男装的私有云完全以自己开发为主。

私有云项目的规划：劲霸男装将来自全国3000多个专卖店的实时数据，先在20多个省级总代一级做一次集中，然后再定期从省级总代那里向总部做二次数据集中。整个IT系统的架构布局确定之后，劲霸男装将分布在全国的20多个点都连接成为一片云。劲霸男装自己制定一套通信编码协议，这样的协议加头加尾，中间一些简单的条码信息。相对于国际通用的标准通信协议，其更加实用而且简洁明了。

这样的布局，使得3000多个专卖店采用一般的PC即可，而省级总代广泛采用低配置的服务器，原本需要很多小型机才能完成的巨大负载，现在分担到众多服务器来完成。劲霸男装将一个个计算点，联接成为能力巨大的私有云。私有云项目的成功实施，最终帮助劲霸男装缓解了总部IT系统的压力，大大提高了IT系统的反应速度，以及整个公司的工作效率。

（4）案例分析

企业要想在同质化竞争严峻的市场环境中脱颖而出，就必须学会用科技手段来武装自己。劲霸男装从打通上下游信息流，再到通过自己的力量打造私有云的过程，一直在追求用技术手段推动企业发展的步伐。同时也可看到，云计算并不一定需要购买昂贵的服务器，低配置的服务器一样能够实现高效的云计算。

4.5　中小企业与电子商务

4.5.1　电子商务市场规模分析

根据数据统计显示，截止到2010年12月，中国电子商务市场交易额已逾4.5万亿，同比增长22%。其中，B2B电子商务交易额达到3.8万亿元，同比增长15.8%，增速有所放缓，但行业整体仍保持稳定发展态势；网上零售市场交易规模达5131亿元，同比增长97.3%，较2009年近翻一番，约占全年社会商品零售总额的3%。在未来两年内我国网上零售市场交易规模将会步入全新阶段，全年交易额有望首度突破1万亿元，将约占全年社会商品零售总额的5%以上。

2010年，国内B2C、C2C与其他非主流模式企业数已达15800家，较上年上涨58.6%，预计2011年将突破2万家。

2010年，国内网上零售的用户规模达1.58亿人。预计未来几年，这一规模仍将迅速持续上升。2010年，国内个人网店的数量已经达到了1350万家，较上年涨幅为19.2%，预计未来三年内仍将稳定增长。

目前国内电子商务服务企业主要分布在长三角、珠三角一带以及北京、上海等经济较为发达的省市。在企业区域的分布上，排在前十的省份（含直辖市）为浙江省、广东省、北京市、上海市、江苏省、山东省、四川省、福建省、河北省、河南省。

2010年，从电子商务网站所处的行业分布来看，排在前十名的依次为：纺织服装、农林畜牧、数码家电、钢铁机械、化工医药、礼品饰品、五金工具、包装印刷、建筑建材、食品糖酒。

2010年，电子商务服务企业直接从业人员超过160万人。2010年，由电子商务间接带动的就业人数已超过1200万人，预计2012年将达到1900万人。数据显示，未来5年，在中国4000多万家中小企业中，将有半数企业在经营中尝试或运用电子商务工具，国内对电子商务人才的需求量将达到300万以上。

4.5.2 中小企业电子商务整体应用状况

（1）大部分中小企业对电子商务尚处于观望和试用中

虽然我国电子商务市场发展迅猛，但是相比于整体而言，中小企业真正依赖电子商务开展业务的仍然是一小部分。从本次调查来看，经常使用电子商务的中小企业仅为19.7%，而从未使用的达到了21.8%，偶尔使用的34%，曾经使用的24.5%。整个分布看，大部分中小企业对于电子商务这种模式还处于观望和试用中。

（2）中小企业应用电子商务的三个重要环节分别是销售、采购和支付

在对中小企业应用电子商务的具体环节进行调查后，发现企业将电子商务用于销售环节的比例高达58.1%，用于采购环节的比例为54.19%，用于支付环节的比例为48.6%，用于物流环节的比例是41.2%，销售服务环节和研发设计环节的比例分别是28.4%和12.8%。从上述比例不难发现，中小企业应用电子商务，其主要目的还是用来做买卖，一方面是进货，一方面是出货，同时通过电子支付平台进行费用结算。

（3）电子商务目前只是中小企业销售来源的一个补充

在实施电子商务的中小企业中，其营业额占到企业总营收60%以上的仅为2.7%，40%～60%区间的为2.8%，20%～40%的比例是18.1%，10%～20%的比例是34.7%，5%～10%的比例是18.8%，5%以下的占到22.9%。从这组数据不难发现，电子商务还只能是当前中小企业销售来源的一个补充。除非是纯电子商务类型的企业，一般中小企业在经营业务时，多采用多条腿走路的方式，以确保企业经营的平稳。

中小企业对电子商务最大的顾虑在于信息安全问题和诚信问题，39.7%的中小企业最关心信息安全问题，32.9%的中小企业最关心诚信问题（图4.16）。

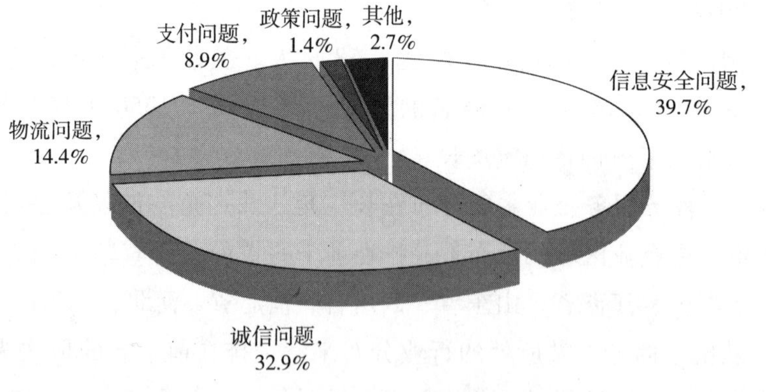

图4.16 中小企业对电子商务最大的顾虑情况

数据来源：中关村在线调研中心，2011.06。

4.5.3 中小企业电子商务发展趋势

我国电子商务在十多年的发展中已逐步趋于成熟，中小企业和电子商务的结合也越

来越紧密，但随着电子商务的进一步发展，一些问题也逐渐显露出来。

（1）电子商务应用问题

①中小企业电子商务发展仍显滞后。中小企业受到自身管理水平、资金和人才等因素的制约，电子商务发展水平相较于大企业，明显滞后。在大型企业中，通过电子商务进行采购、销售的比例已分别达到30%和27%。近年来，随着电子商务环境的改变，越来越多的中小企业开始加入到电子商务的行列。

②信用体系建设不完善。随着世界经济一体化、全球化进程的不断加快，电子商务已经逐渐成为人们进行商务活动的新模式。电子商务在迅速发展的同时，自身也面临着诸多问题。在这些问题中，信任与信用体系的建立已经成为电子商务发展的瓶颈。

目前，我国电子商务信用环境与西方发达国家相比，差距还很大，在建立电子商务信用保障体系中，还存在着许多制约因素。包括：普遍缺乏信用意识和信用道德规范，企业内部电子商务信用管理制度不健全，信用中介服务落后，缺乏有效的法律保障和奖惩机制，网上发布虚假、不健康甚至违法商业信息等。要想国内的信用体系建设更加完善，必须从技术、立法和道德三管齐下。

③“虚拟市场”监管不力。在国内电子商务的蓬勃发展中，也出现了像对虚拟市场监管不力的问题，这方面出现的主要问题包括在线产品信息管理、交易服务的监管及消费者权益保护等。随着国家相关部门对电子商务关注力度的加大，相信包括对消费者权益的保护等的监管也会相应加强。

④物流配套体系仍需完善。近年来，随着电子商务的蓬勃发展，目前传统的物流已满足不了电子商务的配送需求。我国尚未建立强大的物流配送体系，物流管理水平低，现代物流业发达程度欠缺，全国范围或更广范围的物流配送能力尚显不足。

电子商务作为数字化生存方式，代表未来的贸易方式、消费方式和服务方式。因此要求整体生态环境要完善，要求打破原有物流行业的传统格局，建设和发展以商品代理和配送为主要特征，物流、商流、信息流有机结合的社会化物流配送中心，建立电子商务物流体系，使各种流畅通无阻，才是最佳的电子商务境界。

⑤电子商务人才缺乏。国内电子商务的飞速发展，越来越多的中小企业开始利用电子商务平台拓展海外市场。但是电子商务人才远远无法满足企业日益增长的电子商务外贸人才的需求。

数据显示，未来5年，在中国4000多万家中小企业中，将有半数企业在经营中尝试或运用电子商务工具，国内对电子商务人才的需求量将达到300万以上。

对此，教育部也发出通知称，为了加大互联网、电子商务等新兴产业人才培养力度，有关高校可从本科教育入手，积极申报与战略性新兴产业发展人才需求相关的新专业，加速教学内容、课程体系、教学方法和管理体制与运行机制的改革和创新，积极培养战略性新兴产业相关专业的人才，满足国家战略性新兴产业发展对高素质人才的迫切需求。

⑥网络安全问题日渐突出。对电子商务交易安全的担心，是严重制约我国电子商务发展的第一大瓶颈，安全问题是实施电子商务的首要问题，也是最重要的问题。电子商务的运作，涉及诸多方面的安全问题，如资金安全、信息安全、货物安全、商业秘密安全等等。安全问题如果不能妥善解决，电子商务的实现就是一句空话。许多用户不愿进行网上交易，也是因为对网上交易的安全性、可靠性持怀疑态度。

电子商务面临的安全威胁主要有：信息在网络的传输过程中被截获、传输的文件可能被篡改、伪造电子邮件、假冒他人身份、不承认已做过的承诺。因此从技术上保证交易数据的安全已成为电子商务发展中至关重要的问题。安全问题是应用电子商务最担心的问题，而如何保障电子商务的安全，将一直是电子商务的核心研究领域。

(2) 电子商务发展趋势

尽管中小企业电子商务还存在着不少的问题和困难，但电子商务已经是不可阻挡的趋势。未来5~10年电子商务将继续高速发展并有望领先世界，电子商务服务业正在成为促进电子商务发展的强大引擎和信息时代的商业基础设施，电子商务的经济社会影响日益广泛和深刻，如何构建与电子商务发展相适应的制度体系，以及如何消除“数字鸿沟”并遏制其与“经济鸿沟”的相互强化，是影响电子商务未来发展的关键因素。

为此，针对未来电子商务发展的趋势，我们在归纳和总结的基础上进行趋势预测，以利于中小企业更好地利用这种新型的手段发展和壮大自己。

①各级政府加大对电子商务的支持力度，促进电子商务应用普及。近年来，各级各地政府不断加大对电子商务的支持力度，通过资金补贴、专场培训和人才培养等措施，鼓励和促进企业应用电子商务。为帮助中小企业应对金融危机，浙江省率先在全国启动了“万家企业电子商务推进工程”，广东省启动了“广东省中小企业电子商务启航工程”，福建省启动了“福建工业企业电子商务千万工程”，天津、江苏、四川、河北和陕西等省市也以不同形式大力支持企业应用电子商务。

② 电子商务将与传统产业进一步融合。随着越来越多的企业在采购、销售、营销、财务和人力资源管理等环节广泛应用电子商务，电子商务将向企业内部的深层次延伸，与企业内部价值链深度整合。电子商务与传统产业的融合将进一步深化。电子商务将广泛深入地渗透到生产、流通和消费等各个领域，改变企业的经营管理模式和生产组织形态，提升传统产业的资源配置效率、运营管理水平和整体创新能力。

电子商务也将与搜索引擎、虚拟社区、网络游戏和移动通讯等进一步融合。随着电子商务应用日益广泛和深入，在与电子商务相关的信用、支付、物流、IT和金融等领域，将出现大量外围服务商，为电子商务应用提供更加多样化的服务，成为电子商务生态系统不可缺少的组成部分。更进一步，电子商务服务业将成为新的商业基础设施，电子商务服务业将日益成为公共服务，为全社会提供无处不在、随需随取、极其丰富和极低成本的电子商务服务。

③电子商务的发展环境将不断完善，发展动力持续增强。随着市场经济体制的进一

步完善，推进经济增长方式转变和结构调整的力度继续加大，发展电子商务的需求将会更加强劲。电子商务将被广泛应用于生产、流通、消费等各领域和社会生活的各个层面。这将促使全社会电子商务的应用意识不断增强，有关电子商务的政策、法律、法规将不断出台，电子商务发展的政策法律环境将不断完善。同时，也促使物流、信用、电子支付等电子商务支撑体系建设更全面地展开，从而使得电子商务发展的内在动力持续增强。

④小额外贸 B2B 迎来新契机。国际金融危机之后，传统贸易“集装箱”式的大额交易受到冲击，以跨境小额交易为代表的外贸电子商务却迎来发展的新契机。

与此同时，金融危机下海外买家的采购行为也发生了变化。国外小型批发商高频率的短单、小单，取代了原有大中型批发商的长单、大单。大量海外草根买家的涌现，正在推动“中国制造”交易方式的转型，这就为以在线交易为核心的电子商务平台带来了高速发展的机遇。

⑤移动电子商务将加速向普及化方向发展。未来几年，在各级政府、电信运营商和互联网服务商的推进下，3G 应用将不断扩展，手机上网将进一步普及，用户将可以通过手机、上网本和 PDA 等移动终端实现随时随地购物，由电视、互联网和手机构成的立体化电子商务体系将逐渐成型，移动电子商务将向商务、工作、生活和学习等各个领域加速渗透，日益普及。

数量庞大的移动电话用户，为移动电子商务在我国的发展和普及提供了坚实的用户基础，且仍然拥有较大的扩展空间。电信运营商大力推动移动信息基础设施建设，也将为移动电子商务的发展和普及提供坚实的技术基础。各地各级政府的大力促进也是移动电子商务发展和普及的一大推动力。

⑥电子商务服务业蓬勃发展，逐步成为国民经济新增长点。随着企业供应链电子商务、国际电子商务的发展，将带动电子商务服务业的发展，围绕电子商务服务形成的从低端技术环节到中端支撑环节再到高端应用环节的电子商务服务链在我国节点饱满，一个全新视角的电子商务服务业群正在形成，将成为未来国民经济新的增长点。

4.6　中小企业信息化建议

4.6.1　中小企业信息化面临的障碍

(1) 中小企业管理者对信息化的重要性认识不足

中小企业管理者的水平参差不齐，从而影响了企业实施信息化的水平。

首先，一些中小企业的管理人员对信息化建设的意义和重要性认识不足，认为可有可无，因此在信息化建设过程中投入的人力、物力和财力都明显不足，从而影响了信息化建设的进程。

其次，一些中小企业的管理者不能系统地了解企业信息化建设知识，把信息化建设仅仅单纯理解为计算机的操作，没有意识到信息化建设是一个系统的、复杂的工程。在这些企业中，往往认为计算机软硬件的配置就意味着信息化建设的完成，这些不完整的认识导致企业的信息化建设不能收到应有的效果。

（2）企业管理模式的制约

首先，在我国中小企业中，有相当一部分属于家族式的管理，存在着管理混乱、制度不健全、管理方式落后等状况，个别企业甚至连基本的成本核算制度都没有建立。管理制度、组织结构、管理理念与信息化管理系统的先进管理理念不相符，甚至相冲突。信息化管理的引入将推动企业实行全面、彻底的改革，从观念更新到业务流程重组、组织重组等，由于企业原有的管理机制、生产机制、销售渠道已运行了多年，管理、设计、生产、销售人员都已有多年的传统工作经验，一时很难转过弯来适应新的工作方式，因而阻力较大，任务繁重，这也是制约企业信息化建设的重要因素。

其次，中小企业管理模式仍未定型，随着企业的成长，变动也很大，而应用软件在企业实施的前提是管理程序化，这二者间形成了一对矛盾，不易解决。如果企业制定的制度根本没有贯彻执行，即使利用再先进的技术也难以实现。实际上，企业信息化是一项复杂的系统工程，除了考虑技术外，还要充分考虑到信息源的组织与开发、现代信息技术对传统产业的改造以及信息化对企业管理、运作模式的深刻影响。这种影响在管理信息化方面表现得最为充分，因此信息化的实现必须伴随观念、业务流程、组织结构的根本变革方能实现。

（3）缺乏统一规划，没有成立专门的机构和设置专职领导

由于企业信息化是一个不断改进、逐步提高的过程，因此企业在信息化建设之前必须进行系统的规划。但是，有些中小企业在信息化过程中，由于没有专职领导进行统一的指挥，各个部门自行其是，仅从本部门出发，而不考虑其他部门是否已建立起了与本部门相当的技术和能力，这就造成企业内部的“信息不对称”，从而不利于企业的信息化建设。

（4）缺乏企业信息化专业人才

企业信息化建设需要既懂经营管理又懂信息技术的高素质复合型人才。但从现有统计来看，中小企业每百人中，信息技术人员还不到一人，其中既懂IT技术又懂业务流程和企业管理的复合型专业人才更加紧缺，这在很大程度上制约了中小企业信息化建设的质量和速度。

而中小企业用人机制本身缺乏吸引力，一方面难以引进优秀的信息化人才，另一方面企业内部信息化骨干力量流失现象严重。同时，由于传统的就业观念和工资待遇等因

素的影响，许多大学生和技术人才不愿意到中小企业工作，致使中小企业信息人员素质较低，对信息技术领悟和掌握程度差，没有或少有专业的信息技术人才，这也是造成中小企业信息化应用水平较低的症结之一。

（5）资金投入不足且投资不科学

资金短缺是中小企业的普遍困难。调查表明，近 20% 的中小企业认为资金不足是信息化建设中的主要障碍。同时，企业对硬件的投资占到整个信息化建设投资的 80% 以上，而配套软件投入却相对落后，这样“重硬轻软”不仅占用了大量流动资金，也制约了硬件设备发挥效益。信息化系统的管理和维护也是一项长期工程，需要人力、物力和资金的不断投入与支持。

（6）信息化环境还期待改善

虽然网络系统的发展带动了企业信息化的发展，但是基础设施还不够完善、支付手段和配送体系的滞后等瓶颈问题的存在，使得企业认为还不是投入信息化的最佳时机。这也导致了市场竞争不够激烈，并没有达到所谓的“生存或死亡的选择”。由于大环境的影响，中小企业加速信息化进程的意愿在很多时候既不强烈也不普遍。

4.6.2　中小企业信息化建设建议

针对上述问题，特别是信息化越来越成为中小企业的重要竞争力这一普遍的事实，我们提出如下建议。

（1）转变观念，提高认识

中小企业由于规模相对较小，同时具有高素质新知识的员工相对较少，因此大多数中小企业在建设信息化时首先暴露的问题就是对信息化认识不够，不明白企业信息化绝不是企业利用计算机，而是一个企业和市场完全结合的系统工程。中小企业增强信息化意识应当着重抓住增强“四个意识”——信息化意识、主体意识、风险意识和学习意识。

（2）规范、提升管理水平

我国中小企业大多是从家族化管理开始的，大多数企业的管理为经验型、粗放型。企业规模的扩大，要求管理机制也随之变革。中小企业应积极探索适合自身特色的管理路子，创新管理理念，更新管理手段和方法，健全管理体系，使中小企业管理向现代化、科学化、规范化转变。

随着企业信息化建设的推进，管理已成为信息化建设的关键。由于企业信息化不是简单地用计算机代替手工劳动，也不是将传统的管理方式照搬到计算机网络中，而是借助现代信息技术，引进现代管理理念，对落后的经营方式、僵化的组织结构、低效的管理流程等进行全面而深刻的变革。因此，中小企业应该把目光从产品、技术、软件转向自身存在的管理问题，更加注重引进先进的管理理念和技术来对企业进行变革。

企业信息化不只是信息技术的延伸，更主要的是企业管理观念、管理模式、管理体制的变革，是企业战略的一部分，是管理和技术相结合并支持战略实现的手段。中小企业精细型管理能强化企业的竞争优势，而信息化建设的实施可强化管理规范。

（3）从实际出发，整体规划，分期实施

中小企业具有数量大、规模小、行业和地域分布广、经营状况参差不齐等特点，因此在中小企业推进信息化建设时，要采取“整体规划，分期实施”的策略，具体操作可本着减少成本、增加利润、扁平渠道、提高效率的思路，从财务管理信息化入手，逐步建立基于互联网的办公自动化系统、企业资源共享系统、客户关系管理系统、企业资源管理系统和网络营销系统与电子商务。

中小企业信息化发展分四个档次，由低到高依次为：分工契约化、流程程序化、信息表格化、资源最优化，是一项很大的系统工程，因此，要在整体规划的基础上，确定信息化建设的阶段性目标，逐步实施。

（4）培养和引进企业信息化复合型人才

信息化建设，人才是根本。技术培训，无论是对各级领导还是对参与信息系统开发的技术人员以及相关的实施人员都是必不可少的。

首先，企业要加强内部人员的培训。大力提高企业全员知识水平，强化以人为本的管理工作，积极营造员工与企业同成长、共发展、同呼吸、共命运的良好环境，是企业生存与发展之本。企业要通过内部培训等手段，提高企业员工的信息理论知识和创新意识，从而确保信息化建设的成功。

其次，要通过到大专院校进修学习等方法，使企业信息化具体组织实施的团队具有全新的信息化理念和新型的知识结构，从而更好地领导企业的信息化建设。抓紧培养一批既善于经营管理，又懂现代信息技术，还具有先进管理理念的复合型人才，这是推进中小企业信息化建设的当务之急。

（5）“软”“硬”统筹，合理使用有限资金

资金不足和信息化建设承受能力低是目前中小企业的现状。因此，在适当增加信息化建设资金投入的同时应该注意到中小企业的信息化建设不能盲目追求新技术，要根据企业自身的实际情况采用“滚动开发”的投资方法，认真分析自身最迫切需要解决的问题，选择适宜的实施路线，科学、合理地安排实施计划。

由于中小企业涉及行业广泛、企业内部管理方式以及业务流程多变，在系统选型时要坚持“好用、够用、实用”的原则，充分利用社会信息科技力量，例如第三方的信息平台，协助信息化建设中的IT采购，减小IT采购过程中的风险系数。

（6）政府及相关部门加大扶持力度

建设一批中小企业信息化服务平台。坚持“政府扶持、企业主体、社会参与、市场运作”的基本原则，采取“政府扶持一点、企业投资一点、税收优惠一点、社会机构负担一点”的政策，重点建设一批体制完备、运作规范的信息中介组织，形成社会化的中小企业信息化服务平台。

加大对中小企业信息化建设扶持力度。目前很大一部分中小企业信息化水平低，也有相当一部分企业没有信息化的概念和认识，连一台电脑都没有，靠原始的、传统的方式管理经营企业。总的来说，不论企业信息化程度如何，政府应予与支持和引导，要按企业的类型和层次采取不同的扶持办法。对成长性的中小企业，凡是已自己建立网站的，政府可以实行补贴的方式给予资金补足；对已上网但没有网站的企业，应给予免费建立网站等政策扶持。

总的来说，中小企业的信息化建设是一个渐进动态的增效过程，并不一定要企业组织重组与大的管理变革。然而现在许多中小企业存在的认识不足，常常使他们易于陷入被动的状态，致使信息化并不符合企业的现实需求。面对众多厂商的各种不同的诱惑，特别是良莠不齐的管理软件产品，中小企业必须透过价格、概念、质保炒作的烟幕，认真对待自己信息化进程中存在的问题与陷阱，努力去把握住自己的信息化方向，在信息化的道路上谨慎前行。

此外，中小企业还可以密切关注新技术和新模式的发展，尝试使用新技术和新的业务模式。例如，近年来火热的云计算就是值得尝试的一种模式。中小企业可以采用租用云服务等方式，大大缩短信息化建设周期，早日实现核心竞争力。

第2部分

促进中小企业自主创新的政策和机制

第 5 章

中小企业自主创新的意义

- 中小企业对国家的意义
- 中小企业与自主创新的定义
- 中小企业自主创新的环境

5.1　中小企业对国家的意义

中小企业决定一国经济活力和实力，进而决定国家命运，中小企业在各国经济中拥有不可替代的重要性。在经济合作与发展组织（OECD）国家中，中小型企业占企业总数的95%，创造了这些国家总就业的60%～70%，55%以上的GDP。这些数字和发展中国家的相应数字大体相当，可见中小企业的重要性。OECD认为："中小企业在所有国家的经济中，都发挥着重要作用，……在就业，经济增长，提高生产率，创新，减少贫困和增加社会机会等领域，中小企业都做出了重大的贡献。"亚太经济合作组织（APEC）也指出："中小企业创造了本地区大多数的就业，是本地区经济发展的脊梁骨。"

改革开放30年来，我国中小企业和非公有经济蓬勃发展。中小企业在国民经济中具有重要的地位，表现在四个方面：一是中小企业成为国民经济高速增长的推动力量。社会化分工和生产的专业化为众多的中小企业提供了广阔的生存空间。截至2010年初，我国工商注册的中小企业已超过1023万户，占全国企业总数的90%以上。中小企业所创造的最终产品与服务价值、出口总额以及交纳税收，分别占全国的58.5%、68.3%与50.2%。二是中小企业创造了大量的就业机会。这是中小企业最主要的经济作用之一。就目前我国来看，中小企业占全国企业总数的99%，创造了80%左右的城镇就业岗位，吸纳了50%以上的国有企业下岗人员、70%以上新增就业人员和70%以上农村转移劳动力，新增就业机会中80%都是中小企业创造的。三是中小企业是活跃市场的有效推动力。中小企业具有可替代性，即一个中小企业所从事的活动比较容易为其他企业所替代，少数中小企业的失败、倒闭所产生的负面影响是有限的，即使是在社会主义市场经济条件下，也容易被社会心理看成是一种很自然的经济现象。同时，中小企业在转变生产方向和更新换代方面有较大的灵活性，更贴近消费者，能更快地接收市场信息，调整经济方向、形式和力度。四是中小企业技术创新优势明显。与大企业多层次的等级结构以及相应的低效率、高成本相比，小企业具有创新效益高、成本低、效益高的特点。在我国，有65%的发明专利是由中小企业获得的，75%以上的技术创新由中小企业完成，80%以上的新产品是由中小企业创造的。因此，中小企业的力量不容忽视，建设创新型国家，必须充分挖掘中小企业的潜力。

5.2 中小企业与自主创新的定义

5.2.1 中小企业的界定

至今，中小企业在世界各国都没有统一的界定标准。1996年，欧盟就建议制定一个统一的中小企业的标准，但是随着其发展中各种障碍的出现，又建议提出新的标准。中小企业自身的发展是复杂和动态的，一般各国对中小企业的界定基于质和量两个角度，质即是从企业的组织形式、在行业中所处地位及融资等角度来定义，量则是从企业人数和总资产等角度来设定。大部分国家采用量的标准角度来对中小企业进行界定，因为它的数据较易选取且更为直观。比如，在美国，一般而言，批发业不超过100人，零售业或服务业三年平均年销售额和收入视商业种类而定在450万~3200万美元之间，制造业雇员不超过500人，建筑业三年平均销售额在1200万~3100万美元之间的被视为中小企业。根据2006年美国普查的数据，美国中小企业占全美企业总数的99.7%以上。根据日本《中小企业基本法》的规定，工矿企业中从业人数300人以下或资本金1亿日元以下的；制造业中资本金3亿日元以下的；批发业从业人数100人以下或资本金1亿日元以下的；零售业资本金5000万日元以下的；服务业从业人数100人以下或资本金5000万日元以下的，可视为中小企业。而德国中小企业是指年营业额在100万欧元以下、不超过9个雇员的小型企业和年营业额在100万~5000万欧元、拥有雇员数量在10~499人的企业。目前，德国有300多万家中小企业，占德国企业总数的99.7%。

中国的中小企业划分标准经历了八次大的调整，如表5.1所示。

表5.1 中国中小企业划分标准的调整

年　代	划分标准
20世纪50年代	按固定资产价值来对企业规模进行划分
1962年	按从业人数对企业规模进行划分
1978年	按年综合生产能力的标准对企业规模进行划分
1988年	以生产能力和固定资产原值为依据，根据各行业的特点将企业规模划分为特大型、大型（分为大型一档、大型二档两类）、中型（分为中型一档、中型二档两类）和小型
1992年	国家经贸委制定了《大中小型工业企业划分标准》，对1988年的划分标准做了补充，增加了部分企业的规模划分
1999年	对原标准重新修订，将销售收入和资产总额作为主要考察指标，将企业规模分为特大型、大型、中型、小型四类
2003年	《中小企业标准暂行规定》颁布，对中小企业进行具体划分
2011年	《中小企业划型标准规定》，见表5.2

资料来源：《中华人民共和国中小企业促进法》政策与实务，2002年；《中小企业划型标准规定》，2011年6月18日。

根据 2011 年颁布的《中小企业标准暂行规定》，结合行业特点，依据职工人数、营业收入和资产总额三大指标，制定了中小企业的具体划分标准，见表 5.2。

表 5.2　　我国中小企业的具体划分标准

行业	指标名称	中小微型企业	其中：中型	其中：小型	其中：微型
农、林、牧、渔业	营业收入	20000 万元以下	500 万元及以上	50 万元及以上	50 万元以下
工业	从业人员	1000 人以下	300 人及以上	20 人及以上	20 人以下
	营业收入	40000 万元以下	2000 万元及以上	300 万元及以上	300 万元以下
建筑业	营业收入	80000 万元以下	6000 万元及以上	300 万元及以上	300 万元以下
	资产总额	80000 万元以下	5000 万元及以上	300 万元及以上	300 万元以下
零售业	从业人员	300 人以下	50 人及以上	10 人及以上	10 人以下
	营业收入	20000 万元以下	500 万元及以上	100 万元及以上	100 万元以下
批发业	从业人员	200 人以下	20 人及以上	5 人及以上	5 人以下
	营业收入	40000 万元以下	5000 万元及以上	1000 万元及以上	1000 万元以下
交通运输业	从业人员	1000 人以下	300 人及以上	20 人及以上	20 人以下
	营业收入	30000 万元以下	3000 万元及以上	200 万元及以上	200 万元以下
仓储业	从业人员	200 人以下	100 人及以上	20 人及以上	20 人以下
	营业收入	30000 万元以下	1000 万元及以上	100 万元及以上	100 万元以下
邮政业	从业人员	1000 人以下	300 人及以上	20 人及以上	20 人以下
	营业收入	30000 万元以下	2000 万元及以上	100 万元及以上	100 万元以下
住宿业	从业人员	300 人以下	100 人及以上	10 人及以上	10 人以下
	营业收入	10000 万元以下	2000 万元及以上	100 万元及以上	100 万元以下
餐饮业	从业人员	300 人以下	100 人及以上	10 人及以上	10 人以下
	营业收入	10000 万元以下	2000 万元及以上	100 万元及以上	100 万元以下
信息传输业	从业人员	2000 人以下	100 人及以上	10 人及以上	10 人以下
	营业收入	100000 万元以下	1000 万元及以上	100 万元及以上	100 万元以下
软件和信息技术服务业	从业人员	300 人以下	100 人及以上	10 人及以上	10 人以下
	营业收入	10000 万元以下	1000 万元及以上	50 万元及以上	50 万元以下
房地产开发经营	营业收入	200000 万元以下	1000 万元及以上	100 万元及以上	100 万元以下
	资产总额	10000 万元以下	5000 万元及以上	2000 万元及以上	2000 万元以下
物业管理	从业人员	1000 人以下	300 人及以上	100 人及以上	100 人以下
	营业收入	5000 万元以下	1000 万元及以上	500 万元及以上	500 万元以下
租赁和商务服务业	从业人员	300 人以下	100 人及以上	10 人及以上	10 人以下
	营业收入	120000 万元以下	8000 万元及以上	100 万元及以上	100 万元以下
其他未列明行业	从业人员	300 人以下	100 人及以上	10 人及以上	10 人以下

数据来源：《中小企业划型标准规定》，2011 年 6 月 18 日。

《中小企业划型标准规定》的颁布，增强了《中小企业促进法》的可操作性，明确了各级政府和中小企业服务机构的扶持和服务对象，为进一步制定和落实中小企业的各项优惠政策提供了标准依据。我们这里将使用《中小企业划型标准规定》中的划分标准对中小企业自主创新服务体系进行研究。

5.2.2 自主创新

（1） 自主创新的概念和要求

自主创新是相对于技术引进、模仿而言的一种创造活动，是指通过拥有自主知识产权的独特的核心技术以及在此基础上实现新产品的价值的过程。即创新所需的核心技术来源于内部的技术突破，摆脱技术引进、技术模仿对外部技术的依赖，依靠自身力量、通过独立的研究开发活动而获得的，其本质就是牢牢把握创新核心环节的主动权，掌握核心技术的所有权。自主创新的成果，一般体现为新的科学发现以及拥有自主知识产权的技术、产品、品牌等。

就企业而言，自主创新既包括技术创新的自主性，依靠自身力量独立研究开发、进行技术创新活动，也包括商业创新的自主性，即企业依靠自我技术力量进行研究，开发新技术并实现其工程化和商业化生产，使得企业满足或创造需求，增强企业竞争力；既包括企业依靠自身力量的自我创新，也包括企业通过与其他企业、科研机构、高等学校等建立技术合作关系，开展协作从事技术或产品的研究开发的合作创新；既包括实验室的自我研发，也包括自我品牌的科技创业。

（2） 自主创新的类型

自主创新可以分为三大类型：原始创新、集成创新和引进消化吸收再创新。

原始创新是指前所未有的重大科学发现、技术发明、原理性主导技术等创新成果。原始创新意味着在研究开发方面，特别是在基础研究和高技术研究领域取得独有的发现或发明。集成创新是指通过对各种现有技术的有效集成，形成有市场竞争力的产品或者新兴产业。引进消化吸收再创新是指在引进国内外先进技术的基础上，学习、分析、借鉴，进行再创新，形成具有自主知识产权的新技术，是提高自主创新能力的重要途径。

5.2.3 中小企业与自主创新的关系

中小企业与自主创新之间是互相促进的关系。中小企业需要通过自主创新发展壮大，同时中小企业又能够加速国家自主创新的进程。

（1） 中小企业是自主创新的生力军，对自主创新有促进作用

中小企业是创新的生力军，许多重要发明创造往往源自中小企业。据有关资料，20世纪的 61 项重大发明中有 49 项是由中小企业研制出来的。在法国，中小企业的重大发明占全国重大发明总数的 31%，在英国占 28%。美国企业创新产品中 80% 以上来自中小企业，40% 左右的技术人员集中在中小企业。根据波恩中小企业研究所专家的研究，德国 2/3 的专利技术是中小企业研究出来并申请注册的。

（2） 自主创新会提高中小企业的竞争力，促进其发展

自主创新能力的提高为企业可持续发展提供动力源泉和保证。在技术上下功夫，提高创新能力，企业发展才不会受制于人，才能保证中小企业在经济转型时期依然具有竞

争力，才能推动企业经济又好又快健康发展。对于创业阶段的中小企业，由于自主创新能力薄弱，技术水平比较低，需要边发展边提高自主创新能力。只有创新能力逐步提升，企业的发展才能有后劲，从而具有可持续性。在经济全球化的背景下，中国的经济面临着机遇和挑战，但机遇大于挑战。中小企业要想从容面对挑战，就必须始终保持自主创新意识，加快自主创新能力的提高，使之成为转变经济增长方式的支撑力量，为中小企业寻求更大的市场发展空间，提高中小企业的国内国际竞争力。

5.3　中小企业自主创新的环境

中小企业创新的环境体系是一个涉及方方面面的复杂系统，既包括法制环境、政策环境，也包括基础设施环境和市场环境等，同样也离不开政府职能的转变和鼓励创新、宽容失败的文化氛围。本节重点从法制建设、财税政策、融资环境、服务体系建设、电子商务等方面，来探讨中小企业自主创新的环境问题。

5.3.1　中小企业自主创新环境

中小企业创新有两类情况：一类是自己创造新技术，形成技术供应源，如创新创业企业；另一类是企业需要外部技术，进行产品创新和工艺创新等。中小企业的创新过程涉及方方面面，往往又是一项具有较高外部性的经济活动，完全依靠企业的自组织行为往往很难取得成功。构建一个有利于中小企业自主创新的环境支持体系，十分必要。所谓中小企业的自主创新环境，是由影响中小企业自主创新的政府、高等院校、科研机构及社会中介组织构成的，通过各行为主体的制度安排及交互作用，旨在引导和促进中小企业自主创新，提升中小企业自主创新能力的软硬支持系统。当创新环境处于良好状态时，它对中小企业自主创新活动起促进作用，反之，则起限制和阻碍作用。

5.3.2　中小企业自主创新与财税政策的关系

为提升一国的创新能力，必须从国家层面上寻求资源的最优配置。自主创新活动的特点，决定了政府介入自主创新的必要性，政府需要通过制定财税政策以有效激励自主创新的完成并推动创新成果的传播和扩散。

（1）财税政策介入自主创新的必要性

自主创新需要大量的投入。衡量创新型国家科技进展情况的一个重要指标就是投入，一般情况下，科研投入应达到GDP的3%左右。而2010年我国科研经费投入6980亿元，虽比上年增长20.3%，但占国内生产总值的比重仅为1.75%。这表明我国科研经费投入严重不足。而财政资金支持是各国加大科研投入、提高自主创新能力的首要对策。

自主创新具有公共产品属性，不能单纯依靠市场调节。创新成果，尤其是具有重大社会经济效益的基础性技术和共性技术，是一种既有公共产品性质又有私人产品性质的产品，其社会效益远大于私人效益。若完全由私人提供则不会考虑外部效益，一般提供规模会小于帕累托最优规模。同时，由于难以避免其他企业的搭便车行为，导致创新风险和收益不对称，抑制了企业自主创新的积极性，从而出现市场失灵。

创新活动的不确定性需要政府介入。创新通常具有风险投资的性质，投入带有明显的不确定性。无论是新产品还是新技术的研究与开发，研发周期、研发成本和投入回报等都是很难准确预测和加以控制的。而研发活动本身的不确定性同样导致创新成本和回报的不确定。这就预示着创新存在较高的失败可能和蕴涵着无法预见的不确定因素，是冒险的尝试。在各种政策选择中，财税政策尤为重要。

（2）财税政策对自主创新活动至关重要

从世界各国的具体实践可以看出，大多数产业化国家都看到了政府通过财税政策进行干预以激励研究开发与技术创新活动的必要，且都已付诸实施。美国、英国、法国、德国、日本和加拿大等都有如现金补贴、税收抵免补贴、研发支出当年全额扣除、加速折旧或对中小科技型企业规定特殊税收激励等这样的财税政策激励，并取得了很好的效果。公共政策对企业自主创新活动的影响是多方面的，有的是间接的支持，有的是直接的支持。而财政税收政策则是最为正面和直接的激励。

5.3.3 中小企业自主创新与金融支持系统的关系

（1）金融支持系统对自主创新的必要性

金融支持系统具有资金供给的功能。企业开展创新活动，需要大量资金，单靠企业内部的资金是远远不够的，需要外部资金的支持。而中小企业在自主创新过程中所承担的高成本和多风险，使其融资尤为困难。据调查显示，中小企业获得的贷款类型多为短期贷款或票据贴现等形式，取得中长期项目贷款的非常少。而各种金融机构的存在拓宽了中小企业自主创新的融资渠道，解决了资金瓶颈问题，能为中小企业提供长期稳定的资金支持。

金融支持系统具有价格形成的功能。自主创新过程的参与主体包括政府支持部门、风险投资基金、证券公司以及商业银行等经济主体。自主创新顺利进行和实现的关键在于这些经济主体能对技术的价值进行判断，并在双方可以接受的基础上，通过谈判达成一致。在自主创新的过程中，金融系统能够自发形成技术价格，并把这种价格向各经济主体传递，使之成为现实的价格。这就为自主创新的相关主体之间交易的达成奠定了基础，促进了中小企业自主创新。

金融支持系统具有弱化风险的功能。自主创新的高投入、长周期、不确定性等特点，导致自主创新过程存在风险，中小企业由于缺乏创新管理经验，往往不具备很强的风险承受能力，而金融机构则具有减少、分散和转移自主创新风险的能力，风险管理功能已成为金融机构的核心能力之一。在中小企业自主创新的不同阶段，金融支持系统可向其提供不同类型的金融产品，比如风险投资、私募、信贷等，这样各金融机构就承担了部分风险，将创新风险转移、分散到了各种投资者的身上。

(2) 金融支持系统对自主创新活动至关重要

首先，金融支持系统对自主创新活动的影响包括资金扶持给创新成果产出和转化带来的直接促进效应，金融支持系统形成对企业自主创新投资的诱导机制，引导更多的企业资金进入自主创新领域，对企业投资产生较大的挤入效应。

其次，金融支持系统通过引导企业、商业金融及其他资本投资自主创新活动，对创新成果产出及转化产生间接促进效应。

最后，在经济全球化、专业分工协作、区域协调发展的今天，自主创新能力的高低已不是单纯关系到某个企业或产业生存发展的问题，而是关系到一国或地区综合实力提高、经济社会协调、区域可持续发展的大问题。

5.3.4　中小企业自主创新与社会服务体系建设的关系

(1) 社会服务体系建设对自主创新的必要性

所谓中小企业自主创新服务体系，是指促进中小企业技术进步，提高其自主创新能力的软硬支持系统。因此，自主创新服务体系的建设是促进中小企业发展的不可或缺的重要组成部分。就服务体系本身而论，它是一个复杂的系统，有广义和狭义之分。广义的服务体系，是指大服务，即包括政策法律和行政职能在内的促进中小企业成长的全部活动。狭义的服务体系，则只包括为中小企业提供有形或无形的有偿服务的部分。我们所探讨的中小企业服务体系是指广义的服务体系，并从空间载体、创新人才、创新网络、技术源头、各级政府和中介组织六个要素来分析中小企业自主创新服务体系的结构。这六大要素是一个有机整体，共同构成我国中小企业自主创新服务体系。空间载体是培育中小企业自主创新能力的源头和基地，技术源头则是中小企业自主创新的供给来源，这两个要素是中小企业服务体系的核心组成部分，是其他要素建设的前提和基础；创新人才为中小企业自主创新提供智力支持，是中小企业自主创新的重要依仗和推动力量；创新网络是增强中小企业自主创新力量，优化创新环境的重要因素，中介组织可以减小中小企业自主创新的风险，为提高中小企业自主创新能力提供服务，这两个要素是中小企业自主创新活动的催化剂；各级政府是中小企业自主创新活动的重要保障力量，也是服务体系中必不可少的组成部分，为其他要素建设提供保障，为中小企业自主创新活动保驾护航。六个要素共同组成一个统一整体，相辅相成，为我国中小企业自主创新活动提供有效服务。

（2）社会服务体系建设对自主创新活动至关重要

中小企业自主创新服务体系作为中小企业自主创新的重要服务支撑，有力地促进了中小企业自主创新能力的提升，推动了中小企业的健康发展。然而，目前我国创新服务体系中还存在明显的发展瓶颈，市场机制本身的不完善，政府支持力度不足，中介服务组织形式单一、专业化程度低，信息渠道不畅，网络建设滞后等都束缚了我国中小企业自主创新的有效开展。因此，研究中小企业自主创新服务体系对于中小企业技术进步、国家创新体系的建立具有重要的意义。

5.3.5 中小企业自主创新与法律体系的关系

在市场竞争条件下，技术创新是提高企业竞争力的根本途径。近年来经济全球化的进程表明，技术创新已成为促进各国经济发展的主要推动力和关键因素，而国家有关技术创新的政策与法律安排，对于构建一国创新体系与加速企业技术创新的步伐具有至关重要的导向与保障作用。

（1）创新与法律之间的辩证关系

法律与创新之间相互渗透、相互依存，创新对法律产生影响，法律又对创新起着反作用，主要表现在以下方面：首先，法律组织和协调科技活动，为科技活动和科技管理提供民主、科学的规则和秩序。其次，法律利用激励原理促进科技发展。再次，法律调节科技成果应用中产生的利益关系，保证和促进科技成果的合理使用与推广。法律还通过确认和保障科技活动主体科学研究、发明创造的自由，为科技活动创造自由、宽松、安定的政治和社会环境。最后，法律协调科学技术与人的各种关系，保证科学技术为人类福祉服务的正确方向。

（2）中小企业创新的法制环境至关重要

中小企业既是提供就业岗位的主体，同时也是创新的主体。从理论上讲，中小企业创新具备很多优势，包括反应快、动力强、机制活、成本低、效率高等，许多重要发明创造都源自中小企业。但在实践中，中小企业创新面临许多不利因素，特别是与大企业相比，中小企业创新的风险很大，受外部环境干扰和破坏的可能性很高，必须通过法律手段提供强有力的保障。主要表现在：

一是创新主体资格需要法律解决。从企业组织形式看，创新型中小企业一般组织比较灵活，不具备典型的公司制特征，需要在法律层面对一些特殊的企业组织形式给予确认，如合伙制、有限合伙制、一人公司等，并明确其权利义务关系，使之具备独立的市场主体资格。从市场准入方面看，要允许各种灵活组织形式企业的设立，进一步简化企业设立审批的各种手续，为创业和创新提供方便条件。

二是自主知识产权需要法律保护。各国都通过立法保护知识产权，中小企业知识产权更容易受到侵犯，更需通过法律层面提供有力保障。且由于维护知识产权的成本较高，维权效果较差，中小企业一般难以承受，需要在法律上给予特殊的更为严格的保护，对侵犯知识产权的违法犯罪行为实施更为严厉的处罚，以提高惩处的威慑力。

三是创新融资渠道需要法律确认。从国际经验看，创业创新的融资渠道主要来源于风险投资。风险投资活动十分复杂，不确定性较大，必须在健全完善的风险投资法律体系下运行，才能最大限度地保障出资方和受益人的合法权益。目前，包括风险投资在内的私募股权投资（Private Equity，PE）在国内发展势头迅猛，但缺乏相关法律法规的支持与配合，尚处于地下运行状态，容易引发多方面的风险，亟需法律法规予以认可和规范。此外，加大国家对企业创新的资金投入力度，也需要在法律层面予以明确。

四是创新产品销售需要法律支持。对本国中小企业创新成果实行保护性政策，加大对本国中小企业创新产品的采购份额，是各国普遍采用的支持中小企业创新的通行做法。这就需要在政府采购法及相关法规中做出明确规定，政府采购政策要向本国中小企业倾斜。

完备的法律支持体系是促进中小企业自主创新的必要前提和有力保障，可以使中小企业创新计划的实施有法可依、有章可循，为中小企业创新提供良好的外部环境，从而最大程度地保障中小企业的利益。我国的中小企业大多是在计划体制或计划体制向市场体制转轨过程中诞生并发展起来的，因而不免带有传统体制的种种弊端。在产权、管理机制、分配方式等方面存在着很多问题。因此，如何建立健全适应市场经济体制、符合中小企业利益的法律法规体系，是保护和支持中小企业发展的关键。在这些方面，美国、日本、德国、法国等国家的经验值得借鉴，他们对中小企业的立法起步较早，体系也比较完善，既有中小企业基本法，也有针对不同方面、不同内容的法律法规，尤其是关于技术发明、技术创新、技术转移和技术推广等方面的立法比较健全。我们应对此加以总结，加快立法步伐，充分运用法律手段规范技术创新过程中各行业主体的权利和义务，为中小企业的发展及其技术创新活动创造一个更好的环境和空间。

5.3.6　中小企业自主创新与电子商务的关系

电子商务是运用现代通信技术、计算机和网络技术进行的一种社会经济形态，其目的是通过降低社会经营成本、提高社会生产效率、优化社会资源配置，从而实现社会财富的最大化利用。电子商务以低廉的交易成本、简化的贸易流程、超越时空限制的经营方式和由此带来的巨大利润，正成为传统企业，特别是中小企业追逐的热点，显示出了极强的生命力。

（1）电子商务对中小企业发展的作用

在现代信息社会中，电子商务可以使掌握信息技术和商务规则的企业和个人系统地利用各种电子工具和网络，高效率、低成本地从事各种以电子方式实现的商业贸易活动。从应用和功能方面来看，中小企业电子商务分为三个层次或3S，即SHOW、SALE、SERVE。SHOW（展示）就是提供电子商情，中小企业以网页方式在网上发布商品及其他信息，以及在网上做广告等，通过SHOW，中小企业可以树立自己的企业形象，扩大企业的知名度，宣传自己的产品和服务，寻找新的贸易合作伙伴，为中小企业提供大量新的市场机会。SALE（交易）即将传统形式的交易活动的全过程在网络上以电子方式来实现，如网上购物等。中小企业通过SALE可以完成交易的全过程，扩大交易的范围，提高工作的效率，降低交易的成本，从而获取经济和社会效益。SERVE（服务）指企业通过网络开展的与商务活动有关的各种售前和售后的服务，通过这种网上的SERVE，中小企业可以完善自己的电子商务系统，巩固原有的客户，吸引新的客户，从而扩大企业的经营业务，以获得更大的经济效益和社会效益。中小企业通过电子商务网络可以加强企业同供应商、客户的联系，收集商品供求信息，提高企业的反应能力，利用信息优势来加速企业内部的商品、资金循环。尤其在信息技术广泛普及、行业管理日臻完善、技术成果转让加快的情况下，中小企业得以比大企业更快的速度将新产品投放市场。

电子商务促使中小企业更好地适应市场变化。现代计算机网络在企业生产中的应用与制造活动相结合，使之更贴近市场的需求，有助于提高企业生产的敏捷性和适应性，使高质量、低成本的产品与及时供货和周到的服务相结合，把时间和服务同质量和成本并列为企业生产的要求。电子商务还改变了企业竞争态势，使实力较差的中小企业也能在大范围内发挥其灵活机动的竞争优势。一个小企业虽然势小力微，但通过电子商务，其影响力和营销力也会大大提高，更容易适应市场的变化，有利于中小企业开拓国际市场。

（2）电子商务对中小企业发展的意义

电子商务可极大提高传统商务活动的效率，开展电子商务对于中小企业能带来以下竞争优势：①有助于中小企业获得与大企业平等的竞争机会，利用电子商务，中小企业可以拥有和大企业一样的信息资源，从而增强市场分析、决策支持以及新产品开发的能力；通过网络广告，在省去传统广告巨额资金投入的条件下，中小企业同样可以收到理想的广告效果；通过组建“虚拟企业”，中小企业可以克服自身资源不足、规模小的弱点，借助于外部资源进行整合，把自己武装成一个具有研发、生产、设计、营销、财务、管理等各方面都有较强实力的企业，赢得与大企业一样的竞争优势。②有利于中小企业开拓国际市场。以往，中小企业由于营销力量和信息资源的不足，只能以本区域范围作为市场空间，要想参与全球竞争，困难重重。而电子商务每周7天、每天24小时面向全球网络用户的运作方式，已经突破传统的物理时空观念，也为中小企业开拓了更大的市场发展空间。在电子时空观下，企业的营销活动范围将显著扩大，原有的产品订货会之类的销售方式也没有统一时间和地点概念，取而代之的是网址和客户希望的任何时间。在电子商务模式下，中小企业与大企业所面对的市场环境和消费群体几乎是相同的，获取信息和发布信息的能力也无明显差别。③能促使中小企业降低经营成本。电子商务将传统商务流程电子化、数字化，可大量减少人、财、物等资源耗费，降低企业运营成本。中小企业通过网络采购原材料，可节省采购成本，缩短采购时间；通过与供应商在线沟通，可避免保留太多库存，有效降低企业库存成本；电子化交易可减少营销人员数量和营销开支；通过因特网，中小企业还可更快获取竞争对手有价值的信息，使自己处于更有利的地位。④可推进中小企业的组织变革。电子商务和计算机网络改变信息传递方式，使企业的组织扁平化，企业的管理幅度变大，原来起上传下达重要作用的中层组织大为减少，高层决策者可以与基层执行者直接联系，根据实际情况及时进行决策。这种变化使企业管理的效率得到很大的提高。

第 6 章

中小企业自主创新法制环境研究

- 中小企业自主创新法制环境建设的必要性
- 部分国家鼓励中小企业自主创新的法制环境建设
- 对我国中小企业自主创新法制环境建设的审视
- 加快完善有利于中小企业自主创新的法制环境

创新起源于拉丁语，原有三层含义：更新；创造新的东西；改变。创新是利用已存在的自然资源创造新事物的一种手段。从经济学的视角看，创新就是使事物发生改变或变化并使其收益大于成本的一种人类的经济实践活动。创新这个概念，首先是由熊彼特提出并将其理论化的。他把创新定义为建立一种新的生产函数，它包括：①引入一种新产品；②引用新技术，即新的生产方法；③开辟新市场；④获得原料或半成品的新供给来源；⑤建立新的企业组织形式。熊彼特关于创新的基本观点中，最基础的创新是生产过程中内生的，企业家是创新的主体。通常我们在分析研究或政策制定中所涉及的创新主要包括三种模式，即：原始创新，集成创新，引进消化吸收再创新，其中尤以原始创新最为艰难复杂，不易实现。需要说明的是，“自主创新”和“技术创新”同为“创新”这一个问题的两个方面，只是从不同角度对创新活动进行的描述，前者侧重于强调创新的自主性而非外力所为，后者则侧重于强调创新的对象主要针对技术而言①。本章涉及的自主创新、技术创新和创新等均属于创新大范畴，可视为同一概念。

企业作为经济社会创新的重要载体，其创新活动主要包括制度创新和技术创新。制度创新是调整生产关系，有利于增强企业的活力和动力；技术进步的核心是技术创新，有利于提高企业的实力和能力，两者相辅相成。制度创新和技术创新的有机结合，是企业在激烈的市场竞争中生存与发展的关键，也是促进国家经济发展方式转变的根本，是实现国民经济持续、快速、健康发展的重要环节。第二次世界大战后，美国一跃而成为世界上经济最强国，主要得益于这一时期科学技术的迅速发展，它使人们逐渐意识到科学发展和技术创新对经济发展的巨大作用。当今科技与经济的联系日益紧密，技术创新特别是工业技术创新对经济发展有着特殊重要的作用，已越来越多地受到各国重视。

企业的技术创新是一项艰苦的工作，既会遇到实际困难，也会遭受挫折和失败。但市场竞争不进则退，任何想要生存、发展的企业都要下决心求新求变。

6.1　中小企业自主创新法制环境建设的必要性

中小企业是经济发展不可或缺的一支重要力量，是企业家的摇篮，是就业的蓄水池。中小企业的迅速发展对提高我国整体经济发展的质量和水平作出巨大的贡献，而技

① 科学是不存在创新的，科学问题只能去发现，因此“科技创新”的提法是不妥当的。

术创新又是推动中小企业发展的关键因素。我国的中小企业由于起步较晚，一般规模不大、实力不强，是市场竞争的弱者，技术创新能力还很弱，并受到多方面因素的制约，特别是一些尚处于创业初期的成长型中小企业生存发展环境相当困难，步履维艰。因此，如何提高中小企业的技术创新能力，增强其竞争实力，是促进我国经济增长的现实选择，同时对我国整体自主创新能力的提高和经济的可持续发展也具有重大意义。

从现实情况看，我国中小企业自主创新的总体水平还很低，特别是大多数中小企业仍没有摆脱外延为主的发展模式，与国内大企业及国外企业相比，在创新投入、研发能力和成果转化等方面还存在着巨大的差距。主要表现在：

（1）缺乏自主创新人才

在国内中小企业中，具有大专以上学历的职工占职工总数不足10%，初中以下学历的职工占60%左右。技术开发人才严重缺乏，大部分技术人才不愿到中小企业工作，一些优秀人才一旦在中小企业崭露头角，又常常被大企业挖去，人才流失导致中小企业自主创新中断和成果的流失。人才的缺乏是制约中小企业创新活动的最主要的因素。

（2）创新资金的来源有限

中小企业发展高新技术和技术创新需要大量投入，但目前中小企业特别是小企业融资渠道狭窄，银行贷款主要集中在大中型企业，直接融资渠道不畅，小企业上市受到很多制约，风险投资发育不健全，发债、租赁等金融工具对小企业倾斜不够，小企业创新主要依赖自有资金以及民间借贷。资金来源不足严重影响了中小企业创业创新的积极性。

（3）企业技术创新的动力不足

部分中小企业主过于注重短期效应，重规模、轻效率，重产值、轻产品技术含量，普遍看重企业的当前利益，而不顾长远利益，对技术创新重视不够，技术创新意识薄弱。特别是由于我国劳动力、资源环境等要素价格长期偏低，导致一些中小企业过度依靠低价竞争，一味拼价格、拼劳力、拼资源、拼土地、拼环境，自主创新的压力不足。由于我国知识产权保护体系尚不够完善，致使假冒风盛行，这更助长了一些企业主的短视行为，不愿意在产品性能和质量、品牌塑造等方面下苦功。

（4）技术和信息不畅

除高新技术领域的中小企业外，我国中小企业普遍存在缺乏信息和技术源的弱点。由于人才与资金不足，中小企业一般不能大规模、全方位地搜集新技术信息和建立自己的信息网络，往往很难及时捕捉有潜力的发展动态，通常也无力购买或保护已购买的技术专利。这些因素致使中小企业很难利用外部创新环境，吸引高校和科研院所与其进行长期稳定的产学研合作创新，这进一步削弱了中小企业的技术源。

（5）法人治理结构的制衡机制存在缺陷

国内的中小企业，包括科技型中小企业的组织形式以“家族企业”和“亲友企业”为主，由于技术诀窍、发明专利不能入股，高层管理和技术人员的收入以工资、福利、奖金为主，公司价值的变动与科技人员的收入不挂钩，技术创新缺乏长期持久的产权激励。除由于领导者的短视导致人力资源管理的低效外，企业普遍缺乏创新的企业文化。创建企业文化，对企业创新至关重要（比如我国企业技术创新的领头羊深圳华为），但许多中小企业没有自己的企业文化精神，片面认为物质利益高于一切，只要满足员工的物质需求，就可以维系好员工与企业的关系。为此，只注重建立一套个人与企业的利益体系，靠金钱和物质刺激去激励员工队伍，这种做法虽然有一定成效，却忽视了精神激励，忽视了人除物质享受之外，还有思想和事业追求。

此外，我国的中小企业缺少完整支持其技术创新的服务体系，在科研与生产的连接问题、技术成果的转化问题、风险资本的运营问题方面缺少中介机构的咨询和帮助，大多还处于自生自灭的状态。这直接导致了中小企业无法专注于产品创新，分散精力，技术创新成功率低。

6.2　部分国家鼓励中小企业自主创新的法制环境建设

许多国家都通过健全完善法律政策体系，为中小企业创业创新营造一个良好的外部环境。在此，选择几个有代表性的国家介绍其相关情况。

6.2.1　部分国家的经验和做法

（1）美国

在美国，一般而言，批发业不超过 100 人，零售业或服务业三年平均年销售额和收入视商业种类而定在 450 万～3200 万美元之间，制造业雇员不超过 500 人，建筑业（三年）平均销售额在 1200 万～3100 万美元之间的被视为中小企业[①]。根据 2006 年美国普查的数据，美国中小企业占全美企业总数的 99.7% 以上，年净增就业的 60%～80% 由它们创造，雇用一半以上的私营企业员工，所支付工资占美国私营企业支付工资的 45% 以上，提供 50% 以上非农业私人国内生产总值，占据了联邦政府采购合同的 23%。

美国中小企业在自主创新方面扮演着非常重要的角色，中小企业人均发明专利数 13～14 倍于大企业，并且这些专利的应用率 2 倍于大公司，有近 41% 的技术人员集中在中小企业。据相关部门对 362 个行业 8074 项创新成果的分析表明，其中约有 55% 是科技型小企业贡献的。美国中小企业的自主创新蓬勃发展，源于美国政府对中小企业自主

① 分类标准来源：美国联邦小企业署网站（www.sba.gov）。

创新活动的重视和健全的法律体系支持。美国政府非常重视技术创新方面的立法和司法工作，制定和实施了一系列与技术创新有关甚至是专门的法律，形成了技术创新相对独立而又比较健全的法律体系，为中小企业开展技术创新、提高自我创新能力提供了全面的法律保障。

1953年，美国国会通过的《小企业法》明确了中小企业在美国经济发展中的重要地位，强调中小企业是自由竞争企业制度的核心，保护、扶持中小企业的政策是处理中小企业问题的基本政策。1980年通过的《大学和小企业专利程序法》和1981年的《技术创新法》，以及《专利与商标修正法》，其“主要目的是挖掘联邦R&D成果的商业化潜力，通过授权各公司获得联邦开发的技术和专利权，提高小企业在创新中的作用，劳动产业界尽早参与技术开发过程以及协调各部门之间的决策，使技术主动从联邦实验室向产业界转移”①。1982年，美国国会通过《小企业技术创新开发法》，以鼓励中小企业提高技术水平、加大创新力度、推进技术创新成果的转化，并确定政府将实施小企业创新研究计划。该法还规定每年研究开发经费超过1亿美元的美国政府部门，要将财政预算的1.25%用于支持中小企业开展技术创新和开发活动。以《小企业技术创新开发法》为核心，美国政府又陆续出台了一系列法律法规，如《史蒂文森—怀特勒创新法》、《小企业创新法》、《国家竞争技术转移法》、《专利法》、《知识产权法》、《商标法》、《反垄断法》、《国家合作招标法》等。1986年通过的《联邦技术转移法》则进一步促进了相关的R&D投资。这项法案授权联邦机构与公司和大学、非营利机构达成合作研究与开发协议。这些法律法规将技术创新和解决就业确立为中小企业的两大功能，就中小企业的科技计划的设立与实施、技术转移、技术推广、知识产权保护等方面进行了全面的规范。

此外，美国制定了中小企业创新研究计划（SBIR）、先进技术计划（ATP）和制造技术推广计划（MEP），设立了“中小企业创业研究基金”，规定国家科学基金会与国家研究发展经费的10%要用于支援中小企业的技术创新。同时，还鼓励政府部门就一些重大前沿性课题同企业进行合作，如国防部负责的促进军转民“技术再投资计划（TRP）”，能源部下属12个实验室和82个纺织业公司共同承担的“美国纺织合作伙伴关系计划（AMTEX）”，能源部、国家科学基金会等6个部门参加、国家科技委员会负责协调的“建筑与建设计划”等，所有这些措施都有力地推动了企业的技术创新。

（2）日本

在世界主要发达国家中，日本中小企业的比例相对较高，是日本整个国民经济的基石。根据日本总务省的“事业所、企业统计调查”，日本国内企业有433.8万家，其中中小企业432.6万家，占企业总量的99.7%；国内从业人员3955.3万人，其中中小企业吸纳2808.7万人，占从业人员总量的71%。根据日本《中小企业基本法》的规定，工矿企业中从业人数300人以下或资本金1亿日元以下；制造业中资本金3亿日元以下

① 科学技术委员会：《技术与国家利益》，北京：科学技术文献出版社1999年版，第37~55页。

的；批发业从业人数100人以下或资本金1亿日元以下的；零售业资本金5000万日元以下；服务业从业人数100人以下或资本金5000万日元以下，可视为中小企业。

日本中小企业的发展不仅依靠企业自身的努力，也与日本政府积极主动的扶持政策分不开。作为典型的政府主导型市场经济国家，日本政府制定了大量有关中小企业的法律和政策，建立了众多中小企业服务机构，形成了较完备的中小企业法律扶持体系。针对经济发展的不同阶段，日本政府以法律形式对中小企业进行政策引导和扶持。日本的中小企业立法始于20世纪50年代。1963年日本颁布了《中小企业基本法》，它是日本中小企业发展的纲领性法规，是现行中小企业政策和政府管理的总根据。1999年日本政府又对《中小企业基本法》做了重大调整，从根本上改变了过去保护处于弱势地位的中小企业的政策体系。该法明确规定政府将扶持和保护中小企业的发展，提高中小企业的社会地位和经济地位，消除中小企业与大企业在效率等方面的差距①。随后以此法为基础陆续出台了30多部包括金融、技术创新、税收、公平竞争、行业调整、破产防范等在内的中小企业法律。

表6.1　日本对中小企业发展的法律扶持体系

类　型	名　称	内　容
基本法	《中小企业基本法》	纲领性法规
部门/机构设置	《中小企业厅设置法》、《日本中小企业事业团法》、《科学技术振兴事业团法》、《中小企业团体组织法》	中小企业政府、民间相关机构的设立、职能和运作规范
设备现代化	《中小企业振兴资金助成法》、《中小企业现代化促进法》、《中小企业指导法》、《中小企业现代化扶植法》	促进并保证了中小企业设备更新、设备现代化和企业集约化经营
组织现代化	《重要出口商品工业组合法》、《中小企业协同组合法》、《中小企业安全法》、《承包振兴法》、《大规模零售店法》、《部门调整法》	促进小企业之间合作与联合，鼓励中小企业进行“事业协同组合”、“企业组合”、“协业组合”；并通过下承包政策，鼓励某个企业将其制造销售产品的一部分或全部，外承包给较该企业规模小的其他企业，形成下包制的生产系列，使离散的单个企业组合形成企业系列
财税金融	《中小企业现代化促进法》、《改善中小企业金融方法纲要》、《中小企业振兴资金助成法》、《中小企业信用保险法》、《中小企业金融公库法》	给予中小企业信贷担保、贴息，税收优惠，补贴等资金支持

日本政府也积极制定相关的配套法律支持中小企业的创新。《中小企业技术开发促进临时措施法》明确规定，大力推行中小企业研究、开发新技术，提高它们自身的技术水平。在经营革新方面，整理现有相关法律，形成了《中小企业新事业活动促进法》，对新产品的开发与生产、新服务的开发与提供、商品新生产及销售方式的导入以及服务

① 王振等：《中小企业：日本经济活力的源泉》，上海财经出版社2003年版。

新提供方式的导入给予扶持。《垄断禁止法》和其他一系列专项法规的颁布实施，对企业的竞争给予正确的引导，形成了对中小企业有利的投资竞争机制，维护了它们的利益，从而保护中小企业的成长。《科学技术基本法》明确提出将“科学技术创造立国”作为基本国策。根据《知识产权基本法》成立了以首相为部长的高规格知识产权战略总部，正式确立了“知识产权立国”的国策，推进知识成果创新、产权保护、成果转化和人才发展战略。

（3）德国

德国中小企业是指年营业额在100万欧元以下、不超过9个雇员的小型企业和年营业额在100万~5000万欧元之间、拥有雇员数量在10~499人之间的企业。目前，德国有300多万家中小企业，占德国企业总数的99.7%。这些企业为德国提供了60%以上的税收、近65%的就业岗位和50%左右的国民生产总值①。根据波恩中小企业研究所专家的研究，目前德国联邦和各州提出的扶持中小企业的政策措施大约有600项之多。中小企业受到重视的原因很多，其中一个重要的原因就是中小企业在工业技术创新中的独特作用，在德国，2/3的专利技术是中小企业研究出来并申请注册的。

德国对于中小企业的立法支持侧重于给中小企业创造良好的竞争环境，帮助中小企业在与大公司的竞争中发挥自己的优势。在维护市场秩序、保证合同自由方面，有《民法典》、《商法典》；在确定经济制度方面，有《反限制竞争法》、《标准化法》、《中小企业促进法》等；在减轻中小企业的税收、经济、社会负担方面，有《关于提高中小企业效率的行动计划》等；对手工业联合会、自由职业者等也有专门的法律予以保护。1978年通过的《中小企业科技政策总构想》是德国政府关于中小企业技术创新最重要的法律，该法规定了扶持中小企业提高研究开发能力的条件、形式和模式。德国政府的法律扶持政策也是提升中小企业技术竞争力的重要源泉②。

（4）韩国

韩国从20世纪50年代开始，建立有利于加强中小企业间合作和促进中小企业发展的法律体系。为支持自主创新，韩国政府先后颁布了《科学技术促进法》、《科学家教育法》、《技术开发促进法》、《技术评估法》等一系列法律。《科技框架法》包含多种法律，涵盖科技发展的方方面面，为科技发展提供了法律保证③。《科学技术创新特别法》规定，国有研究机构可以在政府许可的情况下，将其拥有的技术无偿转移给中小企业；科研机构为中小企业提供技术咨询时的经费，其全部或部分由政府补偿；参与国家规定的研究开发项目的中小企业，政府提供部分研究经费等④。

---

① 资料来源：“中小企业——德国经济的中流砥柱”，德国印象网站，http：//www.deyinxiang.org/HTML/EconomyTechnology/Economy/2008/05/20080516102038767O.shtml

② 资料来源：余桂林：“德国的中小企业技术支援政策”，《消费导刊》，2009.08。

③ 资料来源：张玉福：“赴韩国、日本考察中小企业报告”，中国中小企业黑龙江网。

④ 李晶雨：《韩中产业技术政策及其社会化背景比较研究》，东北大学出版社2002年版。

6.2.2　国外中小企业自主创新法制环境建设的主要特点

通过立法促进中小企业发展和提高自主创新能力是许多国家的通行做法。从美、日、德、韩等国促进中小企业自主创新能力提升的做法可以发现，对中小企业自主创新能力的提升，需要一个完善的法律体系来支持，而且必须是包含投资、服务、人才、市场环境等多方面内容在内的专门立法系统。

（1）形成了健全完备的促进中小企业自主创新法律体系

这些国家先后从不同角度制定和实施了促进中小企业技术创新体系发展的法律法规，在立法中贯穿了保护和扶植弱者的指导思想，以及非歧视待遇的原则，形成了相对健全和完善的中小企业法律体系。该体系主要由中小企业基本法和涉及促进中小企业技术创新体系某一方面的专项法规组成。其中，中小企业基本法是政府管理和扶持中小企业的基本依据，也是政府行政部门制定中小企业技术创新服务体系具体政策和制定扶持中小企业技术创新服务体系计划与方案的根本依据。如美国的《小企业法》、日本及韩国的《中小企业基本法》都是基本法的范畴。各国根据中小企业基本法，结合本国国情和中小企业的实际需要，还制定了许多涉及中小企业技术创新服务体系方面的专项法规，以便更好地指导创新服务体系的发展。如日本的“改善中小企业金融方法纲要”、韩国的“信用保证基金法”、美国的“小企业技术创新开发法”等，这些都是针对中小企业技术创新服务体系建设的某一方面而出台的专项法规。这一系列法律为中小企业实施创新奠定了坚实的基础，也为中小企业实施创新提供了法律保障。

（2）相关扶持和优惠政策在法律中规定得非常具体且可操作性强

这些国家在制定中小企业相关法律政策中，对促进中小企业自主创新方面规定得十分具体，而不是仅作笼统的原则性规定，因而在实践中操作性强，便于执行。例如，在政府采购领域，利用政府采购保护中小企业的权益，促进它们的发展，是许多国家的通行做法。如美国的《中小企业法》规定，10 万元以下的政府采购合同，要优先考虑中小企业，通过价格优惠方式对中小企业予以照顾。对于不同的企业，分别给予不同程度的优惠。对于中型企业，政府采购给予 6% 的价格优惠；而对于小企业，则给予 12% 的价格优惠。美国的《小企业和劣势企业分包合同法》规定，政府采购合同中，凡是 50 万美元以上的工程合同，中标企业都必须提交分包计划，将合同价的 40% 分包给小企业。美国《小企业技术创新开发法》（1982）规定，联邦政府机构在签订研究与发展项目合同时，小企业必须占有法律规定的最低的百分比。根据该法律，联邦政府有 10 个机构的研究与发展预算超 1 亿美元，必须执行“小企业技术创新研究计划”，将其授予的小企业研究与发展经费逐渐提高到预算总额的 1.25%。有了这些明确而具体的规定，法律法规便得以落到实处，真正给中小企业以实惠。

（3）相关法律法规特别是其中的核心条款得到很好的贯彻和执行

国外法律执行普遍非常到位，法律法规中明文规定的有利于中小企业创业和创新的核心条款能够得到不折不扣地贯彻和落实，形成了一整套包括财税、金融、科研、信息服务、政府采购在内的扶持制度，为中小企业创新提供全方位的服务。例如，在解决中小企业资金需求方面，美国在20世纪50年代建立了中小企业资金援助制度，美国中小企业治理局在许可范围内可直接向中小企业贷款，贷款基金来自财政预算，形式主要有协调贷款、直接贷款、保证贷款，贷款利率都低于市场利率；美国设立小企业投资公司，专门向具有较高风险而难以从一般渠道得到投资支持的小企业提供贷款和投资。法国对中小企业金融信贷支持主要是通过地方投资公司给予优惠信贷，贷款总额不能超过投资总额的70%，或者中小企业用发行股票的方式向私人公司借钱，由投资公司担保。在财政支持和税收优惠方面，法国对中小企业采取了财政补贴和税收减免政策；对小企业的技术创新从融资、税收、补助金上给予优惠；建立风险投资基金，用于小企业高技术、高风险投资，以加快小企业设备更新，规定小企业的设备更新准予加速折旧，为小企业购置现代化设备给予长期无息或低息贷款。在技术支持方面，法国对为小企业研究开发技术人员实行补贴；向小企业提供科技资料，建立实验室专门提供小企业对原材料、产品进行试验、检查的条件。德国对中小企业的科研发展、环保及治理、节约能源及人才培训等方面均给予低息贷款和帮助；对创新产品的中小企业给予50%的研究费补助，并协助其将科技成果转化为商品，尽快投入生产；德国政府在各地建立起众多的技术治理培训中心，培训中小企业的治理人员，使之成为把握专业技术的企业骨干，并将培训范围逐渐扩大到所有工人；建立中小企业的情报网络，向小企业提供国内外有关的市场信息、技术信息、调查资料等；建立小企业数据库，中小企业可以免费查询政府储存在电脑资料库中的各种信息和数据资料。

6.3 对我国中小企业自主创新法制环境建设的审视

随着改革开放进程的深化和经济全球化步伐的加快，我国中小企业发展环境得到了显著改善，鼓励中小企业自主创新的法制环境建设不断加强。但同时，在相关法律法规和政策的制定和执行过程中也存在一些不容忽视的问题，制约了中小企业自主创新能力的提升，亟待调整和完善。

6.3.1 我国中小企业自主创新的法制环境

从20世纪80年代开始，我国陆续颁布实施了一批关于支持中小企业及其技术创新的法律法规。这里仅就其主要内容作简要介绍。

（1）制定和颁布了一系列相关法律

中小企业促进法。2003 年 1 月 1 日开始实施。该法的实施改善了我国中小企业及其技术创新法律建设方面的落后局面。中小企业促进法主要内容包括：资金支持、创业支持、技术创新、市场开拓、社会服务等。

专利法。1984 年 3 月 12 日六届全国人大常委会第四次会议通过了专利法，到目前为止，该法已被修正了三次。该法对发明创造的内容、专利受理部门、申请专利的条件、专利的保护期限等进行了规定，目的是保护发明创造专利权，鼓励发明创造，促进发明创造的推广应用，促进科学技术进步，适应社会主义现代化建设的需要。该法的实施不仅对中小企业技术创新起到了鼓励和促进作用，也维护了中小企业技术创新专利权的合法权益。

促进科技成果转化法。1996 年 10 月 1 日正式实施。该法规范了科技成果转化的定义，制定了保护转化过程中的法律，指定了实施转化的部门，有效地促进了科技成果向中小企业的技术转移和技术扩散，促进了科技成果向现实生产力的转化和中小企业的发展。

与中小企业及其技术创新相关的其他法律。除上述法律外，我国还先后颁布实施了多部与中小企业及其技术创新相关的法律。其中包括科学技术进步法、政府采购法、合同法、公司法和担保法等，在这些法律的一些条文中或多或少、直接或间接地涉及到中小企业及其技术创新问题。从某种意义上讲，在法律层面上也促进了中小企业及其技术创新的快速发展。

（2）相关配套政策措施相继出台

中小企业促进法实施以来，国务院有关部门先后出台 50 多项配套文件，24 个省市制定了地方法规。这些政策法规成为中小企业技术创新支持体系的重要组成部分，发挥着促进中小企业技术创新特别是自主创新的政策导向作用。下面选择其中几个有代表性的作简要介绍。

《国务院关于鼓励支持和引导个体私营等非公有制经济发展的若干意见》（国发〔2005〕3 号）。提出了 36 条鼓励非公有制经济发展的政策措施，包括加强自主创新服务，加大对非公有制企业自主创新活动的支持，促进科技成果转化和技术转让，切实保护单位和个人知识产权等。

《关于支持中小企业技术创新的若干政策》（国家发改委、财政部、科技部等 12 部委 2007 年 2 月联合发布）。主要是鼓励发明创造和标准制订，进一步落实企业知识产权保护措施，提高中小企业创造、运用、维护知识产权的能力；鼓励具有专利技术的中小企业参与行业标准制订；加强知识产权服务与管理。根据该文件，各级知识产权部门应按照有关规定对个人或小企业的国内外发明专利申请、维持等费用予以减免或给予资助。对中小企业参与行业技术标准制定发生的费用，给予一定比例的资助。

《国务院关于进一步促进中小企业发展的若干意见》（国发〔2009〕36号）。在应对国际金融危机冲击的背景下，为帮助中小企业克服困难，转变发展方式，实现又好又快发展而专门制定。意见包括八个方面29条措施，从发展环境、融资难、财税扶持政策、市场开拓、经营管理等方面，提出了相应的政策和措施。

（3）相关法律法规的贯彻落实取得一定成效

按照中小企业促进法的规定，中央财政设立了中小企业科目，安排了扶持中小企业发展的专项资金，并逐年增加资金规模。2009年，中央财政安排各类支持中小企业发展的专项资金108.9亿元，比上年增长121.8%，其中，用于支持中小企业结构调整、产业升级、技术进步、品牌建设等的专项资金预算安排21.2亿元。2004年以来，中央财政资金支持中小企业专业化、与大企业协作配套等技术进步项目2468个，技术改造项目3978个。截至2009年底，中央财政累计支持中小企业技术创新项目20297项。2008年地方省级财政用于支持中小企业发展的专项资金共计达237.4亿元。在中央预算内企业技术改造专项投资中，安排30亿元支持中小企业特别是小企业技术改造。在切块地方的技术改造专项投资中，68%的资金用在了中小企业。截至2008年底，中央财政共安排中小企业技术创新基金90.5亿元，支持了约1.3万个中小企业技术创新项目（或单位），带动了约300亿元的地方财政资金，对促进中小企业技术创新、产业升级、开拓市场、改善融资环境等发挥了积极作用。

在税收政策方面，鼓励技术创新和技术成果转让。对符合条件的小型微利企业和高新技术企业，分别减按20%和15%的税率征收企业所得税，对小规模纳税人增值税征收率统一下调到3%。企业为开发新技术、新产品、新工艺所发生的研究开发费用，可享受加计扣除或摊销的优惠政策；企业的固定资产由于技术进步等原因确需加速折旧的，可以缩短折旧年限或采取加速折旧的方法；一个纳税年度内，居民企业技术转让所得不超过500万元的部分，免征企业所得税，超过500万元的部分，减半征收企业所得税；从事技术转让、技术开发业务和与之相关的技术咨询、技术服务业取得的收入免缴营业税。

改善对中小企业的金融服务。引导银行业金融机构从利率风险定价、独立核算等六项机制入手，建立小企业金融服务专营机构。放宽金融机构中小企业贷款呆账核销条件，落实中小企业贷款税前全额拨备损失准备金政策。推动村镇银行、贷款公司等地区性中小金融机构发展。中小企业信用体系建设取得新的进展，累计补充完善了190万户中小企业的信用信息。

为中小企业提供职业培训、管理咨询、信用评价、创业辅导等服务。自2003年以来，组织实施了中小企业银河培训工程，累计对30万小企业经营者进行了政策法规以及工商管理知识等培训，对12万户新创办的小企业提供了创业辅导服务。在产业集群或中小企业集聚区，支持建设了中小企业公共服务平台152个，带动了地方中小企业公共服务基础设施的建设。全国建成留学人员创业园130多家，科技企业孵化器674家，生产力促进中心1497家。强化中国中小企业信息网的服务功能，组织开展了中小企业管理咨询服务活动。成立全国以及区域性中小企业协会95家，各类中小企业服务中心425家。

工商管理部门加强市场监管执法，为个体私营企业营造良好竞争环境。各级工商行政管理机关以查处不正当竞争行为和保护知识产权为重点，深入开展专项整治行动。保护个体私营企业的商标专用权和企业名称权，及时查处有关商标假冒侵权案件和冒用他人企业名称的不正当竞争案件。引导企业实施商标战略，争创驰名商标，扩大自主知识产权，提高市场竞争力，促进中小企业转变经济增长方式，提高自主创新能力。

6.3.2　中小企业自主创新法制环境存在的主要问题

与其他国家相比，我国中小企业自主创新的法制环境还不够健全完善，不能完全适应当前中小企业自主创新的形势和要求，对增强中小企业自主创新能力形成了一定制约，影响了广大中小企业开展创业创新活动的积极性。

（1）立法体系不健全，配套措施不完善，贯彻落实不到位

①相关法律针对性不强，规定过于原则，操作性差。我国在中小企业立法方面与国外相比存在较大差距，没有形成健全完善的法律法规体系。有关中小企业的专门立法除了中小企业促进法以及地方政府出台的一些配套法规外，其他立法大多是适用于所有企业的普遍立法，针对中小企业的特殊地位和自身特点制定相应的法律规范比较少。中小企业促进法虽然从法律层面上确定了国家在各方面支持中小企业发展的整体框架，但其中许多只是原则性、指导性的规定，缺乏具体的实用标准，实践中难以操作。

我国相关法律法规没有体现鼓励技术创新的原则或不能适应技术创新的要求。如，我国颁布了科学技术进步法、促进科技成果转化法等关于科技进步和技术创新的法律法规，但没有一部有关中小企业技术创新的专门法律。科学技术进步法缺少与技术创新相关的法律条款，已不能完全适应现阶段中小企业技术创新活动的要求。又如，竞争方面的法律没有为中小企业的公平竞争营造良好的市场环境，金融方面的法律缺少对高技术风险投资企业的支持，税收方面的法律对技术创新企业的税收优惠措施的规定十分欠缺，政府采购法没有体现政府采购对创新企业的支持和引导，环境法更是缺乏激励企业创新的相关规定等。此外，保护市场公平竞争的法律机制尚未完全建立起来。中小企业作为技术创新主体的地位还没有真正确立，面对的仍是一种行政垄断和尚不充分的竞争并存的市场，反垄断法等保障市场经济公平竞争的重要基础性法律的作用发挥有限。

②配套制度、措施和相关政策不完善或尚未作规定。中小企业促进法是2003年1月1日开始实行的，但该法实施细则至今尚未出台，与之相配套的只是有关部委制定的部门规章，法律效力偏低且不成体系。需要配套细化的一些具体规定也尚未出台，其中既包括在中小企业促进法中已被明确列出需要另行制定相关规定予以明确的事项，如有关中小企业的界定标准（第2条第2款）、中小企业发展基金的设立和使用管理办法（第13条）、中小企业信用担保管理办法（第19条第2款），也包括未被涵盖在促进法中但

仍不明确、尚待细化的其他事项，如资金支持方面的措施。

中小企业自主创新是一项复杂的系统工程，包含不同政策主体、作用对象、作用机制，具有多目标、多角色和多功能并相互作用的复杂体系，对这些方面立法和制定政策进行保护也应成为法律支持体系结构中不可或缺的一部分。我国基础科学研究、融资、财税政策、技术交易方面的法律法规都存在着欠缺，这对促进中小企业自主创新来说都是极为不利的。

③法律法规的贯彻落实和执行不到位。中小企业促进法第二条规定："国家对中小企业实行积极扶持、加强引导、完善服务、依法规范、保障权益的方针，为中小企业创立和发展创造有利的环境。"该条规定体现了国家对中小企业发展的支持态度。从提升中小企业自主创新能力的角度，该法规定了国家须设立中小企业发展基金并说明其投向。但从实践来看，中小企业促进法实施7年来，中小企业发展基金仍未设立。尽管国家安排了扶持中小企业发展的专项资金，并逐年增加资金规模，但资金规模总体偏小，使用较为分散，支持领域有限，特别是对小企业支持不足。中小企业创新基金的覆盖率偏低，且支撑力有限。截至2008年底，中央财政共安排中小企业技术创新基金90.5亿元，支持了约1.3万个中小企业技术创新项目，这与全国中小企业的数量规模极不相称，支持力度也不足以支撑中小企业的自主创新。

（2）创新型中小企业的设立存在较多障碍

企业发展要经历不同的阶段，对创新型中小企业来说，最困难的是初创阶段。因为企业创办者可能只掌握一项新技术或新产品，但缺乏资金，缺乏成熟的业务经营模式，缺乏忠实的客户，缺乏应对市场风险的经验和能力，没有建立起必要的商业网络和信用等等。所以对创业的扶持是十分关键的，从国家层面建立一个有利于企业设立、鼓励创业和创新的法律环境是十分必要的。

①企业组织形式主要涉及公司法、合伙企业法和独资企业法等法律。对这些法律来说，很重要的是要确立一个指导思想，即方便企业设立，并提供多种企业组织形式供投资人选择，而不是强迫投资人必须采取哪种形式。这些形式都是各有优点和缺点的。比如，合伙企业和独资企业不用缴纳企业所得税，不需要最低的法定注册资本，但投资人必须对企业债务承担无限责任；而设立一个公司，需要法定最低资本的限制，设立手续也相对复杂，但投资人只承担有限责任。企业组织法发展的重要趋势是越来越简便。比如，在英美法系国家，很早以前就允许设立一人公司，而大陆法系国家中有很多不允许搞一人公司，股东最少必须有两个人。我国新修订后的公司法中一个重要的内容是允许设立"一人公司"，即只有一个股东的公司。从司法环境看，个人创业者如果按照传统的方式建立个人独资企业，将面临很大的风险，因为一旦经营出现问题，他可能被迫拿出个人的全部财产偿还债务。在这种公司中，单个的创业者承担有限责任，其投资风险大大减少。此外，还有进一步降低注册资本金要求，并且允许分期缴纳资本金等规定，降低中小企业市场准入门槛。

②行政许可对中小企业也有重大影响。长期以来，我国存在行政许可范围过大，事项过多，设定行政许可的主体混乱，环节多，借机乱收费现象严重等问题。行政许可法缩小了设立行政许可的范围，明确了不得实行行政许可的事项（如行政机关能够通过事后监督解决的问题，不能设定行政许可等），减少了有权设定行政许可的主体，今后只有三个层次的国家机关可以设定行政许可：一是全国人大及其常委会；二是国务院；三是省级地方人大及其常委会，省级地方人民政府。此外，行政许可法还明确规定了行政许可审批的时间（20 日），确立了行政许可原则上不收费制度（包括工本费，只有与自然资源利用有关的例外），收取费用也必须全部上缴国库。这些规定的落实对方便中小企业设立和开展业务、遏制乱收费将起到十分重要的作用。

③工商登记手续繁杂也是影响小企业设立的一个重要因素。经济学家发现，世界上越穷的国家人民越辛苦，越忙碌，而他们辛苦却不见得都在创造财富，其中很大一部分精力花在应付政府管制和乱收费上了。有人统计，从创业者提出申请到拿到执照，国际上平均需要 47 天，我国平均需要 92 天。2000 年时有人统计，到 1999 年底，主管部门、行业归口和政府授权的前置审批手续，上海 233 项，广东 256 项，北京 440 项。办一个企业要跑十几个甚至几十个部门和机构；用时长，少则一个月，多则半年一年；成本高，一是本身环节多，收费高，二是要打通各种关节，严重地影响了全社会的投资积极性。在发达国家，企业登记特别是中小企业登记是一件十分容易的事，一般可即时办妥，采取邮件的方式一个星期也可完成。我国的公司法、合伙企业法和个人独资企业法出台后，企业登记制度应该说向国际惯例接近了一大步，但在实际操作中立法的精神并没有完全体现，个人投资办企业还不是那么容易，办一个营业执照有时还得托关系。真正意义上的登记备案制还没有实现，一些审批、审核从实际效果看，意义十分有限，但收费却不少。比如年检制度，很难说能解决什么问题。必须承认，我国的企业登记制度是比较落后的。

(3) 风险投资领域和私募股权投资（PE）法制建设相对滞后

中小企业特别是中小科技企业的新开发产品，风险性高，信息不对称，这就给其融资带来比一般中小企业更大的困难。为此，国家采取了一些特殊政策，设立了财税政策支持的创业园、科技型中小企业创新基金以及科技型中小企业引导基金等，为科技型中小企业的发展发挥了重大作用。但我国已有的创业资本除个别为中外合作以外，大多由政府出资组建。从可持续发展的角度和发达国家的经验来看，科技型中小企业的成长和壮大不能长期依靠政府的扶持，而要更加依靠市场化的手段，这关键取决于风险投资机制的完善。我国应该尽快完善风险投资法律环境，制定鼓励风险投资基金向高科技中小企业投资的政策。风险投资基金在高科技产业中发挥巨大作用的原因还在于，许多高科技企业自身就建立了风险投资基金，如美国的微软、加拿大的新桥公司等，它们一旦发现与本企业业务和产品相关、有前途的其他高科技中小企业，就会通过自己建立的风险基金向这个企业出资，或者将这个小企业发展起来后上市转让，或者将其完全纳入本企业的发展战略。从这个角度看，风险投资已经成为联系大企业与中小企业的一种纽带，大企业带动中小企业发展的一种新方式。

目前发展迅猛的私募股权投资基金，也是发达国家中小企业创新资金来源的一个重要渠道，但在国内尚处于无法可依的地下运行状态，不利于其健康规范发展。私募股权投资基金主要投资于非上市交易股权，按照基金所投企业的成长阶段不同又可以分为创业（风险）投资基金、并购投资基金、夹层投资基金等。私募股权投资基金可以对不同成长阶段的企业提供融资，并通过对所投资企业进行结构重整和生产要素整合，提升企业的市场价值，也能发展出大批优质上市公司资源。当前，我国公司法、证券法、信托法、合伙企业法的陆续修订和出台，为私募股权投资基金的设立和发展提供了法律依据。但在实践中，私募股权投资基金在法律方面仍面临一些障碍。

①法律地位问题。我国现行的证券投资基金法主要规范了公开募集资金进行证券投资的活动，而对于私募基金，则在该法第101条中规定，“基金管理公司或者国务院批准的其他机构，向特定对象募集资金或者接受特定对象财产委托从事证券投资活动的具体管理办法，由国务院根据本法的原则另行规定”。但2004年6月该法实施以后，由于种种原因，国务院一直没有制定对私募基金的具体规定。私募股权投资基金的组织形式有公司制、有限合伙制和信托制三种。其中，公司制基金具有法人地位，而法律对有限合伙制、信托制基金的法律地位并没有明确规定，这使得私募股权投资基金难以进行证券开户、产权登记和交易等基本业务。根据证券法第166条规定：“投资者委托证券公司进行证券交易，应当申请开立证券账户。证券登记结算机构应当按照规定以投资者本人的名义为投资者开立证券账户。投资者申请开立账户，必须持有证明中国公民身份或者中国法人资格的合法证件。国家另有规定的除外。”因此，只有公民和法人才允许开立证券账户。由于有限合伙制和信托制私募股权投资基金没有“法人”地位，有限合伙制的私募股权投资基金无法开立证券账户；信托制的私募股权投资基金无法登记产权且难以进行证券交易和企业股权的上市，因而限制了私募股权基金的正常投资活动和市场退出途径。

②工商注册登记问题。合伙企业法的修订引入了有限合伙制。法律修订后，国务院和国家工商行政管理总局先后修订和制定了合伙企业登记管理工作有关法规、规定，但对有限合伙企业尤其是有限合伙制私募股权基金，目前仍没有形成全国范围内统一的工商注册程序。除天津、北京等少数地区外，其他大部分地区私募股权投资基金尚不能实现以有限合伙制形式进行登记。同时，对于私募股权投资基金的设立是否需要金融监管部门备案或审批手续，尚未予以明确。

③税收问题。合伙企业法第6条规定：“合伙企业的生产经营所得和其他所得，按照国家有关税收规定，由合伙人分别缴纳所得税。”但是合伙人的具体纳税办法，包括普通合伙人、有限合伙人为自然人或法人等不同情形的纳税问题，并没有实施细则进行规定。由于缺乏统一稳定的规则，投资者对于私募股权投资基金的投资收益无法形成稳

定预期。在实际操作中，各地执行的政策也不尽相同。有限合伙人、普通合伙人是法人的，要合并缴纳企业所得税。有限合伙人、普通合伙人是自然人的，有的规定投资收益不征税；有的规定对股票投资收益不征税，但对私募股权投资的购买价到上市发行价之间收 20% 的投资收益税，发行价和上市变现价之间的收益不收税；有的则规定参照个体工商户征收个人所得税。

④金融机构投资私募股权投资基金问题。合伙企业法的修订，为商业银行、保险公司等金融机构作为有限合伙人投资于私募股权投资基金创造了条件。由于只承担有限责任，金融机构可依市场和自身风险管理情况，选择一定比例的资金投资于私募股权投资基金。实践中，保险资金、银行资金以及其他非银行金融机构的这类股权投资，仍有诸多制约因素。如商业银行法第 43 条规定，“商业银行在中华人民共和国境内不得从事信托投资和证券经营业务，不得向非自用不动产投资或者向非银行金融机构和企业投资，但国家另有规定的除外”。保险法第 104 条规定，“保险公司的资金运用，限于在银行存款、买卖政府债券、金融债券和国务院规定的其他资金运用形式”。信托公司等金融机构的对外投资也受到一些类似的限制。尽管法律为这些金融机构的投资预留了空间，但由于相关的规定仍未出台，金融机构对私募股权投资基金的投资仍受到严格的管制。目前只有全国社保基金等少数机构投资者经个案审批，获得了投资私募股权投资基金的许可，尚没有形成具体的管理规定和操作办法。

⑤私募股权基金的治理结构问题。在有限合伙制下，基金管理人对投资和管理行为承担了无限连带责任，但由于我国尚未有个人破产法，若基金管理人因经营不善而背负终身债务，将无法通过破产免责获得基本的保护，同时也使得债务纠纷久拖不决，从根本上损害债权人利益。这种私募股权基金的纠纷解决机制的不平衡，也成为发展私募股权基金的制约因素。

(4) 对中小企业自主创新的知识产权保护力度不够

与国外中小企业相比，我国中小企业缺乏技术创新的热情，一个重要原因就是中小企业受自身财力、人力的限制，无法很好地保护自身的技术创新成果。往往是新技术、新发明刚刚被推出，就会大量被仿制，使创新企业遭受重大损失。理论上，专利系统应给予中小企业以特殊的照顾，但在实践中，系统自身的问题，尤其是它的复杂性和保护中小企业免于被大企业侵犯的难度，降低了它对于中小企业的价值。中小企业不可能像大企业一样设立专人并出巨资打假维权，也没有能力通过垄断地位和渠道保护自己的知识产权。小企业普遍反映打知识产权官司费时费力，“维权成本高，侵权成本低”，有的“法律上赢了，经济上输了”，对鼓励中小企业增加研发投入、促进技术创新，都造成了严重危害。

在知识产权执法领域的建设更显滞后，主要表现在：

①知识产权保护的行政执法力量严重不足。我国相关专利法律规定，只有在省、自治区、直辖市人民政府以及专利管理工作量大又有实际处理能力的设区的市人民政府设立的管理专利工作的部门，才能拥有专利执法权，且绝大多数以科技管理部门名义执

法，知识产权执法部门工作人员数量相当有限。

②执法力度不够大，侵权赔偿额过低。目前，大多数知识产权案件赔偿额集中于50万元以下。这样，一方面使部分科技含量、经济价值较高的成果的权利人损失难以得到足额补偿；另一方面也使得一部分侵权者在权衡侵权获利与承担赔偿责任利弊之后自甘冒险，故意侵权，或采用做假账、隐匿、转移、毁损有关证据等手段来逃避责任。

③审判格局有待完善。虽然我国省、直辖市、自治区、副省级城市都已设立了知识产权法庭，但大多数地级市还没有知识产权法庭。以湖南为例，14个地级市只有长沙、株洲设立了知识产权法庭。而且，我国尚未建立专门知识产权法院。可见，目前的审判格局难以满足中小企业技术创新的需求。

④审判质量有待提高。在知识产权案件复查中发现仍有部分案件存在案由确定不准确、诉讼程序操作不规范、裁判文书说理缺乏深度、法律定性不够准确、责任认定不到位以及证据采信、漏列当事人等实体和程序性问题。这些都在一定程度上影响到中小企业技术创新成果权利人的维权信心和创新激情。

（5）政府采购对中小企业创新产品的支持保护较弱

我国政府采购法对支持中小企业做了原则性规定，政府采购法第9条规定，政府采购应当有助于实现国家的经济和社会发展政策目标，包括环境，扶持不发达地区和少数民族地区，促进中小企业发展。中小企业促进法也将政府采购这项扶持措施纳入到有关法律条例中。在2007年2月23日国务院12部委发布的《关于支持中小企业技术创新的若干政策》中，明确规定政府采购要支持自主创新；各级国家机关、事业单位、社团组织在政府采购活动中，在同等条件下，对列入《政府采购自主创新产品目录》的中小企业产品应当优先采购。

但在实际操作中，由于没有实施细化条文，怎样在不违反政府采购“公开、公平、公正和诚实信用”原则的前提下，将法律的要求落实到具体的操作程序中去，是一个难点问题。有些地方按照自己的理解做了一些探索，但是对具体支持哪些企业、哪些行业，采用何种方式，即扶持的程度、范围和标准等等难以把握。由于配套制度的缺失，无法形成统一的对中小企业进行扶持的方式和方法，中小企业进入政府采购市场还存在许多困难，中小企业在政府采购市场中仍处于很明显的劣势地位。大多数中小企业成为政府采购竞争中的陪衬，致使政府采购支持中小企业发展的政策目标难以实现。

目前的政府采购仍主要以节约资金、规范管理为目的，对促进企业自主创新的作用远未有效发挥，也未很好起到保护和扶持民族产业发展的作用。现在政府采购中存在两个倾向，一个是购买国外厂商的产品，另一个是购买国内知名大企业的产品，中小企业的产品常常会以质量不过关为由而被拒绝。具体表现为：政府采购法中虽有促进中小企业发展的目标，但缺乏具体目标和计划，缺乏相关的配套法规；政府采购中往往只注重产品的价格或性能，而对推动产品的技术创新或者综合性能考虑不够。而在美国等发达国家，由于政府采购制度起步较早，在扶持中小企业方面有一套成熟的做法。美国的政府采购制度规定：10万美元以下的政府采购合同要优先考虑中小企业，并给予价格优惠扶持，中型企业价格优惠幅度在6%以下，小型企业价格优惠幅度在12%以下。

6.4　加快完善有利于中小企业自主创新的法制环境

“立法先行”是发达国家扶持和规范中小企业发展的重要举措，健全完善的法制环境是保护与促进中小企业自主创新的关键。在结合国情的基础上，我国应借鉴国外先进经验，参照国际惯例和通行做法，进一步加强我国中小企业自主创新法制建设，使相关法律法规定型化、规范化和系统化，为中小企业技术创新提供更加完备的法律保障，逐步建立起一套较为完善的中小企业技术创新法律支持体系，为促进中小企业自主创新提供良好的法制环境。

根据前文分析，提出以下意见和建议，供参考。

6.4.1　建立健全有利于中小企业自主创新的法律法规体系

（1）及时修改完善相关法律，制定出台相应配套政策和措施

以中小企业促进法为基础，研究制定支持中小企业自主创新的专门法律、法规和规章，明确国家关于中小企业创新产业政策及产业指导规划的制定和实施的程序和办法，明确促进中小企业自主创新的总体规划；对技术创新、科技成果转化及技术支撑等方面予以明确规定。完善反垄断和公平竞争方面的法律法规，对中小企业特别是小企业参与市场公平竞争给予法律保护。调整完善财税支持的法律、法规和规章，明确和细化财政扶持、税收优惠、政府收费、政府采购等方面的具体规定，以利于操作和执行。完善融资支持的法律、法规和规章，拓宽中小企业融资渠道，缓解中小企业融资难。通过制定或完善这些法律法规，形成外部独立、内在和谐的中小企业自主创新法律制度体系。

（2）抓好法律法规的贯彻，重在落实

任何法律法规，只有严格地执行，才能真正发挥作用。中小企业自主创新法律支持体系要想充分发挥作用，就必须在完善法律法规的基础上严格执法，切实维护中小企业自主创新的合法权益。要加强法制和中小企业自主创新的宣传教育工作，提高全民族的自主创新意识和法制意识，使中小企业自主创新的法制建设，建立在坚实的基础之上。加大相关法律法规的执法力度，确保各项法律法规落到实处。唯此，我国才能真正地从法律环境上对中小企业自主创新予以有效的支持。

6.4.2　努力清除创新型中小企业在设立和成长方面的障碍

发达国家平均每千人所拥有的小企业数量约为45~55个，而我国每千人拥有企业的数量不到10个，必须尽快清除企业在登记设立方面的不合理障碍。如果说，整个企业登记制度的改革不那么容易的话，中小企业特别是小企业、微型企业的登记改革完全可以先行一步。

（1）简化企业登记程序

进一步清理、减少和合并行政审批事项，放宽市场准入门槛，简化行政流程，提高办事效率，为中小企业提供便捷周到服务。建议为小企业或微型企业规定简易的特别登记程序，比如规定，登记注册必须取消不必要的前置审批、实行“一站式”服务、限时办理，在投资人提交申请登记的一个工作日内完成，取消一切收费，取消对它们的年检等。

（2）切实减轻企业负担

坚决清理和禁止各种不合理的乱收费行为，严格执行收费项目公示制度和缴费登记制度，整顿规范中介收费项目和收费标准，废除行政事业单位经费自筹制度，切实减轻中小企业经营负担。

6.4.3　加快发展私募股权投资基金

私募股权投资基金作为资本结合产业的重要形式，是资本市场中重要的机构投资人，它的发展有利于引导资金流向、优化融资结构，有利于推动自主创新、培育优质上市资源，有利于推进产业重组和经济结构调整。

（1）明确法律地位

在修订证券投资基金法和信托法等相关法律中，把私募股权投资基金纳入其中，赋予私募股权投资基金以明确的法律地位，以规范和促进其健康发展。私募股权投资基金必须由具备主体资格的合格投资者发起，在募集人数方面进行一定的限制，在信息披露方面做出严格的规定和要求。

（2）完善登记、税收等相关配套政策

对有限合伙制、信托制的私募股权投资基金，在实践中可在相关法规的操作上给予便利，比照法人进行管理。在注册登记和税收问题上，建议出台合伙制股权投资基金工商注册登记以及税收缴纳的全国统一管理办法，规范股权投资基金的登记和纳税问题。在金融机构的市场准入问题上，建议由相关监管部门在对资产投资比例和风险控制措施提出规范要求的基础上，进行金融机构投资私募股权投资基金的试点。

（3）明确金融机构投资私募股权基金的规则

建议金融监管部门按照资产投资组合分散风险的原则，在对金融机构资产投资组合比例做出规定、风险拨备提出要求和风险资产权重做出规定的基础上，给金融机构投资股权基金的自主权，而不应是简单地禁止。

6.4.4　切实提高中小企业知识产权的法律保护力度

推动自主创新必须对知识产权实行有效保护。要高度重视保护知识产权的法制环境建设，不断健全与知识产权保护相关的配套法律法规，依法严厉打击侵犯知识产权的行为，加大知识产权保护力度，营造一种提倡创新意识、保护创新成果、鼓励创新精神的社会氛围。

(1) 提高知识产权执法效率和水平

中小企业自主创新成果知识产权的时限性和市场利益的速变性，决定了知识产权审判具有很强的时效性，对司法效率有特殊的要求。各级法院要强化审限意识和效率意识，严格执行法律规定的案件审判、执行的期限，并尽最大可能在法定期限内尽快结案。要进一步完善调解机制，将调解贯穿于案件审理的全过程，不断提高调解工作的效率。同时，要健全知识产权案件执行制度，建立知识产权案件归口执行制度，提高知识产权生效裁判的执行到位率。对被执行人拒不履行停止侵权的生效裁判内容继续其原侵权行为的，要严格依法实施民事制裁或者追究其刑事责任。

(2) 建立惩罚性损害赔偿制度

我国现行赔偿制度带有强烈的补偿性，达不到惩罚侵权人的目的。如商标法第56条规定："侵犯商标专用权的赔偿数额，为侵权人在侵权期间因侵权所获得的利益，或者被侵权人在被侵权期间因被侵权所受到的损失，包括被侵权人为制止侵权行为所支付的合理开支。"专利法第60条规定："侵犯专利权的赔偿数额，按照权利人因被侵权所受到的损失或者侵权人因侵权所获得的利益确定；被侵权人的损失或者侵权人获得的利益难以确定的，参照该专利许可使用费的倍数合理确定。"著作权法第48条规定："侵犯著作权或者与著作权有关的权利的，侵权人应当按照权利人的实际损失给予赔偿；实际损失难以计算的，可以按照侵权人的违法所得给予赔偿。赔偿数额还应当包括权利人为制止侵权行为所支付的合理开支。"建立惩罚性损害赔偿制度就是要求加害人向被害人支付超过其财产损害范围的一种金钱赔偿，它具有补偿受害人遭受的损失、惩罚和遏制不法行为等多重功能，能够有效提升惩罚的威慑力，保护中小企业知识产权不被侵犯。

6.4.5　推动政府采购向鼓励中小企业自主创新方面倾斜

政府采购应体现最大限度地保护民族产业的原则，借鉴各国政府通行的做法，应建立更为优惠的政府采购政策以鼓励、扶植和促进中小企业发展，提高其自主创新能力和整体竞争力。

(1) 完善政府采购扶持中小企业的配套政策

制定政府采购扶持中小企业的操作性制度，对扶持中小企业政策的适用范围、优先方式、具体措施、份额比例等作出硬性规定，给中小企业以特别保护，为采购实践操作提供依据。在国家统一政策一时难以出台的情况下，可鼓励各地先行研究试点，进一步探索总结经验，成熟后再予以规范。具体内容可包括：一是明确规定中小企业参与政府采购中标份额和范围。设定中小企业中标份额的最低比例，对一些经常性公共服务、技术含量要求不高的通用性产品如家具、印刷、物业管理等，应更多地面向中小企业采购。二是给予中小企业竞争价格优惠。明确规定在同等条件下，中小企业报价与大型企业相当或者高于大型企业一定幅度内的，可获得政府采购合同。三是招标文件给予中小企业政策倾斜。在评审中，结合中小企业自主创新产品、环境标志产品、交纳社会保险、履约诚信度等具体项目，给予适当加分。四是鼓励大企业带动中小企业参与政府采购。对一些技术复杂、预算金额较大、中小企业无法独立承担的采购项目，鼓励参与投标的大型企业选择适当项目向中小企业进行分包，并在评审项目中予以体现，采购监管机构要对分包情况予以监控。五是试行定点采购，结合实际确定一批有发展潜力的中小企业进入定点采购名录，扶持中小企业发展壮大。

(2) 降低中小企业参与政府采购的准入门槛

主要措施包括：一是降低资格条件。政府采购编制招标文件时，要结合中小企业的实际，严格禁止设立与履行合同能力关联不密切的条件，适当降低对投标企业资本规模、资质等级、经营业绩、技术力量的要求，转向以企业诚信经营、产品和服务质量为主，从而为服务过硬、诚信经营但规模较小的企业提供机会。二是实行项目拆分。部分大宗政府采购项目，由于中小企业规模较小，人员和资金力量有限，往往无力承担，也就失去了参与政府采购的机会。因此，对一些可以拆分的大宗政府采购项目适当拆分、化整为零，变成若干中小企业可以承担的小型项目，以增加中小企业参与机会。三是鼓励联合投标。鼓励和支持中小企业组成联合体参与投标，明确对中小企业投标联合体的评审细则，规范联合投标协议的格式内容，促使中小企业形成竞争合力，以弥补中小企业资质条件的相对不足，提高中标成交概率，分散中小企业各方成本和采购人的风险。四是适当降低保证金标准。对中小企业的投标、履约保证金的收取，适当降低标准和数额，或以动产、不动产为抵押方式收取，防止因无力交纳保证金而将中小企业拒之门外或影响企业正常经营。

(3) 解决制约中小企业参与政府采购的实际困难

一方面，为中小企业参与政府采购提供便利，简化中小企业参与投标的程序和手续，开辟绿色通道，为中小企业在竞标申请、标书送达、资格审核方面提供便利，并减免参与投标的相关费用，在评审过程中对中小企业自主创新项目给予政策性加分，加快对中标中小企业的资金支付进度。另一方面，针对中小企业普遍存在融资困难的突出问题，政府采购部门可协调本地银行，以政府采购为平台帮助中小企业融资，采取以中标通知书、政府采购合同为抵押凭据直接向银行贷款，货款支付直接划拨给银行的方法，既帮助解决中小企业融资难的问题，也提高中小企业对政府采购合同的履约能力。

第 7 章

中小企业自主创新服务体系研究

- 中小企业自主创新服务体系的结构和现状分析
- 中小企业自主创新服务体系的动态需求分析框架
- 创业队伍的培养与建设
- 服务中小企业自主创新的创新网络建设
- 服务中小企业创新的中介组织建设
- 服务中小企业自主创新政府职能转变与现阶段任务

7.1 中小企业自主创新服务体系的结构和现状分析

7.1.1 中小企业自主创新服务体系的结构分析

所谓中小企业自主创新服务体系，是指促进中小企业技术进步，提高中小企业自主创新能力的软硬支持系统。因此，自主创新服务体系的建设是促使中小企业发展的不可或缺的重要组成部分。就服务体系本身而论，它是一个复杂的系统，有广义和狭义之分。广义的服务体系，是指大服务，即包括政策法律和行政职能在内的促进中小企业成长的全部活动。狭义的服务体系，则只包括为中小企业提供有形或无形的有偿服务的部分。本章所探讨的中小企业服务体系是指广义的服务体系，并从空间载体、创新人才、创新网络、技术源头、各级政府和中介组织六个要素来分析中小企业自主创新服务体系的结构（如图7.1所示）。

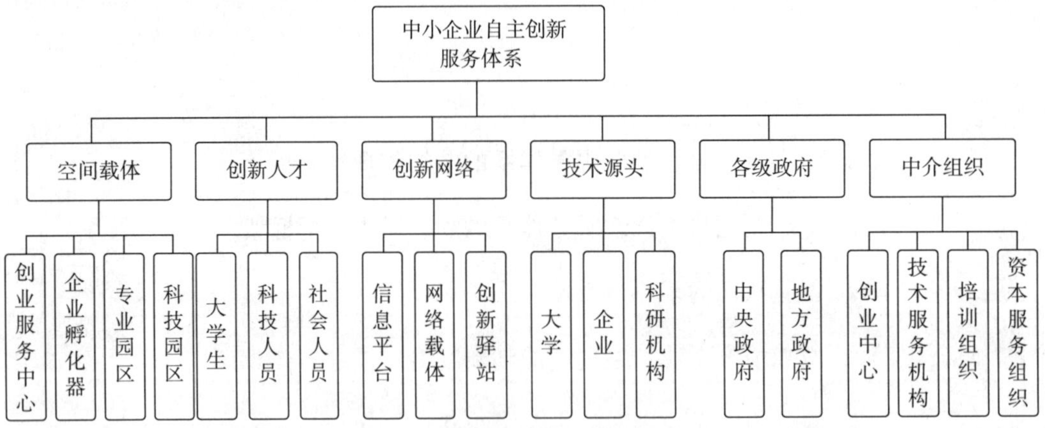

图7.1 中小企业自主创新服务体系结构

这六大要素是一个有机整体，共同构成我国中小企业自主创新服务体系。空间载体是培育中小企业自主创新能力的源头和基地，技术源头则是中小企业自主创新的供给来源，这两个要素是中小企业服务体系的核心组成部分，是其他要素建设的前提和基础；创新人才为中小企业自主创新提供智力支持，是中小企业自主创新的重要依仗和推动力量；创新网络是增强中小企业自主创新力量，优化创新环境的重要因素，中介组织可以减小中小企业自主创新的风险，为提高中小企业自主创新能力提供服务，这两个要素是中小企业自主创新活动的催化剂；各级政府是中小企业自主创新活动的重要保障力量，也是服务体系中必不可少的组成部分，为其他要素建设提供保障，为中小企业自主创新活动保驾护航。六个要素共同组成一个统一整体，相辅相成，为我国中小企业自主创新活动提供有效服务。

（1）空间载体

中小企业自主创新需要有良好的空间载体和基地，空间载体是培育中小企业自主创新能力的土壤，是中小企业自主创新服务体系的重要组成部分，主要包括各类企业孵化器组织、专业园区和科技园区等。其中企业孵化器是一种新型的社会经济组织。它通过提供研发、生产、经营的场地、通讯、网络与办公等方面的共享设施，系统的培训和咨询，政策、融资、法律和市场推广等方面的支持，降低创业企业的创业风险和创业成本，提高企业的成活率和成功率，从而为社会创造就业机会，培育新经济增长点。例如创业服务中心、科技企业孵化器、大学科技园等，高新技术产业开发区也是一种大型综合性的孵化器。而科技园区则是完全建立在技术创新的基础之上的，这是由于产业的成长与技术创新是密不可分的，而随着创新的完善和产业的成熟，创新必然开始扩散，从而引起产业空间分布的重大变化，进而促成科技园区的出现。

（2）创新人才

加快创新人才的开发和培养是中小企业进行自主创新的前提，建立创新人才开发和培养系统，为中小企业引进、培养、开发人才创造条件，也是中小企业自主创新服务体系建设的重要内容。由于中小企业在报酬、提拔、培训、深造等人力资源管理问题上存在缺陷，创新人才对企业未来前景没有信心，技术研究队伍的稳定性难以保证，技术人员外流、自主创新项目半途而废的现象屡见不鲜，且我国产学研相结合的模式和企业间经常性合作机制目前尚未建立或完善，中小企业自主创新能力不能通过在产学研合作和企业间联合创新中得到提升。创新人才不能引进，而原有研发队伍不稳定，这将严重影响中小企业自主创新的连续性。因此，创新人才是制约中小企业自主创新能力提高的重要因素，也是我国中小企业自主创新服务体系的重要内容。这里的创新人才的开发与培养，主要包括大学生、科技人员和社会人员等。

（3）创新网络

创新网络是指企业和其他各不同层次的相关企业或组织（包括大学、科研院所、政府、金融机构以及中介机构等），基于共同的技术创新目标而建立起来的一种网络组织形式，其目的是为了解决现代创新环境下，技术创新的不确定性、资源稀缺性以及企业内部技术创新能力有限性之间的突出矛盾，以帮助企业更好地利用外部资源强化核心技术，实现创新目标。创新网络的形成可以促进创新信息的传播、创新资源的合理配置及快速流动，使创新活动的普遍开展成为一种常态，从而极大地优化中小企业自主创新环境。增强中小企业自主创新能力，固然需要资金、技术、人才等相应创新要素的大量投入，但也需要适宜的创新环境，而构建创新网络是优化自主创新环境的中心环节，因而也是中小企业自主创新服务体系中的重要部分。创新网络的基本构成应包括信息平台、网络载体和服务组织等，有商业创新中心、信息中心和创新驿站等几种基本形式。

(4) 技术源头

企业是自主创新的主体，但企业不是万能的，需要其他组织机构提供各方面的协作，技术源头就是其中之一，是企业自主创新的源泉和根本。而目前我国中小企业中普遍缺乏内部技术源头，对外部技术源依赖性过大，且由于缺乏创新人才和资金，使得自身经济实力和技术实力薄弱，很难吸引到高校和科研院所与其进行“产学研”合作，导致中小企业缺乏稳定的外部技术源。可以说，技术源头的匮乏是目前制约我国中小企业自主创新的重要原因，因此技术源头建设是中小企业自主创新服务体系中的关键环节和核心部分。

技术源头主要包括高校、科研机构、企业和个人等外部技术源。此外，在技术源头建设中还应帮助企业内化创新技术源，使企业成为真正的自主创新主体。

(5) 政府部门

政府是中小企业自主创新服务体系中非常重要的一个要素。政府维护市场公平的一个重要体现就是保护中小企业的发展。在中小企业自主创新服务体系的构建中，政府起到一个核心和牵头的作用。政府对中小企业发展所能做的是提供一切有利于中小企业发展的外部环境，在服务中体现扶持政策。但是在市场经济条件下政府不可能也不需要承担所有的服务，更多的服务应由从事社会化服务的中介机构去完成，然而政府有义务组织有关中介机构组成中小企业创新服务体系，将有关政策性扶持项目通过这一服务体系去完成并支持该服务体系。

在整个创新服务体系中，政府应制定相关的法律、法规、政策，加大对中小企业自主创新的引导，创造有利于中小企业成长的政策环境；加强对中小企业自主创新的投资引导，鼓励金融机构积极支持中小企业自主创新，加大对创新产品和技术进出口的政策支持，改善金融服务；加大对创业服务的扶持力度，培育多样化的中介组织机构，加强对创新网络平台的建设等。

(6) 中介组织

中小企业自主创新中介服务机构是指为中小企业技术创新提供社会化、专业化服务以支撑和促进创新活动的组织，它是联系官、产、学、研的桥梁和纽带，对促进科研机构、中小企业和市场之间的知识流动和技术转移起着关键性作用。其类型主要有创业服务中心、技术服务机构、人员培训组织、资本服务组织、科技咨询与评估组织以及信息服务组织等。

中小企业不具备大企业拥有的资金雄厚、技术密集、人才汇聚和装备先进的优势，其自主创新活动存在重重障碍，如缺乏人才、缺乏资金、缺乏信息和创新技术源等，这些问题直接关系到其自主创新能力的提高，而自主创新中介组织通过为中小企业技术创新提供技术、信息、资金、人才、管理等方面的服务，可以有效地降低中小企业自主创新的风险，提高其技术自主能力和市场竞争力。因此，中介组织是中小企业自主创新服务体系的重要组成部分，对中小企业自主创新有重要的催化和促进作用。

7.1.2　中小企业自主创新服务体系的现状分析

概括来讲，目前我国中小企业自主创新服务体系的现状和环境可以用图7.2进行形象的描述。

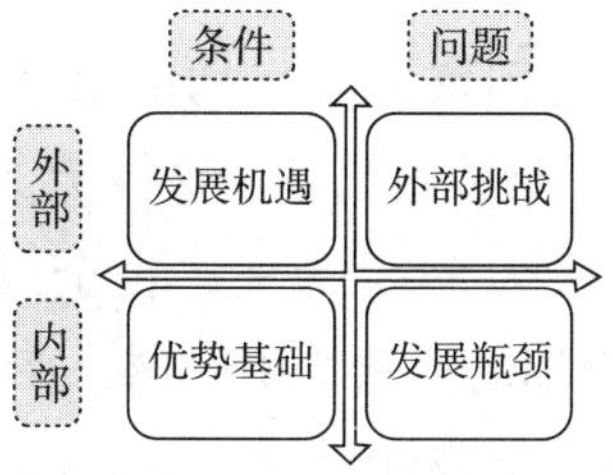

图7.2　中小企业自主创新服务体系的现状分析

(1) 发展机遇

随着国际竞争的日趋加剧，企业的自主创新能力已成为企业和产业竞争力的核心，成为国家竞争力的重要体现。经济全球化的加速发展，生产的全球分工和产业结构的世界性重组，资源的全球配置和资本的全球快速流动，人才、知识等创新要素的全球竞争与流动，这些都为企业自主创新能力的提升提供了发展机遇。尤其是金融危机之后，各国政府为了复苏经济，纷纷发展战略性新兴产业，寻求新的经济增长点和抢占经济科技制高点。我国在后危机时代提出大力培育战略性新兴产业，大力发展新能源、新材料、节能环保、生物医药、信息网络和高端制造业。战略性新兴产业的发展正是新技术不断涌现的结果，而中小企业作为技术创新的主体将在其中发挥重要的作用，这就为中小企业自主创新的服务体系建设提供了重要的契机。此外，随着走中国特色自主创新之路、建设创新型国家目标的提出，中央和各级地方政府也加大了对自主创新的重视和扶持力度，国家发展改革委等十二个部门制定了《关于支持中小企业技术创新的若干政策》，对相关的中小企业投资建设免征关税和进口环节增值税，同时提出要建立技术创新服务体系，为中小企业技术创新提供更为完善的服务保障。

(2) 外部挑战

随着世界经济一体化步伐的加快，国际竞争加剧，中小企业国际化经营的趋势日益明显，当代经济发展正逐步从以资本拉动为主，转向以技术创新为主；从依靠廉价要素成本为主，转向依靠科技进步、提高劳动者素质为主；从以市场换技术为主，转向以自主创新为主。中小企业在国际竞争中面临着很大的压力和挑战。此外，中小企业自主创新还面临着投资引导少、创业动力不足、企业文化创新缺失、不善于公共关系等问题。目前，政府关于中小企业自主创新的投资引导较少，缺少系统完善的政策法规，已有的政策也只是局限于某一方面，不能从整体上提高企业自主创新的积极性，这就使得创业或创新的动力不足。从企业自身来说，文化创新在企业自主创新体系中居于中心内核的地位，是企业创新的精神导向。企业文化创新的缺失会使得企业自主创新无法持续。再者，由于中小企业本身的局限，与大企业相比在公共关系方面比较薄弱，这也在一定程度上束缚了其创新活动的开展。

（3）优势基础

目前我国已经具备了企业自主创新的优势基础。改革开放以来，科技与教育又取得了巨大进步。我国科技发展已处于发展中国家的前列，科技创新产出增长率位居世界前位，一些研究机构已接近世界发达国家同类机构的水平。2007年我国科技活动人员达454.4万人，其中企业科技活动人员数量已达352.4万人，占全国科技活动人员总数的77.6%；高等学校的科技活动人员为54.2万人，占全国的比重为11.9%；研究机构的科技活动人员为47.8万人，占全国的比重为10.5%。我国科技人力资源总量达到4200万人，其中大学本科及以上学历约为1800万人，R&D人员总量为173.60万人。根据美国《科学与工程指标2008》，2006年美国具有大学学位的科学工程劳动力总量（相当于中国的本科及以上学历科技人力资源总量）为1700万人。我国本科及以上科技人力资源总量已经赶上美国。此外，民营中小企业对科技的需求和投入明显增加，企业技术创新能力不断增强，并且涌现出像华为、奇瑞、百度等主要依靠自主创新赢得竞争优势的企业，他们都是从小企业起家，通过创新不断发展壮大。

从上述我国的潜在人才基础和成功的民企可以看出，为满足自身发展需要，中小企业对自主创新的需求明显增强，同时我国自主创新的人才供给相对充足，这些都为自主创新能力的提升奠定了潜在的基础。因此，这对中小企业自主创新服务体系的建设具有很大的助推作用。

（4）阶段判断

随着国民经济的发展和国家创新体系的建立，推动中小企业自主创新已成为国家创新体系建设的重要组成部分，也是提升中小企业竞争力的迫切需求。而构建中小企业自主创新服务体系是促进企业创新和推动技术进步的必然条件。目前，我国中小企业自主创新服务体系已初步建立，我国科技中介机构已发展到6万多个，从业人员达到110余万人，其中，生产力促进中心856家，服务企业近5万家，使企业增加销售额400多亿元；高新技术创业服务中心（孵化器）有460多家，拥有孵化基金5亿多元，目前在孵企业近1.5万家；各类科技咨询机构1.3万家，从业人员近30万人，完成咨询项目30多万项。我国科技中介机构已经开始对科技创新和科技成果产业化作出贡献，并显示出其对优化资源配置和促进经济发展的巨大潜力。虽然我国的创新服务体系有了长足的发展，但是还远未形成整体有效的服务体系，存在着明显的不足，具体表现在以下几个方面。

第一，创新文化建设落后。合作型创新文化尚未建立。各研究机构、企业之间尚未形成以信任和共赢为基础的合作精神，创新行为往往是孤军奋战，创新资源的投入方面也不可避免地造成重复和浪费；创新文化在中小企业中未形成主流。企业普遍缺乏对职工的教育培训、人文关怀、创新激励，职工多抱有“打工”思想，对企业缺乏忠诚度，难以产生创新激情；企业家普遍缺乏“企业家精神”。冒险精神、合作精神的不足导致企业家精神的内驱力不足，自主创新主体的错位以及全民创新环境的缺失导致企业家精神的外驱力不足，从而影响到自主创新服务体系的有效运作。

第二，政府对中小企业扶持力度有待强化。尽管我国关于中小企业的法律、政策体系正在逐步健全，但仍存在一些不完善的地方。《中小企业促进法》的颁布只是开了个头，对促进中小企业发展需要的融资、创新、咨询、培训、信息化等方面的法律法规还不完善。另外，关于中小企业的法律、法规和政策绝大多数是宏观性的，针对性不足，这就存在有法难依和政策不到位等问题。

第三，财政资金支持尚需加大力度、融资渠道窄。目前对中小企业的资金支持力度还不够，而且部分资金使用不当，财政资金使用过分分散和缺乏持续性。另外，政府在中小企业信用担保体系建设中干预过多，没有按照市场规律和市场选择发展担保机构，出现了资金、运作体制和管理等方面的诸多问题。另外，融资渠道单一，商业银行贷款仍旧是目前中小企业最重要的外源性融资来源，但信息不对称导致良好银企关系难以建立及维持。

第四，尚未建立起有效的创新信息服务体系。信息技术资源共享和利用程度较低，最新的技术信息平台尚未建立，中小企业获得信息的渠道不畅阻碍了创新活动的有效进行和应对市场需求变化的能力。此外，缺乏专业的机构为中小企业提供专利保护、协助进行技术的商业化开发、市场包装、转让技术、监控转让等信息服务，不能保障技术的畅通流转，导致技术成果不能迅速转化为生产力。

第五，中介服务不完善。总体来说，我国中小企业社会中介组织所提供的服务内容和服务方式与企业的实际需求之间的差距较大。另外，公益性服务机构数量、服务项目及服务产品都相对匮乏，政府对社会中介服务也缺乏有效的组织和引导，很难达到中小企业创业群体的要求。

7.1.3 现阶段中小企业自主创新服务体系建设的战略瓶颈

经过两年对国家高新区孵化器创业企业以及中科院院所投资500多家中小企业自主创新现状的调研，我们认为，现阶段制约我国中小企业自主创新能力提升的瓶颈因素有四个，分别是①高素质创业队伍的培养和建设力度不够；②创新网络的富集程度与有效性不高；③中介组织的社会地位和服务能力较低；④政府职能转变的速度明显偏慢。

（1）创业队伍的培养与建设力度不够

著名经济学家熊彼特指出：“创业是与创新相伴随的一个名词，创业活动所带来的技术创新和组织突破，是经济发展的主要动力；创业活动带来的新产品、新服务，是社会财富增加的主要来源。”

创业的本质是一种创新活动。而随着知识经济的到来，知识创业已经成为一种主导的创业形式。知识创业是指以知识创新、生产为主要特征，依靠知识、技术开创新事业，创办新企业，实现其潜在价值的过程。知识创业的概念更加突出地显示出创业的本质就是创新，另外知识创业本身就是自主创新的主要功能需求之一。因此创业对于促进中小企业自主创新具有重要意义。

目前我国创业活动中还存在大量问题，诸如创业扶持政策不完善，创业公共服务不健全等，其中最为关键的问题是创业队伍培养和建设问题。目前我国创业队伍培养和建设过程中，存在创业队伍来源单一、创业动力不足、缺乏优秀创业团队等问题：①目前我国国内创业者大多是生存性创业者，创业队伍来源多为下岗工人、失去土地或因为种种原因不愿困守乡村的农民，以及刚刚毕业找不到工作的大学生，这是中国数量最大的一批创业人群，占到中国创业者总数的90%；②我国过去长期的计划经济使国民思想麻木，缺乏自我个性，长期的应试教育抑制了国民的创新思维，并且国人“小富即安”思想很浓，“规避风险”的意识很强，创业动力不足；③构建优秀的创业团队是创业队伍培养和建设中的关键环节，对创业项目的成败具有决定性影响，而缺乏优秀创业团队也是我国创业队伍建设中一个关键问题。

（2）创新网络的富集程度和有效性不高

创新网络建设是优化中小企业自主创新环境的中心环节，是中小企业自主创新服务体系建设的重要组成部分。国外创新网络建设已经较为完善，根据其建设经验，创新网络中流动的生产要素包括资本、技术、信息、劳动力及其他创新资源，因此根据创新网络中流动的生产要素可以将创新网络划分为资本网络、技术网络、信息网络和人才网络等几个子网络。而我国在创新网络建设方面还比较落后，且已经成为制约我国中小企业自主创新服务体系建设的瓶颈之一，这主要表现在以下几个方面。第一，我国目前尚未建立完整意义上的创新网络；第二，我国政府对创新网络的引导性资助不够；第三，我国创新网络各子网络建设中存在着融资困难、信息流动不畅、技术力量薄弱以及从事技术转移的专家匮乏等问题。

（3）中介组织的社会地位与服务能力较低

在对中小企业自主创新服务体系结构分析中已对中介组织进行了简单的论述。中小企业自主创新中介服务组织是联系官、产、学、研的桥梁和纽带，对促进科研机构、中小企业和市场之间的知识流动与技术转移起着关键性作用。

然而，目前我国中介服务组织还存在许多问题，制约了中小企业的自主创新，具体表现在以下几个方面：①中介机构在运行管理上还存在着不规范的行为，如有些官办中介机构，利用主管部门赋予的权力搞强行服务和乱收费；有些中介机构见利忘义，服务质量低劣，甚至违法经营；少数中介服务人员不讲职业道德，使中小企业蒙受损失。②我国大多数技术中介机构都依附于政府部门或挂靠事业单位，缺乏法律地位，他们的服务功能和服务内容受到了政府的限制，不能适应市场需求开拓新的服务项目，加之自身实力有限，导致中介服务组织的服务内容都比较单一，服务水平低，服务特色不鲜明。③创新中介服务组织之间的网络化协作水平还比较低，不能适应中小企业技术创新活动对中介服务提出的更高更新的要求。④中介服务组织专业性人才欠缺，很难为企业提供专门和个性化的信息咨询与培训服务。

（4）政府职能转变的速度明显偏慢

政府是中小企业自主创新服务体系中非常重要的一个要素。尽管我国中央政府和地方政府已经陆续出台了大量的有关扶持自主创新的政策措施，但这些政策的制定部门不同，制定的时期不同，针对的问题不同，政策问题的演变程度不同，使得国家促进自主创新的政策有重复，有空白，也有相互矛盾的地方，导致我国自主创新的政策缺乏系统性，尚未形成完整的政策体系，对自主创新引导不足。此外，市场机制固有的缺陷使得中小企业相关的服务缺失，但政府对其扶持的力度不够，政府的职能缺位也使得中小企业自主创新发展不足。

另外，创新文化建设落后。各研究机构、企业之间尚未形成以信任和共赢为基础的合作精神，创新行为往往是孤军奋战，政府未发挥其有效的调节作用，创新资源投入存在重复和浪费现象。这些都影响了中小企业自主创新能力的提升。

7.2　中小企业自主创新服务体系的动态需求分析框架

前文从空间载体、人才、信息网络、技术源头、政府以及中介组织六个方面分析了中小企业自主创新服务系统的结构要素。本部分将从中小企业的发展阶段出发，构建中小企业自主创新不同阶段的需求分析框架，以一种动态的视角探寻中小企业自主创新面临的阶段性诉求。

中小企业作为一种组织形态，有着其自身的生命周期，不同阶段具有不同的组织结构特征。相应地，中小企业对自主创新服务的需求也存在差异。本部分根据企业的生命周期理论，从种子期、初创期、成长期和发展期四个不同阶段来分析中小企业自主创新的服务诉求。

7.2.1　企业种子期发展特点与创新要素需求

（1）企业种子期发展的特点与分期

种子期是中小企业正式创立的“史前”阶段，这一阶段的核心是创意的产生、发展与成形，主要具有以下几个特点：①中小企业还未出现。这一时期的核心是创意。创业者的创意构想在这一时期经历了不断清晰化、具体化的过程。经过详细的调研、论证，创业者逐渐将模糊的、发散的创意明确化和系统化。②企业创始人开始寻求合作人加速育种。这一时期，企业创始人在形成创业方案和确立商业计划的过程中，产生了对创意合作伙伴和创业团队成员需求，开始组织自己的创业团队，并着力培养团队文化，完善对团队成员的激励约束机制，明确团队成员的责、权、利体系，促使一个有共同愿景、团结、互补的创业团队形成，加速企业的育种。③种子期最重要的任务是实现创意的商业化。这一时期，企业创始人最初通过对市场、客户、技术的分析，形成创意构想；并通过论证这一创意的合理性、科学性和可行性，研究实现这一创意的技术路径、社会价值和商业价值，将发散性、存在于创业者头脑中的创意转化为创业方案；根据创业方案，企业创始人组建创业团队、撰写商业计划书并引入创业资金，最终以实现创意的商业化，为下一步企业的正式诞生打下基础。

结合创意的生命周期规律，种子期可以进一步分为三个阶段：①创意诱发期。这是创业者的最初构想产生的时期，形成创意构想并形成创业动机是这一时期完成的重要标志。②创意育种期。这是创业者开始对最初构想进行深化和培育的时期，将创意完整表达出来，形成创意建议书，并形成创意团队是这一时期完成的重要标志。③创意萌芽期。这是创业者实现创意构想商业化的重要时期，形成商业计划且获得种子基金是这一时期完成的重要标志。

（2）中小企业在创意诱发期的创新要素需求

一是创意激发空间。创意激发空间包括各类创业网站平台、商业情报网站、创业经验交流、各种创业论坛、商业计划大赛、创意大赛等。

二是创业激励政策。鼓励创业、支持创业、优待创业的各种创业激励政策是中小企业产生的重要基础。这些激励政策包括：中小企业减免税政策，中小企业贷款政策，科技担保政策，企业孵化器经营场地的优惠、优先政策，对各种收费项目减免政策，健全创业板市场以及各类针对中小企业的投融资政策，创业培训政策，高新技术产业开发区政策等。

三是客户体验服务。客户及其对产品、服务的体验数据资料是保证创业者形成创意的重要基础。准确、丰富的客户数据资源是创业者挖掘客户需求，发现市场空缺，提出有价值创意的主要来源。同时，对于一些创意，还需要为未来的潜在客户提供预先体验的服务平台，包括建立一套完整记录客户信息的数据库，基于这一数据库的数据挖掘和信息推送服务，以及客户预先体验的平台等。

（3）中小企业在创意育种期的创新要素需求

一是创意指导。育种期是创意由模糊走向清晰的过程，在这一过程中，需要对创意的价值定位、技术路径和商业模式进行系统性梳理，会综合运用到技术、商业等多方面知识。这一阶段需要对创业者进行创意指导，如建立起知识查新、知识检索、知识挖掘、创意评价系统以及专家决策系统等。

二是创意团队建设。创意团队的建设是形成创意方案的重要保证。需要搭建基于互联网的异地分布式虚拟项目合作平台，使创业者能够从全球范围内找到具有相同兴趣、不同知识背景的合作伙伴，共同形成创意方案。

(4) 中小企业在创意萌芽期的创新要素需求

一是创业培训。这一时期需要对创业者提供企业运营、资本运作、财务会计、市场营销、风险管理、领导力等方面的系统性培训服务，以拓宽创业者的知识面，丰富创业者的知识结构。

二是创业咨询。需要建立起各类专业的咨询机构，为创业者提供法律政策、财务会计、工商税务、市场营销、企业管理等各种问题的解决方案，成为创业团队的外脑；需要建立对各类知识进行模块化分类和集成化检索的系统平台，为创业者开展知识检索、知识挖掘和知识推送服务，辅助创业团队成长。

三是创业基金。多层次、广覆盖的创业基金资助体系是推进中小企业创新的重要支撑，因此，需要进一步建立健全国家及各地方“中小企业创业基金”体系，提高政府种子基金的服务质量和覆盖范围；需要完善孵化器投资、孵化政策基金等资助机制，来辅助中小企业的成长。

四是创业专业人才服务。这一时期，整合各种专业性的人才是创业团队最需要的资源。因此，可以通过建立各类专业人才数据库，为创业团队搭建发现各类专业人才的渠道；同时，也需要为各类专业优秀人才寻找合适的创业项目和为创业团队提供信息。

7.2.2　企业初创期发展特点与创新要素需求

(1) 企业初创期发展特点与分期

初创期是指科技人员或机构对已选定的具有商业开发前景的科技成果进行生产可行性研究、技术难点攻关和中间实验，以将其转化为现实的生产力，生产出可供市场出售的新产品（服务）或新工艺的过程。主要有以下几个特点：技术知识管理的重要性；抵御风险能力较弱；融资困难性；专业服务需求迫切；治理结构不稳定性等。

综合上述特点，初创期的中小企业为了降低创新活动中的风险，要在创新方向选择上进行科学的论证，同时提高企业的融资能力和拓宽融资渠道，并需要社会及政府健全对初创期企业的资金、技术的环境支撑体系。企业要吸引各种资源要素的投人，创建一个具有生产经营职能和严密组织结构的经济实体。

中小企业在市场上生存的关键是有自己的产品或服务，根据产品从无到有的发展历程，初创期可以分为三个阶段：①研发期：是科技人员将科技成果从理论方法和实验室层面向现实生产力转移，即研究解决与科研成果向现实生产力转移过程有关的技术问题，因此其核心任务是商业化技术的开发。②中试期：将创意转化为产品，并且进行小规模的生产和试错，因此中试期的核心任务是成熟的产品设计和批量化生产模式的探索。③试产期：将已经成熟的产品设计投入生产和销售，此阶段的核心任务是推出质量稳定、成本相对合理的产品。

(2) 中小企业在研发期的创新要素需求

研发期的中小企业需要的创新环境支持包括研发融资、研发平台、知识产权服务和技术创新服务。此外，科技人员在强化科研、创新技术的同时，注重加强科研成果的保护，尤其对于研发意愿强、技术含量高、发展前景好的研发期的中小企业而言，只有建立起自己的研发体系，拥有自主知识产权品种，才能在市场竞争中站稳脚跟，因此，研发期的中小企业还需要知识产权服务。此外，研发成果如果不能投入本企业的生产，还需要通过技术转移给其他的个体或企业，科研人员为了专注于产品的研发，提高研发效率，还需要研发平台和技术创新服务体系的支持。

(3) 中小企业在中试期需要的创新要素需求

一是中试基地。中试期的中小企业需要厂房、生产设备，产品试产及销售等中试基地来进行反复的试验和纠错，以形成成熟的产品设计，并探索批量化的生产模式。

二是技术评估服务。企业在中试过程中需要对技术进行充分的评价和估计，对技术的性能、水平和可能产生的经济效益进行全面的分析，进而研制开发出符合社会需要、有竞争力、能打开销路和占领市场的新技术产品。在这个过程中，中小企业需要技术评估服务。

三是产品论证服务。中试期的中小企业产品还未进入市场充分竞争，公司的产品未得到消费者的裁判，产品的科学性、工艺流程的系统性、规模生产的瓶颈等都有待论证。

(4) 中小企业在试产期的创新要素需求

在试产阶段，由于企业组织体系不够完善，产品虽然有特色但是有竞争对手，也不十分成熟，企业市场份额不高，产品优势难以得到充分体现，因此，在该阶段，为了开拓市场，必须要实现各种资源的合理组合与优化配置，实现管理创新，提高竞争力。

一是生产平台和生产配套服务。这一时期，可控而高效的生产平台将为企业提供重要支持。企业必须要具备一个能够实现标准化设计、模块化生产、集成化组装、反应敏捷而高效的生产运作平台。此外，与生产相关的物流与供应链服务、公共库存服务、企业ERP服务等也在企业的试产阶段提供重要的支撑。

二是生产资金的筹措。企业在试产期已经实现了小规模生产，生产制造、物料资源、质量控制、人力资源以及运作管理等开始形成大量的资金需求。同时，企业在生产运作过程，为保证分销渠道的顺畅，往往需要为下游的分销商、生产企业以及其他客户进行垫资生产，这时会增加企业资金筹措的压力。因此，资金是保证这一时期企业发展的关键因素。

三是供应商的管理。企业在试产期已经正式进入生产阶段，这时，需要按照物料清单（BOM）进行大量的生产资料采购，要对采购的渠道、采购的流程、采购的范围以及采购方式进行严格控制。因此，供应商管理是这一时期企业面临的重要问题。只有通过科学、严格而规范的供应商管理，才能保证生产过程的高效率，保证产品质量，降低企业运作成本。

四是税收、财务、商标、管理等方面的服务。企业在试产期时，由于生产运营的复杂性，使企业内部管理的压力更大；由于筹资的数量增加，使企业财务管理的压力变得更大；由于生产对劳动的需要加大，人力资源管理面临的压力也相对增加；由于企业产品已经正式问世，使企业在商标注册、工商税务方面也开始面临着新的任务。因此，企业对税收、财务、商标、管理等方面的服务需求增加。

7.2.3　企业成长期发展特点与创新要素需求

(1) 企业成长期发展特点与分期

中小企业通过前期的艰苦创业，实现了科研成果向现实生产力的转化，便进入了成长发展阶段。在这一阶段，企业以“市场导向”为指导思想，有了自己的主导产品，产品和工艺也逐渐稳定；企业以扩大市场份额为战略目标，产品在市场上占有了一定的地位，生产能力已经形成，销量开始出现大幅增加，企业开始赢利，形成了规模经济所需要的核心能力。市场前景日益明朗，企业进入良性循环，销售和生产能力之间的缺口逐渐消失。这一阶段表现出来的明显特征如下：市场培育成本高，需要大量追加资金的投入；技术不确定性大，风险增加；市场知识的迫切需求；积极进行管理创新；企业迅速扩张，规模经济的效应开始显现。

根据市场竞争及其变化，成长期可以分为三个阶段：推广期、改进期和高速期。推广期的核心任务是产品进入市场并得到市场认同，达到盈亏的平衡点。改进期的核心任务是制定行业技术标准并得到国家有关部门的批准。高速期的核心任务是实现大规模生产，获取行业平均利润并上市。成长期的中小企业，其产品日渐成熟，市场前景日益明确，企业一般通过创新和标准化方式来培育和扩张市场。

(2) 中小企业在推广期的创新要素需求

一是网络平台和客户数据库。网络平台能够增加企业收益的机会，因为启动一个电子商务网站等同于开启一个新的销售渠道，能够带来额外的销售额。其次，利用互联网的互动性能够提高对顾客的服务质量。

二是营销服务。中小企业在推广期需要确定目标市场和潜在顾客群，制定营销计划。如何较好地运用产品、渠道、定价和促销，使这些因素在制定成功的营销战略中发挥作用等等，这些都需要较好的营销专业服务。

三是电子商务平台。成功的电子商务战略需要的绝不仅仅是启动一个网站。创业者必须制定一个将互联网纳入企业整体战略中的计划。

四是减免税收政策。在推广期，企业刚刚站稳市场，还未壮大，在这个时期，政府应当制定较好的财政转移支付手段和税收政策，以扶持推广期中小企业的发展。

(3) 中小企业在改进期的创新要素需求

一是技术研发平台。技术创新永远是企业前进的推动力。此时的技术研发平台不同于研发期的技术研发平台，侧重于外部环境提供给企业的服务。

二是竞争情报系统。为企业提供技术信息便于其跟踪技术进展以改进技术；提供顾客意见，便于及时了解客户需求的变化；提供市场信息方便企业了解竞争态势，提高企业应对竞争对手打击的反应力。

三是标准化服务。技术在申请专利之前，首先需要人们对专利信息进行检索与收集，其次需要建立技术追踪反馈系统，企业在寻求专利标准化过程中需要相关技术标准化服务。

四是知识产权服务。在改进期，随着技术的转化、改进和转移，会产生一系列的知识产权问题，此外中小企业的技术在申请知识产权保护时会涉及知识产权的申请程序、申请问题及申请战略等等，这就需要中介组织提供知识产权服务。

(4) 中小企业在高速期的创新要素需求

一是融资平台。由于产品的销售量日益扩大，企业的现金流量急剧扩大，利润不断增多，企业的信用和财务状况不断变好并且具有较好的发展预期，企业无论是在内部融资能力上还是外部融资能力上都有所增强，融资选择也呈多样化，拓宽了企业的融资渠道。但由于市场规模的迅速扩张，企业保留盈余和产品销售无法满足企业对资金的需求，企业的融资需求依然旺盛。

二是上市服务。企业上市是获取所需资本的最佳方式。公开发行股票是一种成本很高的计划，需要相关的风险论证及法律服务。

三是管理咨询。扩张期的企业需要规范和健全的管理制度、建立内部正常的信息流通机制，这些都关系着企业的成本，在上市前，企业尤其需要规范的管理制度。因此，高速期的中小企业需要相应的管理咨询服务。

四是品牌咨询。企业在扩张期应当注重品牌战略，并且培养引导消费需求，这些都需要品牌咨询服务。

五是电子商务平台。电子商务的发展充分显示企业的产品，并能够在顾客与企业之间建立起快速的互动机制。随着企业的成长和发展，应当满足企业对电子商务的要求。

7.2.4 企业成熟期发展特点与创新要素需求

(1) 企业成熟期发展特点与分期

中小企业经过一段时间的成长和扩张，其销售增长率或利润增长率在达到某一点后将趋于平稳，进入成熟期。这是企业走向衰亡或得到新生的过渡阶段，其具备如下特点：①企业及其现有产品已经拥有一定的市场地位、知名度和相对稳定的客户群。②企业的核心任务是战略转型，寻求新的发展模式以实现在更高级的产业价值链上进行新的生命周期循环。③技术及产品升级或创新的不确定性大，导致新的技术风险出现并迅速增加，因此需要技术创新的资源和相关行业的知识来降低风险。④企业的组织结构、管理流程、人员配置等制度化机制会有重大调整，企业一般都会经历剧烈的变革，因此需要强有力的团队来管控企业的运作。

根据产品的生命周期规律和战略转型的需要，成熟期中小企业划分为三个阶段：①饱和期。在此阶段中小企业所处的行业进入微利化时代，企业着力于通过多种方式确保既有市场的竞争优势。②创新期。创新期内的中小企业务必要寻求技术突破和产品升级，以打破饱和局面，为转型的顺利实施积累基础。③转型期。在此期间中小企业会因为实施战略转型而经历剧烈变革，转型期其实是中小企业的第二次创业。

（2）中小企业在饱和期的创新要素需求

一是由银行、股票市场等为企业提供借贷、融资等多种金融服务。协助企业构建更加合理、健全的企业资本架构。

二是技术创新系统服务。重点是技术信息更新、技术标准化服务，以便企业一方面强化其技术标准主导地位，另一方面追踪技术进展的同时适时开展新技术引进的活动。

三是管理咨询服务。其中重点环节包括顾客服务体系的完善、成本控制、品牌维护等。

四是电子商务平台服务。一方面利用强大的信息技术，企业才能够及时获取有关技术、客户、市场等方面的最新信息，更新和完善已有的相关数据库；另一方面充分发挥网络力量，降低企业成本，拓宽销售渠道，为企业积累更大的利润。

五是有序的市场竞争环境。此阶段的中小企业处于非常激烈的竞争局面中，混乱的恶性竞争环境会对企业的可持续发展造成严重不利影响，因此企业需要政府引导规范化的竞争秩序。

（3）中小企业在创新期的创新要素需求

一是研发平台。为企业顺利实现技术和产品的升级换代提供技术支持、基础设施保障和专业创新人才的协助。

二是融资平台。为企业提供多样化的资金渠道，包括银行、股票及债券市场等等，当然也要合理利用企业的自有资金。

三是知识产权服务。包括技术评估、产品论证等方面。

四是构建顾客参与机制。便于深入分析客户需求的同时能够有效引导顾客需求，可以采取顾客参与设计、客户体验等方式。

五是引导和激励政策的服务。企业需要相关政策促使其克服发展惰性，激发出二次创业的斗志。

（4）中小企业在转型期的创新要素需求

一是研发体系的调整服务。企业一方面要对自身的研发体系进行改革，另一方面也要对外部的研发协助环境予以调整，以便于淘汰原有产品、聚集优势业务，以符合企业多元化经营的需要。

二是管理体系服务。比如生产的配套服务、信息技术服务、广告传播服务等，这些服务可以帮助企业的生产体系尽快适应新的战略导向，降低与客户和市场等相关的风险，提高企业营销效率等。

三是融资平台服务。在转型的过程中，企业一方面可以利用自有资金，另一方面可以利用外部的融资平台为其提供多样化的融资服务，为转型的顺利实现提供资金保障。

四是管理咨询服务。包括治理结构的调整、人才的提供等。

五是相关的支持政策的服务。为企业完成转型松绑减负。

7.3 创业队伍的培养与建设

创业队伍的培养与建设是制约我国创业活动的重要因素，也是我国中小企业自主创新服务体系建设的主要瓶颈。促进和加快我国创业队伍建设，对于扶持国内创业活动，促进中小企业自主创新，完善中小企业自主创新服务体系具有重要意义。

7.3.1 国外创业队伍培养与建设

(1) 德国

21世纪以来，德国步入了经济转轨时期，其就业形势开始变得严峻，据统计，截至2005年5月，全德平均失业率为11.6%，东部地区高达18.9%，西部地区为9.7%。因此，为了改善就业状况，德国政府开始对“自主创业”的创业队伍进行有针对性的扶持。德国政府十分重视创业教育、培训政策的落实，并提供创业贷款、补助等优惠政策鼓励国民创业，壮大创业队伍。据德国经济与劳工部统计，截至2005年5月，德国50%以上劳动力通过自主创业实现就业。2003年1月至2005年5月，全德国共开办了2万个私人企业，主要集中在服务业、建筑业、制造业等。在创业队伍建设和促进创业的过程中，德国政府的做法主要包括以下几方面。

①教育优先，重视对学生群体创业意识的培养，提高创业群体的创新意识。德国政府十分重视对校园内学生创业能力的培养。政府要求大学、高中、职业中专都要开设与创业培训相关的课程，让学生首先了解创业的相关知识，同时政府和金融研究机构联合在中学、大学中提供“创业机会”，让学生们很早就开始尝试自己开公司，接触和熟悉企业管理及经营知识。同时，政府也致力于在大学校园营造创业氛围，定期在部分大学开设讲座，并邀请企业界人士一起参与。另外，对于社会人员，德国政府采用有针对性

的培训计划，对于长期失业的青年，在青年失业达到6个月、成人失业达到12个月之前，为每个失业人员提供重新开始的机会，包括培训、再培训、工作实践、工作安置或者其他就业性措施。

②提倡全民创业，扩大创业队伍。德国大力提倡国民创业，扶持社会群众创办中小型企业。德国政府要求国民“创业”需要经过三个阶段：首先是制定创业计划阶段。创业者要制作详实的创业计划书，内容包括创业原因、创业项目、专业技术条件、资本情况和人员构成等诸多方面的说明，并送税务所或审计局、工商会等机构办理相关手续，由其出具可创办企业的资格证明，再送到当地劳工局审核。其次是创业可行性咨询的阶段。创业者需选择合适的咨询公司对创业计划书的可行性进行咨询，各行业专家就计划书的可行性、相关的法律法规、企业运营中应注意的问题等进行咨询。由于咨询费用普遍较高，创业者可到德国出口与经济监管局申请补贴，三年内最高可获得一次性补贴3000欧元，当地劳工局也会一次性支付500欧元的补贴。再次是融资阶段。一般创业者需到银行申请小额贷款，失业人员进行创业的，还可凭银行开具的证明，到劳工局申领创业补贴。

③建设良好的投资环境，支持创业队伍的创新活动。德国设立政策性银行，支持中小企业发展。德国设立的复兴信贷银行主要职能就是为中小企业提供小额贷款。这类贷款利率普遍较低，时间较长，贷款金额在1万至100万欧元之间，前10年可只付利息，不还本金。创业者进入融资阶段后先凭创业计划书到地方商业银行申请贷款，经受理银行审查合格，再到复兴信贷银行申请贷款资金。2004年，复兴信贷银行为中小型企业发放小额贷款16000多笔，金额达35亿欧元，其中85%比例为1万元左右的微型贷款。同时，为鼓励商业银行向创业者提供小额贷款，德国从2005年4月开始，允许商业银行将利息与风险挂钩，自己确定贷款利率。

（2）美国

在鼓励民众创业和培养创业队伍方面，美国已经于1953年制定了《小企业法》，并建立了以小企业管理局（SBA）为核心的比较完善的制度体系，整个制度体系分为两大职能部分。一部分是以《小企业法》为核心的政策推动职能；另一部分是以行业专家、国会议员组成的创业保障机构来履行的创业保障职能。

政策推动职能是指政府以《小企业法》为核心，给创业者以合法的资格和相关的政策支持，即“以政策法规手段推动人们积极地去创业”；同时，采用四种手段拉动创业，壮大创业队伍。四种手段即：①市场手段拉动创业，政府以项目承包为核心的采购政策，解决创业型小企业的市场切入问题，以及解决其收入现金流的利益启动问题；②货币市场手段拉动创业，政府通过提供各种贷款项目，解决小企业创业启动资金和流动资金的短缺问题；③资本市场的手段拉动创业，政府支持并开办小企业投资公司，对创业型企业进行长期投资，来加速小企业的成长速度；④教育与培训拉动创业，政府通过为创业者提供信息、教育、培训等服务，提高创业的质量，以高水平、高素质地创业为培训目标。

在创业保障职能方面，政府专门聘请一些法律、经济等方面的专家，设立创业保障机构。当小企业在市场中受到不公正、不公平待遇时，这些专家就直接向国会议员提供建议，促使国会敦促司法系统进行调查，以维护小企业的权益，即“以保护小企业成长权益的国家管理体系，来保障创业者的合法权益，促使创业者放心地去创业”。

7.3.2 创业队伍培养与建设的影响因素

通过前文对德国和美国创业队伍培养与建设的经验总结与分析，我们可以看出，影响创业队伍培养与建设的因素主要包括国民的创新意识、政府的创新政策和创业队伍的创新环境等。

(1) 国民创新意识

一个国家国民创新意识对创业队伍培养与建设有非常大的影响，这种影响主要表现在两个方面。一是国民创新意识影响创业队伍的来源和范围，全民意识的提高，可以激发全民创业的热情。具体到我国来说，国民创新意识的增强，可以改变目前我国创业队伍来源单一，创业队伍大部分由生存性的被动创业者组成的局面。二是国民创新意识的增强，可以提升创业队伍的创业动力。随着创业意识的增强，创业队伍对创业的理解会更加深刻，对成功创业所能带来的社会和经济效益有更加清晰的认识。目前我国创业队伍创业动力不足是一个非常关键的问题，而增强创新意识是解决这个问题的有效途径。

(2) 政府的创业政策

政府的创业政策也是创业队伍培养与建设中一个非常关键的影响因素。这主要表现在创业政策扩大创业队伍来源和对创业动力的提升方面。一方面，政府建立完善的创业政策体系，包括资金扶持体系、财税优惠体系以及权益保障体系等，就可以增强创业活动的吸引力，进而壮大创业队伍。另一方面，完善的创业政策体系，可以增加创业成功率，消除创业者的后顾之忧，并使创业活动的前景更加光明，进而提升创业队伍的创业动力。而目前我国的创业政策与发达国家相比还很落后，远达不到完善的程度。

(3) 创业队伍的创业环境

创业队伍的创业环境，包括国家整体的经济环境、文化环境、政策环境、科技环境以及创业的产业环境等。创业的发展不仅需要创业主体具有创业者特质，同时还需要良好的创业环境，这是创业成功的保证。良好的创业环境可以向创业者传达准确的市场信息，以此来让创业者对创业过程中遇到的问题尽可能地准确估计，来降低创业的风险。因此良好的创业环境可以增强创业者创业成功的信心，进而稳固国家创业队伍建设的进程。

7.3.3 我国创业队伍的培养与建设

上文对国外发达国家创业队伍培养与建设进行了分析，这对我国创业队伍的培养和建设具有积极的借鉴意义。目前我国创业队伍的培养和建设中，存在外部因素不够完善的问题，因此在我国创业队伍的培养和建设过程中应当针对这方面的问题，制定相应措施，以促进创业队伍的培养和建设。

（1）增强国民创新意识，扩大创业队伍来源

创业意识对于创业队伍建设具有重要意义，因此各级政府部门应当重视培养全民创业意识，并采取有力措施，加快创业队伍建设。

首先，大学毕业生是创业队伍的重要组成部分，因此政府部门应当协同高校等教育机构采取措施，加强学生创业意识的培养，强化职业价值观教育，完善教学计划和课程设置，重视学生实践能力以及创业创新能力培养，传授创业的技巧。一方面要建设有创业经验的教师队伍，为学生提供良好的创业教育；让更多的学生转变就业观念，培养学生的创业意识和创业精神，完善学生的文化结构，激发学生的创业兴趣，提高和增强学生的创业基本素质与创业能力；另一方面，要开设学生职业生涯规划与创业指导课程，提高大学生的就业能力和职业素养，为创业做准备，并不断根据市场需求，针对不同年级学生的发展需要，分阶段循序渐进地组织、渗透和强化创业指导，突出创业指导的教育和服务功能。

其次，失业人员是被动型创业队伍的重要组成部分，这部分人群多为被动创业，创业意识和创业观念淡薄，对创业的认识有限。针对这部分人群，政府部门应当建立社会性的创业培训机构，对其进行创业教育。创业教育最重要的功能是培养这部分人群的创业意识，使他们认识到创业是一条非常好的出路，进而转变他们被动创业的观念和思想。另外开展创业教育还应当传授他们创业方面的知识和技能，帮助他们成功创业。

再次，高科技人才应当成为创业队伍中的重要部分。而目前我国创业队伍主体中，高科技人才比重很小。因此，针对这种情况，各级政府部门应当加大对创业的宣传力度，特别是在高科技人群当中的宣传力度，将政府鼓励和支持创业的政策措施宣传到高科技人群中。另外，政府部门还可以通过在高科技企业中的创业教育，来增强企业中高科技人员的创业意识。

（2）完善创业政策，提升创业动力

创业政策对创业队伍培养和建设起着保驾护航的重要作用，可以增加创业活动的吸引力并提升创业主体的创业动力。因此，我国各级政府部门应当加紧完善各项创业政策并进行落实。

首先，要完善创业融资政策。为了支持创业投资，国家、地方政府可以用多种方式完善创业融资政策体系：一是可以设立创业投资引导基金，通过参股和提供融资担保等方式扶持创业投资企业的设立与发展；二是可以拿出一定比例的财政拨款以支持风险投资事业的发展；三是可以采用财政贴息、利税留成、政府支持资金一定年限内不参与分红等方式扶持科技企业创业初期快速发展；四是可以采用风险补偿金的方式降低创投企业投资风险；五是可以建立新兴产业投资基金，对处于高速发展阶段，市场前景广阔的

新能源、新材料、创意产业等产业类型加大资金扶持力度，促进企业快速发展。

其次，要完善创业税收优惠政策。为了促进全国创业活动的快速开展，可以采取加大创业企业所得税前的抵扣力度，允许创业企业加速开发仪器设备的折旧，减免高新技术企业税收，减免设在高新技术产业开发区内的研究机构以及技术服务类企业所得税等措施。

再次，要完善知识产权保护政策，特别是科技创业企业的知识产权保护。知识产权保护应当贯穿整个科技创业过程，新产品、新成果的知识产权保护对于研发企业而言非常重要，知识产权包括专利权、商标权、著作权、技术秘密权等等。知识产权的保护可以从知识产权管理制度的建设，知识产权法律法规的完善，知识产权与技术标准的结合，设立专利申请专项补助资金，加强社会化知识产权服务等方面入手。

(3) 改善创业环境，增强创业队伍信心

创业环境是创业者创业成功的重要保证，良好的创业环境是创业队伍建设中必须要注意的重要内容，因此我国各级政府应当改善目前的创业环境，增强创业队伍的创业信心。

一方面，要创造良好舆论环境。创业过程中都会伴随着风险，尤其是高新技术产业创业中的风险尤甚。因此营造“鼓励创业、宽容失败”的舆论环境，是对我国创业活动健康发展的有力支撑。因此，各级政府不仅要大力宣传“鼓励创业，宽容失败”的创业文化，同时，各级政府的政绩考核模式也可以逐步改革，造就一种宽容失败的机制，依托市场导向，勇于承担风险，引导科技创业走向正确的方向。

另一方面，要设立创业支撑平台。创业活动的快速健康发展需要有创业平台的依托，尤其对于高新技术创业企业来说，创业支撑平台是实现企业自主创新和成果孵化的最好场所。而创业支撑平台的建设需要政府的支持，因此，各级政府可以通过建立各种创业支撑平台来为创业活动提供软硬件支持。

7.4 服务中小企业自主创新的创新网络建设

创新网络是中小企业自主创新服务体系中重要组成部分，创新网络的形成可以促进创新信息的传播、创新资源的合理配置及快速流动，使创新活动的普遍开展成为一种常态，从而极大地优化中小企业自主创新环境。本节首先介绍欧洲创新网络建设的成功经验以及对我国的启示；接着结合我国实际情况，说明我国中小企业自主创新网络的建设情况，并介绍科学院院地合作平台的建设及其经验。

7.4.1 欧洲创新网络建设

自上世纪80年代以来，受到国际竞争、科技创新、欧盟国家数量多而空间聚集度高等内外部因素冲击，欧盟委员会资助并推动形成了一系列网络组织建设，其中，以欧洲商业创新中心（European Community Business and Innovative Centers，BIC）、欧洲信息中心（EuroInfo Centres，EIC）、创新驿站（Innovation Relay Centre，IRC）最为典型。

商业创新中心（BIC）建设于80年代中期，这个时期，欧洲国家投入了大量政府资金，采用了多种方法，促进BIC完善自己的战略定位和业务流程，同时通过各地BIC组织向所在国家和地区产业界和公共投资者宣传BIC培育创新和创造就业的潜能。BIC通过为项目寻找资金、寻找合作者、促进商业合作、联系商业孵化器、开展专业化商业培训、进行项目监测等服务将传统的服务进行整合。服务的具体内容涉及项目和企业家的鉴别与选取；针对创新项目的战略指导和支撑性服务；基于对企业和创新相关程序的全面了解，为企业提供整合系统服务；针对企业提高竞争能力，以及回应当地和区域发展需求的方式，提供战略指导；为新兴企业提供从孕育到成熟的全过程支撑服务等。

欧洲信息中心（EIC）成立于1987年，是由欧盟委员会倡议而设立的资讯服务机构，隶属于欧盟企业与工业总司，旨在帮助欧洲各国中小企业开拓国际市场，同时为世界各国中小企业提供有关欧盟法规政策及欧洲市场的资讯。截至2007年，欧盟委员会已在全球51个国家和地区成立了约300家欧洲信息中心和700家分支机构。EIC的主要服务内容就是帮助解决会员与企业在商业活动中所遇到的问题，包括产品出口、投资、收购、合资生产等方面。

创新驿站（IRC）成立于1995年，为鼓励中小企业开展跨国技术转移合作，欧盟委员会在“创新和中小企业计划”资助下成立了IRC。创新驿站的使命是支持跨欧洲的技术创新和跨国技术合作，为中小企业获取专有技术提供一系列专业化的支持性服务。目前，创新驿站网络作为创新的推动者，已经成为欧洲最领先的推进技术创新合作和技术转移的网络，尤其是在技术型中小企业之间。截至2006年，该网络已包含了遍布于33个国家的71家创新驿站和230个合作机构。创新驿站通过国际互联网连接，互通信息，相互支持，成为欧洲重要的、也是最成功的技术合作与转移中介网络。

三大创新网络的具体服务内容如表7.1所示。

表7.1　欧洲三大创新网络服务内容

三大创新网络	服务内容
商业创新中心（BIC）	①项目和企业家的鉴别与选取 ②针对创新项目的战略指导和支撑性服务 ③基于对企业和创新相关程序的全面了解，为企业提供整合系统服务 ④针对企业提高竞争能力，以及回应当地和区域发展需求的方式，提供战略指导 ⑤为新兴企业提供从孕育到成熟的全过程支撑服务等

续表

三大创新网络	服务内容
欧洲信息中心（EIC）	**提供信息服务：** ①提供欧盟企业资讯。使用欧洲信息中心的数据库网络，调用各种信息资料，为企业提供欧盟企业资讯，其所有信息产品使用欧洲信息中心固定标识 ②发布资讯。通过欧洲信息中心内部网络发布企业寻找欧盟合作伙伴的信息 ③回答与欧盟有关的问题。如各国经贸法规条例、商业信息、合作伙伴信息等 ④举办讲座或研讨会。经常举行讲座、研讨会等活动，向公众推介有关欧盟各国准入制度，如CE认证，融资及亚洲投资计划等有关情况
	促进经贸合作与交流： ①在湖南举办欧洲信息中心（EIC）以及欧盟亚洲投资计划（Asia - Invest）框架内的国际合作项目，如湖南—欧盟网上展洽会、欧洲企业湖南商务之旅、一对一对口洽谈会或不同行业的中小企业合作伙伴洽谈会等 ②组织企业参加在境外举办的洽谈会或其他国际合作项目
创新驿站（IRC）	①在创新、技术转移和成果开发方面提供咨询和信息 ②对当地的科技需求做出分析，以地方产业、经济和社会结构的需求促进跨国技术转移 ③根据公司的需求提供有关信息 ④通过中心网络帮助寻找合作伙伴，通过建立跨国合作和伙伴关系，增强企业采纳新技术的能力 ⑤提供欧盟和当地驿站有关促进研究成果开发和技术转移的资金支持方面的信息 ⑥提供研究成果开发和技术转移的培训 ⑦向企业提供欧盟框架计划的有关信息、帮助设计项目申请书、提供知识产权方面的帮助等 ⑧提供其他有助于促进和推动创新与跨国技术转移的关键服务

7.4.2 欧洲创新网络建设的启示

近30年来，欧洲创新网络不断丰富拓展，始终保持着旺盛的生命力，这种成功的模式对于服务中小企业自主创新的信息网络建设具有积极的借鉴意义。

第一，把促进知识和信息流动的网络组织建设视为提升区内企业竞争力和完善区域环境的持久性核心工作之一。自1985年欧盟创建商业创新中心（BIC），到90年代构建创新驿站网络（IRC），再到21世纪初组建欧洲企业联盟网络（B2Europe），建设丰富而密集的创新网络一直是欧盟委员会的工作重点。

第二，强调创新网络非盈利性的同时，强调网络运行主体必须能够提供增值服务。包括BIC、EIC和IRC乃至EURES、FP7 NCP等在内的网络组织几乎都界定为非盈利性，强调对社会的公共服务性质，不以盈利为目的。不以盈利为目的，并不是说“运行主体不能收费”，相反，欧盟委员会要求运行主体必须通过服务能够获得一些收入，补贴网络运行的费用，即使像EIC这样的欧盟专署派出机构也不是完全依靠欧盟的拨款生存的。一定程度上说，网络运行主体能否获得收入，也是衡量其服务能力的标尺。

第三，政府对创新网络的引导性资助非常重要。几乎所有的网络都是在欧盟委员会的资助下建立的。创新网络既然作为一种非盈利组织，必然要求政府给予长期的资金补贴。欧盟每次框架计划都有相当比例资金支持创新网络建设。另外，欧洲各个国家或地区也有很多资金支持计划。当然，这种补贴的形式有多种多样，如根据区域网络中心的收入给予一定比例的补贴、按照项目经费给予拨付、与私有资金配比资助等。

第四，强调资金投入的多元化。除强调区域网络中心能够提供增值服务外，欧盟委员会还要求多元化的资金投入，如创新驿站运作中要求依托机构提供资金投入、商业中心在成立之初有私人资本的介入，这样做的目的就是增强区域网络中心的工作积极性，不断提升自身的服务能力。

第五，技术转移人才对区域网络中心的成功运作至关重要。众所周知，从事技术转移的人才不仅需要很强的技术积累，而且需要丰富的市场经验，甚至还需要社交、谈判、口才等多种技能。目前，欧洲创新驿站网络（IRC）有上千名职工，大部分都是有着丰富经验的商业、工业和研究领域的专家。他们对当地的公司和经济情况、技术需求非常了解，因此可以判断何时以及如何进行技术转移来满足当地一定条件和环境下的技术需求。毫不夸张地说，欧洲创新网络之所以运作成功，很大原因在于这批技术转移人才。

第六、遴选区域网络中心非常严格，并且后续还要长期培养和指导。如果说技术转移人才决定着区域网络中心运作成功与否的话，那么区域网络中心就决定着整个创新网络运作的成功与否。因此，欧盟委员会在选择区域网络中心时非常严格，并有一套完整的工作流程，即使获得成功也还有后续的培养、指导和考核评估。欧洲长沙信息中心成立经过：首先经过欧盟专家组3轮严格评审，欧盟最终从亚洲19个国家、26个申办者中选择了湖南；然后，通过考核湖南省贸促会举办“2004年湖南—欧盟中小企业合作伙伴洽谈会”的实战效果之后，才最终获得欧盟认可。即使在2005年欧洲长沙信息中心成立后，欧盟还定期或不定期对该中心进行工作指导和业务培训，以保证欧洲信息中心网络之间较好的沟通效率和工作成效。

7.4.3 我国中小企业自主创新网络建设

创新网络建设对于我国中小企业自主创新具有重要意义，是中小企业自主创新服务体系的重要组成部分，但根据前文对我国创新网络建设存在问题以及欧洲创新网络建设先进经验的分析，可以看出，我国创新网络建设比较落后。因此，我国政府部门应当制定切实可行的政策措施来促进创新网络建设，主要应当包括公共技术平台建设、信息平台建设以及融资平台建设等方面内容。

（1）公共技术平台建设

各级政府部门要根据区域中小企业的产业特点，引导和促进中小企业转变发展方式，打破“小而全”，提倡分工协作。重点支持在中小企业相对集中的产业集群或具有产业优势的地区，建立为中小企业服务的公共技术支持平台。鼓励企业和社会各方面积极参与中小企业公共技术平台建设。国家有关部门应加大对公共技术平台的政策支持。

（2）信息平台建设

建立以信息和知识服务为主的国家级技术转移中心，推动国家科技计划的成果转化和转移。国家技术转移中心的主要功能是建立各级政府科技计划的研究成果信息库，吸收公共机构和社会的科技成果信息，提供相应的技术和市场咨询服务。为了方便服务，建议以省、直辖市为单位，整合现有资源，建立全国技术信息网络。同时，与大学和科研院所联网，一方面，接受大学和科研院所的技术信息，另一方面，建立专家咨询网络。

（3）融资平台建设

首先，要建立政府系统的中小企业政策性金融机构，或委托现有商业银行办理中小企业政策性融资业务。这类政策性金融机构不以盈利为目的，而是执行中小企业发展政策，保证贷款的专项使用，真正体现支持中小企业发展的目的；在资金来源上，可由中央财政拨款，或是由中央和地方政府共同出资；在融资方式上，主要是长期信贷资金融通。其次，继续推动中小企业的股份制改造，既转变机制又发挥融资功能；发展风险投资基金和多层次的资本市场，尽快在沪、深两个证交所以外建立交易成本较低、准入条件较宽松的第二板市场，使得一些有条件的新兴和成长中的中小企业，在经过一段时间的“孵化”后，进入第二板市场筹集资金。同时，应组建地方性的柜台交易市场，为中小企业的股权流通、证券交易提供必要的条件。再次，建立国有商业银行、其他商业银行和信用合作机构相结合的中小企业融资体系，鼓励他们主动参与对中小企业的融资，包括股权融资，拓展相应的银行中间业务和发展融资租赁业务。

7.4.4 中国科学院院地合作平台的建设及其经验

实施知识创新工程以来，中国科学院院地合作始终以“改革创新、服务国家、造福人民”为目的，以促进科技成果转移转化与产业化为重要使命，坚持“当地党委政府满意、合作企业满意、老百姓满意”的标准，通过科技成果转移转化、与地方政府企业共建研究机构和技术转移转化平台、实施面向地方科技需求的专项工程、加强人员交流与培训等多种形式为国家经济建设服务，成为地方政府和企业认识、了解中国科学院的重要方面，也成为中国科学院深深植根于祖国大地，服务支撑现代化建设的重要体现。

（1）建立院地高层领导推动院地合作的工作机制

院党组高度重视院地合作工作，建立院地高层领导推动院地合作的工作机制，强化对院地合作工作的组织领导。院地高层领导定期召开工作会议，共同总结前一年度院地合作工作成效与经验，部署下一年度院地合作的重点工作。

（2）构建院、分院、研究所三个层次工作体制和机制

构建院、分院、研究所三个层次院地合作工作体制和机制。在院机关设立职能部门

承担协调科技成果转化等院地合作工作。各分院分别承担相应区域的院地合作工作并统筹协调责任区域院地合作工作，组织全院相关科技力量，加强与地方政府和企业的有效对接，加快科技成果转移转化与规模产业化。研究所是院地合作与科技成果转移转化的主体，研究所根据国家建设与社会发展需求开展科研活动，不断提供适合国家经济社会发展需求的科技成果并将其转移转化，成为院地合作的主力军。

（3）实施以地方需求为牵引的院地合作战略

从区域经济社会发展实际水平出发，实施以地方需求为牵引的东、中、西三大板块的院地合作、科技成果转移转化战略。东部沿海地区是我国率先发展地区，中国科学院通过与地方共建研究机构与创新平台，建设区域创新体系，支持战略性新兴产业的发展，提升区域自主创新能力与核心竞争力；中部地区是我国重化工业基地和粮食主产区，中国科学院以传统产业改造、走新型工业化道路，发展现代农业、保障国家粮食安全为重点，大力推进科技成果转移转化，服务中部崛起；西部地区地域辽阔、特色资源优势明显，是我国重要的生态屏障，中国科学院通过实施专项工程，以成熟技术促进生态环境保护与建设，支持特色产业发展和资源合理开发利用。

（4）与地方政府共建研究机构，提升区域创新能力

根据国家和区域经济社会发展对新能源、先进制造与新材料、生态环境、健康与医药等方面的强烈需求和科学院事业发展的战略布局，中国科学院与地方政府共建了宁波材料技术与工程研究所、广州生物医药与健康研究院、深圳先进技术研究院、苏州纳米技术与纳米仿生研究所、青岛生物能源与过程研究所、烟台海岸带研究所、城市环境研究所等7个研究所。这些新建所按照“有关部门和地方政府满意、合作企业满意、人民群众满意、科技界同行认同”标准，坚持改革创新、服务国家、造福人民的办所理念，坚持需求牵引、开放联合的发展模式，走出了一条符合中国国情与发展要求、产学研紧密结合的三位一体科技发展的道路。新建所的各项工作得到了地方政府和社会各界的高度评价，也为区域经济社会发展做出了贡献。

（5）不断完善科技成果转移转化支撑体系

转移转化平台是科技成果转移转化的重要因素，也是创新链条里的薄弱环节。根据区域发展实际需求，中国科学院与地方政府和企业构建了一批科技成果转移转化平台，逐步形成并完善了多形式、多层次的科技成果转移转化体系。

为了进一步完善科技成果转移转化体系，中国科学院先后与地方政府合作共建了嘉兴应用技术研究与产业化中心、常州先进制造技术研发与产业化中心等23个产业技术创新与育成中心。为了加快企业成长，中国科学院先后与地方政府合作共建了北京中关村科技园、上海浦东科技园等8个科技园区。为促进科研机构与社会优质资源合作，做好科技成果转化的中介服务工作，中国科学院设立了北京国家技术转移中心、沈阳国家技术转移中心、上海国家技术转移中心等8个中介型技术转移中心。为使研究所更好地服务企业和社会，中国科学院院属研究所与地方政府、企业等共建科技研发与成果转移

转化机构累计700余个。

（6）加强成果转移转化队伍建设，为科技成果转移转化奠定基础

为加强科技成果转移转化队伍建设，中国科学院设立了联想学院，培训各类科技创新创业人才。在落实院“应对金融危机支撑经济发展科技创新专项行动计划”中，联想学院为长三角、珠三角地区中小企业开办了创新发展培训班，以科技创新促进企业转型升级。中国科学院以派出科技副职的形式，架起了一座座与地方政府、企业沟通的桥梁，科技副职在促进地方经济发展的同时，也促进了院科技成果转移转化和规模产业化。中国科学院建立了以推动科技成果转移转化为主要工作内容，工作方式灵活的科技特派员工作机制，为院与企业、政府之间建立了长期、稳定的合作平台。中国科学院专门设立了院地合作创新岗位，调动了从事科技成果转移转化的科技和管理人员的积极性。

7.5 服务中小企业创新的中介组织建设

7.5.1 国外服务中小企业创新的中介组织

中介组织是服务于中小企业创新的重要推动力，是中小企业创新服务体系的重要组成部分。为推动中小企业发展壮大，国外许多国家都建立相关的中介组织，为中小企业提供咨询、信息提供、人才培训、项目评估等多方面服务。

（1）美国

美国政府非常重视社会中介组织在促进中小企业技术创新方面的作用，其中介服务极其发达，中介服务机构种类繁多，组织形式多样，专业化程度高。这些机构成立较早，大部分在全国各地都有分支机构，一般由专业素质很高的志愿者组成，向中小企业提供收费较低或是免费的中介服务。

其中，美国小企业管理局（SBA）成立于1953年，是美国政府负责中小企业管理的专门机构，主要职责是支持、帮助、保护和促进美国中小企业的发展，并为中小企业提供技术、融资、政府采购、培训等方面的服务，这些服务大多是免费的。退休经理服务团（SCORE）成立于1964年，由拥有丰富企业知识和经验的志愿者组成。志愿者为企业提供免费、专业的商业建议。1979年，国会授权设立了小企业发展中心（SBDCs），是官方中介服务组织中最突出的，被确定为非营利性机构，运行经费来自联邦政府、州政府和其他收入，由来自各行业的志愿者和兼职人员构成，协调中介机构、社会团体和

政府的关系，无偿为中小企业提供资金、市场、技术创新、可行性研究等方面的服务。

此外，有为制造业中小企业提供帮助的制造技术推广中心，这是由商务部国家标准和技术研究院同州政府和地方政府合作建立的非营利性机构；有为高科技企业提供服务的硅谷中介服务组织，包括风险投资中介、技术转移中介、行业联系中介，提供信息咨询、风险投资、技术中介、技术评估、法律、人才等各种社会服务机构，为创新企业提供全方位服务。另外，还有三角科技园、大学技术企业孵化器等。

（2）英国

英国目前已经形成了一个多层次、全方位、结构合理的完整的中介服务体系，中介机构一般分支机构遍布全国，注重机构之间的联系。

英国中小企业协会是由英国的开发委员会将原产业局、地方产业基金和其他有关部门合并设立的，目的是针对中小企业的技术、市场、经营、金融等方面出现的问题给予指导，并提供资金援助。

1994年11月，超级网络（Supernet）开始运行。它为中小企业提供技术创新供应方面的世界级技术网络，联系了主要在英国但包含一些海外技术研究组织在内的优秀中心。Supernet通过对技术问题的分析证实优先的需要，并据此在支持中小企业技术创新方面提供迅速、准确的需求匹配。该网络是大学、研究单位和技术单位与企业的组织，其任务是促进大学、研究单位、技术单位与中小企业的结合，向企业提供有关产业或课题的重要指示。

此外，英国政府在全国各地建立了240个地区性的“商务链”（Business Link，简称BL），将已有的多家中介机构联合起来，汇成一个渠道网，提供标准服务。BL在政府、企业、研究机构、高等院校之间建立联系，它基于“一站式概念”，鼓励中小企业通过单一渠道获得广泛的商业支持服务，包括个人商业咨询、市场培训和咨询、出口和国际贸易咨询、财政咨询和信息等。除此之外，大多数BL雇佣一些专家顾问，包括协助公司新产品开发和新技术应用的创新和技术顾问。

（3）德国

德国的中介服务组织发展较早，始于20世纪50年代。由于德国的大型企业都有自己的研究机构或开发中心，具有雄厚的资金和很强的科技开发能力，而德国中小企业很少具备这样的条件和能力，因此德国很多技术创新中介服务机构是以中小型企业作为其服务的重点。

德国政府采用各种方法如资助等鼓励各类中介机构参与中小企业服务。中介机构注重对中小企业的创业服务和技术培训服务。目前，小企业联合会有55个地方小企业分会、52个国家行业协会。建立于1972年的系统和创新研究协会是科技政策的趋势和机会的独立评价者。通过研究和咨询活动，预测与创新发展相关的机会、风险和障碍，预测未来的发展，并向政策制定者和企业提供未来发展建议，使企业能预料和利用技术环境的改变。

1994 年成立了技术联盟，该机构一方面将可供转让的技术汇集起来，建立数据库，提供技术转让；另一方面，为中小企业提供咨询和技术中介服务。

Fraunhofer 社区创新中心大约有 2700 个经济界的用户，其中大部分是中小企业。创新中心促进中小企业与科研机构的合作。它为中小企业提供研究机构的技术设备，只收取少量的费用。同时，它通过小批量的试生产帮助中小企业进行市场尝试，对市场进行评价和核算。

(4) 日本

日本创新中介服务组织有很多，主要有三种：一是为国立或公立创新中介服务组织，如中小企业综合事业团（JASMEC）；二是行业协会；第三层次是民营及私营技术创新服务组织，如东京大学先进科学技术孵化中心（CASTI）。其中高校的研究机构、国立或公立的研究所、中小企业综合事业团等是国家创新中介服务组织的主体。

日本在全国各地建立了 200 多个国立实验机构，聘用技术上有丰富经验的专家、工程技术人员担任顾问，就提高企业产品的技术水平进行可行性研究和试验，并解决其中存在的问题。中小企业可以免费使用试验设备，并获得技术人员的免费帮助。建立于 80 年代初的中小企业综合事业团，是一个半官方机构，主要为日本中小企业提供技术支持、融资担保、信息指导、人才培养等。其中“高度化、新事业开拓促进及指导研修事业”和“风险企业综合支援事业”是该机构两项非常重要的工作。

此外，日本政府在全国各地设有中小企业支援中心，该中心拥有经营和技术等各方面的专家，为确保中小企业的顺利经营提供各项支援服务。服务的主要内容包括：项目可行性研究、专家派遣、交易信息定期公布、研讨会及交流会、经营及技术问题商谈。

7.5.2 我国服务中小企业创新的中介组织建设

通过上述对国外发达国家创新中介服务组织的分析，对我国中小企业创新中介服务体系的建设具有积极的借鉴意义。

目前，为我国中小企业提供中介服务的机构数量较少，功能单一。通过向中小企业提供咨询、信息和培训等服务，推动中小企业技术创新的发展，是发达国家的成功经验，这在前文已有论述。在建设我国创新中介服务组织过程中，要充分发挥政府的支持作用，积极制定相应的法律和政策，为中介服务组织的发展创造良好的氛围，建设多元化的中介服务组织。

(1) 政府应该加大对建设中介组织的支持力度

中介服务组织是中小企业创新服务体系的重要组成部分，在提高中小企业技术创新能力和建设创新型国家中发挥着重要作用。各级政府部门要充分认识加强创新中介服务体系建设的重要性和必要性，加大对其支持、管理与服务的力度。

首先，政府部门要充分转变职能，将对中小企业的一些服务职能转让给中介服务组织，而部分中小企业中介服务组织可以履行政府部门原有的一些服务职能，并体现政府意志，充当政府服务中小企业的助手。各级政府部门、各种大众传媒以及高等学校和科研机构要加强与中介服务组织的联系、沟通和协作，对小企业中介服务组织的服务功能、成功经验、典型案例和品牌服务项目加以宣传和推广。其次，应制定一系列法律政策，为中介组织的发展提供政策依据。再者，政府应直接资助建立中介组织和网络，建立更多、功能更强的中介服务机构。同时，鼓励民营组织单独建立中介服务机构，政府为其提供优惠政策，如补贴、减免税等。科研机构、高等院校等机构也可以利用自己的优势，成立具有部分中介服务功能的机构。我国可以模仿美国退休经理服务团的做法，建立一些志愿者团体，组织退休教授、技术人员、经理，为中小企业提供企业诊断、人员培训、经营指导、信息咨询、项目评估等服务。

（2）完善政策法规，为中介服务组织发展营造良好的政策环境

目前我国关于市场中介组织方面的法规还很不健全，许多市场中介组织还基本上处于无法可依、无章可循的状态。由于中介服务组织的法律地位、法律责任、经济责任等缺乏明确规定，对于违法活动不能依法予以查处，这是造成市场中介领域混乱和服务行为不规范的重要原因。因此，国家有关部门应尽快制定和完善各种中介服务组织的管理法规和条例，对各种中介服务组织的主体资格、活动范围、收费标准、权利与义务、违法处理等问题做出明确的规定。这样既使管理机关有法可依，也使市场中介服务组织有章可循，逐步实现管理的法制化和规范化。

此外，政府部门还要加大对中介服务组织在财政、金融、税收等方面的政策扶持力度。对为中小企业服务的中介服务组织的财政支持要视其服务宗旨、经营范围、经营性质和营利水平而定。对管理型组织，如中小企业协会，因其主要任务是管理、协调，替政府做了不少工作，应给予一定的财政拨款或财政补贴；对一些公益性较强的中介服务组织，如生产力促进中心，由于它们大多从事信息、技术、咨询、管理等活动，基本处于无偿或低偿服务状态，政府应给予适当的财政补贴，甚至全额拨款，以保证其运行和发展；对于营利性中介服务组织，在创办初期，地方政府可给予适量的资金支持，金融部门要为其发展提供信贷支持，在税收政策方面，要根据实际情况给予税收减免优惠政策，对一些公益性中介服务组织实行免税优惠政策。

（3）加强规划，做好试点示范工作

中介服务体系是由多层次、多要素构成的复杂系统工程，在发挥市场调节作用的同时，各级政府部门还要加强宏观调控，统一规划，制定切实可行的计划和方案，保证其发展的均衡性、协调性和有效性。例如，由于科技部在生产力促进中心的规划与引导方面发挥了重要作用，所以这一中介服务组织获得了蓬勃发展，其数量从 1992 年试点时的七个，迅速扩大到目前的 1000 多个，为推动中小企业技术创新做出了重要贡献。因此，各级政府要进一步搞好对相关中介服务组织的规划与调控工作，保证东中西部之间、行业之间、区域之间以及类型与层次之间的均衡性和有序性。

各级政府要根据信用担保、创业辅导、技术支持、信息咨询、市场开拓、人才培

训、经营管理等不同类型中介服务组织的实际情况，有针对性地选择试点单位，开展试点示范工作，以总结经验，以点带面。对于典型案例，加大宣传与推广力度，充分发挥其示范、辐射和带动作用。在我国加入 WTO 以后，国外知名中介服务组织纷纷抢滩我国中介服务市场的情况下，政府还要调动全社会的力量，广泛整合和组织社会资源，有重点地建设若干个有较强国际竞争力、能与国际竞争强手相抗衡的中小企业自主创新综合服务机构，扩大国际知名度，形成自己的服务品牌。

（4）加强行业协会建设，做好中介服务组织的管理与协调工作

中介服务组织的协会管理在我国已初露端倪，但还很不完善。行业协会是中介中的中介，在中介服务组织中成立协会，把分散的中介服务组织联合起来，实行自我管理和自我监督。例如成立于 1995 年的生产力促进中心协会是一个比较典型的中介行业协会。它是由全国各生产力促进中心以及从事中小企业生产力促进工作的相关企事业单位和个人自愿结成的全国性、非营利性社会组织，协会作为政府和各生产力促进中心之间的桥梁和纽带，面向全国生产力促进中心，又服务于广大中小企业，是科技部管理全国生产力促进中心工作的重要助手和支撑机构，也是为各会员单位提供优质服务的行业组织。这种协会一般具有以下几种作用：一是制定协会章程规范和约束会员单位的行业行为，达成会员单位进行公平竞争和不使用不道德手段进行竞争的协议，达成维护正常的营业秩序的协议；二是作为同类组织的信息中心，沟通会员意见，提供各种信息服务；三是充当“竞争法院”，调解客户与会员在业务交往中的纠纷，协调各方面的利益关系，受理和解决会员之间的争端及其他违反会规会章的事件，必要时实行联合制裁；四是联合行业内的会员单位形成战略联盟，形成竞争优势，提高整体服务水平，并能有效抵抗来自强势竞争对手的威胁。

7.6 服务中小企业自主创新政府职能转变与现阶段任务

7.6.1 政府职能转变的方向与原则

上世纪 90 年代，转轨经济（Transition Economiccs）被系统地提出后，东欧经济学家迈克·克莱茨基（Michal Kalecki）认为，政府要有效实现转轨的使命，需要转变政府的规则、行为和功能，变革方向可概括为建立解制型政府：即解除内部繁文缛节的限制，释放公共部门蕴藏的能量，提高政府行动的水平，使政府的活动更具有创造力、效率及效能。

解制型政府有三种表现：①精英政府。由处于社会阶层金字塔上端的高素质、强能力、具有长远眼光的社会精英组成，他们在不受狭隘政治势力的影响下制定具有前瞻性的产业政策。②战略导向型政府。认为政府最关键的是决定采用合适的、适宜本国发展阶段的战略，譬如一个国家可以利用比较优势建立发展战略，以便利用后进工业化国家的资源禀赋，推进产业结构的大幅度升级。③市场友好型政府。认为只有在市场发育不完全或是市场机制自发运行所需要的条件部分扭曲的情况下，政府主动地人为模拟市场，使得市场回归自由、正常的运动轨迹。现实来看，这三种表现形式并不是截然分开的，而是互相渗透、相互影响的，并且在不同国家或区域的不同发展阶段，存在的形式也可能是不同的。

转轨经济下，市场经济的建立和完善，本来就是一件困难的事情，然而，目前伴随着两种经济体制的转折，还需要以创新为引领，探索产业创新、区域创新以及企业创新、制度创新、市场创新等一系列旨在改变我国经济增长方式和调整区域结构的支持创新的制度和政策体系，这本身就对政府职能的转变提出了历史性的挑战。

就目前存在的普遍性问题而言，主要表现在两个方面。

一是潜意识地把“创新”理解为“科技创新”，过度强调科技成果的转移转化、强调企业的技术创新行为、强调鼓励企业研发投入和增加研发人员、高端人才的引进等，这些固然是创新的主要内容之一，但是有助于加快资本、技术、信息等流动的创新网络，助推中小企业创业的天使投资、社会资本，有利于企业、大学等合作的产业联盟组织，有利于凝聚人才和提升区域品牌的创新文化建设，市场建设中的商业创新、新兴组织创新以及政府导向的制度、政策、举措等，都是创新的内容，政府机构设置中“人事部门、经济部门、规划部门、招商部门以及土地、财政等部门”都对创新推进担负着必要的职能，而恰恰是这一点，往往被很多人所忽视。

二是惯性的行政职能、思维及行为方式难于满足创新的需求。客观地说，各地政府，特别是高新区管委会，遵循“精简、统一、效能”原则，走出一条“小政府、大服务”的行政职能转变道路，大大提高了政府的办事效率，改善了服务的质量，并在园区发展战略、规划方面起到了重要且积极的作用。然而，按照创新自身的需求而言，政府职能的转变仍还有巨大的提升空间，从目前企业围绕“创新”需求的高端人才、创新资金、风险资本、信息网络平台、创新组织以及创新政策等方面诉求看，政府除了具备精英政府和战略导向型政府的特质外，针对大量科技型企业徘徊于死亡谷、高速成长面临瓶颈以及面临的资金、技术、人才、信息渠道不畅等诸多问题，还要承担起市场友好型政府的角色，在现阶段政府不仅要导航、制定战略、培育环境，必要时还要亲自“划桨”——参与到创新活动中去。只有根据企业创新需要调整政府管理、服务的着眼点，政府提供的服务才是企业所需要的。

7.6.2　制度建设与重点任务——以高新区为例

从内涵上讲，推动政府职能转变，除了我们普遍认识到的减少政府行政审批和提高服务意识及服务能力外，还需要更加强调“市场缺失职能的补充”和“创新系统运作流畅的保证”，前者基于公共政策理论中提出的政府具有弥补政府失灵的职责，包括完善中小企业面临“死亡谷”的政策体系、加强我国市场化非盈利组织建设、市场诚信体系建构等；后者基于上世纪90年代以来部分学者强调政府具有弥补系统失灵的职责，包括类似欧洲旨在促进技术转移的创新驿站、欧洲信息网络、科技金融相结合等。

这种政府职能转变的新内涵，在当前转轨经济和创新推进的双重挑战下，就需政府部门做如下工作。

一是必须加强持续性的学习能力，这一点太原高新区“请进来、走出去”的学习模式值得借鉴和推广。然而，这种学习，不仅仅是来源于外部动力推动的“知识的输入过程”，而是来源于内部动力吸引下“知识消化和知识再创造的过程”，这就要求政府部门要建立“善于学习、爱好学习和鼓励学习”的文化氛围。

二是在持续性学习的基础上，要善于研究和把握产业创新、区域创新、体系建设等发展中的自身规律。以高新区为例，纵观半个世纪以来科技园区的发展历史，基本上存在三种形态：传统工业园区、科技园区和全球性知识社区。传统工业园区是工业经济下以传统制造业为主形成的主要依靠土地、资本和劳动力等生产要素不断创造经济财富的区域发展形态，典型特征就是财富积累的速度相对比较慢；科技园区是大科学时代创造的以科学技术推动经济快速增长和财富不断积累的区域发展形态，在这种形态下，技术和信息成为创造财富的关键要素，研发行为贯穿于产业链的始终；全球性知识社区是进入知识与创新经济时代，技术与知识、“点子”与创意等智力要素在全球实现快速流动，在流动中实现价值增值，进而推动经济跨越式发展和财富级数式增长的园区发展形态，在这种形态下，研发、设计、金融、物流等高端服务以及高端制造业成为园区主要产业类型，园区实现了经济与社会、工作与生活、人文与生态一体化、全球化的非等级阶层的多元文化、不同民族共存、共融的社区化生态环境。要建设好高新区，结合我国国情和各地现实条件，充分理解科技园区发展的自身规律，是最基本的要求。

三是丰富政府服务创新的职能建设，重点包括：①增强政府的产业规划研究和决策能力。目前无论是提高自主创新能力，还是培养新兴战略性产业，如果不能相对科学、合理地设立产业发展导向，再强的自主创新能力也可能是为别人做嫁衣，国内数千万研发投入产生的研发成果，被国外跨国企业、风险投资公司买走，经过产业整合，反过来对中国企业实现技术封锁。因此，必须提高政府的产业预判和规划决策能力，抓住要害，提前部署，才有可能实现跨越式发展。②提高市场化组织创新和建设能力。在发达国家，介于政府与市场间的组织载体非常丰富，如行业协会、社会组织、社团组织等，他们一定程度上担负起系统有效运作“融化剂和系统网络”的功能，而在我国这样的组织非常缺乏，这不仅是政府职能转变不到位的主要表现之一，也是政府职能转变的重要突破口。③社会资源整合能力。目前庞大的社会资本投入到房地产、股市等不能产生社会价值的领域，很多优秀的人才还没有找到适合自己的发展空间、很多技术成果还滞留在实验室，将优质资源整合起来，最大化地实现其价值，最大化地创造社会财富，这也是政府应该承担的责任之一。

四是把广泛参与到创新活动中去，作为政府提高学习能力、认识创新规律、完善创新职能的最有力保障。所谓“参与创新的职能”主要指政府以组织、人员、资金等各种方式切实参与企业创新活动的职责和功能。主要表现在：①政府与园区大学、企业等组建“产学研合作委员会”，协调大学专业的动态调整与产业需求的有效结合、鼓励支持大学和科研院所的研究人员到企业挂职甚至部分研究工作直接由企业研究人员完成。②参与建设相关创新组织网络，类似中关村管委会参与推动的“闪联”组织、参与支持的“开放实验室”，广州高新区参与建设“广东虚拟生物研究院”，深圳高新区组织的虚拟大学院等。③政府资金引导，与社会资金相结合，完善园区多元化资本体系等等。④某些重大技术项目的产业化也需要管委会的直接参与。⑤与国际组织、国家部委、省市政府等共建研发中心、商务平台、科技园区。

第8章

完善支持中小企业自主创新的财税政策体系

- 我国支持中小企业自主创新的财税政策现状
- 我国财税支持中小企业自主创新存在的主要问题
- 财税政策支持中小企业自主创新的国际比较
- 建设与完善我国中小企业自主创新财税支持体系的政策建议

改革开放以来，我国中小企业自主创新得到了国家政策的大力扶持。从世界范围看，中小企业都被视作支撑国民经济增长和社会协调发展的重要力量，在资源配置、收入分配和保障就业方面，均切实发挥着不可替代的作用，但由于中小企业在市场竞争中具有弱质性，世界各国普遍运用财税手段支持中小企业的发展。同时，就国家而言，创新是动力之源，各国为了在激烈的国际竞争中掌握主动权，就必须提高各类企业自主创新能力，使企业成为自主创新主体，多方位创造创新条件、优化市场环境，把提高自主创新能力作为国家战略来加以落实。因此，中小企业自主创新横跨“中小企业” + “自主创新”两大政策支持体系。2005 年国务院发布《关于鼓励支持和引导个体私营等非公有制经济发展的若干意见》（非公 36 条）和《国家中长期科学和技术发展规划纲要》（国发 2005 ［44］）之后，从中央到地方都密集出台了一系列扶持政策，中小企业自主创新保障力度得到了大幅提升，政策环境和发展机遇持续向好。但是，这些政策也存在明显的不足，体系性、整合度、支持力度等方面还存在一定欠缺，不能适应整个社会经济发展对于中小企业自主创新的要求，也不能适应中小企业自身发展壮大的迫切需求。本章在梳理、分析近年来政府支持中小企业自主创新政策的基础上，着重指出了现行政策体系存在的问题与不足。同时借鉴美国、日本的做法，提出了今后一段时期财税支持中小企业自主创新的完善建议。

8.1　我国支持中小企业自主创新的财税政策现状

中小企业在我国社会经济发展中起着重要的作用。最新数据表明，我国中小企业提供了近 80% 的城乡就业岗位，创造的最终产品和服务价值相当于国内生产总值的 60% 左右，缴税额为国家税收总额的 50% 左右。从创新的角度来看，中小企业更是科学技术创新的主体。据统计，我国中小企业提供了全国约 66% 的专利发明，74% 以上的技术创新和 82% 以上的新产品开发。全国 14 万民营科技企业成为我国发展高新技术产业的重要力量，为推进我国自主创新战略作出了巨大贡献①。

与此相应的是，中小企业自主创新得到了我国各级政府的大力支持。中小企业自主

① 中国中小企业协会：《中国中小企业蓝皮书》，中国发展出版社 2008 年版，第 14 页。

创新事关整个国民经济持续增长，也关乎社会就业及稳定，对于提高企业创新能力意义重大，理应受到政府重点关注和支持。作为政府干预、调控介入的规范形式之一，财税政策更是在提升中小企业自主创新能力中发挥了重要作用。

回顾我国的财税政策支持体系，大体可以分为直接类政策和间接类政策。直接类政策指的是，政策专门服务于中小企业自主创新主题，或者是通过支持中小企业和自主创新两大主题使得中小企业自主创新直接受益。间接类政策主要是指融资担保类政策，即通过对担保机构、担保业务的支持，达到缓解中小企业融资难、进而提升中小企业自主创新能力的目的。

8.1.1 直接类政策

（1）投入政策

从总量上，各级财政部门切实将科技投入作为财政预算保障的重点，按照有关法规的要求，初步建立了财政科技投入稳定增长机制。2003～2007 年，全国财政科技支出累计达 6846.5 亿元，年均增长 17.2%[①]。在中央层面，主要是以基金形式对中小企业技术创新、创业投资、成果转换进行资金支持。1999 年至今，中央财政相继设立了科技型中小企业技术创新基金、农业科技成果转化资金、科技型中小企业创业投资引导等基金。

科技型中小企业技术创新基金是一项专门用于培育、扶持和促进科技型中小企业技术创新的政府专项基金，创新基金不以营利为目的，通过引导各级政府及各类金融机构加大对科技型中小企业的资金投入，支持科技型中小企业进行高新技术成果转化及开展技术创新活动。

农业科技成果转化资金重点支持农林动植物优良新品种，农作物集约化种植技术，畜禽、水产规模化养殖技术，重大动植物病虫害检测、监测、诊断和防治技术，农副产品贮藏加工及增值技术，农业生态环境保护，防沙治沙和水土保持技术，农业资源高效利用技术，现代农业装备与技术，农业高新技术等。

为了贯彻《国务院实施〈国家中长期科学和技术发展规划纲要（2006～2020）〉若干配套政策》，支持科技型中小企业自主创新，2007 年财政部、科技部制定了《科技型中小企业创业投资引导基金管理暂行办法》，通过引导创业投资行为，支持初创期科技型中小企业的创业和技术创新。其支持对象为从事创业投资的创业投资企业、创业投资管理企业、具有投资功能的中小企业服务机构以及初创期科技型中小企业。根据我国中小企业特点和创业投资发展的实际情况，引导基金采用 4 种不同方式支持创业投资：第一种方式是阶段参股。即引导基金向创业投资机构参股，并按事先约定的条件，在一定期限内推出。这一方式主要支持设立新的创业投资机构，以扩大对科技型中小企业的投资总量。第二种支持方式是跟进投资。即引导基金与创业投资机构共同投资于初创期中

① 谢旭人主编：《中国财政 60 年》，经济科学出版社 2009 年版。

小企业。这种方式主要支持已经设立的创业投资机构，以降低其投资风险。第三种方式是风险补助。即对已投资于初创期中小企业的创业投资机构予以一定的补助，增强创业投资机构抵御风险的能力。第四种方式是投资保障。即创业投资机构挑选出有潜在投资价值、但有一定风险的初创期中小企业，此时由引导基金对这些企业先期予以资助，同时，由创业投资机构向这些企业提供无偿的创业辅导；辅导结束后创业投资机构向这些企业进行股权投资，引导基金再给予第二次补助。

（2）税收政策

我国 1994 年、2008 年分别对企业所得税制进行了重大改革和调整。在税收优惠政策的制定中，始终把支持企业自主创新、高新技术企业发展作为政策目标。一是加大对企业自主创新投入的所得税前抵扣力度，对企业研发新产品、新技术、新工艺所发生的技术开发费，允许按 150% 的比例税前扣除；允许企业对用于研发的仪器设备进行加速折旧。二是完善促进高新技术企业发展的税收政策，规定自 2006 年 1 月 1 日起，国家高新技术产业开发区内新创办的高新技术企业，自获利年度起两年内免征企业所得税，免税期满后减按 15% 的税率征收企业所得税；对企业提取的职工教育经费在计税工资总额 2. 5% 以内的可在企业所得税前扣除。三是进一步完善了高新技术企业统一适用的计税工资所得税前扣除政策。四是明确了企事业单位、社会团体和个人等社会力量向科技型中小企业技术创新基金捐赠税前扣除的政策，鼓励社会资金捐赠创新活动。五是对投资于规定的中小高新技术企业的创业投资企业实行按投资额一定比例抵扣应纳税所得额的税收优惠政策。六是对符合条件的科技园、孵化器按规定免征营业税、所得税、房产税和城镇土地使用税。

在自 2008 年开始执行的新的企业所得税法及条例中，上述有关所得税优惠政策都已得到延续并提升了法律层次，对科技发展的优惠支持力度加大，进一步扩大了捐赠和工资税前扣除的比例，明确了技术转让的税收优惠政策，对国家需要重点扶持的高新技术企业规定了减按 15% 的税率征收企业所得税的政策。进一步调高了高新技术产品的出口退税率，鼓励高新技术产品的出口。如：

企业所得税法第二十七条规定，企业符合条件的技术转让所得可以免征、减征企业所得税。实施条例据此明确，一个纳税年度内，居民企业技术转让所得不超过 500 万元的部分，免征企业所得税；超过 500 万元的部分，减半征收企业所得税。

企业所得税法第三十条规定，企业开发新技术、新产品、新工艺发生的研究开发费用，可以在计算应纳税所得额时加计扣除。实施条例据此明确，企业的上述研究开发费用在据实扣除的基础上，再加计扣除 50% 。

企业所得税法第三十一条规定，创业投资企业从事国家需要重点扶持和鼓励的创业投资，可以按投资额的一定比例抵扣应纳税所得额。实施条例据此明确，这一优惠是指创业投资企业采取股权投资方式投资于未上市的中小高新技术企业 2 年以上的，可以按照其投资额的 70% 在股权持有满 2 年的当年抵扣该创业投资企业的应纳税所得额；当年不足抵扣的，可以在以后纳税年度结转抵扣。

企业所得税法第三十二条规定，企业的固定资产由于技术进步等原因，确需加速折旧的，可以缩短折旧年限或者采取加速折旧的方法。实施条例据此明确，可以享受这一优惠的固定资产包括：（一）由于技术进步，产品更新换代较快的固定资产；（二）常年处于强震动、高腐蚀状态的固定资产。

而且，新所得税法还单独界定小型微利企业和高新技术企业并给予优惠。企业所得税法第二十八条第一款规定，符合条件的小型微利企业，减按20%的税率征收企业所得税。借鉴国际通行做法，按照便于征管的原则，实施条例规定了小型微利企业的标准：（一）工业企业，年度应纳税所得额不超过30万元，从业人数不超过100人，资产总额不超过3000万元；（二）其他企业，年度应纳税所得额不超过30万元，从业人数不超过80人，资产总额不超过1000万元。与现行优惠政策（内资企业年应纳税所得额3万元以下的减按18%的税率征税，3万元至10万元的减按27%的税率征税）相比，优惠范围扩大，优惠力度有较大幅度提高。

企业所得税法第二十八条第二款规定，国家需要重点扶持的高新技术企业，减按15%的税率征收企业所得税。实施条例将高新技术企业的界定范围，由现行按高新技术产品划分改为按高新技术领域划分，规定产品（服务）应属于《国家重点支持的高新技术领域》的范围，以解决现行政策执行中产品列举不全、覆盖面偏窄、前瞻性欠缺等问题。具体领域范围和认定管理办法由国务院科技、财政、税务主管部门商国务院有关部门制订，报国务院批准后公布施行。同时，实施条例还规定了高新技术企业的认定指标：拥有核心自主知识产权；产品（服务）属于《国家重点支持的高新技术领域》规定的范围；研究开发费用占销售收入的比例、高新技术产品（服务）收入占企业总收入的比例、科技人员占企业职工总数的比例，均不低于规定标准。这样规定，强化以研发比例为核心，税收优惠重点向自主创新型企业倾斜。

关税对中小企业自主创新也有相应支持举措。2007年1月，财政部、海关总署、国家税务总局发布《科技开发用品免征进口税收暂行规定》，对科学研究、技术开发机构，在2010年12月31日前，在合理数量范围内进口国内不能生产或者性能不能满足需要的科技开发用品，免征进口关税和进口环节增值税、消费税。

（3）政府采购政策

《国务院关于实施〈国家中长期科学和技术发展规划纲要（2006~2020年）〉若干配套政策的通知》颁布后，根据《中华人民共和国政府采购法》和《中华人民共和国合同法》，2006年，财政部发布了《关于实施促进自主创新政府采购政策的若干意见的通知》。随后，科技部和国家发展改革委、财政部联合发布了《国家自主创新产品认定管理办法（试行）》，着手建立国家自主创新产品认定制度，规范自主创新产品认定工作。2007年上半年，财政部发布了《自主创新产品政府采购预算管理办法》、《自主创新产品政府采购评审办法》和《自主创新产品政府采购合同管理办法》三个办法。这是我国首次系统化地出台促进自主创新的政府采购具体政策。《预算管理办法》要求，采购人在预算编制工作中，优先考虑购买自主创新产品，各级财政部门优先安排采购自主创新产品的预算；《评审办法》主要是通过降低对自主创新产品供应商的资格要求、改进评审办法等措施给自主创新产品优惠政策。在不同的评审办法中，要给予自主创新产品5% ~10%的价格扣除，或4% ~8%的评审因素加分等优惠条件；在满足采购需求、质量和服务相等的情况下，自主创新产品报价不高于一般产品当次报价的最低报价5% ~10%的，应当选择自主创新产品。通过支持创新的政府采购政策，保护并促进本国产业的发展，扶持处于初创期的技术创新活跃的中小企业，引导各种资源投入国家急需的重点技术项目，从而贯彻国家的科技政策，并惠及自主创新产品的推广。

（4）收入分配激励制度

自 2002 年起，我国开始试点对高新技术企业开展股权激励政策，以期从分配制度入手激发企业自主创新的活力（《国务院办公厅转发财政部科技部关于国有高新技术企业开展股权激励试点工作指导意见的通知》国办发［2002］48 号）。2006 年，为了贯彻实施《国家中长期科学和技术发展规划纲要（2006 ~2020 年）》，支持企业自主创新，维护企业及其研发人员的知识产权权益，改革和完善企业分配和激励机制，财政部、国家发展改革委、科技部、劳动保障部颁布《关于企业实行自主创新激励分配制度的若干意见》（财企［2006］383 号），对企业自主创新采取了一系列优惠措施。如“企业实现科技成果转化，且近 3 年税后利润形成的净资产增值额占实现转化前净资产总额 30% 以上的，对关键研发人员可以根据其贡献大小，按一定价格系数将一定比例的股权（股份）出售给有关人员”，“高新技术企业在实施公司制改建或者增资扩股过程中，可以对关键研发人员奖励股权（股份）或者按一定价格系数出售股权（股份）”等等。

2010 年，为了进一步支持企业自主创新，做强做大一批具有全球影响力的创新型企业，根据《国务院关于同意支持中关村科技园区建设国家自主创新示范区的批复》（国函［2009］28 号），财政部、科技部会同有关部门研究制定《中关村国家自主创新示范区企业股权和分红激励实施办法》（财企［2010］8 号）。办法通过在中关村国家自主创新示范区实施企业股权和分红激励政策，探索企业分配制度改革，建立有利于自主创新和科技成果转化的中长期激励分配机制，充分发挥技术、管理等要素的作用，推动高新技术产业化。其主要政策内容包括：

一是区分股权奖励、股权出售和股票期权 3 种股权激励形式，规定了每种情形下激励对象、实施条件、可授予的股权数额、业绩考核条件等，并对股权来源、转让条件、股权份额限制等股权管理内容作出了规定。

二是落实《促进科技成果转化法》的规定，允许企业在以科技成果自行实施产业化、对外转让、合作、作价入股过程中给予技术人员分红激励，并探索岗位分红制度。

三是完善激励方案的拟订和审批的内外部程序，对激励方案涵盖内容、审核程序、责任承担做出了明确规定。

四是建立股权和分红激励的后续管理机制，要求企业将激励方案等进行报备和适当披露。

8.1.2 间接类政策

间接类政策主要以解决中小企业融资难为主要目标。“融资难”一直是中小企业发展中所面临的突出矛盾，信用担保体系则是解决“融资难”的重要路径之一。虽然在世界各国，中小企业都是政府支持的重点，但是由于中小企业数量众多、分布零散，政府财政手段尤其支出政策很难覆盖到所有企业，而且直接的支出政策既受到财政资金有限性的制约，也很难保证其公平，更不符合财政资金适宜扶持、引导企业发展的定位。因此，带有政策性金融属性的中小企业信用担保体系，便成为财政寻求更有效地运用资金产生放大效应并综合提升绩效水平来支持中小企业的必要选择。通过支持建设信用担保体系，无论是财政直接出资建立担保机构，还是通过对商业性及互助担保机构的补助、税收优惠政策，都可以有效发挥财政资金“四两拨千斤”的杠杆作用，引导资金流向中小企业，解决中小企业融资之急，而且也符合财政资金“公共性”的定位和机制创新的取向。近年来财税政策的重点如下。

（1）加大对中小企业融资担保的投入

从我国中小企业信用担保体系建设启动至今，在中央财政的带动下，财政资金的直接投入成为政府支持的主要手段。据统计，2006 年至 2007 年，中央财政共安排 2.38 亿元资金支持中小企业信用担保业务，支持担保机构 266 家。2008 年，为应对国际金融危机对我国中小企业的巨大冲击，缓解中小企业融资瓶颈，中央财政仅担保业务补助资金一项，就安排了 12 亿元，资助了 330 家符合条件的中小企业信用担保机构。2009 年，中央财政安排 16 亿元资金[①]，用于奖励和补助担保机构开展中小企业贷款担保业务及降低收费标准，支持部分地区设立区域性再担保机构。而且，从投入的形式看，逐步形成直接出资、业务补助、业绩奖励、风险补偿、贷款贴息等多种方式。如前所述，在此示范效应下，地方各级财政纷纷进一步加大了对中小企业政策扶持力度。2008 年下半年，安徽、江苏、广东等 15 个省、市省级财政共追加支持中小企业的各项资金约 100 亿元，重点用于支持中小企业信用担保体系建设，以及鼓励金融机构增加中小企业贷款规模等方面[②]。

地方政府采取多种措施鼓励中小企业信用担保机构发展。在金融危机面前，各地都十分重视扶持中小企业信用担保事业，省、地市政府纷纷出台支持意见，采取专项财政风险补偿、财政奖励、优化服务环境等方式支持信用担保业务开展。

（2）免征营业税降低中小企业信用担保机构运行成本

在税收优惠政策方面，对于符合条件的中小企业信用担保机构给予了免征营业税的

① 中新社消息，2009 年 11 月 19 日，引自 http：//www.chinabidding.com/zxzx-detail-2925551.html。

② 财政部网站，http：//www.mof.gov.cn/qiyesi/zhengwuxinxi/lingdaojianghua/200906/t20090611_166342.html。

优惠政策。2001 年国家税务总局下发《关于中小企业信用担保机构、再担保机构免征营业税的通知》，对纳入全国试点范围的非营利性中小企业信用担保、再担保机构，其从事担保业务收入给予享受三年内免征营业税的优惠政策。2004 年国家发改委和国家税务总局又联合发文《关于继续做好中小企业信用担保机构免征营业税有关问题的通知》，扩大该项政策的适用范围。2006 年再次发文，延长此项政策。2009 年工业和信息化部、税务总局发文，继续执行该项政策。

在全球金融危机背景下，为了进一步提高中小企业信用担保机构开展业务的积极性，减轻企业运营负担，2009 年 6 月，财政部、税务总局发文《关于中小企业信用担保机构有关准备金税前扣除问题的通知》规定，“中小企业信用担保机构可按照不超过当年年末担保责任余额 1% 的比例计提担保赔偿准备，允许在企业所得税税前扣除”；“中小企业信用担保机构可按照不超过当年担保费收入 50% 的比例计提未到期责任准备，允许在企业所得税税前扣除，同时将上年度计提的未到期责任准备余额转为当期收入”。

（3）促进中小企业信用担保机构规范化经营

2003 年，财政部出台《关于加强地方财政部门对中小企业信用担保机构财务管理和政策支持若干问题的通知》，明确各级财政部门应对包括政府出资在内的各类中小企业信用担保机构承担财务监管职责。同时，对于中小企业信用担保的负债、代偿损失、待处理抵债资产管理规定了基本原则和要求，强调了防范和控制担保风险的重要性。此外，地方各级财政部门也积极参与出台了一些地方性规范管理办法，如 2004 年河北省财政厅发布《河北省中小企业信用担保机构财务管理试行办法》和《河北省省级中小企业信用担保机构代偿损失补偿资金管理暂行办法》，2007 年江苏省财政厅印发《江苏省中小企业信用担保机构专项补助资金使用管理办法》，2009 年广西财政厅、经委、金融办制定《广西壮族自治区中小企业信用担保机构风险补偿资金管理办法》等，在不同程度上加强了中小企业信用担保机构的规范化管理。

需要指出的是，上述直接类、间接类政策主要谈的是中央层面的，此外，中央财政还注重发挥引导作用，带动地方财政及各类社会资金共同支持中小企业发展。据统计，截至 2007 年，全国共有 35 个省级财政部门设立了约 160 项支持中小企业发展的专项资金，2008 年为应对金融危机，这些资金项目又有不同程度的增加。因此，目前我国的中小企业自主创新财税政策覆盖多级政府。

8.1.3　小结

（1）中小企业自主创新已经成为我国财税政策支持目标之一

改革开放以来，特别是近年来结合公共财政体系建设，财政对中小企业自主创新开始逐步重视，支持力度不断加大。在《中华人民共和国中小企业促进法》颁布实施后，政策方向更加明确，政策创新不断有所突破。从总体上看，我国已经初步建立起了较为系统、全面的财政支持中小企业发展的政策框架。如资金政策方面的科技型中小企业技术创新基金、中小企业发展专项资金、中小企业国际市场开拓资金等；税收政策方面在企业所得税方面、增值税方面都对中小企业有所考虑和优惠，同时也兼顾到对高科技企业、现代服务业的支持；体系建设方面则重点支持了中小企业信用担保体系、创业投资体系和服务体系。同时，国家对于科技创新的政策支持效应，也部分延展到中小企业。这样，中小企业自主创新已经成为我国财税政策支持体系的目标之一，在工具方面则形成了较为稳定的涵盖财政资金直接投入、税收优惠、政府采购、收入分配激励在内的框架组合。

（2）中央财政不断加大资金投入力度，带动形成了各级财政上下联动的支持格局

从纵向上看，从中央到地方，各级政府都有意识地把中小企业自主创新作为政策目标之一。在中央财政的带动下，财政资金的直接投入、税收优惠、政府采购普遍为各级政府所采用，形成了各级财政联动支持的基本格局。而且，一些省市，如江苏、辽宁等，在支持力度、路径、方式上都在不断实现突破与创新。

（3）财税支持中小企业自主创新政策的独立特征不明显

从政策属性上可以看出，在支持中小企业自主创新的财税政策中，以复合型政策居多。即政策主题并非直接针对中小企业自主创新，而是覆盖在支持范围上，如针对中小企业的各类支持政策以及针对自主创新的支持政策。相应的就是独立型政策较少，即作为一个特定的政策目标，政府（中央或地方）单独针对中小企业自主创新政策主题设计、制定的支持政策并不多。

8.2 我国财税支持中小企业自主创新存在的主要问题

运用财税政策支持中小企业创新在世界各国都是一个相机抉择过程。因此，总有政策上的阶段性调整问题，在这方面，我国还有一些问题需要解决。与我国中小企业自主创新的重要性、紧迫性相对而言，财政仍然需要加大支持力度。

8.2.1 财政支持力度总体仍然偏弱

总量上，财政各项支持政策的力度仍显不足，这种不足是相对于我国众多中小企业技术创新的内在需求而言。以直观的科技投入来看，近年来，虽然我国各级财政科技投入都呈不断上升的趋势，但是占财政支出比重并没有大幅度提高，2001年至2008年都在3.70%~4.25%之间。与发达国家和新兴工业化国家相比，R&D经费无论是总量还

是占 GDP 的比重均偏低。R&D 经费占 GDP 的比重世界平均水平为 1.6%，许多发达国家在 2% 以上，而我国 2008 年仅为 1.5%，与发达国家差距较为悬殊，这说明我国财政科技支出提高的空间还很大。

8.2.2　具体政策工具还存在较大提升空间

在三类主要财税政策工具中，均存在一定的不足，进一步完善的空间较大。

（1）直接支出总量偏小，着力点分散

从目前情况看，虽然国家支持企业自主创新的资金总量不小，但是，直接用于支持中小企业自主创新的财政资金规模偏小，且存在支持数额小型化、分散化等问题。同时，资金政策过于侧重对具体项目的支持，对建立中小企业自主创新体系考虑不够，对服务体系建设和研发平台建设的支持不够。

（2）支持自主创新的政府采购制度不尽完善

通过政府采购高新技术产品，能对处于早期的高新技术企业起一种“需求拉动”作用。但从我国目前政府采购制度运行的实践来看，政府采购促进企业自主创新的目标没有得到足够的明确与认识，对企业高新技术产品的采购比例很低，况且地区间还存在一定的地方保护主义现象，对企业自主创新的拉动作用十分有限。加之政府采购缺乏完整的自主创新企业评价标准和自主创新产品认证制度，导致在实际政府采购中还存在着利用资金和资质门槛阻止中小企业进入的情况，造成几个大供应商对采购项目垄断，相关采购方法和程序难以落实。

（3）税收政策支持力度较弱

一是增强中小企业自主创新能力的税收缺乏整体设计。没有把中小企业自主创新独立作为税收优惠政策的支持目标。地方层面的优惠措施法规级次低、稳定性差，相关税收激励政策往往是一段时期有效，长期则作用弱化、激励不足，企业难以享受到长久的税收优惠好处。二是增强企业自主创新能力的所得税制度安排不尽合理。合并后的企业所得税法由于税收优惠方式较为单一等因素，不利于企业加大研发投入。而个人所得税制缺乏对自主创新人才的激励机制，削弱了技术人才投身企业自主创新的积极性和对成果进行转化的热情。三是缺少鼓励产学研相结合的税收激励政策。目前，税收政策对由企业与科研院所、大专院校组成的联合开发集团公司缺乏相应的优惠措施，仅有关于对这种组织成员所缴纳的技术开发费用准予列入管理费用的规定。

（4）企业收入分配制度创新不足

企业收入分配制度中的问题不仅涉及国有企业，也涉及非国有企业。一是对多数国有企业来说，从上世纪 80 年代开始实施的“工效挂钩”制度以及国有股权管理制度限制了企业对经营管理者和科研骨干的激励，而上述两类人员恰好是企业自主创新的灵魂所在。二是对垄断行业的国有企业来说，巨额的垄断利润和非市场化的分配制度，彻底掩盖了企业自主创新的压力，也淹没了企业自主创新的动力。三是对非国有企业来说，其收入分配制度受到现行税收政策的影响，也难以充分激发管理者和科研骨干进行自主创新的内生力量。

目前从现行支持自主创新的激励制度来看，主要存在以下三方面的问题。

一是实施股权激励的门槛偏高。按照现行政策，企业要对有关人员实施股权激励，必须具备“近3年税后利润形成的净资产增值额占净资产总额30%以上”的条件。目前，能满足该条件的院所转制企业、高新技术企业不多。特别是中小企业和处于初创阶段的企业，该条件成为制约企业利用股权激励吸引和留住技术人员的因素。

二是政策过于原则，操作性不强。尽管现有政策对激励形式、资金来源、实施条件等有所规定，但缺乏实施细则，尤其是在激励方案的拟订和审批程序上，没有具体规定，从而无法有效地指导企业和有关部门开展激励方案拟订和审批工作。例如，《国务院办公厅转发财政部科技部关于国有高新技术企业开展股权激励试点工作指导意见的通知》（国办发［2002］48号）和财政部等4部门印发的《关于企业实行自主创新激励分配制度的若干意见》（财企［2006］383号），均规定采取股权出售激励方式的企业，可以按“一定价格系数”将企业股权出售给有关人员。但实际操作中，系数定得高，有关人员买不起或者缺乏积极性，体现不出激励作用；系数定得低，存在国有资产低价贱卖之嫌，股东和有关部门不敢审批或不愿审批。

三是科技成果作价入股政策较难落实。科研院所、高校与企业在资金来源、运行机制、市场化程度等方面，存有巨大差别。院所和高校不是企业，不具有给技术人员股权、分红权的条件，而以科技成果作价投资创办企业，涉及事业单位国有资产处置问题。即使院所和高校创办了企业，大多数技术人员既要在院所和高校任职，又要企业的股权、分红权，涉及方方面面问题，因此在操作中难以落实激励政策。

2010年发布的《中关村国家自主创新示范区企业股权和分红激励实施办法》基本克服了上述问题，但是，其仅适用于特定国家级示范区，普适性不强，受益面窄。

8.2.3 各级政府间支持中小企业自主创新的责任不明晰

从纵向上，财税体制方面还存在一些阻滞因素。由于我国现行法律对政府间支出责任只作了原则性划分，不够清晰、合理，反映到中小企业自主创新主体上，各级政府间的支出责任难以界定和明晰。一是政府间财政支出责任划分缺乏明确的法律界定。我国宪法和有关法律法规对各级政府的事权只作了原则性规定，政府间支出责任划分缺乏法律依据。分税制财政管理体制对各级政府的基础设施和基础产业建设、支持农业、文教科卫等事业发展方面的支出责任划分不具体、不明确，造成实际执行中出现大量的交叉、重叠、错位问题。二是执行中，中央与地方支出责任划分边界不规范，存在越位、缺位现象。一方面，一些应当由中央承担的支出责任，部分交给了地方；另一方面，大量应当属于地方的支出责任，中央也给予了补助，如一些地方能源、交通、农业、环保、文化、教育、城市基础设施建设等项目，中央通过各种专项资金进行了补助。三是上级政府通过法律法规规定地方资金用途，或出台新支出政策，影响下级支出责任的实现。具体到中小企业自主创新财税政策，究竟应该属于哪一级政府的支出责任，或者中央和地方应当各自承担多少支出责任，没有相对清晰的界定，从而导致中央和地方的支出权限不清，引致的问题一是各自为政，政策合力不强；二是欠发达地区对中央政府依赖过重，地方责任落实不充分。

8.2.4 与其他政策的协调配套有待完善

横向上，我国对企业自主创新的支持政策由多个部门制定，缺乏有效的统一管理和沟通协调，在一定程度上削弱了政策的合力，使政策力度不够、协调困难，效率较低。一是支持政策多鼓励企业单独创新，鼓励本国企业联合创新的措施较少；二是政策“撒胡椒面”和领域、功能覆盖不足的问题并存，撒胡椒面使政策资源不足、低效，同时政策对市场创新、商业模式创新及形成创新环境的支持又不够；三是创新政策管理权责落实还有较大的问题，产业管理部门没有或者较弱，而综合和科技管理部门重视项目，却不真正承担产业发展职责；四是缺乏对重大政策的综合评估，政策效果的绩效评价环节缺失。

8.2.5 税制中还存在重大阻滞因素

笼统而言，目前在我国工业经济领域适用增值税，服务经济适用营业税。这一税制对于中小企业自主创新的不利方面：一是造成了服务类企业，如文化、科技创意等非制造类企业的重复征税。营业税的特点是随交易行为而发生，所以产品随着流转环节的增多，税负也随之增加，重复征税难以避免。这极不利于服务业的专业化发展，限制企业非核心企业的外包，从而阻碍服务经济的发展，并且随着产业链分工的细化，企业主辅分离加快，这一问题变得日益严重。虽然，国家已经出台了若干政策，对特定行业的特定经济活动采取差额征收的办法，但是营业税重复征收问题在服务经济领域没有得到根本性的改变。二是限制了服务类中小企业自主创新产品的消费空间。从国内市场来看，导致增值税抵扣链条中断，降低制造企业购买服务产品的需求，对用于增值税生产项目且可抵扣的产品，因无法区分用于应税项目还是非应税项目，在具体征管中，也不允许抵扣。所以流转税的不统一，给征纳双方都带来麻烦和困难。从拓展国外市场来看，不利于服务类中小企业自主创新产品的对外贸易。第三产业实行营业税，在出口环节上无法按照增值税实现退税，降低了服务产品的国际价格竞争力，一定程度上阻滞了服务贸易，限制了国内服务产业向国外市场的扩展。近些年来，随着我国服务产业新兴业态的迅速发展，信息传输、软件、咨询、文化等中小企业迫切需要国际市场空间的支持，服务贸易出口不能退税的矛盾更加突出。

8.3 财税政策支持中小企业自主创新的国际比较

在财税政策方面，给予中小企业自主创新以支持是大多数国家的必然选择，而我国在这方面才刚刚起步，提升空间很大。为此，我们应借鉴其他国家经验，以期对我国通过财税政策支持中小企业自主创新提供启示。以此为目的，本节特选取美国和日本为样本，总结他们的经验，为我所用。

8.3.1 美国支持中小企业自主创新的财税政策

美国是世界上经济规模最大的国家（GDP14万亿美元）。在调节经济发展过程中，美国政府始终注意运用财税政策扶持中小企业发展。其在许多领域的经验是值得我国学习借鉴的，在中小企业自主创新问题上也是如此。

（1）概况

在美国，中小企业是国家自主创新的主体之一，约占企业总数的99.7%，约占企业总收入的40%①。美国企业创新产品中82%来自中小企业。就企业规模而言，中小企业创新数量多于大企业2.5倍，创新产品市场化速度快27%，大量高新技术项目也多出自中小企业。

与大企业相比，新技术研究开发的风险和费用，通常超出中小企业的能力范围。但中小企业由于面临的竞争压力大，因此创新求存的动力也大，同时其组织结构灵活富有弹性，在创新效率和周期上明显优于大企业。为此，美国政府做出了大量努力，以提高中小企业的自主创新能力。

首先是加强领导。冷战结束后，美国为提高自主创新能力，成立了由国家最高领导挂帅的高层次科技领导体制。1993年，美国成立国家科技委员会，总统、副总统分别任主席、副主席，其地位与国家安全委员会相当。美国国家科技委员会下设9个专业委员会，总统授权其分管全国科研、技术开发国际合作及教育培训事务，并对联邦科研预算提出建议。同时，为了避免政府高层独立决策失误的风险，美国政府高度重视决策智囊的作用，又于同年建立了具有广泛代表性的科技顾问机构，即科学技术顾问委员会（PCAST），由来自企业、大学和非政府组织的18位专家组成，他们以个人身份参与科

① 赵刚：“金融危机后，美国中小企业为什么依然充满活力？”，《中国科技财富》，2010年第1期。

技决策，为国家科技政策的制定提供咨询和建议。为使国家科技事务的管理和运行更加符合科技发展的规律，美国大量授权以科技专家为主的科技管理机构，使科技管理走上专业化轨道。

在财税政策方面，美国政府也有许多成功的经验值得我们学习借鉴，本节将从直接支持和间接支持两个方面进行讨论。

(2) 直接支持

①政府采购。政府采购是美国支持中小企业自主创新的重要财税手段，由来已久，成果显著，经验丰富，值得我国学习与借鉴。

机构设置。

监督管理机构：美国联邦政府采购的监督管理机构有两个，即美国国会下属的联邦会计总署（General Accounting Office，GAO）和美国总统行政办公厅内设的行政管理与预算局（Office of Management and Budget，OMB）。

联邦会计总署成立于1921年，是美国国会的一个下属机构，直接对美国国会负责。联邦会计总署通过总审计署办公室执行对政府采购活动的监督。总审计署办公室有权力对行政机关的采购计划进行评估，可以接触所有的政府采购文件，为行政机关的采购计划提出建议，对政府采购项目进行审计。此外，联邦会计总署还是受理承包商投诉的最具权威的机构，联邦会计总署雇佣的律师都是资深的政府采购法律专家，属于公务员。联邦会计总署每年受理1100多件政府采购投诉。联邦会计总署的独立、高效和权威，在美国政府采购机制中起了非常重要的作用。

行政管理与预算局是美国总统行政办公厅的内设机构，行政管理与预算局负责制订每年的预算并送交国会审议和颁布，以及发布有关各种管理领域的政府内部政策。1974年，为加强对联邦政府采购的管理，行政管理与预算局内设联邦政府采购政策办公室（Office of Federal Procurement Policy，OFPP），设立联邦政府采购政策办公室的目的是"在行政机关采购制度的制定过程中，起到总体的指导和领导功能"，该部门设在总统行政办公厅，由此突出了联邦政府采购在联邦政府运作中的重要性。联邦政府采购政策办公室负责通过发布普遍适用于各个行政机关的规章制度，协调具体采购活动的实施情况。联邦政府采购政策办公室雇佣的人员包括采购分析师、会计师和律师，由联邦政府采购政策办公室主任领导，主任由总统提名，并经美国国会批准。联邦政府采购政策办公室代表总统参与可以影响采购以及与采购有关的政策、程序和法规的制定工作。如果出现与政府采购合同相关的问题，联邦政府采购政策办公室将分析其原因并出台补救措施，并对采购机构起到制约监督作用。

执行机构：美国联邦政府采购采取非集中化的组织方式，绝大多数的政府采购项目由联邦政府中的行政部门直接执行。美国每年通过政府采购合同购买的各种商品和服务超过2300亿美元，其中包括从一般的办公用品到武器装备的采购，以及建筑物和设施建设等工程的采购。联邦政府的采购工作由60多家政府采购机构的2.7万名员工来执行。政府采购人员属于政府公务员。联邦承包合同制度的实施是通过政府授权任命的"合同官员"执行的。对合同官员的授权范围和界限是明确的，并且向所有的承包商明示。合同官员必须严格按照联邦政府采购的法规、制度和程序进行采购活动，只有合同官员才有权力代表政府与承包商签订合同，该合同对政府产生法律的约束力。美国政府采购的合同官员制度将采购合同的权力授予确定的合同官员，这为整个政府采购系统带来稳定。合同官员通过建立对采购系统的高效管理和监督确保政府采购法律、法规的有效实施，同时维护公众利益和承包商的合法权益。

美国联邦政府总务管理局（General Service Administration，GSA）有权制定和颁布联邦政府采购条例（Federal Procurement Regulation），有权为几乎所有的联邦政府机构进行采购，有权制定标准和规范等，职权范围相当广泛。美国联邦政府总务管理局是专门的采购机构，代表联邦政府许多民事机关采购货物和服务，处理房地产购买、租用和建设等工作。联邦政府中许多小机关，由于缺乏采购信息来源而无法进行直接采购，也可以委托美国联邦政府总务管理局进行采购。

救济机构：美国《联邦采购法规》（Federal Acquisition Regulation，FAR）对于合同形成过程中产生的争议称为"合同授予争议"，规定对于合同授予争议的处理，可以向政府采购机构、联邦会计总署、美国联邦赔偿法院或美国联邦巡回上诉法院提起。

合同上诉理事会是在采购机关内部设立的一个行政法庭，美国联邦政府绝大多数行政机关内部都设立合同上诉理事会，由其接受承包商的投诉，并裁定政府和承包商之间的合同纠纷。合同上诉理事会的运作和法庭类似，但程序比较简便。其听证官员必须是从事政府合同事务5年以上的政府合同方面的专家。

美国联邦法院一般不受理政府合同纠纷。联邦赔偿法院是听证、处理政府合同纠纷以及其他事务的专门联邦法院。政府合同的赔偿可以投诉到合同上诉理事会，也可以向联邦赔偿法院起诉。对合同上诉理事会或者联邦赔偿法院裁决不服的，可以上诉美国联邦巡回上诉法院。

法律体系。

美国联邦政府采购涉及的法律、法规相当广泛，有专门的联邦政府采购法规，还有与政府采购直接或间接相关的法律、法规，多达4000多个①。签发政府采购合同的权力来自宪法，联邦政府应"提供共同防务、促进公共福利和确保自由带来的幸福"（《美利坚合众国宪法》序言）。这一表述被认为是联邦政府签发政府采购合同的权力来源。在此基础上，国会、政府部门（主要是联邦政府采购政策办公室以及其他行政机构）和司法系统，在各自的职权范围内制定了大量政府采购的法律、法规和程序。

《联邦采购法》是专门的政府采购法规，比较详细地规定了最重要的采购制度和政策。《联邦采购法》由联邦政府采购政策办公室负责指导实施，对《联邦采购法》的修

① 葛敏敏、王周欢："美国政府采购制度之法律体系与基本原则"，《中国物流与采购》，2005年第17期。

改是由政府采购专家组成的委员会来进行，然后提交联邦行政管理和预算局进行修订。最后，在所有修改生效前接受公众的评议。联邦政府机构根据《联邦采购法》制定自己的采购条例，针对其特定的要求和合同做出规定。

其他与联邦采购直接或间接相关的联邦法律主要有《联邦政府行政服务和财产法》(Federal Administrative Services and property Act，FASPA)、《合同竞争法》(Competition in Contracting Act，CCA)、《美国产品购买法》(Buy American Act，BAA)、《信息自由法》(Freedom Information Act，FIA)、《诚实谈判法》(Truth in Negotiations Act，TNA)和《中小企业法》(Small Business Act，SBA)等等。

在政府采购方面，美国实行高度集中的预算管理制度。所有政府部门的运行经费必须纳入预算，纳入预算的所有货物、服务和工程均需实行政府集中采购。没有预算的项目一般不允许采购，也不允许超预算采购，更不允许挪用预算资金。政府机构购买力的大小，取决于一年一度的财政预算。财政预算须经国会审议通过“财政预算决议”，再由财政计划管理专员、财政预算专员、财政管理及财政预算办公室、国会委员会，以及国会会计部门监督财政预算执行。通过这些严格的预算程序，确保政府机构在政府采购支出上遵守法律要求，合理地使用财政拨款，提高政府采购资金的使用效率。

扶持政策。

优先制度：1933 年，美国颁布了《美国产品购买法》，其立法宗旨是“扶持和保护美国工业、美国人和美国投资资本”。该法规定各政府机构除在境外使用、价格过高、不符合公共利益，以及数量不够或者质量不高等特殊情况外，必须购买本国产品，工程和服务必须由国内供应商提供。同时规定，在政府采购项目的报价中，只要本国供应商的报价不超过外国供应商的 12%，就优先向本国供应商采购。《联邦采购法》中就美国本国产品做出了进一步界定。美国《预算补充法案》等法律都规定了执行《美国产品购买法》的义务。这种优先购买本国产品的做法，在一定程度上刺激了市场需求，特别是对新产品进入市场提供了有利条件，起到了引导作用。在克林顿时期的“全面经济计划”中，为扶植创新产品在初期占有市场，仅就计算机相关新产品的政府采购支出就达 90 亿美元①。

扶持中小企业：美国政府对小企业自主创新的支持多采用项目的形式。代表性的比如中小企业管理局的中小企业投资公司项目、商务部的州技术服务项目、商务部和国家标准局联合设立的实验技术激励项目，由 11 个联邦机构设立的中小企业创新研究项目，等等。这些项目执行的时间长短不一，最短的 3 年，最长的 50 多年。

美国中小企业管理局规定，政府应该在各种购买和合同中给予中小企业以公平的比例。这使得美国政府成为中小企业产品最大的购买者，美国政府每年约花费 2000

① 张晓杰：“美国政府采购支持科技创新的体制分析及启示”，《中国市场》，2007 年第 2 期。

亿美元购买化肥、军火、计算机和办公用品等，其中约50%的购买额用于中小企业，其他如建筑工程发包，也规定必须有一定比例由中小企业承担。中小企业管理局的政府合同办公室每年协助中小企业获得约占联邦采购预算主要合同前期金额23%的订单①。

美国地方政府为了扶持中小企业发展，也制定了一系列优惠政策鼓励中小企业参与政府采购，归纳起来主要有以下三个方面：一是在政府采购的报价、信息披露方面，为中小企业降低竞争门槛，扩大信息网络并提供社会化服务。二是降低政府采购项目的标的，增强中小企业竞争。三是制定面向中小企业的政府采购目标。在美国的高科技产业中，大多数企业属于中小企业，这种政府采购政策有利于它们参与市场竞争，促进其发展，也大幅提高了中小企业技术创新的能力和水平。

②其他直接支持政策。除政府采购以外，美国对中小企业自主创新的其他许多直接财税支持政策也很值得我国学习借鉴。

专项基金。在支持中小企业自主创新方面，美国主要有两类专项基金。一类鼓励中小企业自主创新和吸纳就业，主要包括专项科研成果研究与开发基金、产品采购基金、中小企业创业基金，以及失业人口就业基金等等；另一类帮助中小企业降低市场风险，主要包括财政专项基金、风险补偿基金和特殊行业再保险基金等等。

在美国，中小企业技术产品创新的起步阶段一般定义为6个月，中小企业最多可得到10万美元的资助，该阶段的重点是确定创新技术的价值和可行性。经有关部门审核通过后进入第二阶段，时间最长为2年，资助金额最高可达75万美元，该阶段的重点是研发并对新技术的市场化潜力进行评估。

风险投资。1958年，美国实施“中小企业投资公司计划”，鼓励向中小型成长型企业风险投资。由经过中小企业管理局认证的创业投资经理人建立私募基金进行风险投资，通过中小企业管理局担保，杠杆放大3倍后投资于合适的中小企业。该投资通常持续7~10年，获得投资的中小企业成功后，经理人向中小企业管理局返还援助资金并支付适当投资收益。这种做法有效地实现了政府资金的引导效应和良性循环，并促进了中小企业创业初期的融资与发展。

税收优惠。20世纪90年代，美国政府提出“科技发展新政策”，其内容包括加快技术推广服务，对企业研发（Research and Development，R&D）投资给予永久性税额减免的优惠，并把中小企业的先进技术长期投资收益税下调50%。1997年，美国颁布《纳税人税收减免法》，规定中小企业在此后的10年将会得到数十亿美元的税收优惠。

奥巴马政府的《经济复苏法》规定，与中小企业密切相关的个人所得税税率下调为25%，资本利得税税率下调为20%；对中小企业实行特殊的科技税收优惠，中小企业的科研经费增长额抵免税收，地方政府对新兴的中小高科技企业减免地方税。

---

① 李国荣：“借鉴美国经验推动我国中小企业发展”，《中国金融》，2010年第4期。

（3）间接支持

①融资担保。

中小企业信用担保体系概况。美国中小企业管理局（SBA）是美国联邦中小企业贷款担保制度的核心机构。该局成立于1953年，属独立的联邦机构，其主要职能是给中小企业提供资金援助管理和技术支持，提供其取得合同的机会及其他服务。以担保的方式使银行向中小企业提供贷款是中小企业管理局的一项主要任务。中小企业管理局的大多数计划是通过与一些私营业主和政府实体合作实施的。该局在全美有170多家实体，并形成了发达的网络，这些实体在融资服务、技术援助、政府采购和宣传与维护权益等领域为中小企业的发展提供全方位的服务，使中小企业能够适应美国经济体制下的竞争。其融资方式分为贷款计划和（风险）投资计划两大部分。在贷款方面，起初由中小企业管理局直接向中小企业发放贷款。但是由于中小企业管理局在贷款审查、监督等方面的能力有限，致使直接放款的风险难以控制，而且融资额度受政府拨款的限制没有放大机制。为此，中小企业管理局将直接放贷改为担保。目前，全美7000多家商业银行与该局建立了贷款担保合作关系，其中65%为商业银行。

中小企业管理局开展贷款担保业务的基本做法。

服务对象：贷款担保的对象为符合小企业划分标准的企业。小企业的划分标准由中小企业管理局规模标准办公室根据“标准行业分类码”确定。该分类码系统基于企业雇员的人数或企业的销售额对行业和行业内各经营类别作了相应的代码归类。

贷款用途：中小企业管理局规定的担保贷款用途广泛，主要包括：创业的基本开支；购置机械设备；购买土地；建造或改建营业场所；改善所租借的营业场所；购买存货；支付给供货商；对公司债务进行重新融资；为承包业务所付的雇员工资；支付季节性活动所增加的开支等。

担保贷款金额：贷款担保的种类不同，贷款担保的金额也不相同。中小企业管理局对单个企业的单笔担保贷款最高金额为100万美元。

担保贷款期限：贷款用于购置不动产，最长期限为25年；添置机器设备，最长期限为10年；流动资金贷款，通常期限为7年。

担保的风险比例：中小企业管理局对全部的贷款实行比例贷款，对单笔在10万美元以下的贷款，担保其本金的80%；单笔在10万美元以上的贷款，担保其本金的75%。同时，要求贷款人不得对中小企业管理局没有担保的那部分贷款设置其他的担保。回收的贷款在中小企业管理局和贷款人之间按担保风险比例分成。

担保贷款的利率：担保贷款利率以《华尔街日报》公布的利率为基础利率，而不是基于商业银行自定的利率。利率的制定以贷款期限为基础：贷款期限在7年以下的，利率为基础利率上浮2.25%；贷款期限在7年及以上的，贷款利率为基础利率上浮2.75%。

担保费：担保费率平均为担保金额的2%，由贷款人在中小企业管理局批准担保后的90天内一次性支付。但这笔费用最终由贷款担保的申请人，即中小企业承担。例如：中小企业管理局批准同意为某中小企业从贷款人处贷款100万美元提供担保，担保比例为75%，担保费率为2%，则

担保费 = 贷款金额100万美元 × 担保比例75% × 担保费率2% = 1.5万美元

贷款人应在中小企业管理局批准担保后的90天内，向中小企业管理局交付担保费1.5万美元。某中小企业取得贷款时，贷款人将担保费从贷款金额中扣除，中小企业实际取得资金98.5万美元。

贷款担保的品种：中小企业管理局根据不同小企业的资金需求，结合对贷款人的业绩考核，逐步推出不同的贷款担保品种。主要包括4部分：中小企业担保信贷计划、微型贷款计划、注册开发公司贷款计划和中小企业投资公司计划。《中小企业法》对上述各项计划的用途、贷款条件、担保金额和担保费用、贷款利息标准，以及政府执行机构的职能等，都有明确和详细的规定。中小企业担保信贷计划是最主要的担保贷款计划，其形式最灵活，适用于多数情况，可以用于购买设备、厂房和土地、出口信贷、补充季节性流动资金、扩大就业、妇女和退役军人办企业等等；微型贷款计划主要适用于100～25000美元的小额贷款，由中小企业管理局设立微型贷款基金，并授权非营利的小额贷款机构为中小企业提供贷款；注册开发公司贷款计划主要用于支持区域性开发的中小企业固定资产投资，其贷款机构是从事地区、社区开发的注册投资公司；中小企业投资公司计划主要用于支持中小企业技术创新的风险投资。在这4项计划中，中小企业担保信贷计划、注册开发公司贷款计划和微型贷款计划对中小企业基本无股权要求。中小企业投资公司计划通过部分权益资本投资换取一段时间的中小企业产权，但不一定要求拥有对受助中小企业经营的控制权。

中小企业信用担保体系的特点。

有专门执行中小企业信用担保职能的机构。美国中小企业管理局成立于1953年，是独立的联邦政府机构。其宗旨是在中小企业创办之初为其发展提供贷款、贷款担保、经营管理咨询等业务，以促进中小企业发展。通过中小企业管理局的担保，把在资金上孤立无援的中小企业和庞大的金融市场联系起来。中小企业管理局在全美有2000多个分支机构，与950多个研究中心有业务联系，有13000多名退休经理、会计、法律等专业人才组成的志愿服务咨询人员队伍，为中小企业提供担保及其他各项服务。

担保基金主要来自政府财政。美国中小企业管理局的基金来源主要由联邦和州财政分担，此外，中小企业管理局的经费也由联邦和州财政分担，中小企业管理局委托大学和研究机构所做课题的经费也由政府承担。对于贷款担保，根据政府的产业政策和《中小企业法》的规定，由联邦政府制定小企业担保贷款计划，对基金的用途、贷款条件、担保金额和费用，以及执行机构的职责都做出了具体的规定，而中小企业管理局则负责管理计划执行和完成情况。中小企业管理局每年要向国会报告执行情况，并提出下一年度的预算申请。

担保业务操作过程规范而又灵活。担保业务的进行主要经过 4 个环节：一是受理申请担保。这个过程一般较短，主要是审查要求担保的项目是否符合本机构选择项目的基本标准。二是项目评审。这一阶段主要是审查项目的可行性，需要由专业人员组成的评审小组对项目提出报告，经评审委员会讨论后得出结论。三是确定收费。工作任务就是通过谈判确定担保收费的具体数额。原则上对承保项目收取 2% 的担保费，但每个项目收取的具体担保费需要通过谈判来确定。四是签订合同。这一阶段主要是完成担保的法律文书工作、签订合同、开出承诺保函。

有一套完整的分散和规避风险机制。中小企业由于其自身特点和缺陷使得向其融资和提供担保具有很大的风险，为了防范此种风险的发生，美国信用担保体系经过几十年的发展形成了一套较为完善的规避和分散风险机制，其主要做法：一是通过规定担保比例分散风险。担保机构不是进行全额担保，而是根据贷款规模和期限进行一定比例的担保，在担保机构和银行之间分散风险。美国的中小企业信贷保证计划的担保比例一般不超过 75% ~80%。二是对中小企业实行风险约束。美国的信贷保证计划要求主要股东和经理人员提供个人财产抵押，以增加业主和管理者的责任。三是制度透明，规范管理。美国中小企业管理局每年都要向国会提交有关中小企业信贷担保计划执行情况的报告，国会审查计划预算和计划执行情况。四是规范的担保业务操作过程。一个信用担保项目需要经过几个过程的审查，这样就使得风险性大大地降低了。此外，中小企业管理局补偿贷款机构在担保限额内遭受的损失，中小企业作为借款方仍有偿还全部债务的义务，中小企业管理局有权追索其所欠债务。

信用担保和咨询服务相配合。美国中小企业担保体系除了进行信用担保业务以外，还发挥中介机构的作用，为中小企业提供经营咨询服务，发现问题及时解决。美国的中小企业管理局在全国有许多咨询中心，并与许多研究中心联系，为中小企业免费提供诸如中小企业规划、账目管理、现金流量分析、贷款以及制定预算等服务。这些机构的开支和费用由联邦和州政府财政解决。此外，中小企业管理局下设“退休经理服务队”，由有经验的退休经理、会计和法律等专业人才组成，专门为中小企业提供咨询服务。

健全的法制体系为中小企业信用担保体系的正常运行提供保障。美国的《中小企业法》对信贷担保的对象、用途、担保金额和保费标准等都有明确的规定。如对担保企业资格就做了如下规定：只有符合中小企业标准的企业才能获得担保，要求中小企业主动投入一定比例资本金，要求借款中小企业有足够的流动资金保证正常营运等。这些法律法规为信用担保的进行提供了规范，从而保证了信用担保体系的顺利运行①。

②其他间接支持政策。

高新技术企业孵化器。在美国，高新技术企业孵化器是为创业者在创业初期减小风险和培育企业的服务机构。其为中小企业提供良好的环境，组织与开发高新技术成果，

① 贾康、刘微等：“财政支持中小企业信用担保政策研究”，财政部财政科学研究所《研究报告》，2010 年第 30 期。

培育高新技术企业和企业家。其投资来源有多种渠道，包括政府和公共机构、大学、私营部门，以及公立和私立部门联合投资等。一些运营相当长时间的高新技术企业孵化器仍得到政府资助。其主要的有利条件，一是地方政府优惠政策的支持；二是著名大学的智力依托；三是充足的资本支撑。高新技术园区可把政策、人才、技术、资金和管理综合集成，形成有利于自主创新的局部环境。高新技术园区是促进自主创新，迅速把科技成果转化为生产力，培育新兴科技产业的重要区域。孵化器通过提供整套的服务设施、管理咨询和资金筹措等服务降低风险，对推动自主创新具有重要作用。

国际交流与国际贸易。美国政府致力于促进产业界与政府、私营部门和公共部门之间的互补，通过出口投资、贸易保护、寻找贸易机会，以及开辟市场等方式支持贸易的发展。美国政府鼓励创新型中小企业跨国交流与合作。同时促进科技人才流动，广泛吸纳国外智力，吸引国外优秀人才。因为这不仅可以带来新的科学技术，而且可以节约教育成本。美国为了吸引国外优秀人才，几次修改移民政策，促进技术移民。美国目前的科学家和工程师约有 1/3 来自国外①。这对美国的自主创新起到了一定的促进作用。

8.3.2　日本支持中小企业自主创新的财税政策

历史上，日本一直作为完成赶超战略的成功代表，其中，中小企业自主创新的作用不容忽视，其财税政策也值得我国学习借鉴。

（1）概况

日本是中小企业比重很高的国家，甚至被称为“中小企业之国”。一般用三个指标来衡量中小企业在一国经济中的地位：一是中小企业数占企业总数的比重。日本企业合计 654.17 万个，其中中小企业数为 648.43 万个，占全部企业总数的 99.1%。二是中小企业从业人员的比重。在全国 4900 多万就业人员中，中小企业占 80.6%。三是中小企业产值占总产值的比重。日本零售业中，中小企业零售额占 78.0%；制造业中，中小企业产值占总产值的 55.5%。从这些数据可以看出，中小企业在日本的经济地位举足轻重，正如日本商工会议所中小企业振兴部前部长近藤所说：“没有中小企业的发展就没有日本的繁荣。”②

日本中小企业在制造业长期的发展过程中发挥了重要作用，生产率不断提高，与美国、德国等欧美国家相比，日本制造业，特别是中小企业制造业的劳动生产率提高更快。日本中小企业劳动生产率的增长率与大企业相比并不逊色，特别是从战后作为日本制造业发展基础的汽车产业来看，与最终汽车生产厂家（一般都是大企业）相比，生产附属、配套产品的中小企业劳动生产率的增长率更高，这是中小制造业支撑大企业创造高劳动生产率的基础所在。

---

① 李培泓：“美国自主创新成功经验对我国的启示”，《河北大学学报》（哲学社会科学版），2009 年第 1 期。

② 姚顺先、潘传宏：“日本中小企业发展对中国中小企业的启示”，《西南民族大学学报》（人文社科版），2004 年第 3 期。

日本中小企业在技术革新方面也有积极的贡献。日本制造业企业结构呈金字塔式结构，一个大制造商往往承担产品的开发、最终组装和销售，零部件的生产则交由成千上万的承包企业加工生产，这些承包企业基本上都是中小企业。因此，中小企业劳动生产率的高低直接影响到大企业的生产成本。激烈的竞争迫使中小企业采取各种措施提高生产率，以巩固自己和大企业的协作关系。在二战前，中小企业为了维系和大企业的合作关系，不得不接受大企业的低价订货。二战后，为了稳定提高产品质量和降低成本，大企业开始在中小企业中选择一部分优良企业作为自己的关联企业，使其集中化和稳定化，并在技术上对中小企业进行指导，以提高中小企业的技术研发能力。通过技术革新，不仅提高了中小企业的劳动生产率，而且促进了新产品开发和产品质量的提高，这大大增强了日本产业的国际竞争力。

日本中小企业在开拓新兴事业方面起着重要的作用。中小企业适时地进行行业转换，灵活地进入新领域。从制造业业种转换的情况来看，大企业和中小企业相比是有很大差距的。特别是从上世纪 90 年代以来，日本企业的业种转换率都在上升，显示出企业灵活的经营对策，特别是中小企业以其“船小好掉头”的优势，适时灵活地转换经营方向，业种转换率比大企业高一倍多。在此方面，日本中小企业最常见的做法，一是在本公司已有销售渠道的基础上，拓展新市场；二是进入与本公司的技术、产品密切相关的市场或将本公司的技术与其他领域的技术相结合而开发新市场。

日本中小企业在产业结构的调整过程中，不断拓展出适应社会发展需求的新产业，特别是拓展了服务业的发展空间。二战后，以钢铁、石油化工、机械为重点的重化学工业和重机电工业一直是日本经济的基础。进入上世纪 70 年代，日本既有的重化学工业也已进入成熟期，而且由于石油危机的影响，要求进行产业结构调整的呼声日高。另外随着日本民众收入的增加，消费需求趋于多样化、个性化，这促使产业界随之而变化，产品向多品种、少批量、精加工的方向转化。日本中小企业以其灵活的经营方式，最能适应这种变化并满足市场的需求。如在食品制造业中分化出了食品加工、冷冻、保管、包装和运输等一系列新的生产领域。同时，由于收入的增加，人们在生活必需品方面的支出比例下降，用在闲暇、娱乐和信息等方面的支出逐渐增加，而率先进入这些服务行业的往往是中小企业。生产领域的变化带动了流通领域的变化，日本的小商业原来只占约一成比例，后来发展到大量小商业及少数百货店共存的局面，涌现出通信、中介服务、杂货店和自由连锁店等各种形式的小商业，极大地满足了人们日常生活的需要。遍及日本各地，广受人们欢迎的超级市场也多是中小企业。在日本的流通领域，除少数大百货店由大企业控股外，其余的商业企业大多是中小企业。

(2) 直接支持

①直接融资。

公库。日本政府通过设立专门的金融机构、给予财政补助金等方式支持中小企业的发展。日本政府设置了包括中小企业金融公库、国民金融公库和商工组合公库等专门机构向中小企业贷款。另外日本还专门制定了中小企业设备现代化资金贷款制度和设备租赁制度为中小企业提供长期低息贷款。

日本政府针对中小企业信用薄弱，依靠一般城市商业银行不能有效解决其资金需求的情况，专门设立了面向中小企业的金融机构，即中小企业金融公库、商工组合公库和国民金融公库，向中小企业提供低于市场2%～3%的较长期的优惠贷款。这些政策性融资机构在很大程度上弥补了其他融资结构不足。国民金融公库（1999年重组为国民生活金融公库），由政府出资并管理运作，设有不需抵押品及保证人的新创业融资制度，为初次创业和二次创业者提供资金。贷款对象中20人以下的中小企业占87.1%，其中67.3%为4人以下的小企业[①]。商工组合公库也设有创业支持无担保贷款制度，实施对象为创新型中小企业，贷款限额为3000万日元，贷款期限一般为5年，贷款时无需提供担保，但原则上要求企业代表者本人充当保证人。

投资育成公司。日本的创业投资资本主要用于支持刚刚起步或尚未起步的高新技术企业，其不是一种借贷资本，而是一种权益资本，具有较大风险。日本政府比较重视创业资本市场的培育，在政府的倡导和支持下形成了官办、民办及海外资本共同参与的多层次创业投资机制。日本的创业投资地域覆盖面较广，支持力度较大，效果较明显。

1963年，日本政府制定了《中小企业投资育成公司法》。此后，由政府、地方公共团体以及民间企业共同出资，在东京、大阪和名古屋等地成立了3个中小企业投资育成公司。三大投资公司之间形成了明确的地域分工。东京中小企业投资育成公司营业区域包括日本关东、东北，以及北海道的18个都道府县[②]；名古屋中小企业投资育成公司营业区域包括日本中部的5个都道府县；大阪中小企业投资育成公司营业区域包括日本关西、四国和九州的24个都道府县。这类公司对中小企业实行股份投资，给予经营和技术上的指导，提供信息和人员培训的咨询工作。

1984年，东京中小企业投资育成公司拓宽业务范围，设立了财团法人创新振兴基金；1986年4月，改制为政府参股的民间法人后，进一步拓宽了业务范围；1989年，追加发行股票。1999年，东京中小企业投资育成公司与中小企业综合事业团共同组成投资育成1号投资有限责任公司；2000年，东京中小企业投资育成公司与京都中小企业综合事业团共同组成东京中小企业投资有限责任公司，主要投资创业未满7年的创新型中小企业。

1965年，大阪中小企业投资育成公司增加可转换公司债的认购业务；1984年，业务投资涉及创业投资企业；2000年，设立大阪投资育成第2号投资事业有限责任公司，

---

① 张璞波：“日本中小企业振兴政策与支援体系对我国科技创新服务体系建设的启示”，《咸阳科技》，2009年第1期。

② “都道府县”是日本的行政划分。根据日本地方自治法，日本的市町村是“基础的地方公共团体”（第2条第4项），而都道府县是“包括市町村的广域地方公共团体”（同条第5项），其基本功能为处理涉及广域团体的事务及与市町村相关的联络事务。日本全国的市町村共有1787个（2008年7月1日统计数字。其中含783市、811町、193村）及23个特别区。所有的市町村以及特别区都是47个都道府县（1都1道2府43县）以下的二级地方。

负责投资创业期的创新型中小企业。

名古屋中小企业投资育成公司主要投资对象为资本额在3亿日元以下的公司，1978年，在其投资的公司中出现首家上市公司。

创新财团。在地方，日本对中小企业进行投资的主体是创新财团。创新财团是根据1995年日本《中小企业创造活动促进法》第142条规定，由各都道府县所设立的创业公司指定支援机构。对有技术、有潜力，但资金及信用不足的新兴公司，以认购股权、公司债等直接投资方式，解决其资金问题，健全其体制，进而推动其上市。其融资渠道为，中小企业综合事业团提供无息贷款给创新财团，再由各创新财团投资成长型创新中小企业。一般情况下，创新财团直接投资限额在1000万日元以内。

②税收优惠。为了促进自主创业，日本政府对中小企业实行的税收优惠政策主要包括以下几个方面。

减免应纳税款。减免个体从业者和中小企业的所得税。资本金超过1亿日元的企业法人税为30%，中小企业和公益法人享受22%的优惠税率。具体规定为，资本金1亿日元以下的企业法人，年所得在800万日元以下时，税率为22%，超过800万日元的部分，税率为30%。

对于中小企业创业所购入的机器设备和已有企业为提高技术能力而购入或租借的机器设备，在第一年或作30%的特别折旧，或免交7%的税金。

对用于经营革新的土地不纳入特别土地保有税的课税对象。

减免技术开发税费。对技术开发投入的费用，可抵免当年所得税额的15%。

减轻损失与风险。

实行“天使税制”，即对满足开发实验费用占销售额的比例超过3%，创业未满5年等一定条件的中小企业，个人投资者进行股票投资，而股票出现转让损失时，就转让损失的部分个人投资者可以享受结转扣除等课税特例。

对企业创新给予设备投资减税，并对由于创新造成生产额减少，甚至导致亏损的企业，按一定比例返还上一年度税金。

其他税收优惠。

可降低延迟缴纳税收的利息税率，即由4.2%、5.4%均降至2.2%。

对于创办10年以内的中小企业和风险企业停止适用保留金征税。

中小企业法人债务在次年不必全部清账，还可提取16%作为积累。

为自愿出资建立互助基金的中小企业提供投保资金税前列支、免征所得税的优惠。

中小企业可减轻继承税。

(3) 间接支持

①融资担保。

发展历程。日本是建立中小企业信用担保体系最早的国家之一。1937年就成立了地方性的东京都中小企业信用担保协会。二战后，为了推进和扶持中小企业的发展，缩小中小企业与大企业之间的差距，日本政府出台了一系列的政策措施。1948 年，日本政府通过了《中小企业设置法》；1949 年，由日本政府出资设立了国民金融公库；1950 年，制定了《中小企业信用保险法》，由中小企业厅特别会计局作为金融机构为中小企业提供融资担保；1951 年，正式成立了早期的日本信用担保协会；1953 年，设立了中小企业金融公库；1955 年，日本全国性的中小企业信用担保协会成立；1958 年，依照《中小企业信用保险法》设立了中小企业保险公库；1999 年，成立了中小企业综合事业团，并将中小企业信用保险公库纳入其中；2000 年，为进一步扩大信用担保体系的运作能力，便于动员二级市场投资者将资金投向担保机构，日本政府对相关法律条文进行了修订和调整，设立了一个新的保险类型，即特别公司债保险，为投资者进入中小企业信用担保体系提供方便。

担保机制。

机构设置：日本是世界上中小企业管理体系最为完善的国家之一，其信用担保体系是一种“金字塔”式的层级结构，是一个由信用担保协会和信用保险公库两个相互关联的子系统构成的两级信用保证体系，共同承担着为中小企业融资提供信用担保的职责。中小企业信用担保协会是日本中小企业信用担保体系的核心组织，由政府及地方公共团体共同出资建立，是为中小企业融资提供贷款担保的第一级机构。其直接面向全国中小企业的信用担保业务机构，设立于全国 47 个都道府县及 5 个主要城市，共 52 个地区，其业务基本上覆盖了整个日本，并各自独立地向各地区内的中小企业提供信用担保。中小企业信用保险公库则完全由政府出资设立，向信用担保协会提供保险，是向中小企业提供信用担保的第二级机构，其主要目的是对中小企业的债务进行保险，同时向信用担保协会融资，即对信用担保协会提供资金、无息或低息贷款，并进行担保和再担保，使信用担保体系得以正常运行。其作用实质就是用日本中央政府资金引导地方政府资金为中小企业提供信用担保。由此形成了中央与地方共担风险、担保与再担保相结合的双重担保体制。其基本结构参见图 8.1①。信用担保协会约为 70% 的中小企业融资提供了担保，信用保险公库则为信用担保协会提供了约 60% 的再担保。

政府介入方式：从介入的方式来看，日本政府不直接操作和干预担保机构的业务，政府部门只负责监管担保体系的运作，信用担保协会和信用保险公库都是独立于政府之外的特殊法人实体，因此其是以市场为主导的公开操作型担保体系。以公开操作型担保体系为基石，日本在资金运作方面实行实收制的中小企业信用担保方式，其特征是要求事前将担保资金存入指定的协作银行，发生损失后由专门账户拨付银行予以补偿。日本的实收制信用担保方式，与权责制，即事前承诺、事后补偿的担保方式相比较，更有利于银行与担保机构信息对称。同时，由于政府仅以出资额对担保机构承担有限责任，担保机构以担保资本金为限承担担保风险，政府、担保机构、银行、企业之间的关系明

① 吴钒、杨旸：“日本构建中小企业信用担保体系的经验与启示”，《商业经济》，2010 年第 1 期。

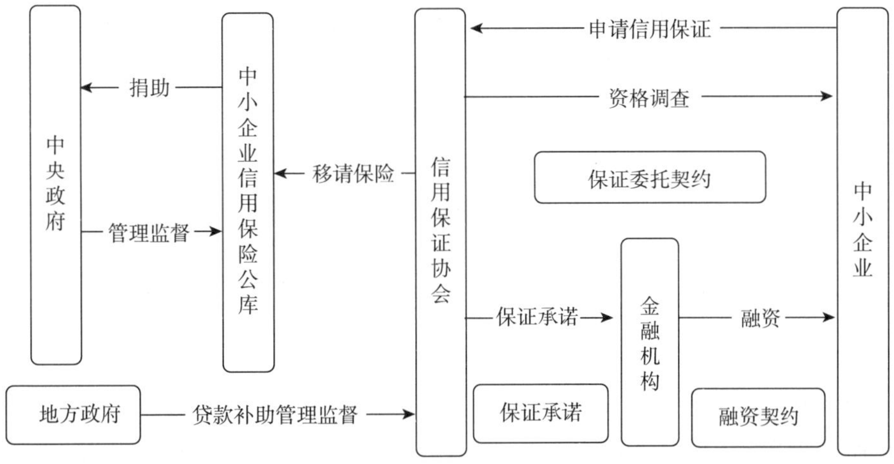

图 8.1　日本中小企业信用担保体系

确，有利于担保机构独立进行市场化运作和担保风险的事前控制。

资金来源：日本中小企业信用担保体系的资金来源以财政拨款为主，实行多元化投入。信用保险公库的资本金主要来源于日本中央财政拨款，具体来源有四项：由一般会计和特别会计提供的资本金、政府投资的保险准备金、年终担保费收入和信用担保协会回收债务时缴纳的款项。信用担保协会的资金由两部分组成，一部分来自财政拨款建立的中小企业金融公库、地方政府和公共社团以及金融机构的捐助，另一部分是借贷，其中主要是信用保险公库和地方政府的低息贷款。信用担保资金预先存在银行，银行可据此提升担保机构的信用，并以此确定担保机构担保额度的放大倍数。

费用与限额：日本信用担保协会向委托企业征收信用担保费。一般情况下，担保费基本费率为年均1%。信用担保限额为2亿日元。因为银行和担保机构间的信息比较对称，所以担保的杠杆效应较大，承保金额的法定最高限额为基本财产的60倍，最低为35倍。日本信用担保协会对承保项目不是全额担保，担保比例一般为70%。信用担保协会要给信用保险公库上缴担保费收入的约10%，信用担保协会担保额的70%～80%由信用保险公库再保险，一旦出现代位补偿，信用保险公库替信用保证协会支付70%～80%的代偿费，信用担保协会将承担20%～30%的保证责任，这部分担保金额在发生风险时，最终由财政补偿。

运作方式：日本的中小企业信用担保体系由政府部门监管，信用担保协会和信用保险公库等专门机构具体运行。信用担保协会主要负责对担保申请的评估、处理和批准，信用保险公库则负责对信用担保协会的承保提供再担保。信用担保协会与信用保险公库签订一揽子保险合同，这类保险主要有普通保险、无担保保险、特殊小额保险、防止公害保险、海外投资关系保险和开发新事业保险等。

风险控制：日本政府制定了一套在担保机构、银行和企业之间分摊和规避风险的机制。一是通过规定担保比例分摊风险，实行分级负责制，实行严格的审保偿分离制度。二是严格审批担保程序，建立健全内部控制和外部防范双重风险补偿机制。

合作关系：日本有一批专门为中小企业提供融资的地区性金融机构，如都市银行、地方银行、长期信用银行、信托银行、互助银行和保险公司等等。这些金融机构积极参与对中小企业的信用担保，并与担保机构建立长期稳定的合作关系。首先，金融机构为信用担保协会提供了大部分的基本资产，信用担保协会根据各金融机构接受的担保金额以及风险情况，要求有关金融机构捐助担保基金，捐助的资金在金融机构纳税时直接列入成本支出。其次，提供贷款的金融机构在提出申请并经批准的情况下，可参与信用担保协会的管理。

体系特点。

信用补全制度：信用担保是高风险行业，事故发生率高，目前国际担保业联盟核定的风险控制线为2%。但日本把中小企业信用担保严格界定为政策性行业，担保法定基本费率仅为1.3%，按此标准经营，势必产生较大的政策性亏损，甚至很容易耗光信用担保协会的信用担保基金。为解决这个问题，日本在设计中小企业信用担保制度时，采用了所谓“信用补全制度”，就是在信用担保制度上添加了信用担保保险制度，从而形成担保与再担保相结合的双重担保体系。由信用保险公库保险的70%部分可直接转化成日本政府保障的债务，其风险权数为零。从而按此计算的信用担保债务余额对信用担保基金的放大倍数就由国际通行的18倍提高到60倍。信用补全制度大大提高了日本中小企业信用担保体系的担保能力。

融资支持：由于信用担保协会的基本财产中政府的出资比例较小，为增强信用担保协会的资金实力，日本中央政府每年都从财政预算中列支并通过信用保险公库融资给信用担保协会，这部分融资资金无回收期且利率为零。此外，日本中央和地方政府还将支持中小企业发展的政策性资金借贷给信用担保协会，既可提高信用担保协会自身担保实力，而且因为借入利率通常为存款利率的1/2左右，信用担保协会将其转存于银行或购买国债，还可获得利差收入。

损失补偿：为进一步提高信用担保协会的收支平衡能力，日本还建立了损失补偿机制，即由地方财政对信用担保协会实际承担的事故损失给予适当补偿。虽然日本信用担保协会不以盈利为目的，但政府对其经营有明确的考核和奖惩制度：担保资金的补充、政策性贷款的拨付、损失补偿的发放等都与其经营业绩挂钩。担保规模大、财务状况良好，得到的财政补贴就多，反之则少。所以在日本，政策性担保和商业性担保一样，在担保项目的筛选上，优先考虑的因素是被担保企业的资信等级、还贷能力等。

与政策目标挂钩：虽然为满足中小企业多样化的担保需求，设置了大约3000多个担保品种，但为引导中小企业投向符合国家政策的要求，日本采取了信用担保与政策目标相结合的方法，即按是否与落实特定政策挂钩为标准，分为制度担保和普通担保。所谓制度担保，指政府为引导中小企业发展，推动相关政策目标的落实而设置的担保品种，而普通担保并不负有特定的政策使命。制度担保按期限的长短，分为一般担保和特别担保。一般担保是常设品种，一经设立便可长期经营，而特别担保则有明确的设置期限。

制度担保按照实施范围，又可分为全国担保和地方担保。在日本，80% 以上的担保品种属于制度担保，业务量上制度担保也处于主导地位。日本的实践表明，与政策目标挂钩的信用保证制度不仅有效地实现了中小企业的结构调整，而且增强了政府的宏观调控能力。

有效监管：为防止资金流失，日本将中小企业信用担保纳入了金融监管范畴：对信用担保协会的会计处理方法、业务规程、损益处理等进行标准化管理；对信用担保协会的财务安排做了许多硬性规定，如其流动资产减去借入资金必须大于担保余额的 2%，闲散资金只能存入银行或购买国债、地方债等等[①]。

②其他间接支持政策。

推动企业间联合。日本政府通过减免税收等方式鼓励大企业主动与中小企业建立分工协作的互利关系。大企业可以向中小企业释放部分风险，从而增强大企业抵御市场风险的能力；中小企业依靠大企业形成较固定的产品和技术，并借助大企业的经营组织能力和技术，以及人才培训等方面的优势获得更好发展。

同时，日本政府鼓励中小企业之间的联合，中小企业的相互促进作用可以大幅地提高企业效益，并且可以充分发挥中小企业集体的力量以参与国际竞争。

信息支持。1969 年，日本政府设立了专门为中小企业服务的信息机构，建立了广泛的信息发布和接收系统，将日本国内外最新研究成果、技术、各种数据，以及经营信息发布给中小企业，提供经营、技术和信息等方面的咨询服务，并制定相应的指导计划。该信息机构还经常组织专家恳谈会，中小企业可以随时或定期向专家提出咨询或交流信息。新世纪以来，日本政府加快了网络建设，加强了中小企业跨区域合作，基本实现了信息共享。

同时，各地方政府利用跨地区信息网络和共享的各种数据，向中小企业提供经营和技术等各种信息服务。以具有示范效应的大田区[②]为例，在 2000 年前后，该地区就已经建立了比较完善的信息化服务体系。所有来自国内外的电话、电子邮件和传真等各类信息，都通过国际呼叫中心这个窗口，以邮件清单方式把信息传送给所有加盟企业，国际呼叫中心备有以全国企业信息为数据的 SMET（Small Medium Enterprise Trade，中小企业贸易网）体系，可以在任何时候为需要者提供所需信息。

建立创业辅导机构。日本政府从财政中拿出大量资金，建立了众多官办非营利性创业辅导机构，主要有中小企业创业综合支援中心和地域振兴整备公团。中小企业创业综合支援中心共分为 3 个级别。其中，国家级的中小企业创业综合支援中心在札幌市、仙台市、东京都、名古屋市、大阪市、广岛市、高松市和福冈市开设了 8 个商谈窗口，发挥先导作用，从事从日本全国角度应该进行的支援，以及其他机构实施较为困难的工

① 贾康、刘微等：“财政支持中小企业信用担保政策研究”，财政部财政科学研究所《研究报告》，2010 年第 30 期。

② 大田区（おおたく）是东京二十三区之一。

作；都道府县级别的中小企业创业综合支援中心发挥核心作用；基层级别的中小企业创业综合支援中心发挥基础作用。不同级别的中小企业创业综合支援中心的工作内容包括以下几个方面。由专家和顾问常驻中心，进行有关企业经营和技术方面的窗口商谈，同时配合与创业相关的各种活动；派遣经营、技术、财务和法律等方面的专家，根据企业发展的不同阶段提出建议，支持企业的成长；向具有“孵化功能”的机构派遣“孵化经理”，进驻企业提供服务；介绍各领域的专业人才和信息；支持建立企业协作网络，促进不同行业的交流；组织不同行业的中小企业，以及相关的大学、科研机构和非营利团体共同开展创新活动。

8.3.3 对我国财税政策支持中小企业自主创新的启示

（1）充分发挥政府采购的引导激励作用

目前，我国基本以节约财政支出为政府采购的唯一目标。其实政府采购的功能远不止于此，它还应有助于一些政策目标的实现，我国《政府采购法》中对此也有简洁的表述。国外的经验也表明，运用政府采购促进中小企业自主创新能够促进一国经济的更快发展。我国可借鉴美国的“生命周期成本”标准，用长远的眼光看待政府采购促进中小企业自主创新的行为，即从产品的生命周期看，采购创新产品将带来财政资金的节约。虽然购买自主创新产品导致的短期财政支出增加，但其至少可以从两方面得到弥补：一是连年增加的财政收入。二是逐渐增大的政府采购规模。政府采购支持中小企业自主创新应注重以下几个方面。

①目标选择。用政府采购支持中小企业自主创新应逐步推进，要界定优先重点支持的领域。对于一些重大的采购项目，可以借鉴美国的实验品采购方式，即允许中小企业销售一定数量的自主创新产品（实验品）给政府，在测试和评价结果符合政府需求以及产品预期性能之后，政府再进行大批量采购。

以中小企业自主创新为导向的政府采购支持政策要选择激励效率最高的环节，这种关键环节通常在产业或产品发展周期的早期，这时候的政府采购激励能够产生很强的乘数效应。在此方面也可以借鉴美国经验，采用项目的方式，分阶段、有侧重地支持中小企业自主创新，一旦某种产品自主创新步入成熟期，即可考虑暂停此项目，另行考虑重点支持的领域。

②制定目录。政府采购中小企业自主创新产品目录的确定，可以借鉴美国的性能指标，制定国货标准，并在此基础上设计目录。在设计政府采购中小企业自主创新产品目录时，财政部门应会同其他部门，特别是科技部门一起，聘请专家学者参与制定。同时要保证政府采购中小企业自主创新产品目录的公开透明，以便接受全社会的监督。此外，因为中小企业自主创新产品通常是一些高新科技产品，而高新科技产品的更新换代非常快，此目录应及时进行更新。

③价格优惠。在政府采购时，对于自主创新产品应给予价格优惠。应借鉴美国经

验，在以价格为主的招标项目评标时，优先采购中小企业自主创新产品。其中中小企业自主创新产品价格高于其他产品的，要根据综合因素，对中小企业自主创新产品给予一定幅度的价格扣除。

在制定价格优惠时，要规定价格浮动的合理范围。幅度太小，可能起不到应有的作用，幅度太大，又可能使中小企业不注重节约成本，以致继续创新的动力不强，影响自主创新的可持续性。同时，幅度范围应明确规定，这不但能够增强政策的可操作性，而且可以防范由此产生的职权滥用和腐败问题。

（2）完善信用担保等融资政策

①建立完善机制。我国应借鉴日本经验，一方面应充分利用中央和地方两级资源，建立以地方为主，中央财政按一定比例出资的中央和地方分层次的中小企业信用担保体系；另一方面应积极引导、调动民间机构的积极性，多渠道筹措资金，扩大担保基金规模，提高担保机构信用水平。信用担保机构宜精不宜多，担保基金也应避免过于分散。可以以市级为单位，将市、县、乡（镇）各级财政分散出资的政策性担保基金相对集中，以增强担保基金承保能力，发挥规模效应。同时财政部门应建立担保基金补偿机制，以提高担保机构担保能力。

②合理分摊风险。我国的中小企业信用担保机构应借鉴日本经验，选择积极性高、资信度好的商业银行作为开办中小企业信用担保业务的协作银行。担保机构要与协作银行明确担保责任、担保范围、责任分担比例、资信评估、违约责任和代偿条件等。尽量减少全额担保，在担保机构和协作银行之间合理分担风险，建立担保机构、银行和中小企业共担风险的机制，使担保机构与协作银行共同承担对中小企业自主创新提供金融支持的风险，并通过提供适量抵押等方法增强中小企业的风险责任，以降低风险。

③鼓励金融机构。目前，我国尚缺少专门面向中小企业服务的金融机构。在这种情况下，即使有担保，中小企业也难以得到贷款。因此，我国应借鉴美国经验，加强具有政府背景的信用担保机构建设，继续加大政策支持力度，对从事中小企业自主创新贷款担保的机构给予风险补偿，对中小企业信用担保机构给予营业税减免，继续推进有条件的省市开展中小企业信用再担保试点，进一步健全中小企业信用增级和风险分担机制。同时，建立部门间职责明确、信息共享、运行高效的担保监管机制，合力完善中小企业自主创新担保体系建设。

（3）注重战略规划

美国和日本等发达国家发展中小企业自主创新的成功经验表明，政府支持中小企业自主创新的发展必须做好战略规划。只有如此，政府的相关制度建设和投入政策才能走在前头，才能保重点。我国政府应为中小企业自主创新制定一个整体的产业政策，为中小企业营造一个公平的竞争环境，同时要鼓励和引导中小企业从事国家急需的自主创新。

（4）运用税收手段增强中小企业资金积累能力

在税收方面，美日两国对新兴创新型中小企业实行国有税收优惠政策，其目的是增强这类企业的资金积累能力，以确保自主研发再投资可持续。我国应借鉴这一成功经验，对创新型中小企业创业时购入的机器设备提供税收减免。同时对为中小企业自主创新提供特色服务和有效解决其瓶颈问题的营利性机构提供税收优惠，如降低营业税和减免所得税等。

8.4 建设与完善我国中小企业自主创新财税支持体系的政策建议

财税政策因素在加快企业自主创新中起着不可或缺的重要作用，特别是对于中小企业群体，政府支持更为重要。从国际上看，美国、日本企业的创新能力与国家对教育、科研、基础设施等持续巨大的投入，对企业大量的委托研发及政府采购，在必要时直接组织企业合作研发的制度安排，较健全的知识产权制度等都有密切关系。结合公共财政体系建设，当前财税体制政策要继续加大对中小企业自主创新的支持，通过多种政策工具，加快体制机制改革，推动建立企业自主创新的内在良性发展机制，形成有效的创新激励，充分发挥创新主体的主动性，最大限度地利用创新资源。

8.4.1 加强中小企业自主创新财税立法建设

我国目前还缺乏对中小企业与自主创新有机融合政策主题的立法规范，也缺乏专门鼓励中小企业发展高新技术和技术创新的法律法规。这直接影响到财税政策的制定与实施。《国家中长期科学和技术发展规划纲要》的实施与效果已经证明了立法（规章）专门化的重要性。技术创新立法是把经过实践检验而逐步成熟的技术创新政策（包括财税支持）升华为法律，它可以增强技术创新的稳定性、可靠性和权威性，为财税政策的制定实施提供法律依据和基础，保障财税政策促进中小企业自主创新的有效、可持续。缺乏立法依据，也导致我国目前中小企业自主创新的财税优惠政策，多是以部门规定、办法、通知等规章为主，政策立法层次低，权威性差。因此，在呼吁加快建设中小企业自主创新立法专门化的同时，也应尽快提高中小企业自主创新财税立法的效力层次及权威性，以发挥法律对中小企业自主创新的整体调节功能。

8.4.2　加强部门间政策协调与整合，形成支持中小企业自主创新的合力

目前对中小企业自主创新的支持政策分别由多个部门制定，政出多门，尽管侧重点各有不同，但是由于政策出发点不尽一致，管理方式不同，难以避免政策交叉重复以及资金的“撒芝麻盐”现象，不利于财政资金运行效率的提高。建议建立支持中小企业自主创新的部门会商机制，同时把财税如何支持作为会商的重点内容之一。通过工业和信息化部、科技部、商务部、财政部等各部门的协调沟通，确保政策资源的有效分配和利用，及时反馈政策效果，总结经验，发现不足，形成合力效应。这一工作机制强调稳定、便捷、高效，所谓稳定是指建立双方司局间的定期和必要的紧急沟通机制，以保证重要政策决策的一致性；便捷是指沟通直接、灵活，以最快的速度传递相关的信息和意见；高效则强调政策总体的保持较高的效率水平，包括有效的共同研究、科学的共同决策、强有力的政策推行等内容。保证政策的针对性和重点。

8.4.3　综合运用各种财税政策和手段，建立与完善中小企业自主创新财税体系

立足于现有政策工具，综合利用好直接投入、税收优惠、政府采购、分配激励等各项工具，依托机制创新，加大对中小企业自主创新的支持力度，拓宽支持范围，逐步形成完善中小企业自主创新的财税体系。

（1）加大直接投入力度，引入绩效评价机制

继续加强对中小企业和自主创新两大政策主题的支持。力争延续 2008 ~ 2009 年支持中小企业的投入力度；合理整合、统筹国家科技投入，建立科技经费投入宏观协调机制，使财政新增收入在预算安排上向科技创新继续倾斜。

在此基础上，提高科技型中小企业技术创新基金、科技型中小企业创业投资引导基金的规模，力争国家财政用于对中小企业此类经费的增长幅度高于国家财政经常性收入的增长速度。改进和优化基金管理，注重财政资金的“四两拨千斤”作用。要充分发挥地方的优势和积极性，要求有条件的地方加大对中小企业的投入力度，鼓励有条件的地方设立地方中小企业自主创新基金，共同促进本地区中小企业自主创新的发展。此外，应倡导基金受惠企业在步入成熟期后，反哺基金，在基金与受惠企业之间形成良性循环，以支持更多的中小企业进行自主创新。加快建立基金的预算绩效评价体系，健全相应的评估和监督管理机制，提高财政资金使用的规范性、安全性和有效性。

同时，在可能的情况下，建议我国借鉴国外经验，建立重要技术的研究开发费补助金制度，对符合条件的中小企业给予专项 R&D 补贴，如对企业用于高新技术研究开发与试验的费用及企业推广高新技术的培训费用进行补贴，对企业聘用 R&D 人员提供补贴。

（2）整体设计中小企业自主创新的税收优惠

优化现行税收优惠政策。首先是转变所得税优惠的重心，从产业链下游向产业链上游转移，我国应该调整现行优惠政策事后优惠为主的现状，将优惠政策向产业链上游转移，特别是加强对于研发类企业的支持。其次要转变对中小企业的优惠方式，从直接优惠为主转变为直接优惠和间接优惠的综合运用。现行的直接减免政策效率较低，没有达到促进企业自主创新的目的。世界上许多国家在促进中小企业自主创新的税收优惠政策制定上都侧重于采用加速折旧、税收抵免等税基式减免。因此，我国应更多采用宽税基的方式，以提高优惠政策的实效。如扩大生产设备加速折旧范围，除对现行的软件、集成电路等研究生产企业进行加速折旧外，还应对中小企业进行自主创新活动的设备给予加速折旧优惠；对企业费用增长达到一定比例的，加速进行费用扣除，若当年不足抵扣的，应允许其在以后一定年限内延续抵扣；创新风险投资所获利润再投资实行税收抵免，投资净损失从应纳所得税中扣除。允许科技型中小企业按照销售或营业收入的一定比例设立风险准备金、技术开发准备金、新产品试制准备金以及亏损准备金等用于自主创新，并允许准备金在所得税前扣除。

（3）拓展政府采购政策的扶持功能，加强对自主创新成果的保护

政府采购政策要发挥对中小企业自主创新产品和技术的直接扶持作用。有意识在进一步完善政府采购自主创新产品制度进程中加入对中小企业的考虑，建立科学的自主创新产品认定标准和认证制度，形成科学、完整和客观的评价体系，完善政府采购方式和程序，完善政府采购合同管理制度和外国产品审核制度，加大对企业自主创新的支持力度。具体应当制定政府采购中小企业自主创新产品目录，借鉴国外的性能指标，制定国货标准，并在此基础上设计目录，给予及时更新。降低中小企业进入政府采购的门槛，给予中小企业特别优惠，采取门槛价优惠和价格优惠。如美国规定10万美元以下的政府采购合同，要优先考虑中小企业，并给予价格优惠扶持；中型企业价格优惠幅度在6%以下，小型企业价格优惠幅度在12%以下。

2011年，自7月1日起，我国停止执行《财政部关于印发〈自主创新产品政府采购预算管理办法〉的通知》、《财政部关于印发〈自主创新产品政府采购评审方法〉的通知》和《财政部关于印发〈自主创新产品政府采购合同管理方法〉的通知》三个文件。这一举措直接结果是降低了对自主创新产品的支持。后续的政策应该尽快接续落实。从长期看，对于自主创新的产品仍然要坚持政策支持的态度，通过合适的技术路径，加大对自主创新、特别是中小企业自主创新行为的引导及创新成果的保护。

（4）深化企业收入分配制度改革，扩大分配激励政策的覆盖面

建立有利于促进企业自主创新和用人留人的分配激励机制。企业收入分配制度要向有贡献的科研技术人员倾斜。要支持企业吸引优秀的科技人才和复合型管理人才，鼓励企业探索技术要素参与分配的方式和途径，允许试行新产品提成、科研成果入股等多种分配形式，允许企业对在自主创新领域做出突出贡献的科研骨干和管理人才实施现金奖

励、股权激励等政策，并在税收方面给予相应的优惠政策，逐步形成政府适度管理及市场机制约束下企业自主决定工资水平的机制。目前，国家已经允许各省、自治区、直辖市及计划单列市建设的国家级自主创新示范区参照《中关村国家自主创新示范区企业股权和分红激励实施办法》执行企业股权和分红激励政策，各地应积极加以落实。此外，中央还应在总结该办法实施效果经验的同时，继续扩大政策覆盖面。

（5）继续完善我国中小企业信用担保体系建设，解决融资难问题

继续完善中小企业信用担保体系建设，切实解决中小企业自主创新的融资瓶颈。今后一段时期，应当针对我国信用担保体系建设中所反映出的问题，坚持“政策性资金，市场化运作，专业化管理”原则，在推动全国范围内的担保资源共享、实现由支持政策性担保机构向支持政策性担保业务的转变、加强各类税收扶持政策的力度。具体做法：一是给予中小企业信用担保机构所得税优惠税率，某些地方财税机构可以根据财政实际情况，将应向信用担保机构征收的部分所得税给予减免，并将其计入该信用担保机构的风险补偿基金。二是增加税收返还机制。考虑到担保风险的潜伏性和跨期性，可以选择税收返还机制，减少中小企业信用担保机构的风险成本。即如果中小企业信用担保机构出现代偿之后，地方政府可以考虑给予一定的税收返还，并在今后的税收中加以抵补。三是继续扩大免征营业税待遇的中小企业信用担保机构的范围。目前我国只有10%～20%的中小企业信用担保机构能够享受免征营业税待遇，还远远不能做到行业普惠，因此，可以考虑进一步扩大免征营业税的范围，并探索将免征对象由机构改为业务。四是将风险准备金在税前提取的优惠政策延续成为长期政策，可以考虑在对风险准备金进一步细化的基础上，扩大风险准备金在中小企业信用担保机构所得税税前提取比例。

8.4.4　加快财税体制相关改革步伐，营造有利于中小企业自主创新的财税制度环境

（1）推进政府间支出责任界定的清晰化

在各级政府间明确中小企业自主创新的责任范围，形成支持中小企业自主创新的政策合力，促进地区间政策的均衡化。这必须以推动我国政府支出责任划分为基础，即应按照法律规定、受益范围、成本效率、基层优先等原则，力争在合理界定中央与地方的事权和支出责任方面有实质性进展。加快健全规范的财政转移支付制度，完善转移支付分配办法，科学合理、公平公开地分配资金，切实保障欠发达地区公共支出责任的履行能力。

（2）加快推进增值税扩围改革

从当前情况看，通过增值税扩围改革可以解决增值税、营业税并行对于市场要素流动、产业优化升级的阻滞问题，同时也有助于高科技中小企业、新兴现代服务类中小企业的发展壮大。因此，应择机推动此项改革。

第9章

完善促进中小企业自主创新的金融政策

- 中小企业不同发展阶段的特点与融资需求
- 中小企业权益性融资环境
- 中小企业债务性融资环境
- 中小企业融资的主要问题总结
- 政策建议

就金融市场、融资方式而言，中小企业为自主创新融资，与为生产、管理活动融资并无不同。营造有利于中小企业自主创新的金融环境，是要在完善中小企业融资环境、丰富融资手段的基础上，引导尽可能多的社会资金支持中小企业自主创新。

近年来我国出台了一系列扶持中小企业的金融政策，对中小企业融资产生了一定正面影响，但中小企业融资难并没有得到根本缓解。本章在分析中小企业融资环境和存在问题的基础上，借鉴国外经验，提出改善中小企业融资环境、促进中小企业自主创新的政策建议。

9.1　中小企业不同发展阶段的特点与融资需求

在所有中小企业中，科技型中小企业是创新最为活跃的群体，它们经常通过风险投资、股票私募等途径筹集资金，普通中小企业则较少使用。本章分析中小企业不同发展阶段的特点与融资需求，主要考虑科技型中小企业，兼顾其他中小企业。

在企业的不同发展阶段，企业的特点和自主创新的形式不同，所需资金类型不同，融资方式和融资工具也不尽相同。

处于种子阶段和起步阶段的中小企业通常是微型企业，其迫切需要长期性资金支持。种子阶段的中小企业还处于企业组建期，它可能仅凭一项技术或一个产品起家，发展前景不明，此时介入的资金风险极大；技术或产品还需要作市场化开发，创新活动以试验开发、中试、小规模试产为主。种子阶段的中小企业投入大，但收入微薄甚至没有收入，主要依靠启动团队、家庭、朋友开展内部人融资，同时寻求天使资金、民间借贷、政府资助等。

起步阶段的中小企业发展前景逐渐明朗，但风险仍然巨大；这时产品开发已经完成，创新活动以工艺开发、生产流程开发等工程应用为主。起步阶段的中小企业收入不多而开支较大，产品生产、市场开拓、企业扩张已经开始，资金需求非常迫切，企业可以寻求政策性贷款，也可尝试私募发行股票或公司债，风险投资开始进入。

成长阶段的企业通常是小型企业，已经度过了最艰难的发展阶段，企业发展前景开始明朗，而且已经拥有一定的资产，企业规模迅速扩大。成长阶段的中小企业创新活动以引进设备、工艺创新、市场开拓、产品营销、管理创新为主，资金需求规模增加。这时的企业已经不希望完全依靠股权融资方式来筹措资金，以免控制权分散和降低未来收益，其更愿意采用债权融资方式来获得短期周转资金。虽然风险仍较大，但随着企业的发展壮大，风险已经得到缓解，向商业银行和中小型贷款银行申请贷款成为可能，私募股权投资（包括风险投资）也会感兴趣，还有机会通过私募发行股票和公司债进行融资，其中的佼佼者则可以尝试进入门槛较低的证券市场公开上市融资。

壮大阶段的企业通常是中型企业，已经度过风险最大的时期，筹资能力有实质性提高，已经接近大企业。自主创新方面，企业开始转向培育品牌、新产品研发和技术储备。随着企业规模扩大和商誉树立，融资环境变得宽松，企业有了挑选不同融资方式的条件，融资难不再是制约企业发展的关键因素。

综上所述，中小企业在其成长的不同时期，融资需求并不相同，可以选择的融资方式也不相同，如表9.1所示。结合这些特点，逐项分析处于不同发展期的中小企业为什么出现融资难，才能制定相应的金融政策加以改善。

表9.1　　中小企业不同发展阶段的融资需求

时期	种子阶段	起步阶段	成长阶段	成熟阶段
特点	公司刚组建，前景不明，产品尚未定型，风险极大	公司雏形，产品定型尚未正常销售，风险巨大	产品进入市场销售，累积盈余不足，风险较大	已树立一定信誉，较为熟悉市场，风险较小
融资用途	编制商业计划；组织管理队伍；产品市场化开发；办公设施等支出	完善工程设计；开发市场；购买仪器设备，开始生产	建立营销系统和售后服务体系；扩大制造体系；扩充管理团队	扩大公司规模；培育品牌；巩固市场地位；开发新产品
主要融资方式	天使投资；民间借贷；政府资金/政府项目	政策性贷款；风险投资；证券私募；融资租赁	证券私募；私募股权投资；商业银行贷款；中小型贷款银行贷款；融资租赁；创业板上市	证券公募；证券私募；商业银行贷款；融资租赁

9.2　中小企业权益性融资环境

募集权益性资金有两种途径，一是在证券市场上募集，二是争取获得投资。

中小企业大多达不到公开上市发行股票的门槛，这是普遍现象，发达国家的中小企业一般通过股票私募获得权益性资金。我国中小企业设立为股份有限公司的门槛很高，即使迈过门槛有资格私募发行股票了，但缺乏适合股票私募的场外柜台交易市场，交易渠道不畅，还是无法募集资金。

中小企业另一个重要的权益性融资方式是争取获得股权投资，尤其是在中小企业发展前期介入的天使投资和风险投资。我国天使投资极度缺乏，风险投资规模小，且偏向于投资发展比较成熟的企业，处于发展前期的中小企业很难得到股权投资。

相比发达国家，我国中小企业融资难有着质的差别。

9.2.1　多层次证券市场

不同规模的企业进入证券市场融资的能力不同，风险偏好不同、资金实力各异的投资者所青睐的资本市场也不同，因此单一层次的证券市场无法满足所有资金供求双方的需求。多层次证券市场在市场经济中的功能定位非常明确，一是为包括中小企业、民营企业在内的各类企业提供权益性资本融通渠道，二是为不同层次投资者提供投资渠道。

在发达国家，从最高层次的全国性公开上市市场到最低层次的区域性私募证券市场，通常包括三个层次。一是公开上市，在证券交易所集中交易，二是公开发行、场外交易，即未上市公众公司证券或上市证券的非集中交易，三是私募发行、场外交易，即股票私募，发展都较为成熟。绝大部分中小企业达不到公开上市的要求，有希望公开发行但不上市，私募更是不成问题，募集权益性资本的门槛并不高，而且交易很方便。

多层次证券市场并不是同时建成的，而是沿着先小后大、先区域后全国的顺序发展，虽然不断有高级市场出现，但低级市场始终拥有自己的地位，逐渐发展成多层次。

我国证券市场的发展顺序正好与发达国家相反，我们是先有最高层次（沪市/深市）的、再补低层次的，先有全国市场、再补区域市场，先有政府的、再补民营的。目前公开上市发行和交易市场相对完善，场外交易虽有发展，但仍处于起步阶段，未达到有效运行状态。

（1）纳斯达克多层次证券市场

NASDAQ（纳斯达克）即“全美证券商协会自动报价系统”，它是由场外交易市场发展而来的。证券市场发展初期，场外交易、柜台买卖是唯一的产权交易形式，因为那时还没有证券交易所。通过谈判确定交易价格，是这些交易方式的共同特征，而不是如今证券交易所普遍采用的双向拍卖系统。分布在全国的场外交易证券商及其顾客很难了解是否得到了某种股票的最好价格，也不知道整个场外市场的规模有多大。

从1904年开始，全美报价局（一家私人经营的证券价格服务组织）为解决信息不对称问题，每天在粉红色的纸张上公布10000多种股票和5000多种债券的价格，尽可能快地印出并发往全国。直到1968年，由邦克·拉莫公司研制的自动报价系统获得应用，才取代了粉红色纸张的作用，但这个最初级的场外市场仍被称作粉红单市场。

1939年，全美证券商协会成立，代表当时场外交易市场上4000名证券交易商。自动报价系统问世之后，美国证券交易委员会明确表示，希望有一个全国范围的系统，能更准确、快速地反映股票价格和市场情况的变化。纳斯达克因之于1971年诞生，通过该自动报价系统，分布全美共拥有6000个办事处的证券商有了实时的联系。纳斯达克的起点是当时粉红单市场中的2500种股票，入市门槛是股票发行公司有100万美元以上总资产，或50万美元以上净资产。

1975年，纳斯达克规定了公开上市标准，使这部分证券与其他场外交易的证券分离开来，自此有了纳斯达克上市公司这一高级市场。1982年，纳斯达克上市公司中的佼佼者按照更高的上市标准组成纳斯达克全美市场（NASDAQ National Market），剩余的公司则组成纳斯达克小资本市场（NASDAQ Small Capital Market），于是纳斯达克公开上市市场分出两个层次，美国证券交易委员会对两个市场的监管范围并没有区别。纳斯达克全美市场和纳斯达克小资本市场的入市门槛差异明显。纳斯达克全美市场上市标准有三种方案可供选择：①净有形资产达到600万美元，税前收入达到100万美元，公众流通股不少于110万股，公众流通股市值不低于800万美元，要求有3个做市商；②净有形资产达到1800万美元，公众流通股不少于110万股，公众流通股市值不低于1800万美元，经营年限至少有2年，要求有3个做市商；③市值7500万美元，或总资产7500万美元和总收入7500万美元，公众流通股不少于110万股，公众流通股市值不低于2000万美元，要求有4个做市商。纳斯达克小资本市场上市标准：净有形资产达到400万美元或市值5000万美元或净收入75万美元，公众流通股不少于100万股，且其市值不低于500万美元，经营年限要求至少有1年或总市值达到5000万美元，要求有3个做市商。

1990年，为便于交易并加强场外市场的透明度，美国证券交易委员会责成全美证券商协会为场外交易设立柜台电子公告板（OTCBB），向投资者提供未上市公司的股票信息，并将一部分粉红单市场的优质股票转到柜台电子公告板上来。柜台电子公告板的进入门槛相对较低，对企业没有规模或盈利上的要求，只要有2家做市商愿为某股票做市，该股票就可以在柜台电子公告板上流通。

可见，纳斯达克的发展过程是从低级不断向高级发展的过程，但并没有图大弃小。完整的纳斯达克包含有三个层次的证券市场，如表9.2所示。三个层次都在全美证券商协会管理之下，都采用自动报价系统。把纳斯达克仅仅理解为中小企业证券市场或高技术企业证券市场，或与纽约证交所平行的证券市场，都是片面的。

表9.2　　纳斯达克多层次证券市场

名称	全美证券商协会自动报价系统（NASDAQ）		
	OTCBB	小资本市场	全美市场
设立时间	1990年	1975年	1982年
股票只数*	>3300	>1700	>4700
性质	报价服务机构	证交所	证交所

*股票只数数据来源：范建军，“怎样正确认识美国的多层次证券市场”，新浪专栏。

2006年，纳斯达克宣布将公开上市证券市场分为三个层次：“纳斯达克全球精选市场”（NASDAQ Global Select Market）、“纳斯达克全球市场”（NASDAQ Global Market，即原来的纳斯达克全美市场）、“纳斯达克资本市场”（NASDAQ Capital Market，即原来的纳斯达克小资本市场）。纳斯达克全球精选市场上市门槛有三个标准可供选择：①前三个财年均无亏损且税前盈利总计大于等于0.11亿美元、最近两个财年每年大于等于0.022亿美元；②前三个财年现金流均大于等于零且总计大于等于0.275亿美元，前12

个月总市值平均大于等于 5.5 亿美元，上一财年大于等于 1.1 亿美元；③前 12 个月总市值平均大于等于 8.5 亿美元，上一财年收益大于等于 0.9 亿美元。2006 年 7 月，大约有 1200 只股票符合纳斯达克全球精选市场标准，约有 1450 只股票符合纳斯达克全球市场标准。

上述纳斯达克证券市场的发展历程清楚地说明了多层次证券市场的形成过程，美国证券市场的整体发展过程是类似的。美国公开上市市场有 NYSE（纽约证券交易所）、AMEX（全美证券交易所）等，场外交易市场有 NQB（全国报价局）、PHSE（费城证券交易所）、PASE（太平洋证券交易所）、CISE（辛辛那提证券交易所）、MWSE（中西部证券交易所）、PORTAL（全美证券商协会私募发行、再销售、交易与自动清算、交割系统）等。

（2）台湾多层次证券市场

20 世纪 50 年代台湾省的证券市场完全是店头市场，交易分散，不易管理。为了实行有效管理和监督，1960 年证券管理委员会成立，1961 年证券交易所股份有限公司成立，1962 年证交所正式开业，同时岛内店头市场关闭，严禁场外交易。

1968 年 4 月，台当局颁布《证券交易法》，为股票的发行与流通管理奠定了法律基础，也对操纵股市的行为进行制约。1988 年台湾通过了《证券交易法修正案》，全面开放证券商的设立。为了便利中小企业筹资以及扩大证券市场规模，1988 年台北市证券商业同业公会成立了“柜台买卖服务中心”，1989 年，建弘证券投资信托公司成为台湾第一家上柜公司。重新开放店头市场，目的是为公开发行但尚未上市的公司开拓股票流通渠道。自此，证券公开交易市场被明确分为两个层次：一是在证交所进行的买卖，采取竞价的方式成交；二是在券商的营业柜台进行的买卖，采取议价的方式成交。

然而，台北市证券商业同业公会下的柜台交易市场发展未如预期，发行规模一直过小，无法吸引投资人的兴趣。主要原因在于制度设计，投资人必须先向经营柜台交易的券商询问报价，然后委托此券商以电话方式代为寻找相对的卖方，交易非常不便，价格形成不透明，买卖撮合困难，成交量极为稀少，上柜股票流动差，最终导致发行市场规模过小。1994 年，台北市证券商业同业公会主持的柜台买卖服务中心改制为台湾证券柜台买卖中心，于当年完成法人设立登记，并正式接办柜台买卖市场的业务，成为一个独立、公益的财团法人。改制后，台湾证券柜台买卖中心的所有交易方式都设计得与证交所类似，从做市商市场变为竞价制度和做市商制度混合式市场，上柜和上市在交易方式上几近相同，区别是入市门槛不同。2000 年修正《证券交易法》，开放第二类股票上柜，即专为中小企业、新兴及重要产业进入资本市场而设立的板块——TIGER（台湾创新成长企业类股）。

未上市、上柜的股票，历来通过盘商中介交易，台当局认为这种交易弊端丛生。不仅发行公司的信息不明，相关财务、业务资料不能及时公开，而且交易信息也没有客观公正的揭示渠道，盘商操纵股价时有所闻。至于成交后交割，因为买卖双方互不信任，只能采取最原始的“一手交钱，一手交货”方式，不但不方便，也缺乏效率。为给公开发行而未上市上柜的公司股票一个合法、安全、透明的交易市场，并将所有未上市上柜股票纳入制度化管理，保护投资者利益，台湾证券柜台买卖中心奉命制定这一类股票交易的制度。广泛征询各界意见后，新制股票正式定名为“兴柜股票”。2002年2月1日，兴柜股票正式挂牌。2003年9月，台湾证券柜台买卖中心为兴柜股票交易提供了电脑议价点选系统，与证券商的终端机相链接，使得整个交易流程透明、公开。

长期以来，台湾地区证券法律对私募发行都未予明确规范，1996年9月，台湾“财政部证券暨期货管理委员会”提出了证券私募发行条文草案，但未能如期颁布实施，这次尝试以失败告终。2002年初《证券交易法》修正案增加了大量有关私募的具体规定，特别是给予注册申报豁免，已经有了一个相对完备的规范体系，私募作为一项制度终于在法律上得以与公募并立共存。证券私募制度化建设颇费周折，但交易一直有，也是通过盘商中介交易。

历经以上演进过程，台湾证券市场分为4个层次，如表9.3所示。

表9.3　台湾多层次证券市场的比较

类别	上市（2007年12月底）	上柜（2006年底）	兴柜（2006年底）	盘商（2002年7月底）
股票只数	698	531	230	>90
总市值	21.21兆元新币	18995亿元新币	7235亿元新币	

第一层次是公司制的台湾证券交易所，采取典型的竞价制度和电子交易，不允许场外交易。上市门槛为实收资本新台币6亿元以上，持有股份1000~50000股的记名股东人数不少于500人，且其所持股份合计占发行股份总额20%以上或满1000万股。

第二层次是财团法人性质的台湾证券柜台买卖中心，以竞价制度为主，做市商制度为辅。上柜门槛为实收资本新台币5000万元以上，持有股份1000~50000股的记名股东人数不少于300人，且其所持股份合计占发行股份总额10%以上或满500万股。

第三层次是兴柜，由台湾证券柜台买卖中心代管。兴柜市场可视为台湾证券柜台买卖中心主管的一个特殊板块，实际上只是提供一个集中报价服务，交易平台则散在全省各地，交易量和流动性相对较差。兴柜市场对入市公司的实收资本没有特殊规定，凡公开发行的股份有限公司都可以上兴柜。但发行兴柜股票要有2家以上推荐证券商（一家为主办，其余为协办），它们也就是所荐股票的做市商。兴柜只有一种交易方式，即在券商的营业处所议价，做市商同时报出一只股票的要价和出价，投资者以做市商报出的要价购买股票，以做市商报出的出价卖出股票，通过电话或网络进行双边谈判敲定价格；投资人可直接议价买卖，也可以以限价方式委托券商议价买卖，券商将交易结果回报客户，并于成交后三分钟内回报台湾证券柜台买卖中心。兴柜市场是上柜上市的预备市场，从2003年起，申请上柜、上市的企业均须在兴柜市场交易满6个月。

第四层次是盘商市场，属于非公开证券市场。有相当一部分股票、股权是不能在证交所和台湾证券柜台买卖中心交易的，如尚未公开发行的股份有限公司股票、有限公司股东持有的股单。

以上多层次证券市场中，中小企业很难够得上公开上市上柜的门槛，第三层次的兴柜市场和第四层次的盘商市场更有意义。

（3）我国大陆股票交易市场

目前，我国公开上市发行和交易市场相对完善，场外市场、柜台交易虽然萌芽较早，但发展缓慢，远没有达到有效运行状态。

①深沪二市一枝独秀，场外市场始终没有发展起来。我国于 1990 年 11 月 26 日成立上海证券交易所，同年 12 月 19 日开始正式营业；于 1990 年 12 月 1 日成立深圳证券交易所，1991 年 7 月 3 日正式营业。这两个交易所由中国证监会直接监督管理，是适合大企业的、最高层次的、全国性的公开上市市场。截至 2010 年 10 月，两市共有股票 1929 只，总市值约 20 万亿。不同于深沪二市，场外市场始终没有发展壮大起来。

②STAQ 和 NET。经济转型过程中，我国也出现了柜台交易，至 1989 年底，全国共有 34 家证券公司开设柜台交易业务。

为了向法人股提供一个流通和转让的场所，1990 年国家体改委牵头开通了证券交易自动报价系统（STAQ），1993 年中国人民银行开通了全国电子交易系统（NET），但不久国务院证券委对这两个系统的法人股交易进行整顿，暂不批准法人股上市交易。1993 年以后，为了解决没能在证券交易所上市的股份有限公司股票的流通问题，各地由地方政府正式或非正式批准，相继成立了一批地方证券交易中心。这些地方证券交易中心虽然为中小企业开辟了直接融资的渠道，同时增加了居民和其他投资人的投资选择，但市场容易受到地方行政力量的控制，容易脱离各地的实际经济条件一哄而起，使中央金融当局难以实施有效的金融监管，一旦发生金融风潮，有可能危及一地或数地的经济社会稳定。1998 年，国务院转发证监会《清理整顿证券交易中心方案》，关闭了北京证券交易中心、大连证券交易中心、江苏证券交易中心、浙江证券交易中心、南方证券交易中心、重庆证券交易中心等 26 个地方证券交易中心。1999 年，由于有相当数量的自然人违规入市，STAQ 和 NET 被关闭。

③三板市场。为了解决 STAQ 和 NET 系统历史遗留的数家公司法人股流通问题，并为退市后的上市公司股份提供继续流通的场所，2001 年 7 月，代办股份转让业务正式开办。所谓代办股份转让业务，是指经中国证券业协会批准，并报证监会备案，由具有代办非上市公司股份转让服务业务资格的证券公司采用电子交易方式，为非上市公司提供股份转让服务，俗称三板市场。代办股份转让系统主要向退市上市公司提供服务，对于一般非上市公司募集资本帮助不大。截至 2005 年 12 月 31 日，三板市场共有挂牌公司 42 家。

2006 年 1 月，《代办股份转让系统中关村非上市公司转让办法》颁布，允许中关村科技园区内未上市企业进入代办股份转让系统。这次制度创新的性质是试点，目的是在总结试点经验的基础上，分批扩大到全国高新技术园区，逐步允许具备条件的国家高新技术产业开发区内未上市高新技术企业进入代办股份转让系统进行股份交易。由于挂牌企业均为高科技企业，不同于原STAQ、NET系统挂牌公司和退市企业，为了加以区别，中关村代办股份转让系统称为新三板，2001年开办的代办股份转让系统称为老三板。新三板入市门槛与国外私募证券市场略有不同，多了一些软约束条件，如设立满三年，属于经北京市政府确认的股份报价转让试点企业，满足主营业务突出、具有持续经营记录、公司治理结构健全、运作规范等条件，即可委托一家报价券商作为其主办报价券商，向中国证券业协会申请进入代办股份转让系统挂牌交易股票。

目前，新三板的基本制度尚不完备，交易规模还很小，发挥的作用不大。私募之所以不同于公开发行，在于不得使用一般性劝诱或公开广告的方式进行要约发行或出售，而在新三板融资的几家公司却"正式公布了定向增资公告"，以至于投资者蜂拥而来。截至2010年6月，代办股份转让系统仍只有中关村一家，共有挂牌公司65家。2010年9月，中国证券业协会发布149号文、150号文，确定2010年12月31日是尚未完成股份报价业务网络委托交易系统开发和上线运行的主办、预备券商完成该项工作的最后时限，这意味着新三板扩容方案可能即将确定。

有消息称，负责三板市场监管的中国证券业协会场外市场委员会将脱离协会，成为类似深沪交易所的自律组织，对场外市场的交易进行自律性管理，直接对证监会负责，证监会非上市公众公司监管部负责场外市场挂牌公司股票的发行审核及公司监管，证监会市场部将直接监管场外市场的交易行为。又称，监管权收归证监会后，新三板"股东人数不能超过200人"的限制有望突破。上述说法一旦实施，三板市场将直接纳入证监会监管，业务范围将涵盖非上市公众公司股票交易和非上市非公众公司股票交易。

④天津柜台交易市场。2008年3月，国务院正式批复《天津滨海新区综合配套改革试验方案》，柜台交易市场（OTC）获批落户天津，定位为全国性非上市公众公司股权交易市场。

2008年9月，天津股权交易所（天交所）成立，主要从事两高（国家级高新技术产业园区内的高新技术企业）两非（非上市非公众股份有限公司）企业股票和私募股权基金交易，2008年12月，首批3家企业挂牌；截至2010年7月，已有49家企业挂牌交易。天交所"小额、多次、快速、低成本"的企业股权私募融资模式，每次可为企业实现股权融资1000万~3000万元、一年可多次私募发行、每次私募发行在3~4个月内完成，企业融资成本仅是公开上市融资成本的1/3~1/5。天交所的设想是建成双层次递进式市场结构，第一层次是总部设在天津的全国市场，截至2010年7月已在5个省建立了分支机构，与9个省市签订了合作协议，与11个省市达成合作意向；第二层次是区域市场。2008年10月，天津滨海国际产权交易所（股交所）试运营，定位于专业从事国际间企业股权投融资信息交易的第三方服务平台，是"为拟融资企业通过出让部分股权进行直接融资的信息交易场所"。

从业务内容看，天交所朝着天津柜台交易市场发展的迹象更加明确，股交所的发展方向仅凭公开资料还无法判断，目前这两个市场都还没有发展起来。据中国证券报2010年3月11日报道，全国人大代表、天津市市长黄兴国10日表示，天津市已就非上市公司股权交易市场做了大量的基础工作，有关部门还在不断研究，目前柜台交易市场还没有立即启动的迹象。

新三板和天津柜台交易市场虽然为非上市企业募集资金描绘了蓝图，但还很不完善，只有为数不多的企业挂牌交易，远没有发展起来，两者在业务上也有重叠的地方。

⑤中小企业板和创业板都属于公开上市，都是高级市场。为解决我国证券市场层次单一、中小企业融资难的问题，管理层试图另辟蹊径，在深沪二市中造出低层次市场来。

2004年深交所开设了中小企业板。本意可能是因为深交所上市标准单一，中小企业混杂在大企业中，排不上队，为了响应支持中小企业的号召，专门为中小企业开辟一块空间。受《公司法》和《证券法》约束，中小企业板上市门槛与主板基本相同，专门开辟中小企业板，充其量在排队的企业中优先审批规模较小的企业，并没有实质性的优先措施。板块不成市场，本质上与"金融板块"、"医药板块"等板块是一样的。设立中小企业板，并没有形成多层次。截至2010年6月9日，中小企业板上市公司为424家。

2009年3月，证监会公布《首次公开发行股票并在创业板上市管理暂行办法》，明确了创业板上市的相关规定，2009年10月创业板正式开通，首批有28家公司上市。与中小企业板相比，创业板的上市条件有所降低，但仍需要满足《证券法》的公开上市要求，如表9.4所示。对于中小企业来说，这样的条件仍然遥不可及，恐怕只有少数最优秀的中型企业才有希望达到。截至2010年3月，创业板共有65只股票上市。

表9.4　　创业板和中小企业板上市条件比较

类别	创业板	中小企业板
股本要求	发行前净资产不少于2000万元，发行后股本总额不少于3000万元	公司股本总额不少于3000万元
盈利要求	最近两年连续盈利，最近两年净利润累计不少于1000万元，且持续增长；或者最近一年盈利，且净利润不少于500万元，最近一年营业收入不少于5000万元，最近两年营业收入增长率均不低于30%	①最近三个会计年度净利润均为正数且累计超过3000万元；②最近三个会计年度经营活动产生的现金流量净额均为正数且累计超过人民币5000万元；或者最近三个会计年度营业收入累计超过3亿元

综上所述，上市公司发行股票，需经过证监会核准，在深沪二市上市交易；非上市公众公司的股票，从深沪二市退市的在非上市公司代办股份转让系统（老三板）交易，新设的在天津柜台市场交易，后者还处于建设过程中；非公众公司私募发行的股票，目前在中关村代办股份转让系统（新三板）、天交所、深圳高交所有一些交易，规模还很小。可见，我国最高层次的全国性公开上市市场比较成熟，场外交易市场建设虽有进展，但大体上仍处于起步状态，尚未达到有效运行。大量中小企业缺少权益资本的融资通道，难以把握机遇迅速做大。

9.2.2 股票私募

股票私募是针对特定对象、采取特定方式、接受特定规范的股票发行方式，包括发起设立及向特定对象募集设立，以及这些公司非公开发行新股。股票私募是中小企业最适宜的权益性融资方式。

（1）股票私募的特点

私募发行股票的核心是注册豁免，无需经过证券监督管理机构审批、核准、注册。相对公开发行而言，私募发行操作便捷，不必像公开发行那样通过繁琐的手续获得批准，而且直接针对特定对象销售，可以节省大量公开承销费用和发行成本，而公开发行的承销费用、专业顾问费用、文件制作和登记注册费用一般要占发行费用总额的8%以上。并不是所有公司为了公开发行而愿意公开公司信息，私募发行没有严格的信息披露要求，财务及其他信息将只为投资者所知，经营操作空间较大，对发行公司来说，私募发行有利于保护财务信息与控制权。

股票私募不仅是重要的融资方式，而且将对中小企业其他融资方式产生积极的影响。第一，银行对资本金越多的企业越愿意放贷，权益资本越充足，企业越容易获得债务资金，反之亦然，股票私募正是中小企业增加权益资本的主要途径。第二，股票私募将催生出大批活跃的私人权益资本，私募股权投资基金有望获得更好的发展，这些投资基金对中小企业意义重大。第三，允许股份有限公司以股份私募方式设立，必将促进大量股份有限公司诞生，从而彻底改变我国股份有限公司在全部公司中比例过低的现状。股份有限公司比有限责任公司更有利于融资：股份有限公司可以发行股票，有限责任公司不可以；股份有限公司公开发债的门槛比有限责任公司低，2005年《证券法》第十六条规定，公开发行公司债券的条件之一是净资产不低于人民币3000万元，有限责任公司则是净资产不低于人民币6000万元。

在多层次证券市场非常发达的美国，股票私募也受到了越来越多的企业和投资者的青睐。鉴于安然（Enron）、泰科电子（Tyco）等公司的丑闻，美国国会于2002年通过了《萨班斯—奥克斯利法案》（Sarbanes - Oxley），加大了公司管理层对财务报表所承担的责任，规定了更为严格的内部审计义务，从而增加了上市公司的成本和法律风险，变相提高了公开上市的门槛，私募发行优势凸显。美国证券法144A条例允许上市企业把一部分股票用于向大机构配售，同时可以规避美国证券交易委员会和《萨班斯—奥克斯利法案》的监管。据英国《金融时报》2007年5月18日报道，2006年在美国三大证交所公开发行股票的筹资总额为1540亿美元，而通过私募发行股票的筹资总额高达1620亿美元，说明越来越多的企业更愿通过私下而非公开交易途径出售公司股票。

（2）中小企业理论上可以私募股票，但交易渠道不畅

根据1994年《公司法》的规定，我国设立股份有限公司的门槛非常高，不仅要有1000万以上的注册资本，而且设立股份公司必须经过国务院授权的部门或者省级人民政

府批准，而不是工商注册。1000 万元的注册资本门槛比大多数发达国家高出 20 倍以上，大量中小企业被排除在外，尤其是发展初期的中小企业。耶鲁大学陈志武教授于 2002 年指出，股份有限公司的注册资金底线，日本约为 82 万元人民币，英国约为 64 万元人民币，其他欧盟国家约为 20 万元人民币，美国则为零；目前由于汇率变动，上述数据会略有调整，但差距很大的事实并没有改变。在高门槛的限制下，我国股份有限公司数量远少于有限责任公司，股份有限公司在所有公司中的比重远小于发达国家。

1994 年《公司法》规定，设立股份有限公司，可以采取发起设立或者募集设立的方式，发起设立，是指由发起人认购公司应发行的全部股份而设立公司；募集设立，是指由发起人认购公司应发行股份的一部分，其余部分向社会公开募集而设立公司。发起人向社会公开募集股份时，必须向国务院证券管理部门递交募股申请，未经国务院证券管理部门批准，发起人不得向社会公开募集股份。股份有限公司设立后，股东大会作出发行新股的决议后，董事会必须向国务院授权的部门或者省级人民政府申请批准；属于向社会公开募集的，须经国务院证券管理部门批准。可见，私募设立被排除在外；设立后私募发行股票，也要省级政府批准。所以设立股份公司往往与申请上市密切联系，股票发行往往与公司上市密切联系。

2006 年《公司法》为股票私募扫清了法律障碍。首先是股份有限公司注册资本的最低限额降为人民币 500 万元，虽然仍比国外高很多，但毕竟下降了一半，许多原来无法注册为股份有限公司的企业，因此而具备了改制为股份有限公司的条件，也就有了发行股票的可能。其次，私募设立得到允许，2006 年《公司法》规定，设立股份有限公司，可以采取发起设立或者募集设立的方式，募集设立是指由发起人认购公司应发行股份的一部分，其余股份向社会公开募集或者向特定对象募集而设立公司，向特定对象募集就是私募。净资产低于 500 万元、达不到股份公司资本门槛的企业，有可能通过私募而跨越门槛。已经注册为有限责任公司的企业，也可以以私募方式改制为股份有限公司，从而获得权益资本。再次，私募股份不必再经省级政府审批，私募设立股份有限公司就像设立有限责任公司一样，只需要经过工商登记注册。根据这些规定，不仅可以在公司设立时私募股票，而且只要公司有需求、投资方有供给，始终存在进一步私募的可能性。

2006《公司法》为股票私募发行和转售打开了闸门，从股票发行的角度看，股份私募已经没有任何法律障碍。只要私募股票有通畅的交易渠道，可以期待大量中小企业通过私募注册为股份有限公司，并根据需要获取权益性资本。然而，时隔 5 年，这种现象仍没有发生，问题主要出在私募股票交易渠道不畅上（详见前一节）。

9.2.3　私募股权投资

私募股权投资（Private Equity）是指对非上市企业进行的权益性投资，在交易实施过程中附带考虑了将来的退出机制，通常是通过上市、并购或管理层回购等方式出售所持股份获利。私募股权投资与股票私募有联系又有区别，股票私募是企业主动在证券市场上募集资金，私募股权投资则是资金主动寻找企业，双方在私募股票交易市场上合作的可能性很大；在私募股票交易渠道不畅的情况下，私募股权投资资金投到中小企业后，退出渠道就非常狭窄了，所承担的风险更大。

广义上的私募股权投资对处于种子期、初创期、发展期、扩展期、成熟期和首次公开募股前（Pre－IPO）各个时期企业都会进行投资，包含天使投资和风险投资。按照投资阶段，可划分为天使投资、风险投资、发展资本、并购基金、夹层资本、重振资本、Pre－IPO资本等。对于中小企业最有意义的是在企业发展前期介入的私募股权投资，这与风险投资的概念非常接近，台湾一般称为创业投资。

我国天使投资极度缺乏，风险投资虽然受到重视，但由于股权交易不畅、税负重、私募基金相关制度不完善，风险投资规模小，且偏向于投资发展期甚至成熟期的中小企业，难以满足发展早期中小企业的需求。

（1）天使投资

天使投资是指具有一定资金实力的个人或家庭对处在初始发展阶段的小企业进行的权益性投资。此时正是企业发展的关键阶段，对于那些小企业主来说，这些投资者就好像天使一样，所以称之为天使投资。天使投资作为投资于发展最初期企业的私募股权投资，对于种子期的中小企业来说非常重要。

在美国，天使投资者一般是极其富有且具有丰富金融经验的个人。上世纪90年代中期，美国每年大约有25万名天使投资者投资于3万个小企业，每年投资额约为200亿美元，同时潜在的天使投资者数量约有150万～200万个。美国新罕布什尔大学下属的创业研究中心的一份报告表明，2008年，美国共有26万多名活跃的天使投资人，除此之外，还有多个天使投资组织。

我国的个人天使投资极度缺乏，多年来，政府资金在很大程度上起到了天使投资的作用。随着经济发展，国内已经初步具备本土天使投资发展的基础，在江浙等发达地区已经出现了天使投资者，一些地下钱庄事实上也充当了天使投资的角色。

由于天使投资的风险较风险投资更大，天使投资者控制风险的手段也十分有限，因此天使投资应当得到政府的鼓励和支持。

（2）风险投资

风险资本通常投资于已经获得一轮或者几轮天使投资的企业。争取风险投资是非常适合中小企业创新的融资方式。中小企业创新的收益不确定、没有可靠的现金流、可用于担保的有形资产少，所以要求资金提供方能够承担一定风险，同时有获得高投资回报的欲望，这正是风险投资的特征。另外，专业的风险投资还有一些特点适合在高风险中博取高收益：第一，通过分散投资来分散风险，不仅向多个目标投资，联合多家投资机构共担风险，而且分阶段投资；第二，投资集中在投资人熟悉的、快速发展的少数新兴行业，以便于投资人追踪行业技术的发展前沿和方向，了解行业最新发展动态，及时做出投资决策；第三，与被投资公司共求发展，通过提供管理、市场开拓、甚至相关产业技术的指导和咨询，克服创业者缺乏管理经验的缺陷，提高被投资公司成功的可能性。

①我国风险投资规模小，偏向发展较成熟的中小企业。我国风险投资活动从上世纪 90 年代中后期开始获得发展。风险投资作为支持自主创新的一种重要金融工具，得到了我国各级政府高度重视，出台了诸多鼓励政策。

早期风险投资资金以政府资本（含国资国企）为主，国有资本的保值增值要求与风险投资机制相冲突，很大程度上阻碍了风险投资进入发展早期的中小企业。为解决这一问题，2005 年 11 月，国家发改委等十部委联合颁布《创业投资企业管理暂行办法》，允许中央政府和地方政府设立政策性创业投资引导基金，通过参股和提供融资担保方式，促进民间资金设立创业投资基金；支持各级政府运用税收政策扶持创业投资企业并引导其增加对中小企业尤其是中小高新技术企业的投资，具体税收优惠政策由税务总局会同其他部门制定。2007 年 2 月，财政部、国家税务总局联合下发《关于促进创业投资企业发展有关税收政策的通知》，公司制创业投资企业对符合特定条件的高新技术企业投资，可按其投资额的 70% 抵扣应纳税所得额。

2006 年颁布的《实施〈国家中长期科学和技术发展规划纲要（2006 ~ 2020 年）〉的若干配套政策》（国发［2006］6 号文件）首次提出在法律法规和有关监管规定许可的前提下，支持保险公司投资创业风险投资企业，允许证券公司开展创业风险投资业务；同时提出要完善创业风险投资外汇管理制度，规范法人制创业风险投资企业的外汇管理，明确对非法人制外资创业风险投资企业的有关外汇管理问题。此后，在多个相关地方配套细则中提到发展风险投资。

2007 年 7 月，财政部、科技部制定了《科技型中小企业创业投资引导基金管理暂行办法》，在科技型中小企业技术创新基金中设立科技型中小企业创业投资引导基金，用于引导创业投资机构向初创期科技型中小企业投资，引导方式包括阶段参股、跟进投资、风险补助和投资保障。

在诸多鼓励政策的推动下，风险投资在 1995 ~ 2000 年间获得高速发展，2001 ~ 2004 年发展放缓，2005 年起出现新一轮发展高潮，尤其是 2006 年后风险投资的发展进一步加速，多数省市设立了政府部分出资的创业投资机构，或由政府设立的创业投资引导基金，如天津市成立了全国规模最大、总额为 20 亿元的滨海新区创业风险投资引导基金，2007 年山西省人民政府与国家开发银行合作设立了总额 8 亿元的“山西省创业风险投资引导基金”。

尽管风险投资活动发展较为迅速，但无论与我国中小企业的需求相比，还是与发达国家相比，风险投资规模还偏小。中国风险投资研究院 2008 年对比较活跃的 402 家风险投资机构的调查数据表明，新募集资金 1018.67 亿元，完成 506 个风险投资项目，共 339.54 亿元；2009 年比较活跃的 556 家风险投资机构共完成 689 个项目，仅 316.64 亿元。根据市场调查机构道琼斯风险资源（Dow Jones Venture Source）发布的统计报告，2008 年美国风险投资额为 288 亿美元。根据市场研究企业 CrunchBase 公司公布的调查报告，仅2010年第一季度美国风险投资总额就达到了128亿美元。

风险投资主要支持的是规模相对较大的中小企业，发展初期的中小企业很难获得。根据中国风险投资研究院的研究报告，在2005年度完成的风险投资中，有55.58%的投资金额集中在处于扩张期和成长期的中小企业。据《中国创业风险投资发展报告2006》提供的数据，2003～2005年间，风险投资项目位于种子阶段的比重在4%～5%之间，位于起步阶段的比重在12%～20%之间，位于扩张阶段与成熟阶段的比重分别在40%和35%左右。

②制约我国风险投资发展的主要原因。除了发展时间较短外，制约我国风险投资发展的主要原因有三个，一是退出渠道不畅，二是税负重，三是私募股权投资基金相关制度不完善。

风险投资退出渠道不畅。从国际经验看，风险投资主要通过证券市场退出，有的在股票私募阶段退出，有的在公开发行但未上市的时候退出，有的一直持有股票到企业公开上市后才退出，这需要以高度发达的多层次证券市场为基础。如前文所述，我国场外交易市场尚未发展壮大，交易渠道不畅，风险投资退出就很困难，如果没有并购或管理层回购，只能苦等企业上市，风险投资变长期投资，投资投成股东分红过日子，这在很大程度上限制了风险投资的发展。

外资风投机构发展一直比本土风投机构快，投资渠道多是重要的原因。根据中国风险投资研究院（香港）的调查，2006年上半年本土投资额为14.09亿元占22.7%，其余77.3%为外资。清科研究中心发布的《2006年中国创业投资中期报告》显示，外资风险投资机构投了71%的项目，本土机构只占24%。不过，发生国际金融危机以来，外资在我国风险投资领域一枝独秀的格局已经被打破，中国风险投资研究院发布的2009年中国风险投资行业调研报告显示，由外资机构主导的投资占总投资额的42.16%，本土机构主导的投资占总投资额的57.84%，本土机构的投资总量首次超过外资机构。外资败退的原因，无外乎后院起火，以及内资找到了借道美国、香港、新加坡等市场退出的曲线退出道路。

风险投资机构税负重。税收水平直接影响着风险投资的发展。美国曾于1969年将资本利得税率由29%提高至35%，1976年又进一步提高到49.5%，此举造成风险投资额锐减；1978年，资本利得税率下调至28%，风险投资活动才出现转机；1981年，资本利得税率下调至20%，并对符合条件的风险投资机构实行投资额60%免征收益税、其余减半课税的优惠政策，此项政策调整带来了上世纪80年代美国风险投资额的急剧增长。2003年，美国将长期投资的资本利得税由20%下调至15%，该项措施原本规定于2008年终止，但2006年5月被《Tax Reconciliation Act》延长到2010年。如果没有新政策出台，2011年资本利得税率将回复到2003年前的水平：20%，到时对风险投资将产生什么影响我们拭目以待。除美国外，世界上许多国家都出台了支持风险投资发展的优惠政策。如法国风险投资公司从持股中获得的资本收益可免除部分所得税，免税额最高可达收益的1/3。新加坡风险投资的最初5～10年完全免税，凡是向政府批准的新技术工业项目投资的本国公司，如果投资失败，在对其他项目的收入征税时，可以免除相当于投资金额50%的所得税。英国对风险投资信托实行全面税赋豁免与优惠，个人投资者可以得到股份红利收入税、资本利得税的豁免，基金公司可以得到资金利得税的豁免和其他税赋上的特别优惠。

2007年《合伙企业法》实施前，我国风险投资机构均在工商部门注册为公司。对于公司制风险投资机构股东来说，投资收益首先要缴纳一道企业所得税，分红以后再缴纳个人所得税。国外风险投资机构大多采用有限合伙制，因而不存在双重纳税问题。

2007年《合伙企业法》实施后，风险投资机构理论上可以选择注册为公司，也可以注册为合伙企业。合伙企业不具法人地位，不需要缴纳所得税，形式上已经解决了双重缴税问题，但实际税负仍较重，这也是2007年后有限合伙制私募基金发展缓慢的根本原因。根据《合伙企业法》规定，合伙企业的生产经营所得或其他所得，按照国家有关税收规定，由合伙人分别缴纳所得税。自然人作为合伙人，根据财政部、税务总局2008年公布的《关于合伙企业合伙人所得税问题的通知》，按《关于个人独资企业和合伙企业投资者征收个人所得税的规定》计算所得税，即取得基金分成收益时，比照个人所得税法的“个人工商户的生产经营所得”应税项目，适用5%～35%的五级超额累进税率计算征收个人所得税，风险投资收益通常较高，适用税率并不见得比双重缴税低。如果自然人是普通合伙人，参与企业管理，以生产经营所得纳税有一定道理，但如果是有限合伙人，并不参与企业经营管理，其收益从本质上来说是投资收益，根据《个人所得税法》规定，“利息、股息、红利所得”、“财产租赁所得”、“财产转让所得”适用20%的个人所得税税率。

私募股权投资基金相关制度不完善。《证券投资基金法》明确规定，公募基金（Public Offering Fund）只能投资上市交易的股票、债券，以及国务院证券监督管理机构规定的其他证券品种，不可以从事私募股权投资。私募基金（Private Placement Fund）相对公募基金而言，最大差别在于募集方式，主要是面向少数投资者、尤其是富人私募。但在中国这样的新兴市场，未规范的私募行为面向普通人和富人的都有，没有严格区分。私募基金的投向非常广泛，通常根据客户的特殊需求提供度身定做的投资服务产品，主要的方向就是私募股权投资，但不是所有的私募基金都是私募股权投资基金。私募股权投资基金的投向和风格也有很大的区别，可能是投向企业发展早期的风险投资基金、创业投资基金，可能是风格比较稳健的并购基金，也可能是风格比较激进的对冲基金，等等。

基金通常采用两种类型，一种是基于签订委托投资合同的契约型基金，另一种是基于共同出资入股成立股份公司的公司型基金。从法律性质来看，契约型私募基金实质上是一种信托法律关系，其当事人包括发起人（基金管理人）、投资人（基金份额购买人）、收益人（一般为投资人或基金份额持有人）。投资人将信托基金通过契约（信托合同）信托给发起人，发起人以自己的名义运用基金资金进行投资，投资收益由收益人分享，投资亏损也由收益人分担，发起人按照约定收取报酬。目前，《证券投资基金法》规定公募基金只能以契约型基金方式募集，私募基金没有专门的法律规定，绝大多数采用了公司制。

我国私募基金发展始于上世纪 90 年代中后期。由于一直没有相关法律，私募基金发展相当混乱，弄不好就会踩上非法集资的地雷。有不少私募基金借道工商部门注册为公司，有“投资咨询”、“投资顾问”、“投资管理”、“财务管理”、“财务顾问”五种类型，只是 1994 年《公司法》明文规定：“向其他有限责任公司、股份有限公司投资的，除国务院规定的投资公司和控股公司外，累计投资额不得超过本公司净资产的 50%”，守法的话另一半资金只能闲置，而且双重缴纳所得税，运行相当艰难。1999 年 12 月，国务院办公厅转发了科技部等七部门提出的《关于建立我国风险投资机制的若干意见》，该意见打破了 1994 年《公司法》中关于累计投资额不得超过本公司净资产 50% 的限制，允许风险投资公司运用全额资本金进行投资。

私募基金作为“黑户”一直游走在法律的边缘，始终处在灰色地带。为了阳光化，一些私募基金曲线救国，通过信托机构向特定投资人发行证券投资集合资金，这种通过信托机构发行组织运作的私募基金被称为阳光私募基金。2009 年 7 月，主管部门中国证券登记结算有限公司（中证登）对信托公司以信托合同到交易所开户的方式颁布禁令，目前还没有重启，一些信托公司开始借机高价出售休眠信托账户。如果信托开户继续被暂停下去，存量的信托账户不足以支持阳光私募的高速发展。事实上，私募基金也不甘心将生命线交给信托公司把握，只是无可奈何。曾经促成了阳光私募群体发展壮大的信托平台，逐渐变成了阳光私募发展的阻碍。

2006 年《公司法》正式取消了只能投资 50% 净资产的限制，同年 8 月《合伙企业法》修订通过，自 2007 年 6 月起实施。根据新《合伙企业法》，有限合伙企业由普通合伙人和有限合伙人组成，普通合伙人对合伙企业债务承担无限连带责任，有限合伙人以其认缴的出资额为限对合伙企业债务承担责任，合伙企业的合伙人可以包括自然人、法人和其他组织。这为私募基金的规范化运作提供了一个新的选择，客户作为有限合伙人投入资金，而管理人以少量资金（可能只有 1%）成为普通合伙人，具体负责投入资金的运作，并按照合伙协议的约定收取管理费。

目前，只要募集对象不超过 200 人，私募基金可以注册为公司（可以通过信托公司运作，也可以独立运作），也可以注册为合伙企业。根据 2010 年 3 月在深圳召开的第四届私募基金高峰论坛资料，目前我国私募基金管理规模已超过 1 万亿元，投资领域涉及国民经济方方面面。已有的私募基金基本上都是公司，合伙制私募基金 2010 年 2 月才开始推出，数量还很少，只有银河普润、国顺投资基金等少数几只。

2004 年《证券投资基金法》对公募投资基金给予了明确的法律地位，但私募基金未纳入其中。虽然私募基金在数量上达到了一定规模，但一直没有专门的法律加以规范。

2009 年 7 月，《证券投资基金法》正式开始修订，据称主要修订内容就是将私募基金纳入框架。

9.3　中小企业债务性融资环境

募集债务性资金有两种方式，一是通过债市直接融资，二是通过金融中介贷款。

中小企业很难获得商业银行贷款是普遍现象，发达国家的中小企业主要通过发行公司债、融资租赁、中小型贷款银行贷款等方式获得债务性资金，同时有政策性金融机构帮助中小企业获得贷款或直接发放贷款。

公司债市场是我国最落后的金融市场，民间借贷、融资租赁行业还没有发展壮大，中小企业除了可以竞争少量政策性资源，尝试集合贷款、集合发债之外，只能寻求门槛极高的商业银行贷款。

9.3.1　商业银行贷款

中小企业缺乏抵押物、经营风险大，与商业银行稳健、保守的经营偏好是相违背的，中小企业贷款难应当说是正常现象。市场经济条件下，只能倡导而不能直接要求商业银行增加对中小企业贷款，要求了银行也未必响应，因此，不应过于期望商业银行在中小企业融资上发挥更积极的作用。

我国虽然存在企业过度依赖银行贷款、信用担保体系规模小、信用体系不健全等问题，但在各有关方面的不懈努力下，商业银行贷款已经成为中小企业融资的主渠道，对中小企业自主创新发挥了一定的作用。

（1）商业银行贷款难以贴近中小企业的需求

中小企业还处于企业发展前期，无论是技术路线还是制造工艺都不够成熟，且未经生产过程和市场的充分检验，因而不确定性大，其经营状况和未来发展前景不易判断，具有高风险性。从全球范围看，中小企业破产的概率普遍较大，在美国有接近 70% 的中小企业寿命小于 5 年。银行的资金来源于储户，银行在吸收存款时向储户提供了未来支付存款本利的保证。为了实现这种承诺，银行必须稳健经营，以安全性和流动性为经营基本原则，在保证资金安全的基础上追求利润，从事贷款业务时必然会本能地规避风险。在实际操作中，就表现为银行对选择贷款项目十分小心，没有充分把握不肯放贷，尽量做短期贷款而少做长期贷款，尽量做有担保或抵押的贷款而少做信用贷款。从一定意义上说，商业银行对高风险的中小企业贷款采取回避策略，是风险监控趋于严格的积极表现，应该鼓励而不应该受到指责。

不论贷款金额大小，银行处理每笔贷款的交易成本实际相差无几。与大型企业相比，中小企业单笔贷款数额相对较小，这意味着为中小企业提供相同规模的资金，银行需付出更高的成本，同任何其他商品一样，零售价格会比批发价格高，这进一步增加了中小企业融资的难度。而且由于贷款笔数多，也加重了日后追债的负担。

即使中小企业最终获得银行贷款，也主要是短期贷款。中小企业创新的前期投入大，从技术研发到成果转化、再到工业化生产，产品销售到市场，需要相当长的时间，因而更需要中长期资金支持。商业银行对中小企业的贷款期限通常在一年以内，很少有商业银行向中小企业提供基建和技改贷款等长期性资金。为了满足资金周转的需要，一些企业不得不采取短期贷款多次周转的办法，从而增加了企业的融资成本。早在1931年，英国麦克米伦金融和工业委员会在其报告中提出了中小企业融资面临的这一难题，认为中小企业融资存在着长期资金缺乏的“麦克米伦缺口”。

（2）促进商业银行向中小企业贷款的措施

通过促进银行业竞争、提供信用担保、企业互助等措施、中小企业集合信托债权基金，促进了商业银行对中小企业贷款，部分解决了中小企业创新资金需求。而最近兴起的普通银行设立科技支行，开展类似于硅谷银行的高风险投资业务不宜鼓励。

①促进银行业竞争。竞争有利于改善大银行对中小企业的服务。美国是典型的市场主导型金融体系国家，有着非常发达的资本市场。20世纪80年代以来，美国大型企业长期融资越来越依靠股票和债券，而短期融资则更多依靠商业票据。正是因为金融产品和融资渠道的多元化，大型商业银行争夺大客户的竞争愈演愈烈，最终不得不将视线投向过去一向被认为风险高、利润薄的中小企业贷款业务。

20世纪后期以前，日本由于金融管制造成债券市场不发达，日本商业银行与中小企业之间的关系是疏远的；随着金融管制不断放松和金融工具多样化，大型企业更趋向于在债券市场融资，商业银行的贷款不得不大量转向中小企业。

我国权益性融资渠道狭窄，企业过度依赖银行贷款，国有独资商业银行、股份制商业银行、城市商业银行的贷款对象趋同，大多集中于大项目、大企业，中小企业贷款的空间不大。这种形势有待慢慢扭转，不可能一蹴而就。

②信用担保。信用担保可以改善中小企业的信用状况，有利于获得商业银行贷款。向中小企业提供信用担保，相当于代中小企业背负了部分风险，使得信用担保机构自身风险较大，初期难以商业运行，多数依靠政府支持。

从国内外经验来看，政府支持中小企业信用担保业务有四种主要做法。一是政府机构直接办理信用担保业务，如美国中小企业管理局（SBA）负责执行和管理联邦政府的小企业担保贷款计划，对中小企业贷款提供一定比例的信用担保，对总额较小的贷款、少数民族和妇女所办中小企业的贷款，担保比例更高一些。二是政府出资的特殊法人或财团法人，如日本中小企业信用保险公库是特殊法人，以中央政府拨款为资本金，日本中小企业信用保证协会也是特殊法人，其资金来源为中小企业金融公库、地方政府、公共社团和金融机构捐助，以及中央财政金融公库和地方财政的低息借款；台湾省中小企业信用保证基金是财团法人，以政府和相关金融机构的捐款为资本金，政府捐赠约占80%。三是政府成立的有限责任公司，如一些欧洲国家政府出资的担保机构，有的是非营利性的，如奥地利的财政担保公司，有的则是政策性与商业性混业的担保公司，如法国信用担保公司，政策性担保发生赔付直接由政府承担，列入专门项目账户。四是政府委托专业机构代理，如欧共体委员会委托欧洲投资公司代理中小企业担保业务，欧共体委员会与欧洲投资公司签订合同，明确担保对象、资金用途和损失分担原则，以及资金注入方式。

政府兴办的信用担保机构主要起引导作用，市场发展到一定程度，只要有利可图，商业担保机构就有可能介入中小企业信用担保业务。政府主要对商业担保机构的设立、担保资产的流动性和安全性等加以规范，通常也给予一定支持。大部分国家都有专门的法案来规范信用担保资金使用，如美国的中小企业法，日本的信用保证协会法、中小企业信用保险公库法等。我国《中小企业信用担保资金暂行管理办法》于 2010 年 4 月发布。

我国中小企业信用担保制度建立于 1992 年，代表者是重庆私营中小企业互助担保基金会、上海的工商联企业互助担保基金会、广东的地方性商业担保公司。1999 年 6 月 14 日，国家经贸委发布《关于建立中小企业信用担保体系试点的指导意见》，凡纳入全国中小企业信用担保体系建设试点范围的担保机构，其担保收入免征 3 年营业税，中小企业信用担保事业发展很快，形成了资金来源多元化、机构组织多样化的中小企业信用担保体系。2003 年施行的《中小企业促进法》规定，“县级及以上人民政府和有关部门应当推进和组织建立中小企业担保体系”，中小企业信用担保事业步入了依法实施的新阶段。2006 年 11 月，发改委、财政部、人民银行、税务总局、银监会共同发布《关于加强中小企业信用担保体系建设的意见》，提出了建立风险补偿机制、完善税收优惠政策等措施。

目前，许多省份建立了政府部分出资的中小企业信用担保机构，部分省市通过设立专项资金等方式对中小企业信用担保机构的损失给予补偿。北京市 2008 年 11 月成立了中小企业信用再担保公司，资本金为 15 亿元人民币，为中小企业信用担保机构提供增信和分险服务。辽宁省级财政安排专项资金对全省中小企业信用担保机构贷款担保风险给予补偿，同时要求各市设立相应的风险补偿专项资金。辽宁、吉林、黑龙江、内蒙古、大连五省市和国家开发银行集资 30 亿元，成立了全国第一家区域性的东北中小企业信用再担保股份有限公司。广东省政府设立了科技型中小企业贷款担保风险准备金，提供总额 180 亿元的金融贷款。内蒙古自治区设立了金融科技贷款风险补偿金，投入专款 200 万元，带动开发银行科技贷款 1000 万元。

根据工业和信息化部统计，截至2008年底，全国共有中小企业信用担保机构4247家，担保资金2334亿元，中小企业贷款累计担保额已达1.75万亿元，累计担保企业90.7万户；其中国有控股担保机构1245家，占全国担保机构总户数的29.3%；政策性担保资金615.4亿元，占担保资金总额的26.3%。

信用担保的思路是为中小企业增信，降低银行贷款的风险。但由于信用制度缺失，银行对中小企业进行风险评级、风险控制等信息搜寻的成本太高，对贷款的风险难以掌握，还有很大的系统风险。如果能建立起以中小企业、企业经营者、中介机构为主体，以信用登记、信用征集、信用评估和信用发布为主要内容的信用制度，银行就可以降低向中小企业放贷的成本。

③企业互保。企业互保是指企业之间通过协商，签订互保契约，互相为对方在向银行申请贷款时提供担保的一种担保形式。中小企业互助能加强中小企业的风险承担能力，争取商业银行贷款，并为建立专门的中小企业金融机构打下良好的基础。

互保操作简单，成本很低，参与门槛也不高，但是它也有很大的局限性。因为没有专门的法人和资本担保，导致公信力低；对于联保方来说风险大，其概率呈0~1分布。在实践中，中小企业很难找到自己了解的、可信任的互助伙伴，如果双方规模实力不相匹配，实力强的一方在互保中对同一笔担保所支付的信用就要多；由于风险概率是0~1分布，可能一笔互保业务就拖垮了一个中小企业。因此，互保虽然很受研究者的欢迎，但实践中并不多见。

④中小企业集合信托债权基金。中小企业集合信托债权基金是以信托的方式募集资金，为一批中小企业提供信托贷款，辐射到的中小企业通常集中在某个特定的行业。相对中小企业集合债而言，中小企业集合信托债权基金借助信托平台，手续更简便，融资成本更低。中小企业集合信托债权基金模式为中小企业融资开辟了一条新路，已在全国引起强烈反响，多个城市成功发行了中小企业集合信托债券基金或已经公布发行计划。

全国第一只中小企业集合信托债权基金“平湖秋月”于2008年9月发行，规模为5000万元。其中，杭州市西湖区财政认购1000万元，杭州点石引导投资管理有限公司（点石投资）认购1000万元，财政和点石投资认购部分不需要回报；另外3000万元通过杭州银行向社会发行理财产品，购买者可以获得7%~8%的回报。受益企业为杭州市西湖区20家中小企业（其中科技型中小企业17家），单户贷款20万元至750万元不等，户均250万元，信托贷款年利率为7.50%，贷款期限2年。2009年2月，杭州市又推出了针对文化创意类中小企业的中小企业集合信托债权基金“宝石流霞”，规模为6000万元。其中，杭州市财政资金出资认购1000万元，有担保，无须回报；由杭州银行向社会发行总额为4700万元的理财产品，有担保，年收益5.5%；创投机构认购300万元，无担保，年收益30%。受益的29家企业分别获得20万元至800万元不等的贷款，信托贷款利率8.91%，期限为一年，担保费为1%[①]。

截至2010年，浙江、上海、湖北等地共发行14期中小企业集合信托债权基金，募集资金13.72亿元，惠及285户中小企业。

⑤科技支行。2009年初，我国成立了第一批两家科技支行，之后在有关部门的大力推动下，出现了商业银行设立科技支行的热潮。不少股份制商业银行已经设立了科技支行，如成都银行科技支行、杭州银行科技支行、北京银行中关村支行、浦发银行上海分行张江支行、上海农商行中小企业融资中心、江苏银行无锡科技支行、汉口银行光谷支行、交通银行中关村支行、平安银行深圳科技支行等。四大国有商业银行中，建设银行成立了成都科技支行，农业银行成立了无锡科技支行。

科技支行专门面向中小企业提供金融服务，目前主要提供知识产权质押、股权质押、出口退税质押、订单质押等多种形式的贷款。营销案例中，已发展出类似于投资银行的做法，如跟随风险投资给予信用贷款的"跟贷"业务，约定股权收益分成的"期权"业务。

从设想到操作，科技支行都在借鉴硅谷银行的经验和模式，但是硅谷银行并不是普通的商业银行。硅谷银行创立时的确是普通的商业银行，只有贷款和储蓄这两项最简单的业务，但之后通过并购拥有了投资银行牌照，停止了普通个人储蓄业务。目标市场转向那些新创的、发展速度较快、被其他银行认为风险太大而不愿提供服务的中小企业身上，重点发展面向风险投资机构和其投资企业的存贷款业务，以及股权投资，同时也直接参与风险投资基金。现在的硅谷银行是一家金融控股公司（Silicon Valley Bank Financial Group），混业经营，主要从事高风险的债权、股权投资业务，与国内商业银行设立科技支行有本质区别。

为了防范金融风险，我国从1995年开始陆续通过《商业银行法》、《证券法》、《保险法》等法规，确立了金融机构分业经营的原则，一直延续至今。加入WTO以来，不少专家、官员提出放开混业经营，以应对来自国际金融机构的竞争，但监管部门一直没有放开这道闸门。目前法律不允许商业银行用普通存款从事高风险的投资业务。2010年8月，银监会通知要求各银行将表外贷款转入资产负债表内，控制银行从事高风险业务的态度非常明显。

因此，普通银行设立的科技支行，不应开展类似于硅谷银行的高风险投资业务。如果仅仅是从事针对中小企业的普通贷款，则是银监会鼓励的行为。2009年科技部、银监会还联合发布了《关于进一步加大对科技型中小企业信贷支持的指导意见》，提出在建设专门的担保公司、政府提供资本金和补贴、建立科技型中小企业贷款风险补偿基金、建设科技型中小企业信用体系、加强与风险投资机构合作等政策配合下，试点银行可加大对中小企业的信贷支持。

---

① 资料来源：www.jiaozuo.gov.cn/jzjyzx/shownews.asp? id=585。

9.3.2 发行债券

债市融资和股市融资的资金性质不一样，但两者的融资手段是一样的，都是直接面向证券市场融资。我国债市发展落后，主要出于两方面原因，一是审批门槛高，二是交易渠道不畅。有关交易渠道即多层次证券市场的内容前文已经作了分析，不再赘述。

不管是发改委审批的企业债，还是证监会核准的上市公司发行公司债，都有很高的进入门槛，普通中小企业难以企及。我国企业债/公司债市场不仅比不上发达国家，即便与国内其他金融市场相比，也非常落后，是我国最落后的金融市场。根据汤森路透数据，美国投资级公司债券销售2007年为9868亿美元，2008年受次贷危机影响，也达到了6450亿美元，相比之下，我国的债市规模不足美国的5%。

（1）企业债

由于历史原因，我国债市上除了公司债，还有企业债。而发达国家只有公司债，没有企业债。

①企业债的发债主体是大型国企。发行企业债券主要根据的是1993年出台的《企业债券管理条例》，当时《公司法》尚未出台，股份有限公司和有限责任公司也尚未成为国有企业组织制度改革的主要方式。企业债自一起步就限制在国有经济部门内，不仅需要严格的审批，而且通过国有机制贯彻了政府信用，通过行政命令强制落实担保机制，企业债券几乎等同于政府债券。由于后来有相当多的国有企业进行了公司制改革，似乎企业债等同公司债，其实不然，企业债发债主体比普通的公司债要狭窄得多，几乎都是国有独资企业或国有控股企业。

1999年前，中央企业发行企业债券，由中国人民银行会同国家计委审批；地方企业发行企业债券，由中国人民银行省、自治区、直辖市、计划单列市分行会同同级计划主管部门审批，实际发行人100%是国有企业。2000年起，发行审批权移交国家计委（国家发改委），企业债券利率则由中国人民银行负责管理，企业债券的上市审批由证监会负责，绝大部分批给了国有项目。

2004年，国家发改委《关于进一步改进和加强企业债券管理工作的通知》规定，企业在境内发行债券，应当按照《公司法》、《证券法》、《企业债券管理条例》等法律法规和国务院有关文件规定的条件和程序，报经国家发改委批准；具有法人资格的企业均可申请发行企业债券。修订《企业债券管理条例》列入了国务院2006年重点立法项目，至今仍未完成。据悉，经过修订，企业债券发行价和利率会向市场化方向迈进，企业债券发行将由审批制改为核准制，发债门槛将降低。

在严格管制下，企业债市场规模非常小，2005年前，企业债每年发行规模只有几百亿，2006年“激增”至1015亿，2007年为1709亿，2008年为2367亿。企业债市场规模小，除审批门槛高外，也与债券利率管制有很大的关系。《企业债券管理条例》第十八条规定，企业债券的利率不得高于银行相同期限居民储蓄定期存款利率的40%，将企业债券逼到非常尴尬的地位。限定了发行价格，企业信用就不能通过债券价格明确标出，价格不能代表真正的资金成本，从而失去了对社会资金配置的指导作用。这样低的利率恐怕只有那些风险极低的企业才能发行债券，如国家电力、中国石油、三峡总公司这类超大型企业，普通大型企业都很难发行企业债，中小企业发债完全没有可能。

②中小企业集合债。为了在企业债市场占有一席之地，一些中小企业抱团发债，即中小企业集合债。中小企业集合债就是由一个机构作为牵头人，若干家企业一起申请发行债券。2009 年国务院《关于进一步促进中小企业发展的若干意见》（国发〔2009〕36 号）中明确提出，要稳步扩大中小企业集合债券的发行规模。

2004 年，中关村科技园区开始尝试将高新技术企业集合捆绑起来，采取“统一发行、统一担保、同时评级、分别负债”的形式发行企业债。当时计划发行 8 亿元人民币债券，债券期限为 5 年，利息约在 3.5% ~4% 之间，然而限于市场环境和政策法规，这一构想最终夭折。三年后，为拓宽中小企业融资渠道，解决中小企业融资难题，支持高新技术企业进一步发展，经国家发改委、北京市人民政府、北京市发改委批准，于 2007 年发行了中关村高新技术中小企业集合债。“07 中关村债”有 4 家发行人，债券发行主体为北京和利时系统工程股份有限公司、北京北斗星通导航技术股份有限公司、神州数码（中国）有限公司、有研亿金材料股份有限公司等 4 家中关村高新技术企业，发行规模 3.05 亿元，由中关村科技担保公司提供担保，国家开发银行营业部提供再担保。2009 年，北京再次申报发行中关村中小企业集合债券，该期债券共有 13 家发行人，申请发行规模 3.83 亿元，为 6 年期固定利率债券，附设第 3 年末投资者回售选择权及发行人全额赎回权，由北京中关村科技担保有限公司、北京中小企业信用再担保有限公司分别提供担保和再担保。为降低企业的发行成本，调动企业的发债积极性，按照《中关村科技园区企业贷款扶持资金管理办法》，中关村管委会给予发债综合费用 20% 的补贴。

2007 年，深圳市中小企业集合债正式发行，该集合债由深圳市远望谷信息技术股份有限公司等 20 家中小企业作为联合发行人，按照“统一冠名、分别负债、统一担保、集合发行”的模式发行，国家开发银行担任主承销商并为本期债券提供全额无条件不可撤销连带责任保证担保。债券发行额度 10 亿元，为 5 年期固定利率债券，票面利率 5.70% 。

2009 年，大连市中小企业集合债经国家发改委批准，在深交所和各发行网点公开发行，中信建投证券有限责任公司主承销，大连港集团有限公司担保，发行总额 5.15 亿元。该集合债由大连东兴工业机械有限公司等 8 家发行人采用“统一组织、分别申请、分别负债、统一担保、集合发行”的方式。

除了深圳、北京、大连三地，还有成都、武汉、广东等地也开始操作发行中小企业集合债，或开始进行可行性研究，其中成都已于 2009 年底发行了额度为 15 亿元的中小企业集合债。总体上看，中小企业集合债的发债规模较小，难以从根本上改变中小企业直接融资比例低的现状。

审批难是发行中小企业集合债的最大难题。由于涉及企业数量较多，需经主管部门审批，同时报央行、证监会等备案，手续与程序复杂，使得中小企业发行准备时间过长，不确定性较大。

（2）公司债

发达国家的公司债市场规模很大，发行公司债手续简便，通常实行登记注册制，只要发债公司的登记材料符合法律规定，监管机关无权限制其发债行为，是企业首选的融资手段。从国际范围看，企业通过债券市场融资的规模往往是其通过证券市场融资规模的3~10倍。经济学家吴敬琏认为，理想的情况下是不需要企业债的，政府债券外只要有公司债就够了。

①私募公司债最适合中小企业。通过证券交易所公开发行的公司债只占全部公司债的极小一部分，绝大部分通过柜台交易方式进行，当然，柜台交易和证券交易所公开上市是有密切关联的，并且还不断地相互转化。

我国2005年《证券法》规定了公开发行公司债的门槛，股份有限公司的净资产不低于人民币3000万元，有限责任公司的净资产不低于人民币6000万元，由国务院证券监督管理机构或者国务院授权的部门核准，条件基本等同于公开上市，中小企业难以企及。2006年《公司法》规定，上市公司发行可转股公司债券，应当报国务院证券监督管理机构核准。2007年证监会发布《公司债券发行试点办法》，该办法依据《证券法》和《公司法》制定，规定申请发行公司债券应当符合《证券法》、《公司法》规定的条件，并经证监会核准，可见规范的仅仅是公开发行公司债。根据国家统计局《2008年国民经济和社会发展统计公报》，30家上市公司共发行公司债券998亿元。

对于非公开发行证券，《证券法》只规定不得采用广告、公开劝诱和变相公开方式，没有其他规定。况且，私募公司债的柜台交易市场还没有发展起来，没有发行和交易渠道，中小企业无法通过私募公司债融资。

私募发行、场外交易的公司债是真正有利于中小企业的融资方式，《证券法》并没有限制私募发行公司债，应尽快制定完善发行和交易相关制度。

②中小非金融企业集合票据。中小非金融企业集合票据是在全国银行间债券市场上推出的一种新的债务融资工具，由人民银行主导、银行间交易商协会组织、银行间债券市场成员参与、在全国银行间债券市场发行、按约定还本付息的债券融资工具。一般由2个以上、10个以下具有法人资格的中小企业，按照“统一产品设计、统一券种冠名、统一信用增进、统一发行”方式在银行间债券市场共同发行。2009年11月全国首次发行了三只。

相对中小企业集合债而言，发行中小企业集合票据手续简单，更为快捷方便，只要企业法律关系明晰、财务状况正常透明、经交易商协会注册通过即可发行。目前全国不少地方都在准备发行，截至2010年底，已有95家中小企业通过该渠道募集资金57.77亿元。

9.3.3 民间借贷和民营中小型贷款银行

民间借贷包括个人之间、个人与企业之间的借贷。个人之间的借贷与中小企业无直接关系，个人与企业之间的借贷相当分散，方式不一。

2003 年以来，国家逐步放开了对民间小额信贷的限制。民间借贷作为正规金融有益和必要的补充，在一定程度上填补了正规金融不愿涉足或供给不足所形成的资金缺口，缓解了中小企业的资金困难，增强了经济运行的自我调整和适应能力。

1996 年由国务院同意经央行发布的《贷款通则》是目前处理民间借贷纠纷的主要依据之一，该通则自颁布至今已有 15 年，其中大部分条款已经不符合当前经济发展的要求。近年来不断发布的各种意见和规定，只不过是《贷款通则》的补丁或专项处理办法，民间借贷缺乏系统性规范，正在修订的《贷款通则》应尽快完成。《贷款通则》于 2000 和 2004 年两度修订，最终都不了了之，目前已是第三次。据了解，新《贷款通则》征求意见稿把信贷市场划分为三个层次：一是金融机构贷款人，包括商业银行、政策性银行、农信社、农村合作银行等；二是非金融机构贷款人；第三即是民间借贷，一度盛传即将颁布的《放贷人条例》的主要内容也将纳入其中。

民间资金通过金融中介向中小企业放贷，是更为主要的形式。目前从事中小企业贷款业务的主要是贷款公司、小额贷款公司，由于它们只能贷款、不能吸储，因而大大削弱了其放款能力。相对而言，民营中小型贷款银行既能存也能贷，资金实力要强得多，而且与大型商业银行相比，民营中小型贷款银行对中小企业具有更重要的意义。民营中小型贷款银行由于规模相对较小，它们自有资金有限，无力面向大企业提供融资服务，向中小企业贷款是更为现实的选择。民营中小型贷款银行在为中小企业提供服务方面是具有优势的。民营中小型贷款银行一般是地方性的，易于了解当地中小企业的经营状况，从而可降低信息不对称带来的风险；同时，贷款给中小企业之后监督贷款使用情况也相对容易，贷款的风险就大大减小。

2007 年银监会发布《村镇银行管理暂行规定》和《农村资金互助社管理暂行规定》，对村镇银行和资金互助社的组织和行为作了规范。2008 年银监会发布了《关于小额贷款公司试点的指导意见》，只要地方政府愿意承担监管和风险处置，就可以在辖区内批准设立小额贷款公司。2009 年银监会发布《贷款公司管理暂行规定》，规范了贷款公司的行为。中国人民银行金融市场司官员撰写的“关于民营企业金融服务的有关情况”一文中指出，截至 2009 年 8 月末，成立村镇银行 108 家，贷款公司 7 家，农村资金互助社 11 家；截至 2009 年 9 月末，成立小额贷款公司 1091 家，贷款余额 542 亿元。民间借贷已经形成了一定规模，央行资料显示，截至 2009 年年底，浙江省民间借贷总额达到 6000 亿元。

2010 年 5 月国务院发布了《关于鼓励和引导民间投资健康发展的若干意见》（国发〔2010〕13 号），进一步拓宽民间投资的领域和范围，鼓励和引导民间资本进入法律法规未明确禁止准入的行业和领域。鼓励和引导民间资本进入的领域相当宽泛，包括：基础产业和基础设施领域，如交通运输建设、水利工程建设、电力建设、石油天然气建设、电信建设、土地整治和矿产资源勘探开发；市政公用事业和政策性住房建设领域，如市政公用事业建设、政策性住房建设；社会事业领域，如医疗事业、教育和社会培训事业、社会福利事业、文化旅游和体育产业；商贸流通领域、国防科技工业领域。另外，还鼓励和引导民间资本重组联合和参与国有企业改革，参与国际竞争；为民间投资创造良好环境，并加强对民间投资的服务、指导和规范管理。

更为重要的是，《关于鼓励和引导民间投资健康发展的若干意见》还鼓励和引导民间资本进入金融服务领域，允许民间资本兴办金融机构。支持民间资本以入股方式参与商业银行的增资扩股，参与农村信用社、城市信用社的改制工作；鼓励民间资本发起或参与设立村镇银行、贷款公司、农村资金互助社等金融机构，放宽村镇银行或社区银行中法人银行最低出资比例的限制；鼓励民间资本发起设立金融中介服务机构，参与证券、保险等金融机构的改组改制；支持民间资本发起设立信用担保公司。另外，还明确了优惠政策：落实中小企业贷款税前全额拨备损失准备金政策，简化中小金融机构呆账核销审核程序；对小额贷款公司的涉农业务实行与村镇银行同等的财政补贴政策；完善信用担保公司的风险补偿机制和风险分担机制。

9.3.4　政策性金融

发达国家和地区大都有一套较为完善的政策性金融（Policy - based Finance）体系，向中小企业提供融资服务，但它们的定位都是市场融资的补充。有关国家和地区的政策性金融体系如表9.5所示。

表9.5　有关国家和地区的中小企业政策性金融体系

国家	政策性贷款机构	政策性担保机构	政策性投资基金
美国	中小企业管理局；进出口银行	中小企业管理局	中小企业投资公司
日本	国民生活金融公库；中小企业金融公库；商工组中央金库	信用保证协会；中小企业信用保险公库	中小企业投资育成公司
印度	印度小工业开发银行；地区金融公司	小规模工业信用担保基金	软件和IT产业国家风险基金
中国台湾	中小企业专业银行；中小企业发展基金	中小企业信用保证基金	育成中小企业开发

政策性金融为了实现特定的政策目标而设立了金融机构，广义上的政策性金融包括贷款机构、信用担保机构、投资机构等，但狭义的政策性金融机构仅指直接向中小企业发放贷款的政策性银行。如日本对中小企业的贷款援助，以政府设立的专门的金融机构为主，比较著名的有“中小企业金融公库”（Japan Finance Corporation for Small and Medium Enterprise）、“国民金融公库”（National Life Finance Corporation）、“商工组合中央金

库”（The Shoko Chukin Bank）、“环境卫生金融公库”、“冲绳振兴开发金融公库”等，它们向中小企业提供低于市场2~3个百分点的较长期的优惠贷款。

政策性金融必须由政策性资金支持，否则难以维持。如1976年起，台湾省公、民营之合会储蓄公司陆续改制成中小企业银行，至1991年共有8家，遵守“中型企业贷款不得低于放款总额30%，小型企业贷款不得低于40%”的规定。但由于经营难以为继，从1998年开始，这些中小企业银行纷纷改制为商业银行。当然，改制后的银行不再受对中小企业放款比例的限制。政策性金融机构的运行原则应该是在确保完成政府任务和目标的框架下，最大限度地保证资产的流动性、安全性和效益性，在此基础上，仍必须持续投入财政资金。所谓流动性是指银行能够将所发放的贷款及时收回，以保证资金滚动投放；安全性则是指政策性银行和商业银行一样，也应尽量减少资产损失和经营风险；效益性原则要求政策性银行在追求社会效益的同时，也应确保自身保本经营。

与国外一样，我国也有一个形式上比较完整的政策性金融体系，如我国有科技型中小企业技术创新基金，政策性银行，以及一批政策性信用担保机构。

1999年，经国务院批准，科技部、财政部以中央财政拨款为资金来源，共同发起设立了科技型中小企业创新基金，主要以贷款贴息、无偿资助和资本金投入等方式，通过支持成果转化和技术创新，培育和扶持科技型中小企业。一些地方政府也相继设立了类似的基金，如北京市创新创业资金、上海市科技型中小企业技术创新资金。获得创新基金支持的项目经过了基金管理部门的严格审查，特别是基金管理部门组织专家系统评估了创新项目的可行性，降低了风险，银行更愿意贷款。如表9.6所示，创新基金资助撬动了数倍于资助资金的金融机构贷款。

表9.6　监理调查表显示的创新基金项目带动资金

指标	2001	2002	2003	2004	2005	2006	2007
《监理信息调查表》数	1802	1984	2018	1950	2016	2632	4095
创新基金资助（亿元）	5.34	4.60	4.89	4.18	4.90	7.03	8.08
地方政府拨款（亿元）	3.52	4.60	2.74	2.59	2.78	2.97	5.04
金融机构贷款（亿元）	31.29	28.92	19.73	16.4	14.30	28.20	25.91
企业自筹资金（亿元）	46.32	47.52	40.50	36.87	40.29	56.54	86.30
其他配套资金（亿元）	6.34	5.55	3.40	2.68	2.99	5.34	5.22

数据来源：创新基金历年年报。

《实施〈国家中长期科学和技术发展规划纲要（2006~2020年）〉的若干配套政策》中，明确要求政策性金融机构为企业自主创新提供资金支持。文件中提到的政策性金融机构单指三大政策性银行。国家开发银行要在国务院批准的软贷款规模内，向高新技术企业发放软贷款，用于项目的参股投资。中国进出口银行要设立特别融资账户，在政策允许范围内，对高新技术企业发展所需的核心技术和关键设备的进出口，提供融资支持。中国农业发展银行要对农业科技成果转化和产业化实施倾斜支持政策。

2006年11月，国家开发银行和科技部为落实《实施〈国家中长期科学和技术发展规划纲要（2006～2020年）〉的若干配套政策》精神，共同制定了《国家开发银行高新技术领域软贷款实施细则》，对贷款用途和条件、贷款品种/期限和利率、项目管理等作了详细规定。高新技术项目软贷款的利率在中国人民银行规定的同档次贷款基准利率基础上准许下浮，利率下浮比率和利率结构安排视项目科技含量和风险控制能力灵活制定，对列入国家重大科技专项、国家863计划、国家科技支撑计划的项目，软贷款的利率可以在中国人民银行规定的利率最大下浮幅度基础上再下浮10%。2007年的全国金融工作会议决定，国家开发银行先行改革为商业性银行，实行分账经营，但仍有部分政策性业务；2008年12月11日，国家开发银行整体改制为国家开发银行股份有限公司。国家开发银行发布的社会责任报告显示，2009年共发放中小企业贷款482亿元。

中国进出口银行与安徽、湖南、浙江、山东等地方政府或银行合作，为中小企业进出口提供融资支持。2007年，中国进出口银行开办中小企业出口融资担保业务，为单个项目提供最低100万元、最高3000万元人民币的担保，担保期限原则上不超过一年，引导商业信贷资金进入中小企业融资领域。中国农业发展银行多个分行对涉农中小企业给予了支持，如山东省分行开发了9个针对中小企业的金融产品。

我国政策性银行至今没有单独的立法，成为政策性银行进一步发展的瓶颈，而国外政策性银行一般是先立法，再依法设立并经营，如《日本开发银行法》、《韩国产业银行法》等。另外，政策性银行的国家信用缺乏实质性内容，在资本金补充、财政补贴、税收政策等主要方面的支持有限，与发达国家的政策性银行相比，存在较大差距。

9.3.5 融资租赁

融资租赁（Financial Leasing）是指出租人根据承租人对租赁物件的特定要求和对供货人的选择，出资向供货人购买租赁物件，并租给承租人使用，承租人则分期向出租人支付租金，在租赁期内租赁物件的所有权属于出租人所有，承租人拥有租赁物件的使用权。租赁期满，资产的所有权最终可以转移，也可以不转移。出租人拥有租赁物件的所有权，只是出租人为了控制风险而采取的一种形式所有权，租赁物件由承租人选购，维修保养也由承租人负责，出租人只提供金融服务，因此称为融资租赁。租金计算原则是，出租人以租赁物件的购买价格为基础，按承租人占用出租人资金的时间为计算依据，根据双方商定的利率计算租金。融资租赁实质是依附于传统租赁上的金融交易，是一种特殊的金融工具。由于其融资与融物相结合的特点，出现问题时租赁公司可以回收、处理租赁物，因而对承租企业资信和担保的要求不高，非常适合中小企业。

融资租赁是一种多方共赢的融资方式。对于设备制造商来说，融资租赁业务有助于扩大市场，促进产品销售。对于租赁公司来说，可以通过专业化服务获得长期稳定的租金收入。对于中小企业来说，以租赁的形式实现融资目的，远比资本市场融资或贷款便利，而且融资租赁属于表外融资，不体现在企业财务报表的负债项目中，不影响企业的资信状况。

融资租赁产生于二战之后的美国，生产厂商为了推销自己生产的设备，开始对用户提供金融服务，1952 年成立了世界第一家融资租赁公司——美国租赁公司。由于融资租赁适应了现代经济发展的要求，因而发展非常迅速，目前全球 20% 以上的投资通过融资租赁方式完成。据《世界租赁年报》提供的数据，2000 年全球租赁总额为 4990 亿美元，其中美国租赁总额高达 2600 亿美元，占全球租赁总额的 45%，其市场渗透率（租赁交易额与全社会设备投资额之比）高达 31.7%，成为美国仅次于银行信贷的第二大融资渠道；在德国、英国、加拿大、法国、澳大利亚等国家，市场渗透率在 15% ~25% 之间，即便在韩国、巴西等发展中国家，市场渗透率也达到 13% ~20%。2005 年全球融资租赁成交额为 5791 亿美元。

我国的融资租赁业开始于 20 世纪 80 年代。为了解决资金不足和从国外引进先进技术、设备和管理，在荣毅仁的倡导下，作为增加引进外资的渠道，从日本引进了融资租赁概念，以中国国际信托投资公司为主要股东，成立了中外合资的东方租赁有限公司、以国内金融机构为主体的中国租赁有限公司。1999 年，《中华人民共和国合同法》对融资租赁作了专章规定。

走过 20 多年，我国融资租赁业务并未发展壮大起来，目前融资租赁企业仅有 200 家左右，市场渗透率约 3%，与发达国家相去甚远。这与社会各界对融资租赁的作用普遍认识不足有关，也与政策不到位有关。

现有融资租赁公司分为两类。一类是银监会监管的 12 家试点的非银行系金融租赁公司、2007 年以来设立的 5 家银行系租赁公司，准入门槛为最低注册资本 1 亿元人民币。另一类是 2004 年商务部试点的 37 家内资融资租赁公司和 110 多家中外合资租赁公司，准入门槛为最低注册资本金 1.7 亿元人民币。

准入限制是融资租赁行业发展缓慢的根本原因。2007 年银监会制定的《金融租赁公司管理办法》正式实施，规定金融机构成立以经营融资租赁业务为主的融资租赁公司，由证监会批准。非金融机构经营融资租赁业务目前只是在商务部试点，没有法规，没有行政许可，中资不能自由投入；而外资依据 2005 年颁布的《外商投资租赁业管理办法》，可以进入融资租赁业，这也是外资融资租赁公司比内资融资租赁公司多的重要原因。全国人大一直在推《融资租赁法》，目前还没有正式颁布。

资金来源渠道狭窄，也制约了融资租赁行业发展。目前融资租赁公司除了自有资金外，基本上只能依靠银行贷款。由于银行贷款期限较短，而融资租赁业务期限较长（可能为设备的全寿期），缺乏长期性资金限制了发展。企业采用融资租赁方式购买设备，不能抵扣增值税，也对融资租赁业务有不利影响。

9.4 中小企业融资的主要问题总结

由以上分析可知，我国金融市场存在缺陷，金融政策法规体系不完善，金融市场未能发挥支持中小企业创新的应有作用。

发达国家中小企业创新活动非常活跃，关键在于金融支持充足。中小企业一般通过发行公司债、私募股票、吸引风险投资等渠道融资。发展壮大到一定阶段，中小企业的筹资能力有了实质性提高，除了上述途径外，还可以通过商业银行贷款、公开上市、融资租赁等方式融资。

与发达国家相比，我国中小企业融资渠道异常狭窄：适合私募股票和公司债的柜台交易市场尚未发展起来，风险投资规模小、且热衷于投资规模较大的企业，民间借贷长期地下潜行，商业银行对缺乏抵押物的中小企业贷款非常谨慎，发行企业债、公开上市、公开发行公司债的门槛非常高，融资租赁业很不发达。

9.4.1 金融市场的缺陷

中小企业所面对的金融市场，是一个层次不全、资源配置扭曲、规模狭小的市场。

(1) 多层次证券市场不完善

发达国家的证券市场是从低层次到高层次依次发展而来的，高级市场依次形成，低级市场始终拥有自己的地位，自然形成多层次证券市场。从最初的非集中交易，规模逐步扩大形成区域市场，再形成全国市场；由店头交易升级到柜台交易，再到公开上市交易。不同规模、处于不同发展期的企业，可以在适合自己的证券市场融资，也就是说，多层次证券市场可以覆盖企业的整个发展周期。

我国最高层级的深沪二市一枝独秀，场外交易市场几经波折，始终没有发展起来。目前无论是中关村代办股份转让系统，还是天津柜台交易市场，都还处于发展初期，真正适合中小企业的私募证券市场还没有发展起来。没有低层次的场外市场，即使解决了中小企业私募发行证券的法律问题，只发行不能交易，也不能成为有效的融资方式，使得中小企业无法运用私募股票这一最有利于自主创新的融资方式，同时也无法私募公司债。

尽管管理层在努力发展多层次的全国公开市场，试图在高级市场中造出低层次来，深交所已推出中小企业板和创业板，但上市门槛和主板相差无几，只能成板块而不能成市场。考察成熟的多层次证券市场可知，越高级的市场，入市门槛也越高，高级市场是不断往高层次发展的，每一个层次市场的入市门槛非常明确。我国深沪二市一直没有制定自己的入市门槛，一直遵照《公司法》、《证券法》的规定，但法律规定的门槛一般遵循最低标准，因此深沪二市实际的入市门槛是偏低的。中小企业板和创业板试图降低入市门槛，受《证券法》约束，其不可能和主板形成实质性的层次差异。

(2) 金融机构以政府资本为主，资源配置方式扭曲

发达国家的金融机构以民间资本为主，市场化配置资源。政府设立少数金融机构，如政策性银行、政策性信用担保机构、政策性风险补偿资金等，对市场缺陷予以补救。

我国与国外的情况正好相反，金融市场上的资本以政府资本（含国资国企）为主，民间资本处于从属地位，真正面向中小企业的政策性资金则过少。证券市场上，上市公司以国有企业为主，证券公司基本上是国有企业或国有控股企业，基金管理公司也同样多为国有企业或国有控股企业。借贷市场上，企业债几乎全部批给了国有机构，商业银行以政府资本为主（即使是股份制银行，细查其股东构成，大多仍然是国资国企），资金向政府公司、政府项目高度倾斜。公共资金管理普遍存在重审批、轻验收，重事前评估、轻事中管理和事后评价的问题，难以发挥市场机制的基础性作用，投入低效率难以避免。

事实上，经过改革开放30多年发展，我国已经不缺乏民间资本，炒房炒股炒煤炒辣椒的游资即是明证，主要是金融管制太严厉、金融垄断太厉害，尽管不断推出“非公36条”、“新非公36条”之类的鼓励政策，民间资本始终无法发展壮大。

(3) 除银行系统外的金融市场规模狭小

除银行系统外，金融市场规模小，资金短缺，远不能满足中小企业创新的需求，如对初创期中小企业发展非常关键的天使投资、早期风险投资，最贴近中小企业的民营中小型贷款银行，以直接“融物”方式代替融资的融资租赁，均十分缺乏。

几方面原因相叠加，中小企业融资不得不依靠商业银行了。

9.4.2 金融政策法规体系不完善

金融政策法规体系不完善，使得该有的市场没有发展起来，本可以募集的资金无法入场，是造成中小企业融资难的重要原因。

(1) 区域性场外证券交易市场相关制度还没有建立

区域性场外证券交易市场是中小企业私募股票和债券的基础，是解决中小企业创新资金来源的重要渠道，也是天使投资、风险投资退出的重要渠道。但区域性场外证券交易市场不会凭空出现，必须有一套完整的制度加以规范。

区域性场外证券交易市场是分散性的，不同市场的制度不会完全相同，但有关部门可以拟定制度框架，明确必须遵守的规则。具体来说，与区域性场外证券交易市场相关的制度包括证券发行、托管、转售制度，投资者准入、券商准入、风险防范制度，市场

组织和市场监管制度，这些制度目前都还在试验。

（2）对有利于中小企业自主创新的融资方式缺乏财税政策支持

天使投资处于自生自灭的状态，还没有正式纳入政府有关部门的视野，没有支持和鼓励措施。

我国风险投资公司大多采用公司制，需要缴纳企业所得税和个人所得税，税负重。《关于促进创业投资企业发展有关税收政策的通知》规定，符合条件的公司制创业投资企业可按其投资额的70%抵扣应纳税所得额，但限定于投资高新技术企业，条件苛刻，门槛太高，投资于一般中小企业无法获得税收优惠。实际上，要引导中小企业自主创新，只要确保投给了中小企业、该中小企业开展了创新活动就可以了，不一定要高新技术企业。

《合伙企业法》修订后，解决了私募基金双重征税问题，但自然人作为有限合伙人时，税负较重。这也是《合伙企业法》实行后，有限合伙制私募基金迟迟没有发展的重要原因。

中小企业贷款风险大、成本高，商业银行没有积极性。目前商业银行中小企业贷款业务也按25%征收所得税，政府呼吁商业银行增加中小企业贷款，应给予税收优惠。

对民营中小型贷款机构执行的是金融机构税率，税负较重。一些地方从支持三农等其他角度给了一些优惠政策，但都是地方行为，比较分散。

现行增值税政策不利于开展融资租赁。增值税由投资型改为消费型之后，由于承租企业无法获得增值税发票，也就无法抵扣增值税，影响了企业租赁设备的积极性。

（3）多个法规需要制定或修订

《证券投资基金法》规范的是公募基金，不包括私募基金。由于没有专门法规，私募基金主要依据《公司法》、《合伙企业法》设立和运作，一直处于灰色地带，发展相当艰难和混乱。面对私募基金快速发展的形势，应尽快完成《证券投资基金法》修订，把私募基金纳入其中。

发行公司债还需要法规上的突破。2005年《证券法》的规定太笼统，2007年《公司债券发行试点办法》规范的是公开发行公司债，《企业债券管理条例》主要是针对大型国有企业的。上述法规对私募发行公司债没有明确的法律规定，也没有成型的规章制度。因此，应尽快制定私募发行公司债的办法，明确公司债发行和交易的各项事宜。

融资租赁准入限制非常严格，金融机构由证监会批准，其余在商务部试点，没有法规明确规定。应尽快制定《融资租赁法》，明确融资租赁公司的法律地位，以及成立、运行、监管等具体事项。

民间借贷行为应由《贷款通则》规范。现行《贷款通则》1996年颁布，只对依法设立的经营贷款业务的中资金融机构作了规范，对民间借贷行为没有详细规定。应尽快完成《贷款通则》修订，明确民间借贷行为的法律地位、运作规范等。

9.4.3　金融市场未能发挥支持中小企业创新的应有作用

目前，我国中小企业创新主要依靠自有资金和政府资助，金融市场未能发挥应有的支持作用。以下两组数据足以说明问题。

2006年，北京市民营科技实业家协会发布中关村发展蓝皮书《突破融资瓶颈》，这是对中关村科技园区1000余家不同规模、不同行业科技型企业的调研报告，绝大部分样本为中小企业。结论是，92.5%的企业从未利用过产权交易市场进行融资；93.6%的企业未曾通过发行债券或利用信托方式进行融资；87%的企业无缘与创投机构合作。

根据国务院发展研究中心企业所和国资委2006年联合进行的“企业自主创新问卷调查”结果，在2714个有效问卷中，选择自有资金作为企业研发资金主要来源的企业有1168家、占比43%；选择政府专项资金的企业占比22.2%；选择银行贷款、股市和企业债的企业比重分别为10.4%、1.3%和0.6%，选择国内外风险投资的企业比重为2%。

（1）中小企业发展壮大前募集权益性资金非常困难

我国股份有限公司注册门槛高，大量中小企业被排除在外，只有发展到一定规模的中小企业才有资格发行股票。即使跨过门槛注册为股份有限公司，但因为没有发达的私募证券交易市场，无法私募股票，只能等发展壮大到一定程度后寻求公开上市。深交所虽然辟出了中小企业板和创业板，但能达到要求的中小企业是最优秀的少数，或者说已经不是中小企业了。

吸引私募股权投资资金也能募集权益性资本。天使投资对于处于初创期的小企业来说非常重要，相比发达国家，我国天使投资极度匮乏。虽然发达省份涌现出了一些天使投资者，一些地下钱庄事实上也充当了天使投资的角色，但数量极少，而且很不专业。由于退出困难、税负重、私募股权基金相关制度不完善等原因，我国风险投资规模相对美国等发达国家偏小，而且风险资金可挑选余地大，最终主要投向了发展比较成熟的中小企业。

（2）募集债务性资金过度依靠银行贷款

20世纪90年代初我国金融体制开始市场化改革，金融市场得到了较快发展，金融产品日趋多样化，为企业募集债务性资金开辟了更多的渠道，但银行主导型的发展模式未根本改变。国家发改委投资研究所岳国强撰文披露，1992～2007年非金融企业部门银行贷款融资比例平均为88.3%，其他融资比例仅为11.7%。

发行公司债比发行股票还要困难，中国人民银行行长周小川曾经作过十六字的评价，“深度昏迷，尚未崛起，明显滞后，后果严重”。公开发行公司债的门槛为股份有限公司净资产3000万元、有限责任公司6000万元，普通中小企业不可能达到；私募发行既没有明确的法律规定和相应的配置制度，也没有发达的私募证券交易市场可供债券交易。中小企业另辟蹊径捆绑发债，但由于审批手续复杂，成功发行的中小企业集合债仅有几例。

民营中小型贷款银行浮出水面时间尚短，规模还很小；融资租赁业受到严格管制，目前仅有200来家；政策性金融资源稀少，除了政策性担保机构发挥了一定作用外，科技型中小企业创新基金资金规模太小，三大政策性银行的主要业务并不是中小企业。对于这些资源，中小企业可以寻找、争取，但可遇不可求。

商业银行天生“嫌贫爱富”，本不太愿意贷款给风险大、单笔贷款金额小的中小企业，但在有关部门的强力干涉下，在中小企业的努力下，以及信用担保体系的促成下，商业银行还是目前中小企业融资的主要方式。

9.5 政策建议

应该说，所有促进中小企业融资的金融政策都有利于中小企业自主创新，但为了更有力地支持中小企业自主创新，还应该坚持以下三个原则：①权益性资本更有助于中小企业自主创新，把完善多层次证券市场、支持私募股权投资的政策放在更高的优先级上；②在借贷市场上，对中小企业自主创新项目给予更高的优先级；③科技型中小企业的自主创新活动比普通中小企业更活跃，可给予更多的支持。

9.5.1 加快多层次证券市场建设，促进中小企业直接融资

完善多层次证券市场的关键是低层次的场外柜台交易市场，尤其是适合中小企业私募证券的最低层次的区域性证券交易市场。当然，完善公开上市市场，对中型企业也有帮助。

(1) 深沪二市应建立更高级的市场，而不是向下延伸

上海证券交易所和深圳证券交易所的入市门槛不应该都定在最低标准上，即只要满足《证券法》和《公司法》规定的公开上市标准，而应有自己的高级市场。划分层次是为了给不同规模企业明确的市场空间，避免混在一起竞争，但监管可以完全相同。公开上市市场中最低层次的市场是比较适合中型企业的。

建议根据上市企业的实际情况，制定明确的入市门槛，形成几个层次的高级市场，各层级入市门槛之间可以有3倍左右的差距。

(2) 推进非上市公众公司证券的场外交易市场建设

公开发行不一定上市，这类公司的股票和债券目前还没有明确的交易渠道。应尽快

推进非上市公众公司证券的场外交易市场建设，以免那些本可以公开发行、场外交易的企业去挤银行贷款和排队上市。

国务院已经批准天津设立非上市公众公司证券交易市场，但仍处于筹备期。应尽快完善相关制度，使天津柜台交易市场尽快形成一定的规模，并支持天津柜台交易市场在其他省市开设分市场。

(3) 鼓励区域性私募证券市场建设

根据国外经验，大量中小企业证券采取私募方式发行。加快私募证券的柜台交易市场发展，尤其是区域性市场，是缓解中小企业融资难的首选措施。

目前新三板、天交所已经在从事私募证券交易，但交易规模小，还处于摸索期。国务院放开地方发展私募证券交易市场之前，各地可以与它们合作。入围新三板扩容的缺点是限于高新区内高新技术企业，开设天交所分市场的缺点是需要共享资源，但好处是不用从头干起，不必有一支完整的专业队伍。

从国际经验来看，试图把私募证券交易纳入一个全国统一市场中去管理的国家不多，大多数是区域市场。因此，应允许在经济运行相对规范、资金需求比较突出、具备一定条件的地区开展区域性非上市股票交易的试点工作，实质性的监管权力和责任（私募股票的发行、托管、转售以及私募证券市场的组织、准入、风险防范等）可以放到省级政府，通过试点逐步建立、完善配套制度。私募证券交易通过做市商撮合，股票交易通常较冷清，私募债券是其主要的交易品种。因此，在建设私募证券交易市场时，不仅要考虑私募股票，同时要考虑开展私募公司债业务。

现行《证券法》对私募股票作了简单规定，对私募公司债仅有原则性规定，自2005年修订至今已有6年，应尽快启动再次修订工作，健全私募证券方面的规定。私募证券市场的制度不必完全一致，但有一些原则必须遵守。首先，不得公开发布和宣传发行、转售信息。其次，投资者限制为机构和有一定风险承受能力的自然人。第三，交易方式限定为柜台交易，交易中心只提供报价服务、不提供挂牌服务。第四，建立明确的向特许投资者披露信息机制，以及设立/发行完毕向监管机构通告制度。

鼓励发展合伙制民营券商。柜台交易的达成方式是谈判，包括证券商之间的谈判和证券商与顾客之间的谈判，证券商无疑是交易主角，是低层次证券市场的核心，有了券商也就有了柜台和柜台交易。公司制券商进入门槛太高（需证监会审批），2008年底只有108家（全美证券商协会于1937年成立时，场外市场上有4000家券商，广泛采用合伙制），基本上都是政府公司，它们感兴趣的是上市公司，就像大型商业银行喜欢大企业一样，私募证券市场需要大量券商，尤其是贴近中小企业的民营券商。

(4) 确定恰当的入市门槛

有了多层次证券市场，还必须允许企业进来。

只有股份有限公司有资格发行股票。现行《公司法》规定的股份有限公司注册门槛远高于发达国家，阻碍了大量规模较小的中小企业通过发行股票融资。《公司法》2006

年修订至今已满5年，可以考虑启动再次修订工作，降低股份有限公司注册门槛。若修订可能性不大或耗时过长，可先制定专门办法来降低注册门槛，然后等待《公司法》确认。这种方式已有先例，如1994年《公司法》规定累计投资额不得超过本公司净资产50%，1999年7部门提出的《关于建立我国风险投资机制的若干意见》率先允许风险投资公司运用全额资本金进行投资，2006年《公司法》给出了同样的规定；2001年《中关村科技园区条例》规定风险投资机构可以采取有限合伙形式，打破了《合伙企业法》的限制，5年后修订的《合伙企业法》纳入了相应的内容。

公开发行公司债的门槛太高，中小企业不太可能达到，私募发行才是适合的。要让中小企业进入公司债市场，只有降低公司债发行门槛，扩大公司债发行范围，才能提高债券的规模。建议尽快制定私募发行公司债的制度，明确公司债私募发行条件和相关管理制度。参考国外经验，中小企业私募发债免审批、免核准、免注册，把企业的发债权利交给市场，由市场而不是行政机构来决定谁可以发债，即是否有券商愿意推荐与做市。

由于抱团举债模糊了成员企业的信用状况，借款和企业不能一一对应，债权人无法判断风险，只能是权宜之计。在公司债私募发行制度建立之前，建议简化中小企业集合债发行审批程序，推动更多中小企业通过发行中小企业集合债方式融资；鼓励中小企业通过发行中小非金融企业集合票据方式融资。

9.5.2 促进私募股权投资

为加速天使投资发展，应允许和鼓励设立专门从事天使投资的合伙制天使基金。对天使投资人、天使基金合伙人从事天使投资所得，免征或减征个人所得税。

对公司制风险投资公司投资于中小企业自主创新的业务，给予税收优惠。修改《关于促进创业投资企业发展有关税收政策的通知》，允许创业投资企业投资于任何中小企业开展自主创新，都可以按其投资额的70%抵扣应纳税所得额，而不仅仅限于高新技术企业；当年用于高新技术及其产品研发经费须占本企业销售额的5%以上（含5%），改为当年研发经费占销售额5%（含5%）以上，不应该仅限于高新技术；技术性收入与高新技术产品销售收入的合计须占本企业当年总收入的60%以上（含60%），这条可以删除，因为开始投入到形成收入有一个过程。鼓励风险投资，应注意引导风险投资增加对处于发展前期的中小企业投入。

修订《证券投资基金法》，明确私募基金的法律地位，健全私募基金相关制度。制定适用于合伙企业的税收政策，建议自然人作为有限合作人时，按20%征个人所得税。

9.5.3 促进中小企业获得贷款

鼓励商业银行向中小企业贷款，对中小企业贷款所得部分给予税收减免，所得税税率建议由目前的25%降为15%。鼓励中小企业发行中小企业集合信托债权基金融资。

中小企业缺乏实物可抵押物，但可能有知识产权，知识产权质押贷款显得更为重要。建议制定鼓励商业银行开展知识产权质押贷款业务的指导意见，发布知识产权质押评估指南，培育一批知识产权评估机构，帮助拥有自主知识产权的中小企业获得贷款。

为引导商业信用担保机构发展，政策性信用担保机构应首先扩大规模，增加投入，并建立科学的考核机制和管理运行机制。同时，对从事中小企业贷款信用担保业务的民营担保公司给予税收优惠，在一定时期内免征营业税，允许每年提取一定比例的风险准备金。

落实国务院《关于鼓励和引导民间投资健康发展的若干意见》，尽快制定实施办法。建议民营中小型贷款银行由省级政府审批、省级政府监管，降低准入门槛，并给予一定的税收优惠。

修订《贷款通则》，对民间借贷行为加以规范，使得民间资金可以浮出水面，合法对接中小企业。

9.5.4 发展融资租赁业

尽快制定《融资租赁法》，明确融资租赁业的法律地位和准入条件，消除多头管理。鼓励银行、厂商和独立的投资人开展租赁业务，通过市场竞争实现优胜劣汰。

应允许融资租赁公司发行债券融资，改善融资租赁业资金流；允许融资租赁承租人按当期租金抵扣增值税，提高企业租赁设备的积极性。

9.5.5 扩大政策性金融规模

之所以要发展政策性金融，主要是这些领域以纯粹的市场方式无法维持，必须不断得到资金注入。因此，对于政策性金融，要建立稳定的资金投入机制，而且不能简单地提出保本经营、提高成功率等要求，真正需要考核的是，是否将资金投入到该投入的领域，是否作了科学的事前、事中、事后评估。

科技型中小企业创新基金面向民营中小企业，支持中小企业自主创新，为促进中小企业自主创新发挥了重要作用。但基金规模小，所开展的业务主要是无偿资助、贴息、资本金投入，比较单一。建议扩大科技型中小企业创新基金的业务领域和资金规模，新增资金的一部分专门从事天使投资，以弥补民间天使资金不足；一部分直接开展政策性贷款，发挥类似于日本中小企业金融公库的功能。

政府风险投资引导基金应发挥引导作用，避免直接干涉市场。政府资本和民营资本混合投资的风险投资，经营管理以投资者为主、政府参与但不干涉；政府创投机构和民营创投机构合作的风险投资，由民营创投机构选择项目，政府创投机构以配投方式发挥作用。

2010年中国中小企业大事记

1月

9日　中国中小企业协会2010年顾问委员会新春联谊会在京召开，相关部委的32位顾委会委员及民政部民间组织管理局负责人李勇副局长到会。李子彬会长在联谊会上介绍了协会2009年的工作情况和2010年的工作打算，并听取了各位委员对协会工作的意见和建议。工信部朱宏任总工程师出席会议并讲话。联谊会由孙秀春秘书长主持。

20日　中国中小企业协会李子彬会长出席由中国人力资源开发研究会、中国中小企业协会、中国经济体制改革研究会、中国民（私）营经济研究会、中国开发区协会、工业和信息化部人才交流中心联合主办的“企业管理能力建设公益工程（简称企建工程）”新闻发布会并发表讲话，各地经理人协会参加了发布会。

22日　为促进中小企业改善人才结构，缓解高校毕业生就业压力，工业和信息化部、教育部发布《关于联合举办2010年全国中小企业网上百日招聘高校毕业生活动的通知》。

25日　浙江省人民政府发布《关于促进中小企业加快创业创新发展的若干意见》。明确了当前及今后一个时期浙江省中小企业发展的目标和任务，提出了扶持和促进中小企业创业创新、转型发展的政策措施。

2月

4~6日　按照《工业和信息化部关于做好减轻企业负担工作的指导意见》和开展2009年减轻企业负担检查工作的部署安排，工信部中小企业司副司长王建翔带队赴安徽就督促落实党中央、国务院应对金融危机实施的减轻企业负担、支持企业发展，保持经济增长的政策措施，贯彻落实《国务院关于进一步促进中小企业发展的若干意见》（国发〔2009〕36号）文件要求，切实减轻企业负担开展工作检查。检查组听取了省经信委和省减轻企业负担办公室成员单位及合肥市有关部门的汇报，检查组还参观了安徽省中小企业服务中心，并赴芜湖市、马鞍山市实地调研情况。

9日　工业和信息化部召开了“第六届APEC中小企业技术交流暨展览会”筹备工作电视电话会议。会议由中小企业司王黎明司长主持。部党组成员、总工程师朱宏任做了“搭建展示平台，增进合作交流，促进中小企业市场开拓和持续发展”的重要讲话。

26日　“全国先进社会组织表彰暨社会组织深入学习实践科学发展观活动总结大会”在北京人民大会堂召开，中国中小企业协会被评为全国4A级社会组织。

3月

2日　中国中小企业协会与英国标准协会合作备忘录签字仪式在北京英国标准协会（BSI）中国总部举行。签字仪式上，英国标准协会全球CEO Howard Kerr先生和李子彬会长分别致辞，BSI中国区董事总经理刘墨渊与中国中小企业协会秘书长孙秀春代表双方签署了合作备忘录。工信部中小企业司王健翔副司长出席了签字仪式。

12日　为全面贯彻落实《国务院关于进一步促进中小企业发展的若干意见》（国发［2009］36号）和温家宝总理政府工作报告中抓紧修订中小企业划型标准的要求，工业和信息化部与国家统计局牵头，发展改革委、财政部、银监会等部门参加，成立了中小企业划型标准修订工作组。工作组召开了会议，工作组组长，工业和信息化部党组成员、总工程师朱宏任、国家统计局党组成员、副局长李强出席会议并讲话。会上，通报了中小企业划型标准修订工作的开展情况及下一步工作安排。

23日　中日中小企业发展论坛在北京长富宫饭店举行，论坛由中国国际贸易促进委员会、日本商工会议所主办，工业和信息化部中小企业司、日本经济产业省中小企业厅为支持单位。本次论坛是日本商工会议所访华的一项重要活动，其主要目的是交流中日中小企业发展情况，促进日本商工会议所与我国中小企业间的经济技术合作。工信部党组成员、总工程师朱宏任、日本商工会议所会长冈村正先生和贸促会原会长俞晓松分别致辞，中日两国政府部门、有关机构及中小企业家约400人参加了此次论坛。

26日　工信部中小企业司王建翔副司长一行赴北京市中小企业服务中心就促进中小企业加强管理进行了调研。调研期间，王建翔副司长听取了北京市经信委中小企业处、北京市中小企业服务中心关于促进中小企业加强管理做好服务的措施以及部分专家就提升企业管理水平的意见和建议。

28～31日　国务院促进中小企业发展领导小组办公室主任、工业和信息化部中小企业司司长王黎明率中小企业司政策规划处处长王海林、创新服务处处长韦向群在安徽省调研中小企业发展情况。王黎明司长一行先后赴马芜铜三市，听取了安徽省和马铜芜三市中小企业发展和工作情况的汇报。在调研中，王黎明司长对安徽省和沿江三市中小企业发展所取得的成绩给予充分肯定，对贯彻国发36号文件和应对金融危机所采取的措施表示满意，对地方政府高度、大力支持中小企业表示欣慰。

30日　中国中小企业协会李子彬会长主持召开“2010年中小企业形势和工作重点”研讨会，工业和信息化部中小企业司郑昕副司长和国家发改委宏观经济研究院、中国科学院中小企业研究中心、对外经济贸易大学等相关专家学者应邀到会。协会孙秀春秘书长、李鲁阳副秘书长参加了研讨会。

31日　中国中小企业协会李子彬会长应邀出席中央电视台财经频道举行的行业协会座谈会，在会上介绍了中国中小企业协会2010年的主要工作，提出了关注中小企业发展的若干热点问题，以及与央视财经频道合作的建议，并接受了记者专访。参加座谈会有中国银行业协会、中国证券业协会、中国汽车工业协会等10家国家级协会领导。

31日　为提高各地中小企业管理水平，增强其核心竞争力，培育企业管理中介机构和咨询人才，工信部促进中小企业加强管理工作座谈会在宁波举行。工信部中小企业司副司长王建翔出席会议并讲话，他要求各地中小企业管理部门要迎难而上，按照国发36号文件做好中小企业管理工作，继续推动企业信息化发展，降低成本，提高效率。宁波市经委党工委副书记、副主任杨甘霖致辞，工信部中小企业司领导及各省市中小企业管理部门相关负责人等30余人参加会议。

31日　第七届中国国际中小企业博览会暨中澳中小企业博览会和亚欧中小企业合作交流馆情况通

报会在北京召开。亚欧会议成员及各驻华使馆的大使、商务参赞、有关官员，各国驻华商会、贸易投资促进机构、驻华企业等60多人参会。中博会组委会秘书处副主任、工业和信息化部中小企业司副司长郑昕，工业和信息化部国际合作司亚美大处处长王建朝，中博会组委会秘书处副主任、广东省中小企业局局长张文献，澳大利亚驻华大使馆商务公使孟哲伦，中博会事务局局长杨阳等出席通报会。通报会由郑昕副司长主持。

4月

7日　中国中小企业协会在京举行“中国中小企业信用评价”启动会，中国中小企业协会会长李子彬，副秘书长齐力然，中国国际电子商务中心主任刘俊生，国富泰公司总经理丁强，执行总经理张阁等出席了启动会。启动会上，中国中小企业协会与中国国际电子商务中心所属的北京国富泰企业征信有限公司签署了合作协议。《中国改革报》、《国际商报》、反商业欺诈网等多家媒体进行了报道。

9日　部分省市中小企业工作座谈会在西安召开，工业和信息化部党组成员、总工程师朱宏任、中小企业司司长王黎明，以及山西、内蒙古、辽宁、江苏、浙江、安徽、江西、河南、广东、重庆、陕西、甘肃等12个省（市）的中小企业主管部门领导出席了会议。座谈会上主要就当前中小企业运行状况、各地贯彻落实国发36号文件情况、中小企业服务体系建设情况以及当前和今后一个时期中小企业工作的重点和打算进行交流探讨。

9日　作为第14届中国东西部合作与投资贸易洽谈会（西洽会）的重要活动之一，由工业和信息化部、陕西省人民政府共同主办的“东西部中小企业合作项目推介会”在陕西省西安市隆重召开。工业和信息化部党组成员、总工程师朱宏任，陕西省副省长姚引良出席了推介会并致辞。“东西部中小企业合作项目推介会”是首次在西洽会期间举办的一项活动，推介会以招商引资和西部地区承接东部产业转移为核心任务，推动东西部中小企业间的务实合作，受到陕西省和东部沿海地区企业家的广泛欢迎。这也体现出了西部大市场对于海内外企业家的吸引力，加强东西部互动、促进东西部合作的前景十分广阔。此次推介会共现场签约24个项目，总投资35亿元。

12日　工业和信息化部中小企业司王黎明司长考察武汉市中小企业综合服务超市（以下简称“服务超市”）建设情况。在“服务超市”现场，王司长听取了武汉市经信委余主任、武汉市中小企业服务中心张红主任关于“服务超市”建设进度、服务机构入驻及服务功能划分等相关情况，对“服务超市”的建设、功能定位及武汉在服务体系建设、服务平台搭建方面的工作取得的成绩表示了肯定，他强调说，“服务超市”的建设是中小企业服务模式上的创新，在全国尚属首创，今后可以作为服务模式的典型在全国推广。

14日　第七届中国国际中小企业博览会暨中澳中小企业博览会（以下简称“第七届中博会”）组委会第一次全体会议在北京召开。中博会组委会副主任、工业和信息化部总工程师朱宏任，中博会组委会秘书长、广东省政府副秘书长林英，中博会组委会副秘书长、工业和信息化部中小企业司司长王黎明，中博会组委会副秘书长、广东省经济和信息化委员会主任杨建初及国家发展改革委、财政部、商务部、国家工商总局、国家质检总局和中国银监会的相关负责同志出席会议。会议通报了第七届中博会筹备工作的进展情况、研究部署了下一步工作内容，并听取了组委会各成员单位意见。

15日　中国中小企业协会与全球著名的信息技术和服务公司IBM战略合作备忘录签约仪式在京举行。李子彬会长、IBM大中华地区钱大群董事长及首席执行总裁、工业和信息化部中小企业司王黎明司长等出席签约仪式并分别致辞。中国网络电视台、中国工业信息报、经济日报、21世纪经济报道、中国经营报、中国计算机报、IT时代周刊、新华网等30多家媒体对此进行专题报道。

18日 “中小企业大巡诊活动”在厦门举办，当地300多家企业参会。活动取得了圆满成功。

18~19日 2010年厦门市中小企业服务博览会隆重开幕。厦门市人民政府叶重耕副市长、工业和信息化部中小企业司郑昕副司长、福建省经贸委郑李亭副主任等领导出席了活动开幕式并分别发言致辞。开幕式由厦门市经发局柯继安副局长主持。厦门市“中小企业服务博览会”是厦门市“中小企业服务日”的“优化升级”，也是厦门市中小企业发展工作一块金灿灿的服务品牌。

19日 中国中小企业协会、唐山市人民政府与河北省驻京办共同主办的“企业家讲企业大讲堂走进河北—唐山”活动在唐山市举行，协会孙秀春秘书长、唐山市辛志纯副市长等出席活动并致辞。活动期间，协会与渣打银行、唐山市工信局、河北省驻京办四方共同签署了《服务唐山市中小企业战略合作备忘录》。

21日 工业和信息化部关于加强中小企业人才队伍建设政策研究课题专家座谈会在京召开，会议就如何加强中小企业人才培训工作进行了讨论研究。工业和信息化部中小企业司司长王黎明，副司长王建翔以及中小企业司有关同志参加了座谈会。

5月

8日 全国中小企业服务体系建设研讨会在武汉召开。会上，工业和信息化部中小企业司副司长郑昕介绍了中小企业服务体系建设的有关情况及工作思路，并指出此次研讨会的主要任务是围绕如何培育中小企业服务机构、推动形成符合我国发展实际的服务体系交流做法开展研讨；讨论修改关于加快中小企业服务体系建设的指导意见；各省市代表共同探讨培育服务品牌，开展综合服务机构试点的有关事项。

11日 为了贯彻落实《国务院关于进一步促进中小企业发展的若干意见》（国发［2009］36号），加强中小企业培训管理体系能力建设，实施好国家中小企业银河培训工程，提高管理咨询水平，不断增强中小企业市场竞争力，全国中小企业培训管理体系能力建设暨管理咨询培训班在长沙开班。中小企业培训管理体系能力建设和管理咨询培训班由工业和信息化部中小企业司主办，湖南省经济和信息化委员会承办，湖南省中小企业服务中心协办。

14日 “企业家讲企业大讲堂走进辽宁—丹东活动”在辽宁省丹东市举行，中国中小企业协会李子彬会长、孙秀春秘书长，辽宁省中小企业厅吴野松厅长、单成繁副厅长，丹东市李士伟副市长出席活动。李子彬会长作了“当前国内经济形势及促进中小企业发展的建议”主旨演讲，协会副会长、正略均策咨询公司董事长赵民做了专题讲座，当地中小企业主管部门和中小企业代表200多人参加了此次活动。

14~15日 第四届全国中小企业协会联席会议在辽宁省丹东市召开。部分省市中小企业主管部门、全国中小企业协会工作体系单位和有关行业协会的代表参加了会议。中国中小企业协会李子彬会长，辽宁省人大常委会仲跻权副主任，省中小企业厅吴野松厅长、单成繁副厅长，丹东市委薛恒书记，市政府赵连生市长，国家外专局白继迅主任，工业和信息化部中小企业司王岩琴处长等出席会议。李子彬会长在会上重点分析了经济形势，总结了第三届全国中小企业协会联席会议以来的工作情况，提出了2010年全国中小企业工作体系开展合作的主要想法，并于会议结束时就加强地方协会建设发表了重要讲话。会议由孙秀春秘书长主持。

23日 2010年全国企业家活动日暨中国企业家年会在长沙开幕。全国政协原副主席、中国企业联合会会长、中国企业家协会会长王忠禹，工业和信息化部部长李毅中，湖南省委书记、省长周强出席并讲话。由中国企业联合会、中国企业家协会和湖南省政府联合主办的此次年会以“推动企业自主创新，实现发展方式转变”为主题，旨在引导和推动企业家总结应对国际金融危机挑战的成功经验，加大自主创新力度，提高企业竞争能力，调整结构，切实转变发展方式，促进企业家成长与队伍建设，实现企业的新发展。

23～25日　李子彬会长赴宁波考察调研，先后考察了宁波市大港经济开发区、浙江万里学院、宁波诺丁汉大学校园，并出席了宁波市中小企业座谈会。

25日　工业和信息化部中小企业专项资金项目申报工作电视电话会议在北京召开。工业和信息化部党组成员、总工程师朱宏任出席会议并讲话。朱宏任总工程师在讲话中要求认真做好今年财政资金使用工作。王黎明主持会议并就专项资金申报工作作了说明，提出了具体的工作要求。

26日　由中国中小企业协会、全国职业经理人协会联盟主办的第二届（2010）全国职业经理人协会发展研讨会在宁波召开，李子彬会长出席会议并作了重要讲话。本次研讨会就“如何落实国家人才战略与规划纲要，深化和推进我国职业经理人队伍建设”等问题进行了重点研讨和交流。

30日　第六届APEC中小企业技术交流暨展览会（以下简称“技展会”）在福州市海峡国际会展中心举行。技展会由工业和信息化部主办，自1996年至今已连续举办五届，得到了APEC成员经济体和广大客商的普遍赞誉。

6月

1日　工业和信息化部中小企业司在山东省济南市主持召开了全国中小企业信息化工作座谈会。本次会议旨在学习贯彻《国务院关于进一步促进中小企业发展的若干意见》（国发［2009］36号）文件精神，回顾、总结和交流中小企业信息化推进工程实施情况，进一步明确中小企业信息化推进工作的思路、任务和目标，完善措施，加强配合，共同推动中小企业信息化，促进中小企业创新发展。

19日　由北京大学民营经济研究院和全国工商联宣教部联合主办的“第六届中国民营经济企业投资与发展论坛”在北京大学隆重召开，本次论坛的主题是“发展方式的转变”。新浪财经全程直播本次论坛，工业和信息化部中小企业司司长王黎明作演讲。

21日　为进一步加强与金融机构在中小企业金融服务合作方面的合作，构建政银合作新机制，促进中小企业金融服务质量不断提升，切实缓解中小企业融资难，四川省经济和信息化委员会在望江宾馆隆重举行中小企业金融服务合作签约仪式。四川省委常委、四川省国资委书记王少雄，四川省政府副省长李成云专程莅临，签约仪式由四川省政府蔡竞副秘书长主持。四川省财政厅、四川省金融办、人民银行成都分行、四川银监局等部门领导以及市州、扩权县中小企业主管部门、签约金融机构、部分中小企业担保机构和中小企业负责人约300人参加了签约仪式。

27日　全国政协副主席、全国工商联主席黄孟复率调研组到浙江省就“中小企业发展环境和员工工资正常增长机制”课题开展调研。全国工商联副主席庄聪生，工业和信息化部党组成员、总工程师朱宏任，中小企业司副司长王建翔，以及中央统战部、国家发改委、财政部、人力资源和社会保障部、国家税务总局、全国总工会、中国劳动学会等部门的有关负责人参加了此次调研。

28日　联合国工业发展组织前总干事、全球中小企业联盟全球主席卡洛斯·马格里诺斯（Carlos Magarinos）先生一行，与中小企业司王黎明司长进行了会谈，双方就中美中小企业合作、中国中小企业的国际化等议题，进行了深入的交流和探讨。

7月

2日　李子彬会长在协会会见以海地前总理雅克·爱德华·阿列克西为团长的海地团结党代表团。中联部经济联络中心副主任陈京宪等人陪同会见。

6日　中国中小企业协会和甘肃省兰洽组委会联合主办的“第十六届兰洽会经济合作项目推介会”在兰州市举办。协会孙秀春秘书长出席推介会并致辞。

8日　“企业家讲企业大讲堂走进西安活动”在西安市举办，李子彬会长出席并作了主旨演讲，陕西省商会副会长、原中兴通讯总经理魏兴民作了专题讲座。活动得到了陕西省中小企业促进局、西安市工信委、陕西省中小企业协会、西北大学等单位的大力支持。当地240多家企业代表参加了活动。

9日　中国中小企业协会第一届常务理事会第四次会议在西安市召开，协会副会长、常务理事单位代表60余人参会。会上，李子彬会长作了工作报告。本次会议得到了陕西省人民政府、陕西省中小企业促进局、西安市工信委和协会副会长单位金花企业集团的大力支持，取得了圆满成功。

12日　中国中小企业协会、大连市人民政府在京共同举办第四届中国中小企业节新闻发布会。李子彬会长、孙秀春秘书长、大连市人民政府曲晓飞副市长及市经信委（中小企业局）负责人等领导出席，人民日报、新华社、中央电视台、凤凰卫视等新闻媒体记者到会并做了专题报道。

15日　中国中小企业协会、国家统计局中国经济景气监测中心和北京华通人商用信息有限公司在京举办“中国中小企业发展指数发布会”，发布了2010年第二季度中小企业发展指数。李子彬会长、孙秀春秘书长，李鲁阳副秘书长、工业和信息化部中小企业司王建翔副司长、国家统计局中国经济景气监测中心潘建成副主任，北京华通人商用信息有限公司高余先董事长、白欢朋总经理和台湾辅仁大学统计咨讯学系谢邦昌教授等出席发布会。新华社、人民日报、光明日报、中央电视台、中国网络电视台等多家新闻媒体记者到会并做了专题报道。

16日　全国部分省市中小企业信用再担保工作研讨会在长春举行。研讨会由工业和信息化部中小企业司主办，吉林省工信厅和东北中小企业信用再担保股份有限公司承办。本次研讨会是继去年底在北京召开再担保工作会议后的又一次重要会议，目的是总结和交流近年来再担保机构运行情况和工作经验，探讨解决再担保工作出现的共性问题，研究部署中小企业信用再担保机构下一步工作，推动再担保机制作用发挥，完善中小企业信用再担保体系建设。

16日　李子彬会长做客新华社财经频道《金融讲堂》，就贯彻“新36条”，促进发展方式转型与民营经济发展进行了解读。

20日　为深入总结和认真贯彻《国务院关于进一步促进中小企业发展的若干意见》（以下简称国发36号文件），扎实推进下一步工作，国务院促进中小企业发展工作领导小组办公室在京召开第二次会议。领导小组成员、工业和信息化部党组成员、总工程师朱宏任出席会议并讲话。朱宏任在讲话中指出，国发36号文件出台以来，各有关部门高度重视，积极贯彻落实，促进中小企业发展的各项工作卓有成效，为保持中小企业平稳较快发展、推动中小企业“调结构、转方式”做出了积极贡献。朱宏任强调，贯彻落实国发36号文件是一项长期的工作任务，也是近年来中小企业的工作重点。

21日　李子彬会长在协会会见渣打银行个人银行（中小企业）市场部任兆欣总监一行。孙秀春秘书长及协会有关部门负责人参加了会见，双方就加强战略合作交换了意见。

8月

5日　中国中小企业协会与隆秦博思公司合资注册成立“中思励德人力资源有限公司”，合资公司主要为广大中小企业开展人力资源咨询、以劳动关系为核心的企业法律事务咨询、职业认证培训以及人才智力引进等相关服务。

6 日　为使标准更全面、准确、科学反映中小企业实际，工业和信息化部中小企业司召开了工业和信息化部内相关司局中小企业划型标准修订工作座谈会，就相关行业方面的标准征求了有关司局的意见。

6 日　为使标准更全面、准确、科学反映中小企业实际，工业和信息化部中小企业司召开了工业和信息化部内相关司局中小企业划型标准修订工作座谈会，就相关行业方面的标准征求了有关司局的意见。

11～13 日　为了总结交流各地开展中小企业生产经营运行监测工作的经验，工业和信息化部中小企业司在青海省西宁市召开了全国中小企业生产经营运行监测工作座谈会，来自各省市（区）和计划单列市、新疆建设兵团的中小企业管理部门及相关服务机构的 120 多位代表参加了会议。座谈会上，代表们介绍了本地区开展生产经营运行监测工作的做法和经验。

12～13 日　为贯彻落实中央国务院第五次西藏工作座谈会和西部大开发工作会议的精神，工业和信息化部中小企业司王建翔副司长一行赴西藏就中小企业和非公有制企业发展情况、支持西藏发展等进行了调研。调研组实地考察了拉萨市经济开发区、西藏远征集团、西藏萨博实业有限公司，并与西藏自治区工信厅的有关领导、企业家和服务机构负责人进行座谈。

14 日　中国中小企业协会李子彬会长出席瑞士联邦主席多丽丝·洛伊特哈德阁下的招待晚宴。

16～21 日　中国中小企业协会李子彬会长出席黑龙江省中小企业协会工作会议，并对黑龙江漠河地区经济和中小企业发展状况进行了调研。

17 日　工业和信息化部中小企业司郑昕副司长、服务创新处韦向群处长等一行 4 人，到沈阳市中小企业服务大厦视察工作，并看望了服务工作人员，鼓励工作人员一定要热心、真诚地为中小企业提供优质服务，促进中小企业又好又快发展，国家工业和信息化部领导对沈阳市实施的“一站式、便捷化、看得见、摸得着”的综合服务大厦建设模式和取得的成绩给予充分肯定。

25～27 日　中国中小企业协会李子彬会长出席“2010 中国风险投资论坛——振兴东北投资高峰会”并发表讲话，着重从深化大中型银行体制改革、大力发展中小型银行、完善多层次资本市场体系、扩大企业债券和加快发展融资租赁业等五个方面提出了解决中小企业融资难的对策。

30 日　中国中小企业协会李子彬会长会见了专程前来拜会的惠普全球副总裁信息产品集团亚太及日本地区市场部总经理萧振义先生一行 4 人。双方就全面开展战略合作伙伴关系进行了深入探讨。

31 日　中国中小企业协会孙秀春秘书长在协会会见以美国商务部少数民族企业发展局局长大卫·辛森为团长的美国少数民族供应商发展协会代表团，代表团成员包括波音公司、美国联合技术公司、IBM 公司、万豪国际集团、百事公司等大型公司的全球副总裁或全球采购总监。

9 月

3 日　“企业家讲企业大讲堂走进河北—承德活动”在承德市举办，中国中小企业协会李鲁阳副秘书长出席，当地近 400 名中小企业代表参加了活动。

6 日　中国中小企业协会李子彬会长应邀出席深圳特区 30 周年纪念活动。

6 日　老挝赴中国学习访问团一行 8 人专程来中国中小企业协会拜会，了解《中华人民共和国中小企业促进法》的立法及实施情况及中国中小企业发展情况。孙秀春秘书长、李鲁阳副秘书长和协会相关部门负责人与来访客人进行了会谈交流。

6日　为贯彻落实《国务院关于进一步促进中小企业发展的若干意见》（国发〔2009〕36号）、8部委《关于强化服务，促进中小企业信息化的意见》（发改企业〔2008〕647号）、《四川省人民政府关于进一步支持中小企业加快发展的意见》（川府函〔2010〕162号）精神，认真做好“十二五”期间中小企业信息化工作前期准备和《中小企业信息化服务市场调查和发展报告（2010）》编制工作，工业和信息化部中小企业司调研组对四川省就中小企业信息化工作进行了专题调研。

8日　中小企业大巡诊广州站活动在广州市举办，孙秀春秘书长和广州市政协副主席平欣光先生出席活动并致辞，当地300多家企业代表参加了活动。

10日　中国中小企业协会“企业家讲企业大讲堂走进河北—保定活动”在保定市举办，李鲁阳副秘书长出席，当地约400名中小企业代表参加了活动。

10日　为贯彻落实工业和信息化部、发展改革委等13个部门和单位《关于2010年减轻企业负担专项治理工作的实施意见》和全国减轻企业负担专项治理工作电视电话会议的要求，按照全国减轻企业负担工作的部署，工业和信息化部中小企业司王建翔副司长带队赴广西进行督查，检查广西减轻企业负担工作情况。

12～13日　中国中小企业协会李子彬会长出席“2010中国信用管理国际论坛暨第六届中国诚信企业家大会”并发表讲话。

14日　即第七届中国国际中小企业博览会暨中澳中小企业博览会开幕的前一天，工业和信息化部党组成员、总工程师朱宏任在广州市东方宾馆会见了率团出席第七届中博会的澳大利亚大使芮捷锐一行，双方进行了友好会谈。工业和信息化部中小企业司、国际合作司以及澳大利亚代表团相关人员参加了会见。

15日　第七届中国国际中小企业博览会暨中澳中小企业博览会在广州国际会议展览中心隆重开幕。第七届中博会，经国务院批准，由工业和信息化部、国家发展改革委、财政部、商务部、国家工商行政管理总局、国家质量监督检测检疫总局、中国银行业监督管理委员会、广东省人民政府与澳大利亚贸易委员会共同主办。中博会的举办，为中小企业开拓市场，加强合作与交流，进一步平稳健康发展，发挥积极的作用。

16日　第七届中博会股权融资论坛暨项目对接会在广州中国大酒店举办。广东省副省长李荣根出席会议并致辞。工业和信息化部中小企业司司长王黎明出席论坛并发表主旨演讲。广东省经济和信息化委副主任吴峰主持了会议。

17日　由中国中小企业协会和深圳君盛投资公司联合发起设立的中小企业（天津）创业投资基金在京正式成立。中国中小企业协会李子彬会长出席基金成立暨合作签约仪式并致辞。出席仪式的还有工业和信息化部中小企业司王健翔副司长、中国证监会创业板发行监管部曾长虹副主任、国家发改委财经司金融处刘健钧处长等人。新华社、中央电视台、中国网络电视台等多家新闻媒体记者到会并做了专题报道。

18日　工业和信息化部与清华大学联合举办的“中小企业高级工商管理研究生课程进修班第四期”结业典礼在清华大学经济管理学院举行。中小企业高级工商管理研究生课程进修班是国家为促进中小企业发展而开展的“国家中小企业银河培训工程”的重要组成部分，是贯彻落实《国务院关于进一步促进中小企业发展的若干意见》和《国家中长期人才发展规划纲要（2010～2020年）》的具体行动。工业和信息化部中小企业司王建翔副司长、清华大学经济管理学院高级管理培训中心薛镭主任、刘燕欣副主任出席结业典礼。

19～21日　中国中小企业协会李子彬会长及协会相关部门负责人赴成都考察，与成都市委、市政府领导，以及市经信委（中小企业局）等部门商定成都市作为第五届中国中小企业节举办城市。

26日　第四届中国中小企业节新闻发布会在大连国际金融会议中心举行。中国中小企业协会会长李子彬、大连市副市长曲晓飞出席发布会，并启动了大连中小企业品牌展示工程。大连市市长助理刘岩介绍了第四届中国中小企业节筹备的有关情况，辽宁省中小企业厅单成繁副厅长介绍了辽宁沿海经济带开发开放项目推介会的概况。

26日　以“生态、创新、人才、规范”为主题的第十一届全国中小企业信用担保机构负责人联席会议，在广州隆重召开。工业和信息化部中小企业司巡视员狄娜、广东省人民政府副秘书长林英、银监会融资担保工作部副主任文兴海等出席会议并讲话。

26日　由中国民主建国会中央委员会、工业和信息化部、陕西省人民政府共同主办的2010’中国（陕西）非公有制经济发展论坛在西安隆重开幕。全国人大常委会副委员长、民建中央主席陈昌智出席并作主旨演讲。工业和信息化部党组成员、总工程师朱宏任出席开幕式并作题为《积极转变发展方式，促进非公有制经济平稳较快发展》的演讲。陕西省委主要领导同志，30多个省（自治区、直辖市）代表团、1000多家非公有制企业参加了论坛。

10月

9日　中国中小企业协会李子彬会长出席“首届中国·浙江成长型中小企业投融资洽谈会”。会上，中国中小企业协会和浙江省中小企业局签署了“浙江省百亿中小企业集合债”战略合作框架协议，协定在浙江省分期发行发债总额100亿元的中小企业集合债。

14日　中国中小企业协会李子彬会长主持召开宏观经济形势和2010年第三季度中小企业发展指数统计工作分析会，听取了国家发改委、工业和信息化部、国家统计局等部门专家的意见和建议。

19日　2010年第三季度中国中小企业发展指数在京发布，新华社、中央电视台、中国网络电视台等多家新闻媒体记者到会并做了专题报道。

22～24日　第七届中小企业商机博览（中国·玉林）（简称“玉博会”）在玉林国际会展中心隆重举行。作为中国—东盟博览会的配套展会，玉博会已经成功举办了六届，在促进商品交易、投资洽谈、经济技术合作和文化交流发面发挥了积极的作用。本届玉博会以“科技创新、跨越发展”为主题，重点展示新兴产业技术应用以及新产品研发、新技术推广、新品牌创立等方面的成果，设立了室内、室外共1300多个展位。来自21个国家和地区以及国内23个省、市、自治区的1300多名中外客商和嘉宾参加了开幕式。工业和信息化部中小企业司副司长王建翔，应玉林市政府的邀请出席了开幕式并参观了展会。

25日　中国中小企业协会《中国中小企业2010蓝皮书——发展、融资、服务与政策》出版发行。

26日　中国中小企业协会与惠普公司正式签订了战略合作备忘录，合作开展有关中小企业信息化的调查与研究工作，了解中小企业实际需求，编撰中小企业信息化研究报告。

27～29日　中共中央政治局委员、国务院副总理张德江在广东调研时强调，要深入贯彻落实科学发展观，提高思想认识，落实政策措施，创新体制机制，改善发展环境，突破发展瓶颈，促进中小企业新发展新提升，在转变经济发展方式和经济社会发展中发挥更大的作用。

30～31日　由中国中小企业协会和大连市人民政府共同主办，辽宁省中小企业厅特别支持、大连市经信委承办的第四届中国中小企业节在大连隆重举行，各省市中小企业主管部门及协会、联合会、促进会，协会会员，港澳台中小企业代表约 1800 人参加。本届中小企业节的主题为“创新·转型·低碳·成长——后金融危机时代中小企业发展路径”。全国政协副主席李金华，原全国人大常委会副委员长、中国中小企业协会名誉会长顾秀莲出席开幕式并致辞，出席开幕式的还有中国中小企业协会会长李子彬，工业和信息化部总工程师朱宏任，中国国情调查研究中心主任刘吉，大连市市委书记夏德仁、市长李万才等领导和嘉宾。李子彬会长，刘吉主任和中国农业银行副行长朱洪波分别作了主旨演讲。开幕式还表彰了 2010 年创新成长之星和创新百强，宣读了《第四届中国中小企业节大连宣言》，进行了本届中小企业节举办城市大连市和第五届中小企业节举办城市成都市交接仪式。节庆期间，举办了 2010 低碳经济金融服务论坛、辽宁沿海经济带开发开放项目推介会、2010 国际优秀中小企业服务商大会等配套活动。中小企业节期间还召开了中国中小企业协会第一届理事会第五次会议，李子彬会长在会上做了工作报告，总结了协会 2010 年的工作，明确了 2011 年协会工作的指导思想和工作重点。

11 月

5 日　欧盟中小企业中心启动仪式在北京召开。工业和信息化部党组成员、总工程师朱宏任，中小企业司副司长郑昕，欧盟委员会负责工业和企业事务的副主席安东尼奥·塔亚尼、欧盟驻中国、蒙古国代表团大使赛日·安博、中英贸易协会执行理事布莱恩·欧乐等相关人士出席了本次启动仪式。朱宏任总工程师在启动仪式召开前，就中欧中小企业合作事宜与塔亚尼副主席进行了亲切会谈。

8 日　中国中小企业协会与中国光大银行股份有限公司签订全面战略合作协议。根据协议，双方将在低碳经济项目，中小企业集合债、集合票据发行、中小企业信贷、中小企业创业投资基金等方面开展战略合作，共同实现促进中小企业健康发展的战略目标。

8 日　由国家知识产权局与重庆市人民政府共同主办，重庆市科委、市知识产权局承办的“知识产权投融资服务与企业创新发展论坛”在重庆举行，它是第四届中国专利周主会场的重要活动之一。论坛邀请了国家知识产权局、财政部、工业和信息化部、银监会、中国技术交易所的相关领导围绕“实现知识产权价值，促进企业创新发展”为主题作主旨演讲。知识产权的投融资就是把知识产权与金融资本对接起来，把知识产权转化为生产力，实现他的市场价值。这对推动企业知识产权的创造、运用具有重大作用，对推动企业的发展、转变经济发展方式、实现产业结构调整都将产生重要影响。为此，国家有关政府部门、协会、银行都做出了很多努力推进这项工作，此次论坛的宗旨就是搭建一个交流的平台，为推进知识产权的投融资服务。

8 日　工业和信息化部副部长苗圩在德国柏林与德国经济和技术部国务秘书布尔格巴赫尔共同主持召开了第二次中德中小企业政策磋商会议，双方回顾了近年来中德在中小企业领域合作与交流情况，介绍了各自国家中小企业发展最新情况、行业结构及特点、为支持中小企业发展和应对国际金融危机所采取的相关政策与措施等。会议就加强两国在中小企业领域的广泛合作达成共识。

8～9 日　工业和信息化部中小企业司王建翔副司长率团赴德国波茨坦参加“中德中小企业经营管理者培训合作项目第三次指导委员会”会议。中德中小企业经营管理者培训项目自 2007 年开展以来，3 年中完成了 5 批近 100 名学员的赴德培训，取得了积极成果，执行单位的组织、推广和促进富有成效。

10～11 日　工业和信息化部在青岛市召开全国中小企业服务体系建设座谈会，深入贯彻落实党的十七届五中全会精神，落实《国务院关于进一步促进中小企业发展的若干意见》，总结交流十年来推动服务体系建设情况，研究新形势下加快推动服务体系建设的思路和重点任务。工业和信息化部党组成员、总工程师朱宏任出席会议并作了《加快推进服务体系建设，促进中小企业持续健康发展》的报告。

11日　工业和信息化部党组成员、总工程师朱宏任在河南省工业和信息化厅党组成员、副厅长胡宽广的陪同下，到河南省中小企业担保集团股份有限公司调研，并与公司领导班子进行了座谈。工业和信息化部中小企业司、河南省中小企业局有关同志陪同。

11~16日　工业和信息化部中小企业司王建翔副司长率团赴法国巴黎参加“第一次中法中小企业工作组”会议，会议由中方的王建翔副司长和法方的工业、服务业和竞争力总署办公室主任Schars女士共同主持。按照会议议程，双方分别介绍了中小企业发展情况、中小企业政府管理体系及促进政策措施，并就希望开展合作的领域进行了深入探讨。

12日　中国中小企业协会李子彬会长应邀出席中国郑州2010产业转移系列对接活动，代表中国中小企业协会与河南省人民政府签署了战略合作协议，期间与河南省18个市中小企业局负责人进行了座谈。中国中小企业协会作为本次活动的支持（邀请）单位，组织23家会员企业代表参加了系列对接活动。

12日　国家区域性（河南）中小企业产权交易市场试点在郑州正式启动。工业和信息化部部长李毅中、河南省省长郭庚茂以及来自北京、福建等省市政府及工业主管部门2500余人出席了启动仪式。

15日　中国中小企业协会正式获得中国国际贸易促进委员会批准的组团参加出国展览项目的资格，并有权向国家商务部申请相关的项目补贴。

16日　“中小企业大巡诊安庆站活动”在安徽省安庆市举办，孙秀春秘书长出席并致辞，当地400余家企业参加了活动。

22日　李子彬会长出席由中国中小企业协会、华夏银行联合主办的“华夏之星优秀小企业先锋大汇”活动并致辞。活动期间，李子彬会长接受了第一财经日报和东方卫视等媒体的专访。

23日　全国中小企业新型融资方式工作座谈会在浙江杭州举行，36个省（区）、直辖市、计划单列市中小企业主管部门和43个融资服务机构共计160人参会。会上，中小企业司王建翔副司长代表工业和信息化部朱宏任总工程师作了书面发言。

23~25日　中国中小企业协会李子彬会长赴江苏省昆山市，考察了花桥商务区、高新技术开发区及经济开发区。

24~25日　中国中小企业协会中小企业大巡诊清远站活动在广东省清远市举办，孙秀春秘书长出席并致辞，当地400余名企业代表参加了活动。

27日　工业和信息化部中小企业司在北京市召开中小企业管理信息化服务系统工作座谈会。会议总结交流了中小企业管理信息化服务系统建设经验，明确了下一步推进的工作思路、任务和目标。工业和信息化部中小企业司副司长郑昕出席会议并作了题为《搭建中小企业信息化服务平台促进中小企业健康成长》的讲话。

28日　“2010中小企业发展论坛”在上海市国丰酒店召开。上海市委常委、市委统战部部长杨晓渡，副市长、上海市促进中小企业发展工作领导小组组长艾宝俊出席论坛并为“上海市中小企业发展服务中心”揭牌。论坛由上海市政府副秘书长肖贵玉主持。围绕论坛的主题“中小企业：促进产业提升和城市转型的生力军”，工业和信息化部中小企业司副司长许科敏介绍了国家在扶持中小企业方面的政策举措。

28~29日　一年一度的全国优秀中小企业家代表大会——第五届中国中小企业家年会在北京人民

大会堂隆重召开。本届年会经国务院国资委批准，由中国中小商业企业协会和中国中小企业家年会组委会联合主办，中国工商银行、包商银行等单位协办。

30日　中国中小企业协会李子彬会长出席由中国中小企业协会，IBM公司和宁国市委、市政府联合主办的“2010宁国中小企业信息化峰会”并参观考察了宁国市的部分企业。

12月

3日　全国职业经理人资格认证专家座谈会召开，中国中小企业协会会长李子彬出席会议并致辞。来自北京大学、清华大学等多家机构的十余名专家参加会议，就职业经理人资格认证进行了深入交流与讨论。

5日　中国中小企业协会李子彬会长应邀出席了由《中国企业家》杂志社和中国企业家俱乐部联合主办的2010（第九届）中国企业领袖年会。

7日　李子彬会长会见天津市中小企业发展促进局党组书记、局长尉永久及天津市中小企业协会一行，听取了天津市中小企业促进局工作情况及天津市中小企业协会的情况介绍。

9日　全国职业经理人协会联盟第一届理事会第四次会议在辽宁省沈阳市召开。中国中小企业协会会长、全国职业经理人协会联盟理事长李子彬出席会议并作了联盟年度工作报告。来自全国各地的近20家联盟成员单位负责人围绕我国职业经理人的未来发展趋势、联盟发展机制如何创新、全国职业经理人才服务平台搭建构想等议题进行了深入研讨和交流。

10日　2010APEC中小企业峰会在四川宜宾隆重开幕，来自亚太地区各经济体代表、国际组织代表、政府机构代表、著名经济学家、商界精英以及数百家优秀中小企业高层汇聚一堂，共同围绕“中小企业的创造力”展开深入的交流和探讨。

10~11日　由中国中小企业协会、全国职业经理人协会联盟联合主办的“2010中国职业经理人年会暨全国优秀职业经理人颁奖盛典”在辽宁省沈阳市召开。本次年会以“自律、和谐、创新、发展”为主题，全国300余名知名职业经理人和企业家参会。中国中小企业协会会长、全国职业经理人协会联盟理事长李子彬出席开幕式发表讲话，并于会后接受了辽宁日报等媒体的专访。

12日　中国中小企业协会举办深圳地区理事联谊会，邀请深圳市商业联合会庞大同会长、深圳市发展和改革委员会吴德林副主任、深圳市中小企业服务中心顾宏伟主任及协会深圳地区理事15家共30人参会。

14日　在瑞典新任驻华大使罗睿德的陪同下，以瑞典企业、能源与交通部秘书处主管（相当于国际司副司长）蒂姆·布鲁克为团长的瑞典官方代表团访问了工业和信息化部。中小企业司副司长王建翔会见了瑞典代表团一行8人，双方就落实中小企业合作备忘录、在未来共同主办中博会等事宜进行了商讨。

16日　以“生态文明建设、打造低碳城市、共建共享生活品质之城”为主题的中国中小企业协会“企业家讲企业大讲堂”公益活动在杭州隆重举行。李子彬会长出席并作了主题演讲，当地各区县（市）经贸分管负责人以及中小企业代表近300人参加了此次活动。

22日　中国中小企业协会组织召开“中国中小企业职业经理人职业标准专家工作会议”。中国中小企业协会会长李子彬出席会议并作了重要讲话。出席会议的还有人力资源和社会保障部全国人才交流中心副主任陈军等专家。经过讨论，专家组启动了“标准”的起草工作。

23日　李子彬会长出席了由中国投资协会、《中国投资年鉴》编委会、《中国投资》杂志社联合主办的“2011中国投资年会”启动大会，并就中小企业的投融资现状和发展趋势作了主题发言。

28日　由中华人民共和国工业和信息化部、越南社会主义共和国计划投资部共同主办的“中越中小企业经贸交流与合作研讨会”在北京召开，来自中越两国中小企业政府管理部门、服务机构、研究机构和中小企业的150余位代表出席了上午的会议，双方围绕两国中小企业扶持政策、加强中小企业的经贸合作等进行了深入交流与研讨。

参考文献

[1] 鲍静海．我国中小企业金融制度．北京：人民出版社，2008

[2] 刘曼红．中国中小企业融资问题研究．北京：中国人民大学出版，2007

[3] 温家宝．政府工作报告．北京：人民出版社，2009

[4] 国家发展改革委中小企业司．中小企业简报，2010 第 2 期至 24 期

[5] 国家工商总局．统计资料，2010

[6] 蒋珩．浅谈我国中小企业融资难．金融与保险，2010（3）

[7] 张涛．中小企业信贷融资的基本特点和我国的现状．中国金融，2009（21）

[8] 中国融资担保门户．世界各国中小企业信用担保体系发展比较，2010 年 7 月 5 日

[9] 中国中小企业协会网站，http：//www. ca - sme. org/

[10] 工业与信息化部中小企业司网站，http：//www. miit. gov. cn/n11293472/n11295074/index. html

[11] 张俊伟．完善中小企业政策体系的努力方向．金融界，2009 年 3 月 19 日，http：//finance. jrj. com. cn/people/2009/03/1923493881351. shtml

[12] 吕律．浙江发布全国首份小额贷款公司年度监管报告．2010 年 4 月 8 日，http：//www. nbaic. gov. cn

[13] 辜胜阻．中小企业是自主创新的生力军．求是，2007（5）

[14] 王仁祥，肖科．政策性金融与自主创新关系研究进展．经济学动态，2009（11）

[15] 吴芷静．论促进企业自主创新的制度环境构建．财经问题研究，2010（8）

[16] 庄儒常．试论我国中小企业的地位、发展困境与出路．现代营销·营销学苑，2011（4）

[17] 全国人大法律库：www. npc. gov. cn

[18] 王建文．论中小企业的法律界定及其法律环境的完善．http：//www. 148cn. org/data/2006/0508/article_1162. htm，2006 年 5 月 8 日

[19] 王勇．欧美国家推进中小企业自主创新的政策解析及启示．中国论文下载中心，2009 年 1 月 21 日

[20] 马凯．中小企业发展的法律环境亟待完善．http：//big5. china. com. cn/chinese/law/167035. htm，2002 年 7 月 1 日

[21] 雷四兰．中小企业技术创新的法制环境研究．技术与创新管理，2009，（6）

[22] 王鑫宇，傅军．中小企业技术创新现状及对策．中外企业家，2007，（1）

[23] 蔡源．论金融危机背景下中小企业自主创新的瓶颈及其破解．中国经贸 2009，（6）

[24] 吴晓明．扶持中小企业发展政府采购任重道远．中国财经报，2009 年 06 月 24 日

[25] 王淑贤．中小企业科技创新扶持政策的国际比较．经济论坛 2004，（21）

[26] 吴彤，米运生．发达国家支持中小企业科技创新的政策比较．陕西经贸学院学报，1999（4）

[27] 房红．发达国家扶持中小企业科技创新的做法及对我国的启示．商场现代化，2006，（2）

[28] 张艳丽．对完善我国中小企业技术创新法律支持体系的思考．商业文化，2008（6）

[29] 刘东，杜占．中小企业与技术创新．北京：社会科学文献出版社，1998

[30] 林汉川，魏中奇．中小企业发展与创新．上海：上海财经大学出版社，2001

[31] 张敏，谷俊涛．国内支持科技型中小企业技术创新的政策研究．科技成果纵横，2005（6）

[32] 綦开军，王晓红，毕克新．我国中小企业技术创新支持体系现状与发展趋 势．商业研究，2005（6）

[33] 赵居霞．中小企业技术创新制度保障法律支持体系研究．http：//www. fe – edu. com. cn/xiaoyuanwenhua/yuankanzaixian/yuandongrenxueshu/337. html，2009 年 5 月 14 日

[34] European Commission. The new SME definition User guide and model declaration. European Commission，2003

[35] John Bessant. The rise and fall of ' Super net'：a case study of technology transfer policy for smaller firms. Research Policy，1999，28：601 – 614

[36] P. Rietveld，C. Gorter. Innovation in Small Scale Industry. International Journal of Development Planning Literature，1990. 5（1）：1 – 19

[37] David North，David Smallbone，Ian Vickers. Public Sector Support for Innovation SMEs. Small Business Economics，2001，(16)：308

[38] The Work Foundation and London Business School. Competition and Collaboration in German Technology Transfer. European Management Journal，2002，20（5）：477 – 485

[39]《中华人民共和国中小企业促进法》政策与实务编写组编著．《中华人民共和国中小企业促进法》政策与实务．北京：中华工商联合出版社，2002

[40] 中国中小企业发展年鉴编委会编．中国中小企业发展年鉴．北京：中国大地出版社，2005

[41] 张凤春．美国中小企业政策及其对我国的启示．吉林大学硕士学位论文，2004

[42] 王会龙．创业者素质与中小企业创业过程研究．浙江工业大学硕士学位论文，2005

[43] 周晓红．中小企业自主创新面临的困境及应对．唯实，2010（2）

[44] 陈海秋．企业孵化器若干理论问题研究述评．高校社科动态，2010（1）

[45] 段存广，李建昌．科技园区发展的理论研究述评．重庆邮电大学学报（社会科学版），2010，22（1）

[46] 齐海英．提高我国中小企业自主创新能力的对策研究．东北师范大学硕士学位论文，2008

[47] 郭晓立，王浩．建立中小企业社会化服务体系的研究．中国软科学，1999（4）

[48] 腾双兴．科技型中小企业合作技术创新网络研究．山东大学硕士学位论文，2006

[49] 李韬实．关于我国自主创业的促进模式的研究．东北师范大学硕士学位论文，2008

[50] 王嘉星．论中小企业技术创新战略．现代管理科学，2004（8）

[51] 徐禄平，方杰．国内外技术创新服务体系．北京：新华出版社，2002

[52] 纪良纲．中小企业市场中介组织发展的思路与措施．财贸经济，2002（1）

[53] 杨树旺，付书科，易明等．论我国中小企业技术创新服务体系的构建．企业改革与发展，2009（1）

[54] 韩振海，李国平．国家创新系统理论的演变述评．科学管理研究，2004，22（2）

[55] 李北柿，朱丽娜．国外中小企业技术创新社会化服务体系及启示．通化师范学院学报，2010，31（3）

[56] 李文元，梅强．基于中小企业技术创新全过程的科技中介服务体系构建研究．中国科技论坛，2009（6）

[57] 年志远．建立我国中小企业技术创新服务体系．经济纵横，2000（5）

[58] 洪茜．构建与完善我国中小企业服务体系研究．江西财经大学硕士学位论文，2002

[59] 谢旭人主编．中国财政改革 30 年．北京：中国财政经济出版社，2008

[60] 谢旭人主编．中国财政 60 年．北京：经济科学出版社，2009

[61] 财政部企业司．促进提高企业自主创新能力 做大经济财政蛋糕，财政部网站

[62] 中国中小企业协会．中国中小企业蓝皮书．北京：中国发展出版社，2008

[63] 贾康，刘微等．财政支持中小企业信用担保政策研究，财政部财政科学研究所《研究报告》，2010（30）

[64] 吕薇．加强中小企业信用担保体系的制度建设．国务院发展研究中心调研报告，2000 年第 155 号
[65] 张承惠．完善我国自主创新金融支持体系的建议．国务院发展研究中心调研报告，2007 年第 269 号
[66] 郭励弘，李忠，田杰棠．科技型中小企业私募股票的发行与转售制度．国务院发展研究中心研究报告，2007
[67] 郭励弘．中小企业私募证券市场的制度研究．国务院发展研究中心调研报告专刊，2007 年第 98 ~ 107 期
[68] 张玉台，刘世锦主编．激励创新：政策选择与案例研究．北京：知识产权出版社，2008
[69] 范建军．中国发展多层次证券市场的短板：做市商制度．国务院发展研究中心调研报告，2010 年第 18 号

后　记

本书是中国中小企业协会主持编写的《中国中小企业蓝皮书》系列出版物第四本。本书除了介绍上一年度中小企业发展情况外，主要介绍和分析了有关促进中小企业自主创新的政策和机制。编写组从法制环境、服务体系、金融政策、财税体系等方面围绕中小企业自主创新主题进行了比较全面、系统和深入的分析，希望对广大中小企业、中小企业管理机构及相关研究人员提供有益参考。

本书由财政部财政科学研究所副所长白景明研究员负责总纂工作。具体参加本书编写人员有：第1、2、3、6章全国人大财经委经济室李命志、张雪松、石宝峰；第4章中国中小企业协会导刊社齐力然、何兵玉、李雪艳；第5章中国中小企业协会政研部董涛；第7章中国科学院有关机构刘会武、陈文开、陈伟、冯海红、赵玥，第8章财政部财科所白景明、刘微、戚骥，第9章国务院发展研究中心技术经济研究部沈恒超。李鲁阳副秘书长参与了全书的策划和组织工作，李子彬会长审定了最后的书稿。

本书引用了来自各方面的参考资料，尽管我们希望不要有遗漏，但也在所难免，在此向被忽略的著作权人表示谢意和歉意。

在编写过程中，编写组得到了各有关方面和人士特别是中国中小企业协会及李子彬会长的大力支持，在此致以衷心感谢！

由于编写时间仓促，编著水平有限，本书错漏难免，恳请读者指正。

编写组

2011年9月

您身边的银行 可信赖的银行

ICBC

小企业金融服务

助力千行百业 共创无限未来

工 商 银 行 小 企 业 金 融 服 务

中国工商银行拥有遍布全国的小企业金融服务专营机构;

已为数百万小企业客户提供丰富的融资产品，全面的解决方案，专业的金融服务;

今天，工行小企业贷款总余额正从数千亿向万亿迈进，

这，只是一个开始……

ICBC 中国工商银行

网站 www.icbc.com.cn 服务热线 95588

中国农业银行
AGRICULTURAL BANK OF CHINA

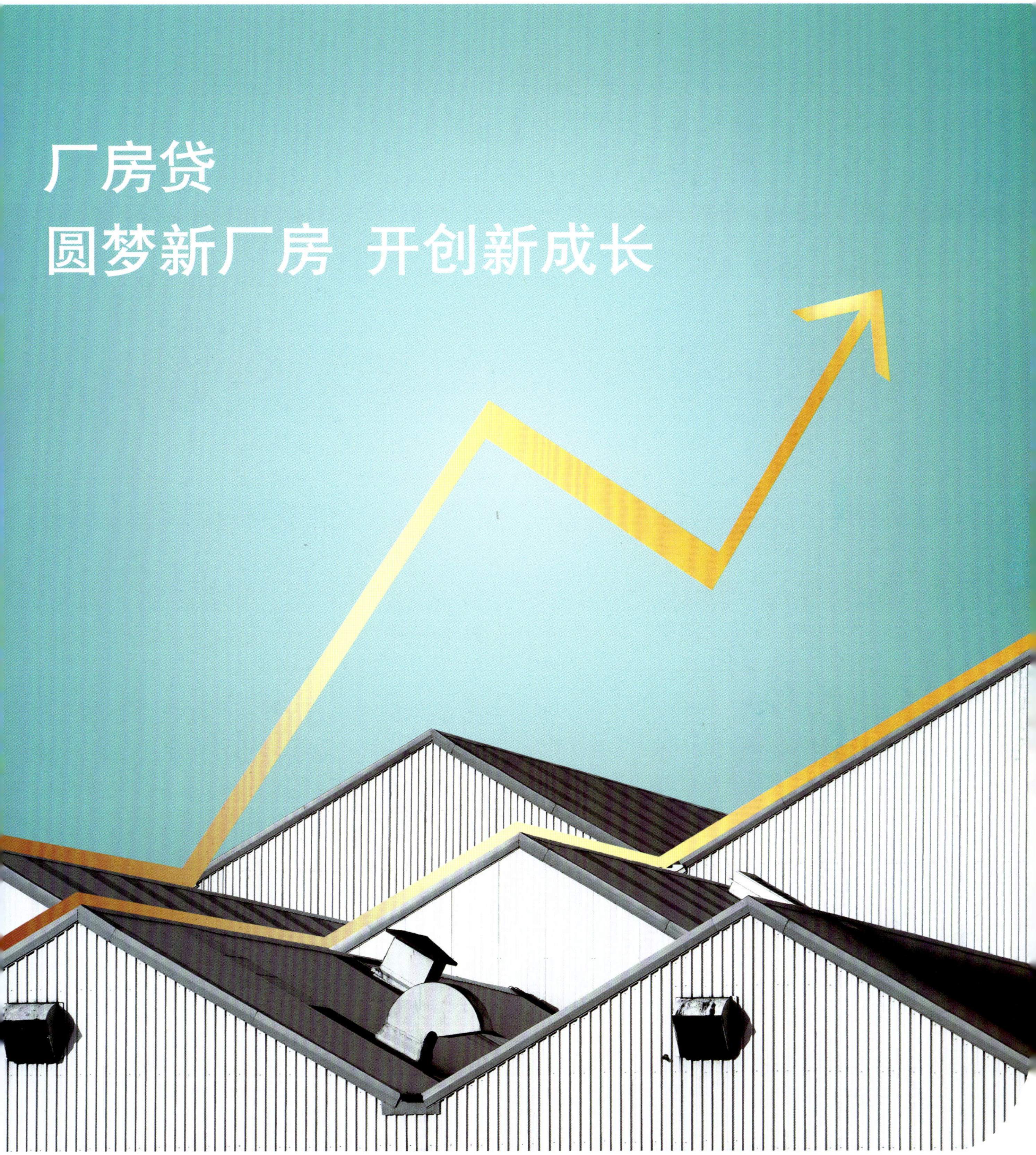

厂房贷，为企业按揭一个家

拥有自己的厂房，“贷”动企业的成长，中国农业银行＂厂房贷＂，助您轻松圆梦。

贷款额度高 贷款额度最高达2000万元。

还款期限长 贷款期限结合企业的预期现金流、盈利能力和偿债能力等因素综合确定，最长可达10年。

还款压力小 根据自身情况，以未来的现金流分期还款，单期还款压力小。

厂房贷

中国农业银行
AGRICULTURAL BANK OF CHINA

小企业金融服

简式贷 就是快

放款速度快：评级、授信、用信同时审批，一次搞定。手续简便，放款迅速。
贷款额度高：贷款额度最高达3000万元。
担保方式多：房地产、存单、国债、担保公司等多种形式担保。

简式贷

中国银行
BANK OF CHINA

中国银行深入研究科技型中小企业特征，以中关村国家自主创新示范区为切入点，发挥自身综合经营优势，探索金融与科技的结合，开创性地推出“中关村模式”，履行国有大型商业银行的社会责任，以切实行动加大对科技型中小企业的金融支持。图为北京市政府领导与中国银行负责人共同出席“中关村模式”启动仪式。

成长·无限
中银信贷工厂
中小企业全面金融服务
担保更灵活 | 服务更专业 | 审批更高效 | 产品更丰富

中国建设银行
China Construction Bank

股改上市以来，建设银行经营业绩稳步提升。截至2010年底，资产总额超过10万亿元，总市值居全球上市银行第二位。2010年被英国《银行家》、《亚洲金融》、《财资》等国际知名媒体评为年度中国最佳银行，2011年在英国《银行家》杂志“全球银行品牌500强”中位列第10名，在“全球商业银行品牌十强”中位列第三。

作为国有大型商业银行，建设银行不仅为大企业“锦上添花”，更为小企业“雪中送炭”。近年来，建设银行积极贯彻落实党中央、国务院以及监管机构支持小企业发展的各项政策，将小企业业务作为全行战略转型重点，积极探索服务小企业的新思路、新举措，形成了一整套专门的发展机制、运行模式、业务流程和产品体系。创造了小企业金融服务四个“最”：

——小企业贷款余额、新增额、余额占比是银行业中最高的；

——小企业融资品种多达上百种，是银行业中最丰富的；

——小企业贷款不良率1.09%，在低于2%监管红线的前提下，容忍度在国有银行中是最适度的；

——小企业贷款户数是银行业中最多的之一，三年来，累计为超过13万户小企业发放1.4万亿元贷款，间接提供了超过2000万个就业岗位。

同时，建设银行的小企业金融服务也得到了社会各界的广泛认可：《首席财务官》杂志连续三年授予建设银行“最佳中小企业服务奖”；2011年被《亚洲银行家》杂志评为“中国最佳中小企业服务奖”，是国内唯一获得此奖项的商业银行。2011年6月，国务院领导做出重要批示，对建行小企业业务给予积极肯定，中宣部组织十余家媒体对建行小企业业务进行专题宣传。

中国建设银行
China Construction Bank

建设银行服务小企业成功的秘诀在于：

一、专业的小企业经营模式

2008年，建行首创“信贷工厂”小企业经营中心模式，将客户营销和信贷业务操作相分离，实施中后台集中处理，实现流程化作业，大大提高了运作效率。目前，建设银行已建立“信贷工厂”230多家，覆盖了全国主要城市和百强县。

二、产品创新层出不穷

建设银行针对小企业客户金融需求和风险特征，持续推动产品研发创新，形成了包括“小贷通”、“速贷通”、“成长之路”、“网络银行e贷款”四大品牌，涵盖多达上百种的融资产品。

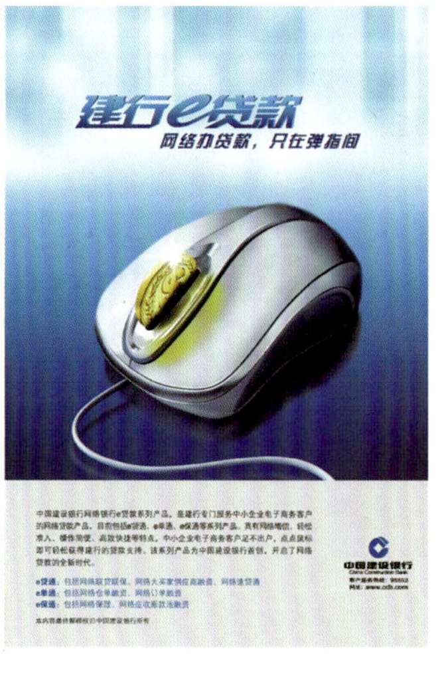

三、持续加大对小企业的资源倾斜力度

建设银行将小企业业务作为重要战略业务，持续加大资源倾斜力度，每年新增信贷规模的40%用于发展小企业；小企业贷款三年复合增长率达到25%，远高于全行各项贷款平均水平。

国家开发银行
China Development Bank

发挥开发性金融作用 积极支持中小企业发展
——国家开发银行中小企业融资业务简介

一、国家开发银行概况

作为我国中长期投融资领域的主力银行，国家开发银行以“增强国力、改善民生”为使命，在积极贯彻国家宏观经济政策，重点支持基础设施、基础产业、支柱产业以及高新技术等重大领域建设的同时，不断加大力度支持中小企业、新农村建设、低收入家庭住房、节能环保、医疗卫生、微贷款、助学贷款、应急贷款等与百姓生活息息相关的领域，促进社会主义和谐社会建设，在经济社会发展中发挥了重要而独特的作用。

二、中小企业贷款业务工作进展

国开行认真贯彻国务院关于促进中小企业发展的战略方针，形成了以“国开行融资推动、政府组织协调、企业主体承贷和协助管理、担保公司担保、信用协会等群众组织民主评议与监督、中小金融机构代理结算”为主要特色的批发融资模式。截至2011年6月末，累计发放中小企业贷款1.44万亿元，支持中小企业、个体经营户172万户，创造就业岗位447万个。通过批发融资机制累计发放单户额度3000万元以下贷款2654亿元，批发融资机制优势凸显。融资支持了制造业、农林牧渔业等近20个行业，惠及中小型企业、微型企业、个体工商户、创业青年、城市下岗职工及农村劳动妇女等各类社会群体。

三、中小企业贷款业务特色模式与服务创新

国开行积极开展金融创新，完善业务模式，推出了“抱团增信”、乡村妇女联保贷款等业务模式，探索以批发方式解决零售问题，满足不同类型、不同发展阶段的客户融资需求，致力建立多元化、个性化的金融产品体系。

在浙江，国开行把分散的小担保公司组织起来，形成了共同评审、联合担保的信用共同体，发挥了“1+1>2”的作用，支持了数百家中小企业，被形象地称为“抱团取暖”。

在河北滦平，国开行与国务院扶贫办合作，采取“龙头企业＋合作机构＋农民信用促进会＋养殖农户”的运行模式，初步解决了农业产业链过长且信用缺失的问题。

在天津蓟县，国开行创新实践了农户小额贷款运行模式，将小额贷款直接发放给农户和农民专业合作社。该模式以“政府组织推动＋农民组织化＋融资推动”为主要特征，全面、系统地解决了县域和农村地区经济发展所需的技术、市场和管理等问题。

在内蒙古扎赉特旗和广西柳州，国开行充分发挥各级政府的组织优势和妇联统领优势，向当地妇女发放“巾帼致富星火工程”小额贷款，用于支持农业种植、牲畜养殖、商贸经营等微小生产经营活动，增加了农户的家庭收入。

在青海，国开行与共青团组织合作，向有一技之长、有创业梦想的撒拉族有志青年发放青年创业小额贷款。其中一批青年还将拉面馆开到了省外，被社会各界称为“拉面经济”。

在河南，国开行与劳动保障部门合作构建小额担保贷款服务网络，与省市各级小额贷款担保中心合作，为下岗再就业人员提供“小额担保贷款”，有效推动了以创业带动就业的多层次融资服务体系建设。

招商银行
CHINA MERCHANTS BANK
因 您 而 变
助成功，先行为力
招商银行助力贷，助力中小企业成长
资金周转难，错过机会，成长缓慢？要把握机会快速发展，保持资金运转充盈是关键。“关助成长，贷领先机”，招商银行“助力贷”整合多方资源，运用国际国内产品、网上网下工具，助您成功，先行为力。
●自主贷 ●置业贷 ●订单贷
●收款易 ●担保贷 ●集群贷
助力贷
95555
助力贷
搜索
WWW.CMBCHINA.COM
点金
GoFortune
公司金融
善用金融 进步有道

我们以炽热的情怀关注4000万家蓬勃发展的小微企业，以执著的信念和行动去实现与小微企业共成长的梦想。

中国民生银行小微金融特色品牌——　商贷通　自2009年推出以来，累计发放贷款超过4000亿，业务规模再上新高度，服务40万家小微企业。让千万小微企业早日享受现代金融服务是中国民生银行小微金融的宏大愿景，是三万名民生人努力践行　特色银行，效益银行　的目标。

今天我们再度扬帆启航，在中国金融业内全面升级金融服务产品，进一步扎根小微企业沃土，并肩前行，同成长，共见证！

小微金融 服务专线
4008695568
www.cmbc.com.cn

中信银行
CHINA CITIC BANK
成长贷

中信银行小企业“成长贷”产品

一、产品介绍

2010年，中信银行全面升级了“中信小企业成长伴侣”品牌和产品体系，推出了三大类二十四种产品和方案，形成了较好的市场反响。为进一步满足市场需求，2011年中信银行结合多年的经验，针对优质小企业特点，推出了小企业“成长贷”特色产品。

二、产品特色

“成长贷”是高度专业化的产品，根据成长型企业的特点而设计，具有“标准化产品＋个性化定制”的特点，也体现出高效、灵活、便捷的服务特色。基于小企业客户的差异化需求，“成长贷”产品可以按照功能和对象进行细分，从功能上分为联保贷、订单贷、种子贷、按揭贷、组合贷等，从对象上又可以分为市场贷、园区贷、商会贷、供应贷和销售贷，具体产品如下：

基础类产品

联保贷 由多户小企业组成联保小组，为小组内企业提供联合保证，通过“企业信用抱团”解决抵押和担保难题，比较适合同乡圈、生意圈内相互比较了解的客户。

订单贷 小企业作为订单接收方签署订单合同后，以真实有效的订单合同为依据，以订单项下的预期销货款为主要还款来源，向中信银行申请融资，用于满足订单项下原材料采购、组织生产、施工和货物运输等资金需求，以解决小企业生产能力跟不上订单规模的问题。

种子贷 中信银行和政府、商会或企业合作，由其发起设立种子基金，提供小企业融资风险补偿，中信银行将根据种子基金规模配套一定倍数的信贷资金，形成面向小企业的专项贷款。

按揭贷 为购买工业标准厂房、商用房而采用的法人按揭贷款。小企业支付一定首付款后，以拟购买的固定资产作抵押向中信银行申请融资，并可分期归还贷款本息。

组合贷 小企业可将名下拥有的住宅、厂房、商铺或机械设备抵押给中信银行，中信银行通过担保方式的结构化设计，为小企业提供更高的贷款额度。

集群类产品

市场贷 主要适用于在大型批发市场长期经营、资信状况良好的优质小企业。小企业可采取经营权质押、组合抵押、担保融资和种子基金等方式进行融资。

商会贷 主要适用于各级地方商会和行业协会中诚信度好、经营情况稳定、发展前景广阔的会员小企业。可采取种子基金、互助融资、商会担保和担保公司担保等融资方式。

园区贷 主要适用于在优质园区内生产经营稳定、发展前景广阔的小企业。可采取工业标准厂房按揭、园区增信融资、组合抵押和种子基金等融资方式。

供应贷 主要适用于为知名超市、商场和大中型企业长期供货的优质小企业。可采取订单融资、应收账款质押、核心企业保证等融资方式。

销售贷 主要适用于长期与优质、知名的大中型生产企业合作的经销商、代理商。可采取预付款融资、现货质押、生产商担保、组合抵押等融资方式。

除上述融资产品外，中信银行更致力于为小企业提供集合票据、集合信托、现金管理、票据池、财务顾问和对公理财等增值服务。

三、产品优势

中信银行一直致力于为小企业提供便利安全的金融服务，针对小企业特点对“成长贷”授信流程进行优化并推出了专门的授信流程，与一般对公业务流程相比，该流程具有环节简化、信审专职化和审批效率高等特点。目前，小企业专营机构通过该流程办理的授信业务最短 3 天内可处理完毕，老客户可以当天申请、当天放款。在贷后管理方面，中信银行则着重加强业务检查监督，实施差异化贷后管理方式。

四、荣誉及奖项

中信银行凭借独特的优势和创新的服务，荣获多项荣誉并得到了监管部门的认可。2011 年，中信银行小企业“成长贷”产品被银监会评选为“银行业金融机构小企业金融服务特色产品”；在由科技部等多个部委主办、美国考夫曼基金会和《创业家》杂志联合承办的“全球创业周峰会”上，中信银行小企业“成长贷”产品荣获“2011 最受尊敬的创业天使”评选活动之“最佳金融服务奖”。

五、典型案例

（一）仓单质押业务帮助小企业融资

民营纺织小企业众多是江苏盛泽地区的经济特色，融资需求旺盛是盛泽地区的金融特点。闻名全国的“中国东方丝绸市场”是盛泽纺织产业的龙头，也是国内最重要的纺织品集散中心、价格形成中心和信息发布中心之一，连续三年名列全国纺织品服装市场第一名。

为解决纺织行业小企业的融资问题，缓解其由于库存量增加而带来的流动资金压力，中信银行通过创新小企业金融产品，推出了中国东方丝绸市场交易所仓单项下动产质押业务。该业务依托中国东方丝绸市场每年 300 亿元交易额，以交易所注册仓单项下纺织品原料办理动产质押，并引入江苏吴江丝绸集团进行回购担保，为吴江地区众多中小纺织生产企业以及东方丝绸市场几万户经营户提供了新的融资渠道。目前中信银行通过仓单质押业务向市场内小企业累计发放了超过 4 亿元的贷款，有效盘活了企业的库存，及时解决了资金周转，为当地纺织行业小企业的发展做出了较大贡献。

（二）联保贷款：一个产品带动一个行业

湖南浏阳市是享誉国内外的“花炮之乡”，花炮行业是浏阳的传统支柱产业，目前浏阳市共有花炮生产企业近千家，实现产值超过 100 亿元，财政收入超过 10 亿元，占据全市各项指标的半壁江山。但该市花炮行业内企业规模普遍偏小，并以小企业居多，大多无抵押物，财务管理也不健全，很难向银行获得融资，依靠自有资金，发展缓慢。

为了解决浏阳花炮行业小企业融资难问题，帮助当地花炮行业小企业不断发展壮大，中信银行加大产品创新和服务创新，开发了“联保贷”产品，通过联合授信、共同担保，实现了不需提供抵（质）押物，就可以从中信银行获得贷款。自 2009 年 9 月 27 日发放第一笔花炮企业联保贷款，到 2010 年末，累计对 38 个小组 151 户花炮企业提供了授信，授信余额 3.5 亿元。

• 什么是“租易通” •

“租易通”是工银租赁专门针对中小企业开发设计的一项融资租赁产品，此产品基于银行营销网络或者大型厂商的销售网络，向中小企业提供多元化的融资租赁服务。中小企业通过采取直接租赁、回租租赁或者厂商租赁等多种形式，可以融通资金、取得生产经营所需机器设备，解决面临的资金难题。目前“租易通”产品客户已占到工银租赁客户总数的55%，2011年的业务规模将突破100亿元。

• “租易通”融资模式简介 •

第一种模式：中小企业可通过当地工商银行进行融资租赁

工银租赁2010年推出的“租易通”产品运行模式之一是依托工商银行遍布全国的机构网络及客户经理资源，有效突破了自身人员较少、缺少分支机构形成的限制，使得营销半径和管理能力大幅度延伸，充分拉近了与中小企业客户的距离，形成了有效的沟通和交易渠道。

该产品的主要流程为银行与工银租赁合作，按照一定标准对承租人及相关资料进行审核，并将符合条件的承租人推荐给工银租赁，工银租赁审定同意后为承租人提供融资租赁服务。中小企业只要与当地工商银行分支机构进行协商并配合完成业务调查和审查，并不需要直接与远在北京的工银租赁打交道就能取得资金。仅今年9月份，工银租赁就为34家中小企业提供融资超过10亿元，其中单笔最小的只有500万元，多数在1000万～3000万元。

第二种模式：中小企业可通过大型厂商从工银租赁取得融资

在工银租赁与厂商的合作模式下，中小企业在购买大型厂商生产的工程机械、机床、印刷机等固定资产时，可占用大型厂商在工银租赁的授信，大型厂商提供担保，工银租赁向中小企业提供融资租赁服务。厂商租赁为众多的中小企业，甚至个人客户提供了融资服务，可有效解决中小企业的融资问题，另一方面，也有效促进了厂商的销售，该产品推出以来也得到了长足的发展。

• “租易通”的突出特点 •

（一）地域覆盖范围广，只要有工商银行分支机构的地方就可以办理“租易通”

工银租赁通过与工商银行的各地区级分行进行合作，将公司面对中小企业的设备租赁业务的营销环节和后续管理，整体委托给相关分行，进而实现了渠道下沉，为全国各地的中小企业建立了从工银租赁融资的顺畅渠道。工商银行强大的机构网络为此项业务的快速发展提供了强大的支撑，也为中小企业提供了最大的便利。

（二）服务的行业多，几乎所有行业的中小企业都可通过“租易通”实现融资

区别于其他一些租赁公司产品的一个重要特点是，“租易通”超越了一些租赁产品局限于印花机械、医疗器械、数控机床等有限领域的现状，具有较强通用性，市场价格和使用价值稳定的设备都可以作为租赁物。“租易通”之所以在租赁物选择上采取了较为灵活的设计，正是考虑到中小企业多样的设备融资需求。

（三）流程标准化，融资效率高

中小企业数量众多，形态和资金需求也千差万别，如果不形成一个标准化的业务体系和流程，融资效率无从谈起。而“租易通”产品通过流程创新，已经形成了一套机制、一套流程和一套产品，调查审查、签约放款等主要环节形成了标准化的表单和文件体系，形成了较强的批量处理能力，目前每月可完成的租赁业务签约放款项目已经接近50个。

（四）价格合理，不追求超额利润，减轻中小企业财务压力

在开展中小企业业务时，工银租赁充分考虑到中小企业多处于竞争性行业，利润率有限，资金流紧张，因此在业务定价方面，不追求过高的收益。即使在当前资金供给非常紧张的情况下，工银租赁中小企业业务的平均年化收益率仍不到10%。在为中小企业提供融资租赁服务的同时，有效地减轻了中小企业的还款压力，使中小企业能将财务负担控制在相对合理、可控的水平。

• “租易通”典型案例 •

（一）中小企业设备直接租赁

业务概述：直接租赁是指租赁公司向设备制造厂家购进用户所需设备，然后再租给承租企业使用的一种主要融资租赁方式。直接租赁是一项涉及三方当事人——出租人、承租人和供货商，并至少由两个以上合同——买卖合同和融资租赁合同构成的三边交易。

典型案例：某纺织企业向工银租赁申请办理1500万元融资租赁业务，用于购买价值2200万元的转杯纺纱机、并条机。该公司是一家针织品、服装制造加工企业，生产规模及销售量在当地同行业中位居前列。由于近年该公司与国内一些规模较大企业签订了长期合作合同，为了扩大生产规模，增加销售量，需购置新的纺织设备，因此向工银租赁提出融资需求。工银租赁通过当地分行对企业进行尽职调查，最后向企业发放了3年期1500万元资金用于购买新设备。

（二）中小企业设备回租租赁

业务概述：回租租赁是指承租人将自有物件出卖给出租人（租赁公司），同时与出租人签订一份融资租赁合同，再将该物件从出租人处租回的租赁形式。回租租赁设备的所有权发生了转移，而设备的使用权没有改变。

典型案例：某企业向工银租赁申请办理500万元融资租赁业务。该企业主要从事工程施工业务，企业此次提出融资需求，并将挖掘机、起重机等进行售后回租，主要用于正常生产经营周转。工银租赁通过当地分行对企业进行尽职调查，最后向企业发放了500万元的1年期租赁款，满足了企业的融资需求。

（三）中小企业设备厂商租赁

业务概述：厂商租赁是指由工银租赁与设备生产商或其代理商签订针对中小企业（设备使用方）的融资协议，工银租赁对中小企业提供设备租赁服务，厂商为其推荐的中小企业的租金支付等义务承担担保责任。

通过厂商租赁，在解决中小企业融资问题的同时促进了厂商销售及回款，有利于其扩大市场份额。

典型案例：某中小板上市公司与工银租赁合作办理总额不超过15000万元厂商租赁业务。该公司主营业务为太阳能电池硅材料生产与加工设备的研发、生产和销售，具有年产各种设备1500台套、价值15亿元的生产能力。为了促进企业销售及回款，该公司向工银租赁提出合作开展厂商租赁业务的申请，用于向采购其产品的下游客户提供融资服务。工银租赁通过当地分行对企业进行尽职调查，最后与该企业签订了总额不超过15000万元的融资租赁业务合作协议。经该企业推荐，工银租赁已向其多名中小企业客户发放了融资租赁款。

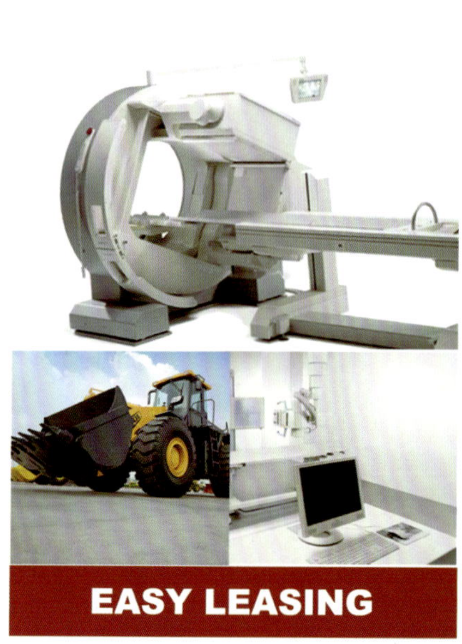

CFL 中国融资租赁有限公司
China Financial Leasing Co.,Ltd.

担纲企业公民使命 提供融资租赁服务

公司简介

中国融资租赁有限公司（简称“中租公司”）1986年成立于北京，是我国首批设立的从事租赁业务的专业公司。经过多年的运作，公司培养出了一支专业化队伍，占据了广泛的市场，随着业务规模的不断扩大，先后在杭州、海南、宁波、深圳、天津、长春、济南、沈阳等地设立了分公司。

中租公司已与多家银行、设备制造商、担保公司等形成战略合作关系，并将一如既往地秉承高效务实的经营和服务理念，为客户提供全方位多形式的金融服务，从根本上解决中小企业融资难问题，促进中小企业健康快速发展。

中租公司将发挥统筹融资租赁、融资担保、股权投资、银行业务等集团化多品种业务优势，立足东北，辐射全国乃至整个东北亚，积极致力于通讯、能源电力、节能减排、交通、医疗、船舶、工程机械及其他装备制造等行业融资租赁业务的拓展，为客户提供全方位、专业化、多元化的金融服务。

业务优势

融资租赁＝“融资＋融物”，是一种新型的融资手段和贸易形式，我司通过直租赁、回租赁、转租赁等多种方式，以设备为融资载体，给企业带来好处多多的金融服务：

- 不占用银行融资额度，无需过高资质，拓展了中小企业融资渠道，降低了中小企业融资门槛，从本质上解决企业融资难问题。
- 采用直租赁，只需支付首付，即可采购大额设备，缓解一次性支付全款的资金压力。
- 采用回租赁，可盘活企业固定资产，及时补充企业的流动资金。
- 按月、按季等灵活的还租方式和较长的融资租赁期限，有利于企业实现现金流的科学管理，支持企业可持续发展。
- 有利的会计处理方式，缩短了企业固定资产的折旧年限，获取延迟纳税的好处。

服务领域

- 在产品和服务体系方面，广泛借鉴租赁业的相关经验，并结合公司定位，建立比较完善的产品服务体系。
- 在租赁设备方面，主要有工程机械、节能减排设备（包括新能源、合同能源管理）、医疗器械、通讯设备、交通运输工具（包括飞机、船舶、汽车）、其他生产加工设备等。

北京市西城区金融大街7号英蓝国际金融中心5层 电话：010-58369177 大连市中山区中山路136号希望大厦25层 电话：0411-39668222
中国融资租赁有限公司网址：www.cflc.cn

丸红株式会社

丸红株式会社是日本最具代表性的大型综合商社之一。2011年《财富》世界500强197位的企业。丸红运用其遍布全球69个国家和地区的119家分公司、办事处、现地法人公司等组成的经营网络，充分发挥其独有的信息收集、风险管理、物流、金融、市场开发、组织运营等综合功能，广泛地在粮油食品、生活样式、纸张纸浆、金属、化学品、能源、成套设备、金融、物流、信息、开发建设等领域开展全球性的贸易和投融资。

1979年，丸红响应中国政府提出的对外开放政策，分别在北京、上海、广州设立了办事处，发展至今已在中国内地及香港地区的13座城市成立了16个现地法人公司和办事处。目前，正在以丸红（中国）有限公司为核心，积极推进贸易和投资事业，在中国国内参与投资的企业已有近110家。

长期以来我们顺应全球化趋势，广泛开展全球贸易和海外投资，并在经济增长显著的国家和地区重点分配经营资源。并且，在我们的中期经营计划中也明确表示，将中国定位为丸红在海外的重要市场，即丸红将与中国共同成长。今后，我们将继续努力，为中国的社会建设做出力所能及的贡献，并努力与中国建立更多的共赢关系。另外，我们还配合中国实施的“走出去”战略，携手中国的中小企业共同推进海外事业。今后，我们还将抓住中国中西部地区城市化、市场化的巨大商机，参与节能环保等领域的事业。这样，我们才能将丸红的中国事业做得“更广泛、更深入”。

丸红金融·物流·信息事业部，已经和上海交运合资成立了上海交运日红国际物流有限公司，和中国外运合资成立了北京外红国际物流有限公司，提供广泛的国际物流服务。在信息产业领域，积极对中国市场投入经营资源，通过与优良的中国中小企业合作，树立新兴事业，并在金融和保险领域开展市场调查，拓展项目。

我们希望能发现、培养一批中国未来的国际型企业，我们长期投资中国优良的中小高科技企业，不以短期的上市套利为目的，真正与中国中小企业一起成长，帮助中国培养一批高竞争力的国际化企业。

有人说，现在中国的中小企业投资机构很多，那么丸红有什么优势？我们认为优势谈不上，但是日本的投资机构还是有着一些独特的投资价值判断和方法的。有人问，日本的投资方和欧美以及中国的投行有什么不同？区别还是很大的，首先丸红作为一家综合商社，投行不是它唯一的业务，我们更关注实体经济的发展而不是短期的财务收益。我们的投资方式一般是找到合适的中国企业后，为他们在日本找合适的产业合作伙伴，借以提升中国企业的技术实力和管理水平，另外也可能通过与日本优秀企业的合作产生产品创新，业务创新。然后结合市场，丸红会投入资金，随着业务的发展我们会不断投入，不需要企业再对外融资，这样保证了企业在市场上成功之前安定的运营。我们在世界有119家分公司，可以将优秀的合作伙伴带到全球，实现小公司也可以全球营销。在整个投资期间我们不主动要求企业上市，不对企业盈利设立短期目标，有利于企业长远发展的问题我们会和企业一起决定，可以说真正做到企业经营者的合作伙伴。

如果您的企业在信息产业，您企业的产品还不错，并希望自己的公司不断做大，那么丸红将是您一个不错的选择。我们愿意和更多的中国中小企业经营者交朋友，很多经营上的问题，日本企业也曾遇到过，相同文化的解决方式也许一样，也许有借鉴意义，总之，我们可以谈的应该很多，合作点也会很多。

期待您和我们交流合作！

十万中小企业力挺百度 投放持续超两年

近来中小企业生存环境争论仍在继续，采购成本持续上涨，人员成本不断吃紧，融资、贷款难度也越来越大。而CNNIC《2010中小企业网络营销调查报告》显示，使用搜索营销的企业中，高达85%的中小企业未来愿意继续在该领域保持投入。据相关统计显示，目前仅在百度就有超过10万家的企业，已经持续开展搜索推广超过2年。

在这样严峻的形势下，依然有越来越多的中小企业选择搜索营销，而且将之作为企业长期发展战略，缘由何在？

改变弱势企业命运

山东诸城市天源机械有限公司，一家有10%是残疾人士、50%职工是下岗人员的小企业，主营业务为污水处理设备，环保机械，由于缺资金、缺渠道，几年前还是一家举步维艰的小作坊，但是搜索营销改变了一切。

“2007年我们开始做百度推广，平均每天花销只有四十几块钱，但咨询电话量及网站的访问量都得到了迅速增长。”2008年，邹平海华纸业有限公司也通过搜索找到了他们，达成了一笔高达300万元的污水处理设备单。至此，天源开始在业内崭露头角，“如果没有百度，天源不会发展得如此迅速，更不会有与业内成熟企业竞争的机会，这是我们连想都不敢想的事情！”天源总经理郭录升先生由衷地说。如今百度搜索推广已经成为公司最主要的营销方式。

“扫街模式”变为“坐等上门”

面对来自市场环境的各种压力，中小企业迎难而上，转型发展其实是一次巨大挑战。转型就必须精准自己的业务方向，从单一产品经济向多元化多渠道运营方向不断探索。河北鸿源管业有限公司就是成功一例。

公司在过去二十多年的经营中，面临业务转型突破的需求，企业使用百度推广一年多，突破了过去二十多年的业务局限，带来了销售量的大幅提升，公司也因此抓住时机，又增设了销售分公司，并在各地积极寻找代理商，在网络销售上也迈开了大步伐。

“在没有与百度合作之前我公司的招商模式采用传统的扫街模式，效率低、人员多、费用高，往往成交的可能性还小。现在通过百度推广，我们的人员每天只需要接收在线咨询即可，而且成交概率高。公司网点开发上面，也因此迅速地打开了市场的格局。”安徽黄氏和盛经济发展有限公司相关负责人表示。

在这家从事家居建材产品的生产、销售、服务的企业，旗下劳克卫浴品牌最初只是行业的一颗新星，现在随着企业搜索推广模式建立成熟，品牌渠道拓展已由省内市场扩展到湖南、湖北、福建、浙江、陕西等省外市场。

根据TNS市场研究公司《2010年百度推广中小企业客户满意度研究》报告，百度推广的企业客户保留指数领先于全球Media行业及IT行业的平均水平，与国内的服务提供商相比，也有明显的优势。在推动中小企业成长及客户满意度上，百度近年来做出的努力是颇见成效的。百度推广作为当前搜索营销市场的主力军，正在扮演着推动中小企业成长、繁荣经济的重要角色。